JN417712

# 다문화 시대의 도서관 서비스 전략

캐롤 스몰우드, 킴 벡넬 편집

조 용 완 역

도서출판 태 일 사

# Library Services for Multicultural Patrons

## *Strategies to Encourage Library Use*

Edited by
Carol Smallwood and Kim Becnel

Translated by
Yong-Wan Cho

First published in the United States
by Scarecrow Press, Lanham, Maryland U.S.A.


초판은 미국 메릴랜드주 Lanham의 Scarecrow Press에서 발행되었다.

# 역자서문

박사학위 과정 중에 해외 문헌정보학 및 도서관계의 난민 관련 문헌연구에 관한 논문을 투고하고, 박사학위 논문으로 북한이탈주민의 정보행태와 정보 빈곤 문제를 다루었던 역자는 그 이후로도 이주노동자, 결혼이주민, 유학생 등과 같이 기존 주민들과 다른 문화, 언어, 인종, 종교적 배경을 가진 사람들을 위한 도서관 서비스에 관심을 가지고 몇 차례 연구를 진행한 바 있다. 그리고 2010년에는 경기도사이버도서관의 지원을 받아 부족하나마 〈다문화 사회에서의 도서관 서비스〉라는 단행본을 공저로 출간하게 되었다. 이런 인연으로 도서관의 다문화/다국어 서비스 연구와 관련해 국내 여러 도서관들을 방문하여 이모저모를 살펴보고, 여러 차례 국립중앙도서관의 다문화 분야 사서 교육에 참여하면서 많은 사서들이 다문화/다국어 서비스 제공과정에서 여전히 많은 어려움을 겪고 있음을 알 수 있었다. 그들의 어려움을 조금이나마 덜어줄 방법을 모색하던 중에 발견하게 된 책이 바로 〈다문화시대의 도서관 서비스 전략〉(원제 : Library Services for Multicultural Patrons : Strategies to Encourage Library Use)이다.

이 책은 캐롤 스몰우드(Carol Smallwood)와 킴 벡넬(Kim Becnel)이 편집하고 49명의 저자들이 기고한 37개의 글들로 이루어져 있다. 이 책의 저자 대부분은 대표적인 다문화 사회인 미국, 캐나다, 호주와 같은 나라에서 공공도서관, 대학도서관, 학교도서관 사서와 도서관 직원으로 근무하고 있다. 저자들은 다문화적 환경에서 다양한 배경의 이용자들을 대상으로 도서관 서비스를 제공한 자신들의 경험을 정리하여 제시하고 있다. 이 책 속에는 북미 원주민, 아프리카계 미국인, 중남미계 주민, 아시아계 주민, 아프리카계 난민에 이르기까지, 그리고 어린 아이, 청소년, 대학생, 성인, 노인에 이르기까지 지역사회 내 다양한 배경을 가진 주민을 대상으로 진행한 다문화 서비스의 사례들이 오롯이 담겨져 있다. 물론 이 책의 내용들이 주로 북미의 현실을 기반으로 작성되다보니, 우리나라의 다문화 현실과 조금은 거리가 있는 내용도 일부 포함되어 있다. 하지만, 전반적으로 이 책은 국내 여러 관종의 도서관에서도 무리 없이 적용될 수 있는 다문화/다국어 기반 도서관 서비스의 이념적 기반과 서비스 기법들을 제공하고 있어서 다문화/다국어 서비스를 위해 노력하는 국내 사서들에게도 꽤 유용할 것으로 생각한다.

인종적, 언어적, 문화적 배경이 다양하고 근무지역과 도서관 유형이 다양한 49명의 저자들이 쓴 37개의 글들을 번역하기란 쉬운 일이 아니었다. 비록 번역서로 이렇게 출간은 되었으나, 이 책의 많은 곳에서 번역자의 한계가 발견될 것이다. 미리 양해의 말씀을 구하고 싶다. 부족한 번역이지만 누군가에게는 조금이나마 도움이 되지 않을까 하고 스스로 위로해본다.

끝으로 원저를 출간하기 위해 많은 노력을 아끼지 않았을 편집자 캐롤 스몰우드와 킴 벡넬, 그리고 49명의 투고자들, 그리고 번역을 허락해 준 Scarecrow Press에 감사의 인사를 전한다. 그리고 능력이 부족한 번역자에게 출판의 기회를 제공하고 긴 시간동안 인내해주신 태일사 김선태 사장님께도 특별한 감사하다고 전하고 싶다. 무엇보다 2015년 1월말 현재 국내 체류 외국인이 177만 명에 이르는 미증유의 상황에서 기존 주민과 새로운 이주민을 모두 포용하는 서비스를 위해 애쓰는 한국의 도서관 사서와 직원들의 노고에 경의를 표한다.

2015년 3월

조 용 완

# 저자서문

도서관은 성별, 인종, 민족, 성적 취향, 재력 여부에 관계없이 모든 사람들을 환영하는 곳이며, 사서들은 지역사회의 모든 부문에 봉사하기 위해 존재한다. 그러나 사서들의 강령(mission statements) 속에, 그리고 사서들의 마음속에 이 철학을 집어넣는 것만으로는 충분하지 않다. 사서들은 그 이유가 무엇이든 간에 평소 도서관을 잘 이용하지 않는 지역사회 내 여타 구성원들에게 더 나은 봉사를 제공하기 위해 더 많은 노력을 기울려야 한다는 점을 잘 이해하고 있다. 이를 가장 잘 실천할 수 있는 방법에 관해 글을 쓰는 것에 참여해 달라고 요청했을 때, 우리 편집자들은 미국과 전 세계에 있는 사서들로부터, 그리고 학교도서관, 대학도서관, 전문도서관, 공공도서관에 근무하는 사서들과 대학교원인 사서들과 행정업무를 수행하는 사서들로부터 많은 연락을 받았다. 그들은 모두 다문화 이용자들을 도서관에 끌어들이고, 서비스를 제공하고, 지속적 관계를 유지하는 다양한 전략 개발에 폭넓게 참여하였고, 성공적인 경험을 가지고 있었다.

이 책은 그러한 사서들의 최고의 성공 스토리를 담고 있으며 다른 사서들이 다문화 주민들에 대한 서비스 향상을 돕는 다양한 비결들과 테크닉들도 포함되어 있다. 편집자들은 이 책 속의 여러 글들을 읽기 쉽고 찾기 쉽도록 다음과 같이 구성하였다. 제1장 조직화와 파트너 발굴, 제2장 학생들에게 다가가기, 제3장 커뮤니티와의 연계, 제4장 기술의 적용, 제5장 아웃리치(outreach)사업, 제6장 프로그램과 행사, 제7장 참고봉사로 이루어졌으며, 각 절에 포함된 글들은 협력을 위한 제안사항, 풍부하고 다양한 프로그램 개발 아이디어, 제2언어로서의 영어(English as a second language) 사용자를 위한 도서관 이용지도와 참고봉사 발전 전략, 마케팅과 홍보 비법 및 기타 사항들을 제공하고 있다.

시러큐스 대학교의 정보학과 조교수이자 차기 미국도서관협회장인 바바라 스트라이플링의 추천사는 매우 영광스러운 것이었다. 그녀는 뉴욕, 콜로라도, 아칸소, 노스캐롤라이나, 테네시 등에서 학교도서관 사서교사, 도서관 관장, 기타 여러 지위에 있으면서 다문화 주민들을 대상으로 한 다양한 도서관 봉사 경험을 보유하고 있다.

이 책의 저자들은 모든 관종의 도서관인들이 이 책에 등장하는 여러 아이디어들을 자신이 속한 지역사회의 요구에 맞게 수정하거나 더욱 발전시켜서 실천하기를 희망한다. 또한 저자들은 이 책이 각 지역과 학교에 함께 공존하고 있는 다문화 주민들을 도서관 봉사대상으로 받아들이는 창조적인 모험과 용감한 행동을 하는 사서들에게 영감을 주기를 희망한다.


## ■ 감사의 말(Acknowledgments) ■

- Howard C. Bybee, family history librarian, Harold B. Lee Library, Brigham Young University
- Brenda Lincke Fisseler, director, Friench Simpson Memorial Library, Hallettsville, Texas
- Kerry A. FitzGerald, assistant director, Loutit District Library, Grand Haven, Michigan
- Emily Griffin, reference/local history librarian, Crawfordsville District Public Library, Crawfordsville, Indiana; contributor, *Preserving Local Writers, Genealogy, Photographs, Newspapers, and Related Materials* (2012)
- Vera Gubnitskaia, Orange County Library System, Orlando, Florida; coeditor, *How to STEM: Science, Technology, Engineering, and Math Education* (forthcoming)
- Kerol Harrod, Denton Public Library; coeditor, *Marketing Your Library: Tips and Tools That Work* (2012)
- Courtney L. Young, head librarian, Perm State Greater Allegheny

# 추 천 사

우리는 점차 다문화적으로 변모하는 사회에서 살고 있다. 최근 미국 인구조사국(U.S. Census Bureau)은 2011년 7월에 처음으로 미국의 1세 이하 아이들의 다수를 소수 인종들이 차지하게 되었다는 추정치를 발표하였다. 실제로 퓨 리서치 센터(Pew Research Center)의 예상에 따르면, 2050년까지 비 히스패닉계 백인들은 미국 인구 중에서 소수자가 될 것으로 추정되고 있다. 이러한 다양성은 우리 사회에 풍부하고 활기찬 경험과 문화적 유산을 제공한다.

도서관들은 프로그램, 장서, 서비스를 통해 지역사회의 다양한 구성원들이 자기 목소리를 낼 수 있게 만들고, 더 나아가 포용성, 존중, 역량 강화(empowerment), 공감의 환경을 조성함으로써 지역사회를 강화하는 핵심적 역할을 수행한다. 〈다문화 시대의 도서관 서비스 전략〉은 공공도서관, 학교도서관, 대학도서관 사서들이 지역사회를 그러한 환경으로 만들고자 역동적으로 도서관 프로그램들을 계획하고 제공하기 위해 노력한 성공적인 접근방법들을 공유할 목적으로 작성한 실무적이고 개인적인 글들을 모은 책이다.

우리는 이 글들을 통해 사서들은 스스로 자신이 가지고 있던 문화적 추측들(cultural assumptions)을 내려놓고, 적극적으로 자신들이 봉사하는 사람들의 이야기를 듣고 그들과 어울려야 함을 알게 된다. 사서들은 기꺼이 다른 언어들을 익히고, 다국어 요구를 충족시키는 자료들을 찾아보고, 문화적으로 진정성 있는 프로그램의 개발을 위해 필요한 연구를 수행하는 학습자가 될 필요가 있다. 이러한 집중된 노력의 결과로, 사서들은 지역사회 구성원들 사이의 이해와 공감이 더욱 깊어지는 포용성과 존중의 환경을 만들게 될 것이다.

이 책은 도서관을 통해 다문화 이용자들에게 봉사를 제공하는 것에 관한 7개의 주제로 구성되어 있다. 조직화 및 협력 대상 발굴을 위한 초기 단계, 학생들에게 다가가는 도서관 프로그램의 개발, 커뮤니티와의 연결망 구축, 개인들의 역량강화 및 도서관의 가상 서비스에 관한 기술의 적용, 가족 문해력(family literacy), 건강, 구술사(oral history) 등과 같은 중요 이슈에 관련된 특별한 아웃리치(outreach)의 계획 수립, 다문화 프로그램과 행사의 수행, 다문화 이용자들을 위한 효과적인 참고봉사를 위한 개선 방안 등으로 이루어졌다.

각 장들은 다양한 관점을 가진, 그리고 다양한 관종의 도서관에 속한 다양한 저자들이 쓴 글들로 가득 차있다. 저자들은 청소년 봉사, 성인 봉사, 장서개발, 목록, 참고봉사, 대학도서관 봉사, 대학 및 학교도서관에서의 이용지도, 프로그램 개발, 관장급 업무 등 다양한 영역의 사서직 업무를 수행하면서 느낀 풍부한 경험들을 기술하고 있다. 저자들은 호주, 캐나다, 그리고 미국 내 여러 관종의 도서관의 사례들을 제공하고 있다. 이 책 속의 글들은 유용한 참고문헌들을 포함하고 있지만, 그 초점은 연구가 아니라 효과적인 실무에 맞춰져 있으며, 커뮤니티 내 특정 집단의 요구와 관심에 맞는 봉사를 제공함에 있어서 성공적이었던 개별 프로그램에 대한 심도 있는 기술을 목적으로 하고 있다.

이 책은 독자들이 그들 자신의 문화적 정체성에서 걸어 나와 여러 이용자들의 요구들과 그 우선권 문제를 다른 문화적, 인종적 정체성들과 조화시키는 도서관 프로그램들과 서비스들을 바라볼 수 있게 만들기 때문에 중요한 책이라 할 수 있다. 성공적인 프로그램들과 협력관계에 대한 이야기들을 읽고 나면 사서들은 문화적 소양을 개발하기 위한 노력을 시작하게 될 것이다. 사서들은 다문화 이용자들의 도서관 이용을 권장할 뿐만 아니라 지역사회 구성원들이 지역사회 내 다른 사람들의 다양한 관점에 대한 이해와 공감을 개발할 수 있는 기회를 제공하게 될 것이다.

바바라 스트라이플링(Barbara Stripling) *

---

* 시러큐스 대학교 정보학 대학원 실무 분야 조교수(Assistant Professor of Practice, School of Information Studies, Syracuse University)
  • 2013-2014년 미국도서관협회 회장 선출자(President-Elect, American Library Association)

# 차 례

제1장

# 조직화와 파트너 발굴

Getting Organized and Finding Partners

# 다문화 서비스를 제공하는 도서관으로 거듭나기

## 다문화 인구에게 봉사를 제공하는 방법 안내

도나 워커, 파드마 폴리페디

## 탐험가 되기

다양한 문화적 배경을 가진 이용자들에게 봉사하기 위한 여정을 시작하는 것은 우리들 중 평등한 접근에 관심 있는 사람들에게는 흥미로운 모험이라 할 수 있다. 우리들의 여정은 인식(awareness)에서 출발해 발견(discovery)으로, 더 큰 이해(greater understanding)로, 행동(action)으로 이어졌다. 이 여정을 떠난다면, 그 영향은 오래 지속될 것이라는 것을 우리는 알고 있다. 문화적으로 다양한 주민들에게 봉사하려는 이 여정의 첫 걸음은 각자가 자신의 여정에 헌신하는 것이다. 그것은 때때로 적당히 요령피우지 못하도록 압박을 받게 되는 것을 의미하고, 자신의 길 앞에 놓인 장애물들을 제거하는 것을 의미하며, 지금까지 상상하지 못한 다른 모험과 맞부딪히는 것을 의미한다. 당신에게 있어 이와 같은 헌신은 어디에서 시작되는가? 이 장에서 우리는 당신이 발견의 길을 가는 동안 몇 개의 중요한 목적지들을 알아볼 수 있도록 돕고자 서비스를 위한 랜드마크(landmark)들을 제공할 것이다. 또한 당신이 적당히 요령피우지 못하게 만들고, 학습기회를 만들고자 능력개발 활동(skill builder activity)들을 제공할 것이다.

## 도나의 여정

7년 전, 나는 우리 도서관 시스템(library system)[1]에서 민족적으로, 인종적으로, 경제적으로 가장 다양한 사람들을 대상으로 봉사하는 분관 도서관들의 서비스를 관리하는 꿈같은 직업을 가지게 되었다. 동시에 나는 아웃리치 봉사 부서(Outreach Services)의 관리자가 되었다. 나의 가슴은 이 흥분되는 새로운 업무를 할 준비가 되어 있었다. 주로 러시아어 사용자들을 중심으로 봉사를 제공하는 한 분관에 들어서는 순간, 나는 첫 번째 문화적 충격을 받았다. 물론, 나는 이 분관과 도서관의 서비스에 대해 익숙한 상태였다. 하지만, 나는 분관 이용자, 자료, 그리고 직원들에 대해 생소하였고, 이에 대한 나 자신의 반응에 당황하였다. 내가 속한 문화와 상당히 다른 문화에 속한 사람들에게 최고의 서비스를 제공하는 방법을 이해하려면 한참을 더 노력해야 했다. 그 순간, 나는 새로운 방법으로 나 자신과 다른 사람들을 바라보기 시작했다. - 나와 다른 이 특별한 주민들에 대한 도서관 서비스를 개발하고 제공하기 위한 흥미진진하고 풍성하고 기쁨 가득한 나의 여정을 위한 첫 걸음을 내딛었다.

## 파드마의 여정

나의 여정은 수년 전에 시카고(Chicago)의 할스터드 거리(Halsted Street)에 있는 한 공공도서관에서 포용적(inclusive)이고 효과적인 서비스를 받고 나서 생긴 '오래 지속되는 영향'(the long-lasting impact)을 경험하면서부터 시작되었다. 모든 사람들에게 접근을 제공하기 위한 공공도서관의 헌신으로 인해, 나는 공공도서관이 다양한 배경을 가진 주민들에게 서비스 제공하는 것을 열광적 지지하게 되었다.

나의 성장 경험은 내가 관리자로 있는 한 도서관에서 최근에 일어났다. 나는 미국에서 부르카(burka)[2]를 입고 있다는 이유로 다른 여성으로부터 언어적으로 공격받고 있는 한 여성을 보호하도록 요청받았다. 그 심한 비난은 단지 그 여성과 그 가족을 화나게 할 뿐만 아니라 도서관에 있는 다른 이용자들도 화나게 하고 있었다. 나는 그 위반자를 도서관에서 내보내야했

1) 북미 등 도서관 선진국의 경우, 특정 도시나 지역(도시 내 자치구/군 등)에는 규모가 큰 중앙도서관을 중심으로 다수의 소규모 분관 도서관들이 긴밀하게 결합한 구조로 기반으로 지역주민들에게 봉사를 제공하고 있다. 이들 국가에서는 이러한 도서관 협력체를 library system(도서관 시스템)이라고 정의하고 있다.(역자 주)

2) 무슬림 여자들이 얼굴과 온 몸을 휘감는 데 쓰는 천(역자 주)

다. 부르카를 입은 그 여성의 반응은 나에게 '오래 지속되는 영향'을 제공하였다. 그녀는 자신을 위해 나서준 것과 자신들을 다른 사람들처럼 환영해주고 동등하게 대하는 도서관과 같은 공공장소들이 있다는 사실을 자신의 자녀들에게 보여준 것에 대해 감사해했다.

이와 같이 접하기 힘든 우연한 만남들은 우리가 개인적으로, 직업적으로 성장하도록 만든다. 이러한 우연한 만남들을 통해 우리 사서들은 모든 문화적 배경의 사람들에게 공공도서관 접근을 보장하는 서비스 제공 전문직의 책임성을 다시 생각하게 된다. 이러한 사건들은 우리 자신의 문화적 역량을 개발하기 위한 발판이 된다.

## 랜드마크 : 각자의 문화적 역량에 대한 책임

지역사회의 변화하는 인구 구성에 대한 관심을 키우고, 도서관 공간을 환영하고 포용하는 환경으로 조성하고, 포용력 있는 장서와 정보자원들을 구축하고, 다문화 주민들에게 봉사하는 도서관 직원들의 문화적 역량 구축을 책임지는 것은 다문화 주민들에게 봉사를 제공하기 위한 여정에서 첫 도착지이다. 이렇게 함으로써, 우리들은 공공도서관이 모든 언어와 문화적 배경의 사람들에게 자유롭고 평등한 정보접근을 제공하는 사명을 수행하는 것을 지원할 수 있다.

지역사회의 변화하는 인구 구성에 대한 지식을 늘리는 것 이외에도, 우리들은 세계의 여러 문화에 대한 지식을 늘리기 위해 노력할 필요가 있다. 이러한 내면의 호기심은 여러 도서관의 서비스 담당 인력들에게 전파될 수 있는 흥미진진한 발견들로 연결된다. 내면의 호기심은 진정성 있는 접근을 가져오고 제공되는 서비스의 신뢰성을 높이는 결과를 가져올 것이다. 문화적 역량 구축이라는 각자의 여정에서 우리는 서로 다른 장소에서 출발한다. 당신이 지금 있는 곳에서 시작하라. 당신이 이전에 얼마나 많은 또는 적은 경험을 했는지에 관계없이, 우리는 당신이 자신의 능력을 확장시킬 목적을 아주 구체적인 활동들을 통해 스스로를 단련하는데 도움을 받을 수 있고, 다른 문화들에 대한 지식을 성장시킬 수 있고, 더 큰 이해에 도달할 수 있을 것이라고 생각한다.

## 능력개발 활동 : 문화적 역량 강화

1. 당신과 다른 특정 문화의 종교적 또는 사회적 의식에 참가하라.
2. 당신과 다른 특정 문화에서 주최하는 해당 문화를 축하하는 축제에 참가하라.
3. 자신이 소수자가 되는 장소를 찾고, 거기에서 일정 시간을 보내라. 그리고 당신의 경험을 블로그에 게시하거나 일지를 쓰도록 하라.

## 랜드마크 : 주민들에 대한 이해

좋은 데이터는 도서관이 지역사회의 구성을 이해하는데 있어 필수적 전제조건이다. 요구조사(needs assessment)를 실시한다면 도서관은 다문화 주민들에 대해 신뢰할 수 있고, 계획적이며, 품질이 우수한 도서관 서비스들을 설계하고 제공할 수 있을 것이다. 이 책의 전체가 이 주제에 관한 것이기 때문에, 우리는 여기에서 전체 과정을 기술하지 않을 것이다. 대신에 우리는 도서관이 지역사회에 대해 더 완전히 알고자할 때 취할 수 있는 몇 가지 단계들을 언급하는 것이 가치 있다고 생각한다.

도서관 시스템의 유형에 따라 다르겠지만, 도서관이 필요한 정보의 일부 또는 전부는 이미 이용가능한 상태일 수 있다. 다문화 주민에게 봉사하려는 도서관은 그들의 상황을 이해할 수 있는 출발점을 찾아야 한다. 다양한 자료들을 검토한다면 도서관은 요구조사를 위한 접근방법을 결정하는데 도움을 받을 수 있다. 사서직 단체와 다른 분야에서 생산된 문헌들은 도서관이 다른 전략들을 비교하기 위해 사용하는 정보원들이다. 요구조사를 준비하는 시점에서 다른 소수 문화권에 대한 마케팅 관련 문헌들을 조사한다면 창의적인 접근방법을 개발하는데 도움을 받을 수 있다.

이러한 데이터 기반 접근법을 채택한다면, 지역사회에 대한 풍부한 정보가 수집될 것이다. 이 정보는 전체 요구조사 과정의 중심 부분인 도서관 직원들의 관찰과 경험을 토대로 한다. 한 도서관이 다른 데이터 없이 도서관 자체적인 경험들로만 데이터 전체를 채운다면, 자신들을 다른 사람들에게 달리 알릴 수가 없는 다문화 주민들에게 서비스를 제공하는데 필요한 핵심 측면들을 놓칠 수 있다. 지금까지 수집해온 관련 데이터를 분석하고 이해하는 도서관은 다문화 주민들의 진정한 요구를 충족시킬 서비스 창출을 위한 좋은 위치에 서 있다고 할 수 있다. 이러한 활동에 다양한 계층의 직원들이 참여한다면, 도서관 내에서 전파될 특정 주민 집단에 대한 지식수준은 향상될 것이다.

## 능력개발 활용 : 요구조사의 실시

1. 지역 내 한 학교의 학부모교사협의회(parent teacher organization, PTO)에 참여하라. 그들의 정보요구들에 대해 청취하라. 도서관이 그들을 위해 무엇을 할지에 대해 묻지 말라.
2. 현재 조사하고 있는 지역 주변을 돌아다녀라. 지역사회 기관과 시설에 커피를 마시러 잠시 들러라. 그리고 듣고 배워라.
3. 당신의 목표대상이 되는 문화권과 긴밀히 연계된 어떤 단체를 찾아라. 그리고 모임에 참여하라. 듣는 사람이 되도록 하라.

## 랜드마크 : 신뢰성이 있는 장서

목표대상 주민들에 대한 양질의 서비스는 그 도서관이 제공하는 자료들을 통해 이루어진다. 따라서 요구조사에서 알게 된 내용에 기초하여 신중하게 장서개발 정책을 수립하는 것이 중요하다. 요구조사에 대한 분석은 대상에 맞는 특별한 장서개발을 계획할 때 도서관의 의사결정과정에 중요한 정보를 제공한다.

목표대상 주민들이 누구인지에 따라 다르겠지만, 한 도서관이 장서개발정책 수립을 위해 이미 생산되어 있는 장서개발 정책 관련 자료들을 찾는 것은 도서관마다 하는 작업이다. 많은 도서관 시스템들과 기업, 여러 조직들은 다문화적 배경을 가진 특수한 주민들에게 아주 오랫동안 서비스를 제공해왔다. 어떤 성공적인 조직에서 만든 자료를 기본 틀(template)로써 활용하는 것은 다문화 서비스의 개발을 이제 막 시작한 도서관의 입장에서는 매우 바람직하다고 할 수 있다. 지금까지 제대로 서비스를 받지 못한 특정 주민들을 목표대상으로 할 때, 다른 조직들이 사용하고 있는 기본 틀들은 유용한 출발점이 된다.

한 도서관에서 어떤 특수한 장서 구축을 위해 사용된 장서개발 정책 기본 틀을 또 다른 장서개발 정책들을 위해 사용하는 것도 가능한 일이다. 장서개발 정책 기본 틀은 전체 도서관 조직의 핵심 가치를 이해하도록 직원들을 교육할 때 지침으로 활용될 수도 있다. 이 기본 틀은 한 도서관이 특정 주민 집단을 위해 어떤 형태의 자료가 더 좋은지, 어떤 형태의 자료가 덜 성공적인지를 고려할 때 도움이 된다. 또한 한 도서관이 장서들을 선정, 폐기, 포함, 배제 등으로 결정한 이유를 공표하는 것에도 활용될 수 있다. 자료들이 구입된 직후, 가끔씩 어떤 도서관은 자료 선택에 대해 공격을 받기도 한다. 왜 그 자료를 선택하기로 결정했는지에 대해 많이 아는 직원은 해당 장서와 그와 관련된 서비스를 가장 앞서서 옹호하는 사람들이어야 한다.

## 랜드마크 : 다문화 서비스를 위한 계획적인 직원 배치

이 문제는 다양한 배경을 가진 주민들에게 봉사를 제공하기 위한 여정에서 또 다른 중요한 랜드마크로 다문화 서비스를 뒷받침하기 위해 어떤 직원배치(staffing) 모델을 채택하고 있는지에 관한 것이다. 예를 들어, 장서개발정책이 준비된 이후, 목표대상 주민 출신의 직원이 해당 자료의 선정업무를 수행하는 것이 이상적이다. 또한 목표대상 주민 출신의 누군가를 해당 자료가 있는 층에 개관시간 동안 배치한다면 해당 자료에 대한 최적의 접근점을 제공할 수 있다. 이러한 계획 단계를 진행한다면 신뢰로 가는 지름길을 만들 수 있다. 우리는 다문화 서비스들을 위한 직원배치에 시간이 필요하며 사람들의 지지가 필요하다는 사실을 알고 있다. 도서관의 직원배치가 목표대상 주민들의 요구들을 완전히 충족시키는 지점에 도달할 때까지 도서관이 그러한 이상적인 환경 조성으로 나아가는데 도움이 되는 방법들도 존재한다. 예를 들어, 도서관은 목표대상 주민 출신의 신뢰할 수 있는 사람들이 정기적으로 자료선정을 검토하거나 적어도 가상공간의 자료와 실제 서가공간의 자료에 대한 무작위 추출 조사를 실시하고 그의 의견을 직원에게 제출하게 할 수 있다. 가끔 여러 도서관들이 우리가 바라는 목표지점에 도달하기 위해 창조적인 우회도로를 거치기도 한다.

어떤 도서관이 우리가 바라는 목표지점에 도달하였는지를 확인하는 하나의 방법은 대출과 회전율 수치와 같은 엄격한 잣대를 이용하는 것이다. 또 다른 엄격한 잣대는 한 도서관이 매일 개관시간 동안 목표대상 주민들이 같은 출신의 직원들과 전화로, 그리고 도서관 건물 내에서 어느 정도의 연결을 제공하는지 확인하는 것이다. 한 조직이 이와 같은 목표를 설정했다면, 성공에 대한 평가와 기회에 대한 발견은 더욱 쉽게 이루어진다. 다문화 서비스 업무 영역에 직원 보유 여부는 서비스들을 제공하고 있는 어떤 도서관이 그 과정의 성공 여부를 평가하기 위해 사용할 수 있는 또 다른 척도이다.

## 능력개발 활동 : 장서와 직원의 배치

1. 당신의 도서관이 목표로 하는 주민들과 유사한 주민들을 대상으로 서비스를 제공하는 도서관에 연락하라. 그 도서관에서 무엇을 제일 잘하고 있는지 문의하라.
2. 다문화 주민들에게 봉사를 잘하는 것으로 알려진 도서관의 웹사이트를 방문하라. 그 주민들이 그 웹사이트에 방문하면서 환영받는 느낌을 받도록 하기 위해 사용한 기능들은 무엇인가? 당신이 파악한 장애물들은 무엇인가?
3. 특정 주민 집단에게 봉사를 제공한다고 표방한 어떤 도서관을 직접 방문하라. 그 도서관에서 그 주민 집단 출신의 직원이 보이는가? 그 도서관에서 그 주민 집단 출신의 이용자가 보이는가? 그 주민들을 위한 자료들은 어디에 위치하고 있는가?

## 랜드마크 : 목표대상 주민들에게 다가가기

목표대상 주민들에 대한 효과적인 아웃리치는 신뢰할 수 있고, 계획적이며, 품질이 우수한 도서관 서비스들을 창출하기 위한 여정에서 또 다른 중요한 이정표이다. 요구조사에 대한 분석과 그에 따른 장서 구비가 더 나은 서비스를 만들어내듯이, 완성도가 높게 개발된 아웃리치 계획 역시 그러한 결과를 이끌어낸다.

효과적인 아웃리치를 위한 환경을 조성하는 방법들 중 하나는 착수단계에서 향후 아웃리치의 수행결과를 제시하는 비전 선언문(vision statement)을 개발하는 것이다. 보통 계획에는 목적, 목표, 세부 실천방안 등이 포함된다. 아웃리치의 목적에 관한 예시를 들자면, '새 이용자들이 도서관을 이용하도록 한다.' 또는 '새 이민자(newcomer)가 미국 사회에 융합되는 것을 지원한다.' 등이 될 수 있을 것이다. 이러한 중요 항목들이 준비되면, 아웃치리의 지점(venue)이 시야에 들어오기 시작한다.

물론, 아웃리치의 지점은 목표대상 주민들에 따라 다르다. 일반적인 지점으로는 신문, 라디오, 기타 여러 매체들을 들 수 있다. 한 도서관이 특정 주민 집단이 어떤 매체를 이용하는지 파악하기 위해 노력을 기울이고, 우선적으로 그 매체에 도서관의 노력을 집중시킨다면, 매체를 활용한 아웃리치는 성공할 것이다. 예를 들어, 러시아어 사용 주민들은 지역의 러시아 신문을 통해, 그리고 스페인어 사용 주민들은 라디오를 통해 가장 잘 이용한다. 특정 주민들을 주요 대상으로 삼는 대중매체들은 대부분 도서관과의 협력을 추구하고 환영하는 편이다.

다른 아웃리치 지점은 다문화 주민 집단에 따라 다양하겠지만, 도서관들이 성공적으로 활동해온 일반적인 곳에서 찾을 수 있다. 상공회의소나 영사관 등과 연계는 즉각적인 기회를 제공한다. 어린이집과 노인복지관 등과 대화하는 것도 다문화 서비스를 위한 좋은 생각이다. 새 이주민과 난민들을 대상으로 서비스를 제공하지만 그들에게 국한되지 않는 다른 단체들과의 협력도 대체로 생산적인 편인데, 이 조직들과 도서관이 같은 대상에게 서비스를 제공하는 경우에 특히 그러하다. 축제와 행사의 조직 주체들도 대체로 도서관의 참여를 환영하는 편이다. 일부 주민 집단들은 특정 국가에서 입양된 어린이나 특정 민족 출신의 청소년들을 위한 특별한 캠프를 개최한다. 교회, 모스크, 그리고 다른 종교시설과 단체들도 최고의 아웃리치 기회를 제공한다. 지역의 시장들을 방문하는 것도 마찬가지로 유익하다. 효과적인 아웃리치를 제공하는 도서관은 도서관과 도서관 직원들이 관련 글을 쓰고, 관련단체에 참여하며, 다문화 주민들이 정보, 오락, 비즈니스, 사교 등의 목적으로 이용하는 장소에 자주 모습을 드러낸다. 도서관이 도서관 건물 바깥에 있는 목표대상 커뮤니티[3]에 더 많이 참여할수록, 그들의 아웃리치 활동은 더욱 효과적일 것이다.

## 능력개발 활동 : 아웃리치의 확장

1. 특정 다문화 음식을 판매하는 세계 식료품점이나 식당으로 가라. 중국식 패스트푸드 식당을 방문하는 것으로 대충 넘어가려고 하지 말라.
2. 지역 내 교회나 모스크가 주최하는 문화 행사에 모습을 보여라. 그 사람들은 어떤 옷을 입고 있는가? 왜 그런지 알아보라.
3. 노인이나 청소년 같이 특정 연령 그룹에 봉사를 제공하는 기관이나 단체를 방문하라. 어떤 프로그램이 제공되고 있는지를 보라. 당신의 도서관이 다문화 주민들을 대상으로 제공할 서비스 리스트를 만들기 위한 브레인스토밍을 실시하라.
4. 도서관학 및 문헌정보학 학술회의에 참가하여 동료들과 생각을 공유하라.

---

3) 커뮤니티(community)는 지역적인 공동체 또는 어떠한 특성을 공유하는 집단(인종, 언어, 문화 등) 또는 이 둘을 합친 공동체를 의미하는 등 다양하게 사용되고 있다. 여기에서는 커뮤니티라는 원어가 한국어 번역보다 더욱 적합하다고 판단한 경우가 많아, 대체로 커뮤니티라는 표현을 그대로 사용하였다.(역자 주)

## 랜드마크 : 환영하고 포용하는 도서관 분위기

환영하고 포용하는 도서관 환경을 만드는 것은 모든 주민들에게 봉사를 제공하려는 여정에서 가장 효과적이고 눈에 잘 보이는 랜드마크 중의 하나이다. 환영하고 포용하는 도서관 환경의 특징은 다양성에 대한 헌신과 노력이 겉으로 두드러지지 않더라도 도서관 서비스 속에 자연스럽게 포함되어 있는 것이다. 도서관으로 걸어 들어와 이용자들이 도서관 안의 무료 와이파이(WiFi)를 이용하여 스카이프(Skype)[4]에서 다양한 언어로 친구나 친척들과 대화하는 것은 도서관의 우호적인 속성을 이용자들에게 보여주는 훌륭한 방법이다.

도서관이 속한 지역사회의 인구 구성을 반영하는 다양한 언어로 된 환영 안내표지의 제공은 대중들에게 자전거 거치대를 제공하는 것만큼 자연스러운 것이다. 화장실, 무인 정보 단말기(information kiosk), 도서 반납대, 쓰레기통, 재활용 휴지통, 기타 등의 기본 편의시설을 나타내고자 사용되는 세계 공통적인 그림 안내는 언어 장벽을 없애는데 도움이 된다. 마틴 루터 킹 데이(Martin Luther King Day)이나 싱코데마요(Cinco de Mayo)[5]와 같은 특별한 기념일을 축하하는 특별 전시회들을 통해 목표대상 특정주민들을 위한 아웃리치를 촉진하는 것과 마찬가지로 도서관 정보자원의 대한 일상적 홍보활동에도 포용의 개념을 적용해야 한다. 언어별 장서와 정보원을 위한 이중 언어의 안내표지 사용을 통해 장서에 대한 접근을 제공해야 한다.

이러한 포용적 환경은 도서관 웹사이트와 온라인 목록과 같은 디지털 공간에도 적용될 수 있다. 흥미로운 그래픽 정보들을 포함시킨 글자가 많은(text-heavy) 웹사이트에서 벗어나는 것도 다양한 배경의 이용자들을 끌어들이는 좋은 방법이다. 다국어로 된 도서관 웹사이트의 보유는 도서관을 이용하는 다양한 언어의 이용자들이 있음을 의미한다. 그리고 다양한 언어로 된 목록의 보유는 그들을 포용하려는 진정한 책무를 수행함을 의미한다. 성공적인 도서관들은 이 같이 중요한 디지털 접근 포인트에 대한 계획을 수립한다. 이것은 포용적 환경에 대한 중요한 지표가 된다.

---

4) 인터넷을 통한 무료 화상전화(역자 주)

5) 5월 5일에 벌어지는 싱코데마요는 과거 전쟁에서 멕시코가 승리한 것을 기념하는 멕시코에서 가장 중요한 국경일(역자 주)

## 능력개발 활동 : 우호적이고 포용적인 사람으로 거듭나기

1. 당신의 도서관이 속한 지역사회에서 사용되는 여러 언어로 "안녕하세요."와 "안녕히 가세요."와 같이 보편적인 문구들을 익히도록 하라.
2. 당신의 도서관에 있는 외국 언어 학습 소프트웨어를 사용하라. 다른 언어로 의사소통하기 위해 기본적인 개념들을 이해하는데 쏟아 붓는 노력을 진정으로 이해할 수 있을 것이다.
3. 세계 식료품 가게와 같은 장소를 방문하고 그곳의 안내표지, 점원이 제공하는 여러 서비스, 그리고 식료품점을 이용하는 사람들과 계산대와 다른 곳의 직원들 사이의 바디 랭귀지(body language) 등에 주목하라.
4. 지역 내 초등학교, 도서관, 커뮤니티 칼리지(community college)[6] 등에서 진행 중인 ESL (English as a Second Language) 수업에 참가하라.

## 랜드마크 : 양질의 도서관 프로그램들

다문화 프로그램의 제공 여부는 한 도서관이 신뢰성 있는 서비스를 제공하는지에 대한 핵심 지표이다. 다문화 프로그램들은 많은 거주자들을 도서관으로 유도하고, 자기 자신과 지역사회, 그리고 더 큰 세계에 대해 배울 수 있는 기회를 제공함으로써 지역사회에 대한 관심을 높일 수 있다. 프로그램의 계획과 제공과정에서 문화적 감수성 구성요소들을 포함시키는 것은 모든 주민들이 환영받는 기분을 느끼도록 하고, 적극적으로 참여하게 만드는데 있어 중요하다. 문화적으로 다양한 주민들에 대한 포용성을 반영하는 도서관 프로그램을 개발하는데 필요한 자원과 도구들을 사용한다면 의미 있는 서비스 제공으로 이어질 것이다. 예를 들어, 세계 여러 나라의 경축일이 포함된 다양성 달력(diversity calendar)은 도서관의 프로그램들을 계획하는데 있어 편리한 자원이다. "세계 여러 나라의 경축일"이라는 프로그램은 단지 그 경축일과 친숙한 그 민족 집단만이 아니라 지역사회의 모든 사람들에게 각 나라의 경축일에 대해 배우고 참여할 수 있는 기회를 제공할 때 가장 성공적이다. 이 프로그램을 제공하는 직원이 그 경축일의 중요

---

6) 미국의 커뮤니티 칼리지는 대부분이 공립(주립)이며, 커뮤니티라는 표현처럼, 그 지역의 주민, 세금을 내고 사는 사람들에 대한 고등 교육 및 평생 교육의 장으로 마련되고 있는 2년제 대학이다. 주로 전문 교육과 직업 훈련 과정 등 다양한 분야의 전문 기술을 배운다. 또한, 대학 진학 준비 과정도 있다. 교양 과목과 전문 기초 등 대학 스킬을 배운다. 학부 3학년 편입을 위한 아카데믹 과정과 예비 과정이 있는 것이 특징이다.(한국 위키피디아, 역자 주)

성에 대해 소개를 먼저 시작하고 이어서 상호작용적 활동들이 제공될 때, 배움이 생겨난다. 여러 언어로 제공되는 프로그램 평가와 피드백 양식은 참석한 모든 집단들이 대화에 참여할 수 있도록 만들고 모든 사람으로부터 진정한 요구를 들을 수 있는 기회를 제공한다.

동화구연, 컴퓨터 수업, 독서 클럽 등과 같이 중요한 프로그램들을 이중 언어로 제공한다면, 중요한 문해력과 능력개발(skill-building)에 관한 정보자원에 대한 접근을 보장할 수 있다. 모국어로 프로그램을 제공하는 것은 도서관이 특정 주민 집단에게 봉사하는 자신의 헌신적 책무를 알리는 또 다른 방법이다. 비 지배적인(nondominant) 언어로 어떤 프로그램을 제공할 경우 가끔씩 도서관 내부에서 갈등이 야기될 수 있다. 성공적인 도서관들은 직원들의 성장을 도모하여 직원들이 이러한 의사결정을 둘러싼 철학을 이해하고, 만일 그러한 의사결정이 도전받게 될 때 거기에 대해 설명할 준비가 되어 있다. 지식을 구비한 직원들은 이해로 이어지는 다리를 놓을 기회를 만든다.

## 능력개발 활동 : 다양성이 있는 커뮤니티를 위한 프로그램 준비

1. 싱코데마요 경축일이나 당신이 속한 지방자치단체가 주최하는 다른 문화적 경축일에 참여하라. 행사의 하이라이트와 참가자들의 구성에 주목하라. 한 걸음 더 나아가 누가 이런 문화적 행사들을 진행하는지에 대해 질문하고, 그 사람과 만나는데 관심이 있음을 표현하라.
2. 당신의 도서관에서 주최한 문화 행사들에 참여한 비 영어 사용자와 그 자녀들과 대화하는 데 있어 시간적 여유를 가지도록 하고, 그들에게 그 프로그램에서 어떤 것이 좋았는지를 질문하라.
3. 일본 축제나 용 축제(Festival of the Dragons)와 같이 특정한 민족 집단이 매년 개최하는 문화적 축하행사에 참가하라. 사람들이 서로 어떻게 상호작용하는지, 그리고 무엇이 그들을 참석하게 했는지를 관찰하라.

## 당신의 여정에 있어 다음 단계 : 당신의 능력을 활용해 당신이 속한 조직을 이끌기

우리는 당신 스스로, 그리고 당신의 조직 안에서 문화적 역량을 구축하기 위해서는 계속적인 노력이 필요함을 이해하고, 여정을 진행하면서 지켜봐야할 성공의 랜드마크들에 대해 새롭게 이해하기를 희망한다. 다문화 주민들에 대한 봉사의 핵심은 이 여정은 계속 진행되며, 동시에 구불구불하다는 점을 이해하는 것이다. 도서관을 이용하는 다문화 주민들에 대한 인식과 포용성이 도서관의 전략적 사업들 속에 통합될 때, 지역사회의 모든 사람들에게 봉사를 제공하는 그 도서관의 헌신과 진정성이 드러난다. 또한 도서관 비이용자들이 도서관 이용자로 바뀌도록 권장할 필요가 있다.

우리 자신의 개인적 성장과 변화하는 글로벌 사회에 대한 이해 등에 관련된 새로운 과제들을 설정하는 것은 우리의 전략적 계획뿐만 아니라 우리의 일상적 경험의 일부가 되어야 한다. 탐험가들이 오래된 목적지와 새로운 목적지 모두에 대해 항상 새로운 경로를 추구했듯이, 우리들은 다문화 주민들에게 봉사하는 표준적인 방식에 도전하고 싶다. 우리는 지역사회와 연결될 수 있는 혁신적이고 신명나는 방법들을 찾고 싶다. 나아가 다문화 주민들에 대한 우리의 서비스들은 더 큰 범위에서 글로벌 커뮤니티들과 연결되기 위한 도약대가 되기를 희망한다. 새롭고 창의적인 협동과 협력을 더 많이 추구할수록, 우리는 신뢰성 있는 서비스들을 더 많이 제공할 수 있다.

## 준비되었는가?

도서관의 미래에 대해 생각할 때, 우리는 다양하고 다문화적인 주민들에 대한 봉사을 통해 어떻게 이용과 접근을 확장하는 완전히 새로운 길을 열 수 있는지에 대해 생각하지 않을 수 없다. 도서관 서비스에서 설레는 새로운 미래는 다문화 주민들에게 봉사할 기회를 붙잡은 당신과 같은 챔피언들을 기다리면서 저 앞에 와 있다. 우리가 우리 스스로에게 도전한 것처럼 봉사를 제공하는 지역사회를 신뢰성 있게 반영하는 광범하고 포용적인 도서관 서비스를 창출하는 데 도전하기를 당신에게 권한다.

# 깜짝 파티는 없다. 커뮤니티 연계가 중요하다

테레사 보리유

여러 TV 시트콤 프로그램에서 진부한 줄거리 중 하나는 깜짝 파티이다. 당신의 생일에 직장동료 몇 명이 당신을 위해 깜짝 파티를 하기로 결정했다고 상상해보라. 긴장감이 생기는 이유는 단지 깜짝 파티의 비밀을 지키는 것 때문만은 아니며, 그 동료들은 당신이 깜짝 파티를 좋아하는지 또는 깜짝 파티를 아주 싫어하고 나이를 먹는 것에 대해 생각하는 것조차 싫어하는지를 모르기 때문이다.

이와 같은 깜짝 파티 시나리오는 도서관이 다문화 프로그램을 준비하는 과정에서 대상으로 고려한 이용자들을 참여시키지 않은 채 준비하는 것과 같다. 당신이 대상으로 고려한 이용자들을 참여시키지 않은 채 다문화 프로그램을 준비한다면, 당신이 그 대상에 대해 충분히 알지 못하므로 성공적인 결과를 보장할 수 없다. 다문화 커뮤니티와의 연계가 없다면, 당신은 그들이 부동산 개발 강좌나 홀로코스트 생존자의 강연, 또는 소아 천식의 원인에 관한 강의에 더 많은 관심이 있는지 확신할 수 없다. 결론적으로, 당신이 도서관에서 깜짝 파티 성격의 이벤트를 주최한다면 좋은 반응을 얻지 못할 수도 있다.

행사 계획자들은 커뮤니티와의 연계가 없는 것에 대해 2가지의 공통적인 반응들을 보일 것이다. 사서와 직원들은 9명이 어떤 프로그램에 참가한 것을 보고 첫 시도치고는 꽤 괜찮은 결과라고 생각하는 반응을 보일 수 있다. 심지어 그들은 자신들의 노력이 인정받지 못한 것에 대해 대상으로 고려한 이용자들을 비난하는 반응을 보일 수도 있다. 그러나 장기적 관점에서 더욱 효과적인 해결책은 깜짝 파티식 접근방법을 포기하고, 봉사대상이 어떤 관심을 가지고 있는지, 봉사대상이 도서관 서비스에 관한 실제 요구는 무엇인지를 알아보기 위해 해당 다문화 커뮤니티와 함께 일하는 것이다. 다문화 행사 계획에 대한 깜짝 파티식 접근방법을 포기함으로써 당신은 커뮤니티와의 연계를 위한 접근방법을 자유롭게 이용할 수 있으며, 이를 통해 소속 도서관에 훨씬 더 좋은 결과를 가져올 것이다.

포괄적으로 말하자면, 커뮤니티와의 연계는 관계형성을 필요로 한다. 관계형성을 위해 당신은 책상에서 나와 다문화 커뮤니티로 들어가 그들과 만나고, 상호작용하며, 네트워크를 형성하기 위해 노력을 해야 한다. 이 글이 특히 다문화 협력관계에 관련된 것이기 때문에, 여기에서 말하는 커뮤니티 연계는 공동의 목적을 위해 상호 이익이 되는 협력관계에 있는 다문화 관련 기관들과 협업하는 것을 의미한다. 도서관과 다문화 커뮤니티 등 두 파트너는 그들의 기량, 지식, 능력을 함께 모으고, 공유된 목표를 위해 함께 노력한다. 그리고 커뮤니티와의 연계는 1회성 업무가 아니라 장기적인 업무이다. 사실, 당신이 찾는 것이 1회성 기금 후원 파트너라면 커뮤니티와의 연계는 당신에게 필요한 것이 아닐 것이다. 커뮤니티와의 연계는 상호 우호관계를 형성하고 유지하는 것이라 할 수 있으며, 한 파트너와 함께 나이를 먹어가는 것과 비슷하다. 당신은 이러한 파트너를 잘 알기 때문에, 당신의 파트너가 깜짝 파티를 좋아하는지 아닌지를 당신은 확신할 수 있다.

커뮤니티와의 연계와 관련하여 기억해야 할 여러 요소들을 정리하면 다음과 같다.

- 이용자 중심적으로 사고하라. 해당 다문화 커뮤니티 단체가 당신의 도서관을 위해 할 수 있는 것에 초점을 두기 보다는 당신의 도서관이 해당 커뮤니티  단체를 위해 무엇을 할 수 있는지에 초점을 맞춰라. 예를 들어, 해당 커뮤니티 단체가 도서관에서 개최되는 행사에 관심을 가지지 않거나 또는 도서관의 자료들이 그들에 적합하지 않다면, 아무리 도서관의 출입자 수나 다른 도서관 통계 수치가 증가하더라도 그것은 해당 커뮤니티 단체를 위해 전혀 이익이 되지 못한다.
- 열린 자세와 유연성을 가져라. 당신은 새로운 방법으로 일하는 것을 배우게 될 것이고 또한 새로운 고객에게 봉사하게 될 것이다. 이것은 당신의 도서관에게 있어 새로운 모험이 되므로 당신은 새로운 서비스를 실시하고, 기존에 사용했던 것과 다른 유형의 정보원들을 수집하고, 다른 방법으로 소통하는 것에 동의할 필요가 있다.
- 의사소통을 위한 여러 경로를 개설하라. 열려 있는 빈번한 대화, 토론, 소통은 좋은 관계형성에 큰 도움이 된다. 당신의 새로운 파트너와 공식적, 비공식적인 의사소통 경로를 구축하도록 노력하라. 여기에서 생길 수 있는 잠재적 어려움은 도서관 건물에서 실제로 나

오는 것인데, 소속 도서관의 정책이 도서관 건물에서 벗어나는 것을 쉽게 허용하지 않는다면 특히 더 어려울 수 있다. 커뮤니티와의 연계는 정말로 그 커뮤니티 안에서 더 많은 시간을 보내는 것을 필요로 한다.

- 상호 존중을 보여라. 당신의 새로운 파트너에 대해 공부하고, 파트너에게 당신과 당신이 속한 도서관에 대해 알려주도록 하라. 그러면 당신은 각자가 다른 지식, 다른 능력, 그리고 다른 일하는 방법들을 가지고 있다는 것을 알게 될 것이다. 상대를 변화시키려고 노력하기 보다는 서로의 차이점을 존중하라.
- 공유된 비전을 창출하라. 당신은 한 그룹에서 분리된 상태가 아니라 한 그룹의 일부로 계획을 수립할 것이다. "한 명의 머리보다 두 명의 머리가 낫다"는 말은 단지 상투적인 문구가 아니다. 공유된 비전의 창출은 프로젝트에서 상호 지적 능력을 보강해 줄 뿐만 아니라 서로 한 팀으로 만들어준다.

위의 방법들은 손쉬운 출발점들이지만, 커뮤니티와의 연계에 관해 일부만을 다루고 있다. 한결같이 적용되지 않는다면 당신의 노력은 망쳐질 수 있다. 예를 들어, 지역의 어떤 공공도서관이 다문화 학생들을 위해 오랫동안 유지되어 온 정보 리터러시(information literacy) 수업의 참가 학생 수가 갑자기 줄어들었다고 하자. 한 교사와의 전화통화를 통해 학교와 학생들은 그 수업에 매우 관심이 있다는 것을 확인했지만 수업 참여자 수는 계속 줄어들었다. 그 교사와 더 깊은 대화를 통해, 교사와 학생들은 그 수업의 참여하기를 희망하지만 예산감축으로 인해 현장견학(field trip) 예산이 감축되어 그들이 도서관으로 오지 못한다는 것을 알게 되었다. 상호간의 의사소통 경로들이 지속적으로 유지된 것은 아니었지만, 그러한 문제는 약간의 인내, 유연성, 새로운 사고를 통해 개선될 수 있었다. 도서관과 학교 양쪽이 참여한 소규모 브레인스토밍을 통해 여러 잠재적 해결방안들이 제시되었다.

- 학생들은 현장견학 버스 비용을 지불할 수 있을 것이다.
- 학생들은 토요일에 자가 소유의 교통수단으로 도서관에 올 수 있을 것이다.
- '도서관의 친구' 그룹은 현장견학 버스 비용을 지불할 수 있을 것이다.
- 도서관 방문은 지역 내 다른 방문 일정과 연계하여 행해질 수 있을 것이다.
- 그 고등학교에서 도서관 서비스(정보 리터러시 교육)가 제공될 수 있을 것이다.
- 도서관은 학생들을 위해 원격접속을 제공할 수 있을 것이다.

다행히 이 문제를 해결할 여러 가능성있는 방법들이 있었다. 그러나 단지 현재의 문제들에 대한 해결방안 리스트를 마련하는 것만으로는 어떠한 커뮤니티와도 관계를 형성할 수 없을 것이다. 어떤 해결방안이 실현가능한지를 알기 위해서, 성공적인 사서는 커뮤니티 연계의 구성요소들을 알고 있을 뿐 아니라 해당 커뮤니티의 문화에 대해 깊이 이해하고 있을 것이다. 이 문화는 그 커뮤니티의 사회적 맥락을 반영하고 있다.

커뮤니티 연계의 기본적 구성요소들과 함께 그 커뮤니티의 사회적 맥락에 대한 이해, 그 맥락에 대한 주의 깊은 배려는 당신이 장기간 성공적인 협력을 형성하는데 도움이 될 것이다. 어떤 커뮤니티의 사회적 맥락을 이해하고 그 커뮤니티와 효과적으로 연계하기 위한 몇 개의 단계들이 있다. 이 단계들은 필수적이지만 반드시 순차적일 필요는 없고 실제로는 순환될 수도 있다. (1) 당신이 연계하고자 하는 다문화 커뮤니티에 대한 배경조사를 실시하라. (2) 당신이 이루고자 하는 것을 파악하고 잠재적 파트너들을 선택하라. (3) 그 파트너들과 관계를 형성하라. (4) 당신의 파트너들과 공통분모를 발견하라. (5) 관계를 계속 유지하라.

1. 자체적인 배경조사를 실시하고 당신이 연계하고자 하는 다문화 커뮤니티에 대해 충분한 지식을 가지도록 하라. 당신이 알아내기 시작한 강점과 자원들은 당신이 발판으로 삼을 수 있는 잠재적 토대가 될 것이다. 조사와 더불어 많은 관찰이 필요하다. 이를 위해서는 여러 책이나 워크숍 등에서 찾을 수 있는 정형화된 생각들(stereotypes)을 읽는 것보다 실제 체험을 통한 학습이 더 적합하다. 한 커뮤니티의 상황이 어떠한지에 대해 다른 사람의 인식에 기대지 말고 스스로 발견하라. 기록이나 일지를 작성하는 것이 그 과정에서 도움이 될 수 있다. 이것은 또한 상호 존중의 시작이다.

- 그 커뮤니티는 어떤 자산들을 가지고 있는가? 여기에는 주민센터(community center), 기록물 집서들, 강력한 네트워크들, 커뮤니티 내 그룹들이 포함될 수 있다. 커뮤니티 내 그룹들에 대한 최신 정보를 얻고자 한다면, 소식지를 구독하고, 관련된 블로그를 읽고, 단체 또는 개인의 페이스북(Facebook) 페이지와 친구 관계를 맺기를 권한다.
- 지역의 주민센터 또는 커뮤니티 구성원들의 회합 장소를 방문하라. 당신은 자신이 익숙하지 않은 것들에 주목할 수도 있을 것이다. 기록하라. 이러한 인식들은 당신이 그 커뮤니티 구성원이 당신의 도서관에 방문하는 모습을 그려보는데 도움이 될 것이다.
- 그 커뮤니티에 변화는 어떻게 일어나는가? 커뮤니티 리더인 개인 또는 그룹이 존재하는가? 당신의 성공에 필수적인 핵심 관계자를 파악하라.

- 그 커뮤니티는 과거에 당신이 속한 도서관이 수행한 사업들에 대해 어떤 생각을 가지고 있는가? 그 커뮤니티가 이러한 도서관 행사들을 성공한 것으로 보는가? 아니면 실패한 것으로 보는가? 그 커뮤니티가 과거 도서관의 활동들을 신뢰하지 못한다면, 견고한 관계를 형성하는데 더 많은 시간이 걸릴 수 있을 것이다. 불행히도, 어떤 이유에서든지, 신뢰하지 못하는 파트너(도서관)들은 존재하며, 그런 파트너들의 행동은 그 커뮤니티가 그들(도서관들)을 어떻게 인식하는지에 영향을 미쳐 왔다. 사례를 살펴보면, 어떤 군립 공공도서관은 한 미국 원주민 부족 커뮤니티에 대한 인구통계를 사용하여 기금 신청을 하였다. 기금은 확보되었고 계속 유지되었음에도, 그 미국 원주민 부족 커뮤니티에 서비스를 제공하기로 했던 이동도서관은 단기간만 운영되었다. 이 경험은 그 부족과 공공도서관간의 관계에 상당한 부담을 안겨 주었다.
- 자신만의 고유한 문화적 역량을 확보해야 한다. 아무도 이것을 대신 확보해줄 수 없다. 문화적 역량은 기본적으로 다른 사람들에 대한 풍부한 이해를 필요로 한다. 그리고 당신이 목표로 한 커뮤니티와 연계하기 위해 요구되는 문화적 역량과 편안함을 개발하기 위해서는 당신의 문화적 관점이 당신의 인식에 어떻게 영향을 주는지를 이해할 필요가 있다. 만일 마음속으로 자신이 속한 그룹의 바깥에 있는 사람들과 일하는 것을 싫어하거나 불편하게 느낀다면, 그것은 다른 사람에게 그대로 드러날 것이다.

2. 협력관계를 통해 당신이 무엇을 이루고자 하는지 잘 알고 있어야 하며, 그래야 함께 일하는 과정에서 잊지 않게 된다. 커뮤니티 그룹들이 그들의 자원을 어디에 집중시키는지 살펴보고, 당신의 목표와 가장 잘 일치하는 것은 무엇인지 검토하라. 그리고 연계를 위한 최선의 잠재적 파트너들을 선택하라.

- 당신이 제안한 어떤 사업 리스트가 도서관의 목표와 부합할 수 있도록 당신이 소속된 도서관의 목표들을 검토하라.
- 잠재적 협력관계를 통해 당신이 이루고자 하는 목표 리스트를 만들어라. 만일 당신이 특별한 필요조건들을 가지고 있다면, 아마 사업비 때문이겠지만, 이 필요조건들을 특정 활동으로 규정하지 말고, 최종 산출 단계에서 포괄적으로 규정하라. 이렇게 하면 동일한 결과물을 얻기 위해 다른 대안적 방법들을 찾기가 더 수월해 질 것이다. 예를 들어, 당신이 하나의 목표로 "5명의 학생이 도서관의 정보 리터러시 수업에 참여할 것이다"와 같은 방식의 산출 측정도구를 사용한다면, 융통성을 가지기가 매우 어렵다. 그러나 "학생들은 신

뢰성을 위해 인터넷 사이트를 평가할 것이다."와 같이 산출물들을 포괄적으로 고려한다면, 당신은 목표 달성 방법에 있어서 더 많은 융통성을 가질 수 있다. 당신 스스로를 틀에 가두지 말라. 만일 당신이 특별한 필요조건들을 가지고 시작하지 않는다면, 당신은 더 많은 융통성을 가질 수 있다.

- 당신의 도서관과 가치를 공유해온 집단들을 발굴하라. 이 활동은 당신이 공동의 기반을 더 쉽게 찾을 수 있게 만들어 준다. 예를 들어, 지역의 주민센터가 방과 후 프로그램을 운영하거나 성인교육반이나 대중강연을 실시한다면, 이는 주민센터가 당신이 속한 도서관과 가치를 공유하고 있음을 알려주는 좋은 지표가 된다.
- 당신이 속한 도서관의 가치와 조화를 이루고 있고, 도서관 서비스에 관심을 가진 핵심 관계자들을 만나서 함께 일하기에 적합한지, 협력관계 형성에 관심이 있는지를 알아보라.

3. 커뮤니티의 협력자 또는 협력 단체들과의 관계형성을 시작하라. 이러한 협력관계는 앞으로 나아가는데 있어 필수적이다. 커뮤니티와 당신 사이의 일상적인 대화에서도 과거에 그 커뮤니티가 당신의 도서관과 얼마나 상호작용해왔으며, 그것에 대해 어떻게 인식하고 있는지를 잘 알 수 있는데, 이러한 대화는 당신이 목표로 한 이용자들에 대한 큰 그림을 그리는 것을 도와줄 것이다.

- 당신이 잠재적 파트너들로 고려하고 있는 다양한 커뮤니티 집단에 참여하라. 당신은 지금까지 배경지식이 되는 정보들을 찾는 것을 진행해 왔다. 이제 다음으로 잠재적 파트너들의 모임에 참여하라.
- 의사소통 경로 개설을 시작하라. 그들에게 당신의 연락처나 명함을 제공하라. 당신의 도서관에 대해서 그들과 대화하라. 당신의 도서관에 대해 평소 그들이 어떻게 생각하는지를 파악하도록 하라.
- 해당 커뮤니티에 참여하라. 당신은 모임에 다과를 가져오거나 일화(anecdote)들을 공유할 수 있다. 당신이 가진 전문지식이나 정보자원들을 활용하여 자원봉사에 참여하라. 어떤 문제의 해결을 돕는 것보다 좋은 신뢰와 우호관계를 더 잘 보여주는 것은 없다.
- 신뢰를 형성하라. 그들이 도서관으로 오는 대신, 그들이 있는 지역에서 커뮤니티 집단들과 만나도록 하라. 과거 다른 사람에 의한 신뢰의 훼손이 업무를 더 힘들게 만들 수 있음을 명심하라. 투명성, 정직, 선의, 인내가 당신을 도와줄 것이다.

- 상호존중을 실천하라. 당신의 도서관에 누군가 왔을 때, 그가 어떻게 느낄지를 상상하라. 그들을 편안하게 만들어 줄 무언가가 있는가? 도서관 내의 예술품들(artwork)을 확인하라. 예술품들은 당신의 잠재적 이용자들이 긍정적으로 인식되도록 표현하고 있는가? 그들의 관심사를 반영하는 정보자원과 전시물들은 있는가? 그들의 언어로 된 정보자원과 안내 표시들을 가지고 있는가? 당신이 표면적 변화를 원하는 게 아니라면, 이러한 일들은 장기적인 과정으로 진행될 수 있다. 당신의 노력 없이 그 이용자들은 저절로 편안하게 느끼지 않는다는 것을 명심하라.

4. 열린 자세와 융통성을 가지고 공유된 비전을 개발하라. 양측이 공유한 목표들을 충족시킬 수 있고, 양측이 관심 있는 어떤 프로젝트를 개발할 수 있도록 함께 일하라. 항상 목표대상 이용자들을 유념하고, 그들의 목소리가 존중되고 반영될 수 있도록 보장하라.

- 그들이 지금 어떤 형태의 업무들을 수행하고 있는지, 그들이 달성하고 싶은 것들은 무엇인지, 그들이 그들의 목적 달성을 위해 이미 확보하고 있는 것들은 무엇인지 질문하라.
- 해당 커뮤니티가 도서관 서비스와 도서관과의 협력에 관해 가지고 있는 요구가 무엇인지 질문하라. 당신이 속한 도서관의 자원들이 커뮤니티 사람들에게 이용될 수 있다는 사실이 그들에게 처음부터 명확하게 드러나지 않을 수 있다. 당신은 커뮤니티와 도서관 자원들을 서로 친숙하게 만들고, 도서관의 서비스, 장서, 건물에 대한 커뮤니티의 반응을 확인할 수 있도록 향후 도서관 내에서 커뮤니티 모임을 개최하여 서비스의 일부를 시연할 수도 있다.
- 관찰이나 직접 참여하여 얻은 커뮤니티에 대한 지식을 보완할 수 있는 설문조사나 인터뷰를 진행하라. 설문지 질문 작성에 도움을 얻기 위해 커뮤니티 구성원들에게 도움을 요청할 수 있다. 인터뷰 대신에 표적집단(focus group)이나 토킹 서클(talking circle)[7]을 구성하여 질문을 할 수 있는데, 어떤 방식을 채택할지는 해당 커뮤니티에 어떤 방식이 가장 적합한지를 파악하여 결정한다.
- 설문조사나 표적집단 논의의 결과를 커뮤니티 차원에서 검토할 수 있도록 하라. 이를 통해 최종 보고서의 깊이를 강화할 수 있고 더 많은 논의와 이해를 유도할 수 있으며, 더 많은 아이디어를 제공받을 수 있다. 최종보고서는 공청회, 온라인 게시 등을 비롯한 다양한 방식으로 공유하라.

7) 북미 원주민의 회의 방식 중 하나로, 참여한 모든 사람이 발언하는 집단 커뮤니케이션의 일종이다.(역자 주)

- 참여에 대한 보상을 제공하라. 보상에는 도서관 정보자원에 대한 접근, 도서관 공간의 이용 또는 연구 시간의 제공 등이 포함될 수 있다.
- 당신의 목표들이 어떻게 서로 보완되는지 알아낼 수 있도록 함께 일하라. 당신은 그 커뮤니티 집단이 무슨 일을 하고 있는지를 들어왔고, 설문지나 인터뷰를 통해 그 커뮤니티 집단에 대한 데이터를 가지고 있다. 이러한 노력의 결과물들을 결합시킬 방법에 대해 브레인스토밍을 실시하라. 브레인스토밍이 느리게 진행된다면, 도서관이 다른 커뮤니티 집단들을 위해 이미 수행하고 있는 활동들의 리스트가 도움이 될 수 있다. 단, 이 리스트가 당신의 생각을 제한해서는 안 된다.
- 흔쾌히 협의하고, 위험을 감수하며, "예"라고 말하라. 좋은 아이디어를 듣게 되었다면, 그것을 꼭 붙잡도록 하라. 다른 사람들의 열정을 지원하라. 하지만, 마치 볼트와 너트의 결합이 바퀴를 굴리는 것처럼, 상호간에 균형을 잡을 수 있어야 한다. 그러니 과도한 약속은 하지 말라.
- 양해각서(MOU) 또는 다른 적합한 방법으로 협력하는 것에 대한 합의를 공식화하라.

5. 커뮤니티와의 연계의 초점이 당신의 도서관과 해당 커뮤니티의 협력관계에 있기 때문에 관계 유지에 대한 지속적 관심은 필수적이다. 이 단계는 파트너와의 소통 창구를 유지하는 것 이상이 필요하다. 여기에는 한 차원 더 높은 단계로 협력관계를 발전시키는 것과 공유된 비전의 성공을 축하하는 것 등이 포함된다.

- 업무 연락 담당자에 대한 정보뿐만 아니라 당신이 만난 사람들의 연락처를 보유하라. 모든 모임과 면담, 기타 여러 가지에 대해 감사의 인사를 전하라.
- 해당 커뮤니티에 정보를 계속 제공하라. 잠재적인 기금 신청 기회, 당신이 우연히 생각한 프로그램 아이디어, 또는 그 커뮤니티가 정말로 관심을 가질만한 도서관이 현재 진행하고 있는 행사 등과 같은 정보를 제공하라. 도서관 인터넷 사이트에 대한 접근이 가능한지를 파악하라. 당신의 새로운 파트너가 당신의 도서관과 함께 보조금 신청서에 서명했다면, 그의 진행과정에 대한 보고서와 최종 보조금 승인 보고서의 복사본을 파트너에게 제공하라.
- 커뮤니티 조직이 도서관의 계속적인 발전에 참여할 수 있는 방법을 모색하라. 여기에는 도서관 내 각종 위원회들에 참여하도록 하거나 강연 행사에 강연자로 초청하거나 또는 도서관이 개최하는 전시회에 파트너로 참여하는 방법들이 포함될 수 있다. 또한 도서관

홈페이지에 게시물을 작성할 수 있도록 만들어, 커뮤니티 구성원들의 의견이 잘못 전달되지 않고 각종 의견과 제안을 제시할 수 있도록 해야 한다.

- 도서관의 자원봉사자 모임, 도서관의 친구 모임, 그리고 도서관 직원들이 커뮤니티에 참여할 수 있는 방법들을 모색하라. 여기에는 위에서 언급한 방법들이 역으로 적용될 수 있는데, 예를 들어, 지역사회 위원회 참여, 강연 참여, 커뮤니티에 대한 자료 생산 등이 가능하다.
- 당신과 당신의 파트너가 성취한 것들을 인정하고 존중하라. 여기에는 시상식, 송년회, 소식지 또는 소셜 미디어를 통한 공표 등이 포함된다. 또한 지역 언론매체에 협력 관계 및 그의 성공에 대한 보도 자료를 배포할 수 있다.

마지막으로, 위의 세부 항목에서 다 언급하지 못한 많은 커뮤니티와의 연계 방법들이 존재한다. 다 언급하지 못한 이유는 다른 사람들과 함께 일하는 것은 글로 표현될 수 있고, 그래서 그것을 따르는 것이 쉽게 보일 수 있지만, 그것을 적용하는 것은 정말로 어렵기 때문이다. 협력관계에 있는 파트너의 문화를 이해하기 위해서는 시간이 필요하다. 당신의 관점에서 보이지 않아 놓치는 일들도 생길 것이고, 그 일들을 해결하기 위해서는 당신의 최선의 판단과 사람들의 역량도 필요할 것이다. 다문화 커뮤니티 파트너와 함께 일하고 그들과 연계하는 것은 쌍방의 양보, 애정과 돌봄, 시간을 필요로 한다. 당신이 그들과의 연계 단계에 도달하게 되면, 당신은 그들이 깜짝 파티를 좋아하는지 아닌지를 알게 될 것이다.

# 샬럿 멕크렌버그 도서관의 국제자문위원회

메릴 레너드

어떤 이상적인 지역사회에서, 도서관 직원들은 그 지역사회의 다양성(diversity)을 반영하고 있을 것이다. 다양성을 가진 도서관 직원들은 외국 출신 주민들이 정기적인 도서관 이용자가 되는 것을 가로막는 언어적, 문화적 장애물들을 극복하는데 도움을 줄 것이다. 미국 전역의 도서관들이 심각한 예산 삭감에 직면한 상황에서, 도서관 직원의 다양성은 고려사항이 되지 못할 수 있다. 하지만 당신의 도서관에 국제자문위원회(International Advisory Committee)를 설치한다면 지역사회의 외국 출신 주민들에게 다가가서 봉사할 수 있는 자유롭고 창의적인 방법을 발견할 수 있을 것이다.

## 목적

샬럿 멕크렌버그 도서관(Charlotte Mecklenburg Library)은 지역사회의 다양성을 반영할 책임성에 대해 항상 인식해왔으며, 다양성에 대한 책무를 우리 도서관의 2009-2012 전략적 계획 중 일부로 포함하였다. 2009년 우리 도서관의 관리자들과 이사회는 다문화 인식과 글로벌 인식을 개발하기 위한 특별한 목표들을 설정하였다. 이 목표들은 도서관 서비스와 프로그램, 장서 등에 지역사회의 다양성을 반영하는 것과 관련되어 있었다. 이 책무는 계속 진행되어, 최근의 2012년 전략적 계획 내에 다시 포함되었다.

우리 지역의 다양한 주민들의 요구를 충족시키고 필요한 정보와 정보원에 대한 접근을 더욱 잘 제공하기 위해, 샬럿 멕크렌버그 도서관은 자원봉사자들에게 지원을 요청하여 국제자문위원회를 결성하였다. 국제자문위원회는 우리 도서관의 서비스를 위한 하나의 지표라고 할 수 있다. 국제자문위원회는 "우리 도서관의 장서와 서비스는 다문화 주민의 요구를 충족하고 있는가?"라는 질문을 스스로에게 던진 후 세 가지의 다른 전략들(조언, 지지, 특정 프로젝트)로 응답하고 있다.

국제자문위원회는 도서관의 서비스, 프로그램, 장서 등이 글로벌 인식과 지역사회의 문화적 다양성을 반영하는지에 관해 조언하고 있다. 국제자문위원회는 서비스와 프로그램에 대한 피드백을 제공하며, 도서관과 외국인 커뮤니티 사이의 네트워크 구축을 촉진시킨다. 예를 들어, 국제자문위원회는 우리 도서관이 '북미 원주민 역사의 달(Native American History Month)'을 기념하는 프로그램과 서비스를 시행하는 과정에서 중요한 역할을 수행하였는데, 우리 도서관은 국제자문위원회의 지원을 받아 관련된 지역사회 프로그램과 분관 프로그램을 제공하였다. 국제자문위원회 위원이자 노스캐롤라이나 지역의 원주민 럼비부족(the American Indian Lumbee Tribe of North Carolina)인 바바라 로클리어(Barbara Locklear)는 지역사회 프로그램과 분관 프로그램을 통해 미국 원주민의 역사와 문화에 대한 참가자들의 이해와 인식을 한층 드높였다. 그리고 국제자문위원회의 위원들은 우리 도서관의 특정 프로젝트들을 위해 그들의 시간, 재능, 자원들을 흔쾌히 제공하면서 성공적인 자원봉사를 수행하였다. 국제자문위원회 위원들은 샬럿 멕크렌버그 도서관이 매년 주최하는 '어린이의 날 / 책의 날' 기념행사(Día de los Niños/Día de los Libros)[8)]와 '아시아계 미국인 역사의 달'(Asian American History Month programs) 프로그램, '예술과 함께' 행사(Con A de Arte),[9)] 지구촌 가족 이야기 페스티벌 등에 참여해왔다.

국제자문위원회는 우리 도서관의 비전, 목적, 핵심 메시지를 잘 알고 있는 견문이 넓은 자원봉사자들로 구성되어 있다. 그들은 우리 도서관을 지지하면서, 우리 도서관의 서비스와 프로그램을 적극 홍보한다. 이 위원회는 중요한 예산안 회의기간 동안 이해관계자들과 소통하는데 있어 특히 효과적이었다. 위원들은 우리 도서관을 위해 카운티 행정위원회(the board of county commissioner)의 예산안 회의에 참석하여 발언하였다. 멕크렌버그 카운티는 우리 도서관 최대의 예산원이다. 위원들은 우리 도서관과 함께 일하고, 우리 도서관의 서비스와 우리 지역 외국인 커뮤니티의 성장에 대해 잘 알고 있기 때문에 그들은 도서관을 위해 발언할 수 있는 이상적인 지원자들이었다.

---

8) 영어 번역은 'Children's Day / Book Day'임(역자 주)

9) 라틴계 예술인 기념행사로, 영어 번역은 'With the Art'(역자 주)

도서관을 위한 지지활동은 강력한 도서관 후원자이지만 시간이 나지 않는 자원봉사자들을 위한 이상적인 기회이다. 회의에 참석할 시간이 없거나 또는 분관이나 본관의 프로그램에 자원봉사를 할 시간이 없는 지지자들은 관련 내용을 잘 파악하여, 우리 도서관의 핵심 메시지를 예산지원 기관들, 협력자들, 지역사회 구성원들, 기타 이해관계자들과 공유할 수 있다. 도서관 지지자들은 지역사회 구성원들이 지역사회에서 우리 도서관이 가지는 가치에 대해 잘 이해할 수 있도록 도와줄 수 있다. 이 지지자들은 영어가 모국어가 아닌 사람들이 필요로 하는 외국어 장서와 다른 정보원들의 이용을 장려하는 것은 말할 것도 없고, 교육, 문해력(literacy) 증진, 업무역량 개발 등에서 도서관이 수행하는 역할에 대해 자세히 설명할 수 있다. 이 정보는 이해관계자 특히, 예산지원 기관들뿐만 아니라 우리 지역사회와 그 문화가 낯선 새 이용자들에게도 필요한 것이다.

## 위원회 구성

국제자문위원회가 구성되는 시점에 이미 샬럿 멕크렌버그 도서관은 지역사회 내 여러 국제적 단체들에 적극적으로 참여하고 있었다. 도서관 직원들은 샬럿의 아시아인 상공회의소(Asian Chamber of Commerce)와 라틴계 미국인 협회(Latin American Organizations) 등과 같은 지역 내 국제적 단체들에 회원으로 참여하였다. 우리들은 이들 단체에서부터 국제자문위원회의 위원 섭외를 시작하였는데, 이 과정에서 지역사회의 다양성을 대표할 수 있도록 팀을 구성하고자 노력하였다. 그 외에 우리 도서관 직원들과 샬럿 국제교류센터(Charlotte International House)와 같은 지역사회 단체들도 국제자문위원회에 참여하였다. 국제자문위원회는 1년에 4회의 공식 회의를 개최하며, 매번 회의에서 위원들에게 모든 도서관의 활동과 정책, 그리고 직원 변경 등에 관한 최신 정보를 제공한다.

## 위원회의 장점과 기회

베네수엘라 태생인 이라니아 패터슨(Irania Patterson)은 샬럿 멕크렌버그 도서관의 직원으로 국제자문위원회에 참여하고 있다. 그녀는 "국제자문위원회는 최고의 통찰력을 제공하며, 우리 도서관이 봉사하고 있는 지역사회를 잘 반영하고 있다. 이 위원회는 우리 도서관이 지역사회의 외국인 커뮤니티에 대해 신뢰성 있는 봉사를 제공하게 만든다. 우리 위원들은 외국인 커뮤니티의 문화, 전통, 교육적 요구에 대해 잘 알고 있다."고 말한다. 이 위원회에서 패터슨은 우리 도서관의 외국어 장서 구축을 위해 스페인어 성인용 도서를 추천하는 일 등을 담당하고 있다. 패터슨의 추천은 그녀가 우리 지역사회 이용자들에게서 전달받은 의견과 감상에 기초하고 있다.

샤라디 굴라팔리(Sharadi Gullapali)는 도서관 자원봉사자이며 2009년 국제자문위원회 구성 때부터 위원으로 일하고 있다. 그녀는 주민 대다수가 이 위원회를 통해 다른 나라와 지역의 문화를 접할 수 있다고 생각한다. 이 위원회는 우리 도서관이 지역사회 내 다양한 외국인 커뮤니티들의 요구를 파악할 수 있도록 그 커뮤니티들에 대한 접근을 지원한다. 올해의 계획을 준비하는 회의에서, 그녀는 우리 도서관이 '아프리카계 미국인 역사의 달'(African American History Month)을 위해 전통적이지 않은 프로그램들을 제공하는 것이 어떠냐며 권유하였다. 또한 그녀는 교육과 경력개발에 초점을 둔 프로그램들을 제안하였다. 그녀는 이러한 유형의 프로그램들을 통해 지역사회 구성원들이 아프리카계 미국인의 문화에 대해 더 많이 이해할 수 있다고 믿고 있다.

2010년 이후부터 국제자문위원회는 지역사회 내에 다양한 문화들의 존재를 인식하는데 기여하는 도서관 프로그램을 성공적으로 개최하였다. 2011년 4월에 개최된 '세계 가족 페스티벌'(World Family Festival)에는 300명 이상이 참여하였다. 이 행사는 문학, 예술, 음악, 춤 등을 통해 다양한 문화들에 대해 존중을 표한다. 이 행사를 통해 여러 외국인 커뮤니티들에서 온 많은 참가자들이 도서관 이용증을 발급받았는데, 이후 설문조사에서는 행사 참가자들이 도서관을 다시 방문하고 있으며, 그들은 우리 도서관이 더 많은 문화적 활동과 프로그램을 주최하기를 원하는 것으로 파악되었다. 국제자문위원회 위원들은 다양한 문화권에서 수준이 높고 경험이 많은 공연자들을 모집하고 추천하는 과정에서도 성공적으로 활동하였다. 프로그램에 대한 참가자의 수와 그들의 긍정적인 커뮤니티의 반응으로 인해, 우리 도서관은 이 페스티벌을 정기적인 행사로 개최하기로 결정하였다.

## 과제

지역사회의 다양성을 반영하는 위원회를 유지한다는 것은 어려운 과제이다. 도서관 직원들은 지속적으로 국제자문위원회의 위원들, 특히 남성 위원들을 모집하고 있다. 이 어려운 과제를 거들기 위해, 우리 도서관은 부위원(adjunct committee member)들을 모집하였다. 이들은 자원봉사자로, 자신들의 전문영역에서 재능을 기부하였다. 지역 내 학교에서 일하는 한 부위원은 우리 도서관의 문화프로그램과 활동들에 대해 수천 명의 학생과 교사들에게 홍보하는 방법으로 국제자문위원회를 지원하였다. 그 외에도 이 봉사자는 도서관의 특정 프로젝트에도 참여하고 있다. 우리 도서관이 매년 주최하는 '어린이의 날 / 책의 날' 기념 행사기간 동안 그는 서로 다른 나라 출신의 주민들이 자기 나라의 고전 동화를 읽어주는 "세계의 신데렐라" (Cinderella around the World)라는 프로그램을 준비하였다. 이 활동은 우리 도서관의 행사의 가치를 높였고, 지역사회의 여러 파트너들을 참여시켰으며, 우리 도서관의 자원봉사자들이 자신의 스케줄에 맞춰 의미있는 방식으로 참여할 수 있게 하였다. 또 다른 헌신적인 자원봉사자는 최근 다른 곳으로 이사를 갔음에도, 우리 도서관을 위해 기부금이나 다른 예산 지원 기회를 찾아보면서 계속하여 이 위원회를 지원하고 있다.

## 시작하기

약간의 계획과 지원만 있다면 당신의 도서관에서 국제도서관위원회(an International Library Committee) 같은 조직을 구성하는 것은 그리 어렵지 않을 것이다. 투자 대 수익을 고려한다면 충분히 노력할 가치가 있다. 당신은 의미있는 방식으로 자원봉사자들을 활용하고 있고, 지역사회의 요구들을 파악하여 해결하려고 애쓰고 있으며, 계속 변화하는 지역사회에 적합한 방식으로 노력하고 있다. 시작단계에서 고려할 사항들은 다음과 같다.

- 지역사회의 요구들을 파악하라. 요구를 파악하고 잠재적 자원봉사자들을 파악하기 위해 표적집단을 구성하라.
- 직무기술서를 작성하라. 당신의 자원봉사자들이 정확하게 그들의 할 일과 일할 기간에 대해 알도록 하라. 선택항목을 포함시키는 것을 잊지 말라.
- 직원들에게 기회를 제공하라. 대중들과 일한 직원들은 외국인 커뮤니티의 요구에 대한 통찰력을 가지고 있다.
- 외국인 주민에게 봉사하는 다른 조직들과 협력하라.
- 도서관 관리자층을 포함시켜라. 도서관 고위층부터 참여하도록 하라.
- 당신의 이야기를 말하라. 사진, 블로그, 다른 소셜 미디어 등을 이용해 당신의 업무와 효과에 대해 자세히 말하라.

- 측정 가능한 목표들을 설정하라. 이해관계자들에게 위원회의 가치와 영향에 대해 보여줄 수 있어야 한다.
- 통계를 계속 작성하라. 당신의 자원봉사자들이 언제, 어디서, 얼마나 자주 봉사했는지를 기록하라.
- 항상 당신의 자원봉사자들에게 감사하라. 그들은 아주 가치있는 서비스를 제공하고 있다.

## 결론

국제자문위원회는 샬럿 멕크렌버그 도서관이 다문화, 외국인 주민들의 도서관 이용을 증가시키기 위해 활용한 창의적이고 보람있는 방식이다. 이 위원회는 자원봉사자들이 의미있는 경험을 할 수 있도록 하며, 위원들이 자신의 재능과 전문성을 활용할 수 있도록 장려한다. 자원봉사자들의 도움으로 우리 도서관은 외국인 주민들에게 다가갈 수 있었으며, 예산의 부족으로 인한 인력 채용의 제한을 극복할 수 있었다. 교양 있고 열심히 노력하는 자원봉사자들을 확보한 덕분에 우리는 우리 도서관의 핵심 메시지와 지역사회 내에서의 가치를 전파하는데 도움을 주는 지지자들을 만들 수 있었다. 또한 국제자문위원회는 우리 도서관과 외국인 커뮤니티에 봉사하고 있는 지역사회 내 다른 기관들을 연결시켰다. 국제자문위원회는 우리 지역의 다양한 주민들에게 다가가고 그들에게 봉사를 제공하는데 있어 성공작이라 할 수 있다. 그리고 이 위원회는 헌신적이고 지식을 보유한 자원봉사자들과 함께 경제적으로 어려움이 한창인 이 시기에 지속적으로 변화하는 지역사회에 다가가는데 성공을 거두었다.

# 모임 장소

## 죠셉 스미스 도서관에서의 다문화 경험

조이아 아담 - 팔레바이, 베키 디마티니

하와이주 레이(Laie, Hawaii) 시내와 그 곳에 위치한 브리검 영 대학교 하와이 캠퍼스(Brigham Young University–Hawaii, 이하 BYUH)는 말일 성도 예수 그리스도교회(the Church of Jesus Christ of Latter-Day Saints)가 태평양군도(Pacific Islands)와 환태평양 제국(Pacific Rim)에서 온 학생들과 학습자들을 불러 모으기 위한 "모임 장소"(gathering place)로써 설립하였다.[10] 전체 학생 2,600여 명 중 절반은 약 76개국에서 우리 학교에 입학하기 위해 온 유학생이다. 학생들 사이의 다양성도 매우 크지만, 교수진과 도서관 직원들의 다양성도 매우 크다.

죠셉 스미스 도서관(Joseph F. Smith Library)은 지적 차원(intellectual level), 그리고 개인적/사회적 차원(a personal/social level)에서 함께 학습하기에 안전하고 협동적인 공간을 제공함으로써 "평화의 확립에 국제적으로 영향을 주기 위한 그들의 노력으로"(in their efforts to influence the establishment of peace internationally)라는 우리 대학교의 비전을 지원하고 있다(Brigham Young University–Hawaii 2012). 우리들은 학문적 연구를 장려하기를 희망하지만, 일정 정도의 상호작용이 필요하다는 것도 알고 있다. 이러한 관점에서, 우리들은 학문적이면서

10) 말일 성도 예수 그리스도교회는 몰몬교로도 불리며 1830년 미국에서 죠셉 스미스(Joseph Smith)에 의해 창시된 그리스도교의 한 교파이다. 몰몬교의 교세가 강한 미국 유타주에는 몰몬교가 운영하는 종교 사학인 브리검 영 대학교(Brigham Young Univeristy, BYU)가 설립되어 있다. 하와이주 레이(또는 라이에)는 1800년대 중반 몰몬교도들이 자신들의 마을을 형성하기 위해 매입한 지역으로 신도들은 교회 성격의 〈모임 장소〉를 건립하고 정착하였다. 이후 교단 소속의 하와이 교회 대학(Hawaii Church College)을 설립하였다가 브리검 영 대학교 하와이 캠퍼스로 변경하였으며, 현재도 많은 신도들이 거주하고 있다.(네이버 참조, 역자 주)

도 친근한 공간이라는 이미지가 반영된 즐거운 활동들(fun activities)을 계획하고 있다.

이와 같은 환경에서 문제가 될 수 있는 문화적, 언어적 장벽들을 줄이기 위해 우리들은 여러 방법들을 시도하고 있다. 이처럼 다양성을 가진 구성원들과 함께 일하는 우리 도서관 직원들은 서로 다른 문화와 배경을 가진 사람들을 함께 모을 뿐만 아니라 도서관 이용 과정에서 모두가 편안하고 즐거운 경험을 하는데 도움을 주는 효과적인 실천방법들을 찾았다.

- 고용과 훈련
- 활동과 프로그램
- 평가

## 고용과 훈련

우리 도서관이 근로 학생을 고용할 때는 다양성을 가진 우리 학생들에게 봉사를 제공하는 것과 관련된 몇 가지 사항들을 고려한다. 첫째, 우리는 다양한 배경을 가진 학생들을 폭넓게 고용하려고 한다. 우리는 우리 도서관 이용자 대부분이 자신과 유사한 배경, 특히 같은 출신 지역의 유학생 동료에게 다가가는 것을 더 편안해한다는 사실을 알게 되었다. 예를 들어, 참고데스크 뒤에 자신의 모국어로 말하는 학생이 있다면, 학생들은 도움을 요청하기 위해 참고데스크로 더 쉽게 접근할 것이다. 왜냐하면 그들은 모국어로 말하는 것에 더 편안함을 느끼기 때문이다. 하지만, 우리 근로 학생들은 영어로 효과적으로 소통할 수 있어야 한다는 점도 중요한 자격요건이다. 최근 도서관에 고용된 근로 학생들은 러시아, 가나, 사모아, 대만, 버마, 뉴칼레도니아, 홍콩, 미국, 기타 여러 나라 출신들이다.

둘째, 우리는 믿음직하고 정직하며 책임감이 있는 지원자들을 찾지만, 특히 친근하고 인내심이 있으며 다가서기 쉬운 지원자들을 찾는다. 우리는 근로 학생에 대해 기본적인 기술적, 교육적 자격요건도 일부 적용하지만, 해당 업무의 세부사항들 대부분은 지원자들이 고용된 이후에 배울 수 있는 것들이다. 우리는 추천인들에게 연락하고, 채용 면접을 하는 과정에서 이러한 요소들을 파악한다. 우리가 면접에서 묻는 여러 질문들 중에서 고객 서비스와 관련된 질문은 예를 들면 다음과 같은 것이다. "당신은 기분이 나쁘거나 화가 난 고객(동료 아니면 동급생)과 상대했을 때는 언제입니까? 그리고 당신은 그것을 어떻게 처리하였는지 그 경험담을 말해보세요." 지원자들이 자신의 경험을 말하는 동안, 우리는 언어적 장벽과 문화적 차이로 인해 혼란스러운 소통의 상황에 직면했을 때, 그들이 어떻게 반응할지를 살펴본다.

근로 학생들이 선발된 이후, 우리는 그들에게 참고서비스와 고객서비스 기량에 대한 자신감을 불어넣을 목적으로 주 단위로 팀 회의를 개최한다. 근로 학생들에게 반복적으로 제공되는 훈련 내용 중 하나는 영어가 모국어가 아닌 학생들에게 봉사할 때 인내와 겸손함을 가지고 세심함을 가질 필요가 있다는 내용이다. 여기에는 비언어적 표현, 얼굴 표정, 몸짓 등을 읽는 능력 이외에 세심하고 다가가기 쉬워야 한다는 점을 포함한다. 예를 들어, 참고봉사 근로 학생 중의 한 명인 벤 베짜니(Ben Vezzani)는 미국 뉴저지 출신이지만 한국에서 생활하면서 상당한 경험을 가지고 있다. 이 학생은 "우리 모두는 간결하면서 천천히 말하고, 얼굴 표정을 보면서 확인할 필요가 있다. 그 학생들이 끙끙대면서 '예'라고 말하더라도 실제로는 제대로 이해하지 못할 수 있는데, 이런 경우는 대부분 그들의 얼굴에 나타난다."고 말하였다. 그는 말로 표현하는 것만큼 이용자의 바디 랭귀지에 주목하는 것도 중요한데, 실제 말로 표현되는 것보다 바디 랭귀지에 더 많은 것이 담겨 있을 수 있기 때문이라고 우리에게 강조하였다. 사서이자 근로 학생 감독자로서, 우리들은 위에서 언급한 기량들을 우리 근로 학생들만큼 보유한 상태에서 업무를 수행할 필요가 있다. 우리는 우리들이 긍정적인 자세와 유머 감각을 가지고 어떤 사안들을 대할 때, 근로 학생들도 자연히 따라하게 된다는 것을 알고 있다. 우리는 이용자들에게 자신이 하는 질문의 맥락/속성을 잘 표현할 수 있는 기회를 많이 제공하고자 한다.

우리는 적합한 근로 학생들을 고용하고 훈련시키는 것은 다양한 배경의 도서관 이용자들이 필요한 도움을 요청하기 위해 우리에게 다가오면서 편안함을 느낄 수 있는 환경을 만드는 과정에서 매우 중요한 것이라 판단하고 있다.

## 활동과 프로그램들

최근 몇 년간 우리 도서관에서 시작한 여러 프로그램들은 유학생들을 참여시키는데 큰 도움이 되었다. 일례로, '국제어로써의 영어'(English as an International Language, EIL) 보충과목 분반들을 위해 개최한 도서관 견학을 들 수 있다. 이 학생들은 각자 매우 다양한 도서관 경험을 가지고 있어서, 우리들은 학생들에게 견학하는 동안 소개받을 기초적인 도서관 용어 몇 가지를 미리 익히도록 하였다. 학생들이 청구기호, 대출, 상호대차 등과 같은 용어들과 이미 친숙해지는 것은 견학하는 동안 새로운 용어들 때문에 당황하는 상황을 막는데 도움이 되며, 도서관 견학을 더욱 효과적이고 가치 있게 만들어 준다.

대학 전체적으로 진행된 프로그램에 우리 도서관이 참여한 것으로는 신입생 오리엔테이션이 있는데, 이 프로그램은 매 학기 캠퍼스 내에서 실시된다. 학생회관 내 도서관 부스는 많은 신입생들이 우리 도서관을 처음 경험하는 곳이다. 여기에서 신입생들은 도서관이 제공하는 많은 서비스들에 대해 배우게 된다. 우리는 부스 이용을 활성화하기 위해 다양한 배경을 가진 근로 학생을 배치하였는데, 그 덕분에 더욱 편안한 기분을 조성하고 더 많은 대화와 더 많은 웃음을 만들 수 있었다. 또한 우리는 최소 1명의 사서를 부스에 배치하는데, 이는 신입생들이 무엇이든 도움이 필요할 때 우리 사서들이 자신들을 돕기 위해 여기에 있다는 사실을 상기시키고, 나중에 조사 과제가 시작되었을 때 재빨리 떠올릴 수 있는 친근하고 익숙한 얼굴로 기억되기를 원하기 때문이다. 부스 설치 외에 신입생 오리엔테이션에 도서관이 참여하는 두 번째 부분은 도서관 견학이다. 최근 우리는 사서가 견학을 이끌던 전통을 교육받은 근로 학생들이 이끄는 방식으로 변화시켰다. 신입생들은 동료 학생과의 상호작용에 긍정적인 반응을 보였는데, 여러 장애물들이 없어지면서 자신들에게 앞으로의 대학생활에서 도서관을 어떻게 이용할 수 있는지를 설명해주는 경험 많은 동료 학생들에게 더 큰 신뢰를 나타내었다.

우리는 최근에 '사서를 예약하세요.'(Book-a-Librarian) 프로그램을 시작했다. 이 프로그램은 자주 이용되고 있으며, 성공한 것으로 판단된다. 이 프로그램은 우리 도서관 웹사이트에서 이용가능한데, 버튼을 클릭하면 다음의 내용을 담은 양식이 나타난다. "'사서를 예약하세요.'를 통해 당신은 사서와 일대일로 도움을 얻을 수 있습니다. 아래의 양식에 이름, 메일 주소, 사서를 만나고자 하는 날짜만 입력하면 우리는 기꺼이 당신을 도울 것입니다." 우리는 이 새로운 프로그램의 인기에 놀랐고, 흥미롭게도 이 프로그램을 이용하는 학생의 73% 이상이 유학생이라는 점을 알게 되었다. 우리는 유학생들의 '사서를 예약하세요' 이용 증가가 웹을 비롯해 도서관 조사 수업들(library research classes), 그리고 더 큰 역할을 한 유학생들 사이의 입소문 등을 통한 홍보와 직접적인 상관관계가 있다고 판단한다. 그 외에 과제 조사에 도움이 필요한 유학생들이 이 서비스를 이용하도록 안내해 준 영어 담당 교수와 일부 외국어 담당 교수들의 도움도 컸다.

매년 우리의 도서관 주간동안 도서관이 주최해온 활동 중 하나는 '세계의 다양한 언어들로 독서하기'(*Reading in Different Languages from around the World*)이다. 우리는 사모아어, 통가어, 하와이어, 마우이어, 중국어, 프랑스어, 스페인어 등의 7개의 다른 언어 수업을 수강하는 학생들을 이 프로그램에 초청하였다. 학생들은 도서관에 소장된 그들의 모국어로 된 문학 도서를 읽고 나서 그들이 읽은 것에 대해 영어로 설명하였다. 이 활동을 통해 우리들은 대학에 존재하는 다양성의 일면을 소개하면서, 우리 도서관에 소장된 다양한 언어자료들을 홍보할 수 있었다.

도서관 주간에 실시한 또 다른 활동은 철자대회(a spelling bee)였는데, 결과는 매우 성공적이었다. 우리는 참여 학생 수, 그리고 그들의 반응에 매우 만족스러웠다. 이 행사에는 영어권 학생뿐만 아니라 많은 비영어권 학생들도 참여하였다. 4명의 우승자 중 3명이 유학생이었는데, 모두 다른 나라 출신이었다. 철자대회의 성공과 인기 때문에 이 행사는 매 학기마다 개최하는 것으로 결정되었다. 철자대회는 다양한 배경을 가진 학생들이 우리 도서관에 함께 모여 즐겁게 경쟁하며 각자의 재능을 존중하는 훌륭한 방법이었다.

우리 도서관 화장실 문 안쪽에 부착하는 일종의 뉴스레터인 "루아 레터"(Lua Letter)는 재미있으면서도, 도서관의 주요 사항들과 최신 소식들을 학생들에게 전달하는 실용적인 방법이다. 우리는 여기에 가끔씩 여러 나라 문화와 전통의 서로 다른 모습들에 관련된 이야기를 넣기도 한다. 예를 들어, 여러 나라에서 크리스마스나 다른 명절들을 축하하는 서로 다른 방법들에 대해 설명하기도 한다. 이 뉴스레터에 학생들이 전한 이야기들을 실을 때, 학생들은 자신이 도서관 커뮤니티에 소속되어 있는 기분을 경험하게 된다.

우리가 어떤 활동을 계획할 때 보통 지키고자 하는 원칙은 음식물을 제공한다는 것이다. 여기는 하와이이고 우리는 젊고 늘 배고픈 대학생들을 상대하기 때문에, 이 원칙은 우리 도서관의 여러 활동에 학생들의 참여를 책임지는 확실한 방법이라 생각된다. 우리는 무료 음식을 홍보하고 제공하는 것이 세계 각국에서 온 학생들이 참여할 수 있는 좋은 방법이라는 결론에 도달했다. 실제로 무료 핫도그나 쿠키를 거절하는 사람을 찾기 어려웠다.

다양한 배경을 가진 사람들이 우리 죠셉 스미스 도서관에 방문하는 것을 환영하고자 우리들이 준비하는 방법들 중 하나는 도서관 현관에 들어오면서 그들이 볼 수 있도록 큰 벽면에 다양한 나라의 언어로 "환영"이라는 말을 써놓는 것이다. 그리고 우리는 도서관 서비스를 더욱 향상시키면서, 도서관을 더욱 매력적인 곳으로 만드는 방법에 대하여 우리 학생들의 의견을 얻기 위해서 도서관 근로 학생들로 구성된 싱크탱크/표적집단을 만들 계획이다. 근로 학생들의 반응과 의견을 얻고자 우리는 우리의 생각을 근로 학생들에게 사전에 들려주곤 한다.

## 평가

최근 몇 년 사이 우리 도서관은 평가의 문화를 채택하였다. 우리는 프로그램과 활동들에 대해 평가하고 우리가 받은 피드백을 반영하려고 노력하고 있다. 평가를 통해 우리는 새로운 프로그램들을 만들고, 기존 프로그램들을 중단하고, 다른 대안들을 만들고 있다.

예를 들어, 사서들이 서지교육(bibliographic instruction) 수업들을 진행한 후에 받은 피드백 중 하나는 좀 더 천천히 말해달라는 것이었다. 이 피드백은 서지교육 수업에 기초적인 영어 듣기만 가능한 많은 외국인 학생들이 있다는 사실을 우리에게 다시금 알려주었고, 우리가 영어를 외국어로 사용하는 학생들에게 더 주의를 기울이도록 도와주었으며, 우리가 더 천천히 말하도록 하였으며, 그리고 학생들이 이해했는지 알아보기 위해 그들의 얼굴표정과 버릇 같은 것에 더 많이 신경을 쓸 수 있도록 해주었다.

우리 도서관이 도서관 이용교육의 상당부분을 동영상 튜토리얼(video tutorials)을 통한 온라인 기반으로 전환하기 결정했을 때, 우리는 동영상을 제작하면서 명확하고 천천히 발음하도록 하여 영어가 모국어가 아닌 학생들을 배려하였고, 동영상에 대본 자막을 포함하는 정책을 채택하였다. 대본 자막을 사용하지 않고 동영상을 대충 빨리 만드는 것이 훨씬 더 간단하고 시간도 적게 들겠지만, 그 방식은 비영어권 학생들에게 이상적인 것이 될 수 없다. 그 이유는 비영어권 학생들이 오디오와 자막이 함께 포함된 동영상 튜토리얼을 더 잘 이해할 수 있기 때문이다.

지난 2년간 매회 신입생 오리엔테이션을 진행하면서 우리 도서관은 신입생을 대상으로 다음의 질문들을 가지고 설문조사를 진행하였다.

1. 당신은 어느 나라, 어느 주, 어느 도시 출신입니까?
2. 과거에 정보가 필요할 때 당신은 어디로 찾아 갔습니까?
   가족, 친구, 친척 / 인터넷 / 도서관 / 기타
3. 당신은 도서 / 잡지기사(article) / 웹사이트 등을 찾을 때 자신감을 가지고 있나요?
4. 당신은 과제 조사를 위해 찾은 정보를 평가할 때 자신감을 가지고 있나요?

이 설문조사의 목적은 우리 학생들이 자신의 모국에서 길러진 조사 능력, 도서관 경험, 정보추구 선호 등에 관한 정보를 얻는데 있다. 이 글의 목적을 고려하여 우리는 학생들을 4개의 그룹(하와이, 미국 및 캐나다, 아시아, 태평양 국가들)으로 구분하였다.

설문조사 데이터를 통해 우리 학생들은 정보를 추구하면서 먼저 인터넷을 검색하고 다음으로 가족과 친구, 이어서 도서관을 찾는 경향이 있음을 알 수 있었다. 이러한 응답을 바탕으로 우리는 웹사이트 평가 안내서를 제작하였고, 구글 스칼라(Google Scholar)가 우리 도서관의 외부접속 시스템과 데이터베이스들과 함께 연동될 수 있도록 설정하였다. 우리는 지속적 발전을 위해 이 부분을 항상 염두에 두고 있다.

또한 설문조사 데이터를 통해 아시아와 미국과 캐나다 출신의 학생들이 인터넷을 통해 정보를 찾을 때 더 자신감을 가지며, 반면 하와이와 태평양 국가 출신의 학생들은 도서를 찾을 때 더 자신감을 가진다는 것을 알 수 있었다. 그리고 모든 학생들은 잡지기사를 찾을 때 가장 자신감이 적은 것으로 나타났다. 이를 통해 우리들은 서지교육과 참고면담 과정에서 잡지기사에 대해 소개할 때 기초부터 시작해야 함을 알게 되었다. 또한 우리들은 뉴스레터인 "루아 레터"에 예시들을 포함시키고, 이 예시들을 도서관 웹사이트에서도 강조하는 등 여러 방법을 통해 학생들에게 잡기기사에 대해 소개하려고 노력하고 있다.

다른 문항에서 하와이 출신을 제외한 모든 학생들 중 85~90%가 과제나 연구를 위해 수집한 정보를 평가할 때 자신감을 가진다고 응답한 반면, 하와이 출신 학생들은 62%만이 자신감을 가진다고 응답하였다. 하지만 이 설문조사의 결과가 우리가 실제 도서관에서 경험한 것과 반드시 일치하는 것은 아니다. 예를 들어, 학생들과 더 많은 정보를 찾고자 노력할 때, 우리들은 학생들이 평판이 높다고 믿는 위키피디아(Wikipedia)의 항목(entry)이나 비 학술적인 웹사이트나 기사들을 이용하는 대신에 도서관을 통해 이용할 수 있는 전문가의 심사를 거친(peer reviewed) 학술 정보원들을 이용하도록 빈번하게 유도하는 실정이다.

이 설문조사에 포함된 질문들이 전체적으로 만족스럽지는 않기 때문에, 우리는 더 유용한 정보를 얻을 수 있도록 질문을 수정할 계획이다. 우리는 평가 문화를 발전시키는 것이 매우 가치있는 일이며, 평가 문화의 발전은 우리가 최선을 다해 학생들에게 봉사를 제공하는데 도움이 될 수 있음을 굳게 믿고 있다.

## 학생들의 생각

우리 도서관의 근로 학생들은 다른 출신 국가와 배경을 가진 학생들을 도와준 자신의 경험들을 이야기하였다. 미국 캘리포니아 출신인 스테이시 파(Stacie Farr)는 작년에 참고봉사 근로 학생 중 한 명으로 일하였는데, 유학생들을 도와준 경험을 다음과 같이 이야기하였다.

> 그 학생이 영어로 말을 잘 못하기 때문에 나는 천천히 인내심 있게 이야기하려고 노력하였고, 결국 우리는 서로 의사소통을 할 수 있었다. 그 학생은 내가 한 일에 대해 고마워했고 자신이 나의 이름을 제대로 발음할 수 있음을 보여주었다. 그 후, 캠퍼스 안에서 그 학생을 볼 때마다 그는 항상 크게 웃으며 나에게 "안녕?"이라고 말한다.…… 내 경험에 비춰보면, 외국 유학생들은 나에게 더 많이 다가와 영어 과제를 도와달라고 하는 것 같다. 아마도 내가 백인이어서 그들의 영어 문법 문제에 대해 잘 도와줄 것 같아 보였기 때문이라고 생각한다. 보통 특정한 문화권에서 온 학생들은 자신의 문화나 인종과 비슷한 근로 학생에게 다가가는 것을 더 편하게 느끼지만, 영어 문제에 대해서는 그 학생들이 나에게 물어보기를 더 원한다는 것을 알게 되었다.

서부 사모아 출신의 타우바 리마(Tauva Lima)는 가장 최근에 채용된 근로 학생 중 한 명인데, 언어 문제에 부닥칠 때 그녀가 쓰는 요령 하나를 공유하였다. 근로 학생들이 유학생들이 무슨 말을 하는지 잘 몰라 힘들어 할 때 "종이에 쓰도록 하는 것"이 도움이 될 것이라고 그녀는 제안하였다. 때로는 글로 질문을 표현하는 것이 더 쉽기 때문에 종이에 쓰는 것은 언어 장벽으로 인한 혼란을 줄여주는 또 하나의 방법이 된다.

1년간 도서관에서 근무하고 있는 대만 출신 유학생인 량치 코(Liang-Chieh Ko)는 다음과 같이 이야기하였다.

> 나는 다양한 문화적 배경을 가진 사람들에게 봉사하는 것을 좋아한다. 내가 유학생이고 영어는 나에게 제2의 언어이기에, 나는 그들이 제2의 언어로 소통하는데 있어 얼마나 어려움을 겪는지 이해하고 있다. 다른 민족 출신의 사람들과 소통하는 과정에서, 나는 비언어적인 행동, 표정, 논리적 사고, 단어선택 같은 것에 관심을 가지는 편이다. 근로 학생으로 더 많이 일할수록, 내 인생은 더 즐거워진다.

지금까지 3년째 우리와 함께 일하고 있는 러시아 출신의 나탈리아 아스카토바(Natalya Askhatova)는 다음과 같이 말한다.

> 나는 다른 배경과 문화에서 온 학생들을 도와준 나의 경험을 사랑한다. 나 자신이 유학생이기 때문에 다른 학생들이 내가 어디에서 왔는지 많은 관심을 가져서 놀라운데, 보통 그들은 나의 모국어와 문화, 전통에 대해 간단한 질문을 한다. 나도 내가 영어로 무언가를 설명하려고 할 때, 영어권 학생들이 나에 대해 얼마나 참을

성이 있는지/없는지를 지켜보는 것을 즐기는 편이다. 대부분 학생들은 친근하고 친절하다. 나는 모든 것이 다른 사람들을 대하는 스스로의 자세에 달린 것이라고 생각한다.

나탈리아는 자신의 이야기를 멋지게 마무리하였다. "더 친절해지고, 웃고, 그들이 무엇인가를 말하려고 노력할 때 참을성을 가지고 이해하도록 노력하면 된다. 그들이 생각한 것을 그들이 설명할 수 있도록 북돋워주고, 우리들은 천천히 그리고 명확히 말하도록 노력해야 한다."

## 결론

이 글에서 개괄적으로 설명한 기법, 서비스, 프로그램들은 죠셉 스미스 도서관의 가족들이 우리 대학에서 흔히 볼 수 있는 문화적, 언어적 장벽을 완화시키기 위해 노력한 몇 가지의 실용적인 방법들이다. 많은 것들이 성공적으로 나타났고, 우리들은 다문화적인 학생구성 속에서 화합을 창출하고자 하는 목표를 향해 우리의 서비스를 계속 발전시키고 더 많은 서비스를 제공하도록 할 것이다.

브리검 영 대학교 하와이 캠퍼스의 다문화 이용자들을 돕는 과정에서 우리가 배운 가장 중요한 것들을 요약하자면 다음과 같다. 첫째, 우리는 문화적 차이에 민감하게 반응할 수 있도록 적합한 사람들을 고용하고 그들을 훈련시키면서 준비하였다. 훈련에는 열린 생각, 친근감, 자신감, 참을성 등이 포함된다. 근로 학생들은 도움이 필요한 학생들이 가장 빈번히 찾는 첫 번째 접촉 지점이다. 근로 학생들과의 지속적인 토론은 우리 도서관 이용자 서비스의 발전 방법에 대한 가치있는 의견을 제공하며, 긍정적인 학습 환경을 창출한다.

둘째, 우리는 모든 사람들이 즐길 수 있는 활동과 프로그램들을 개발하였다. 그 중 일부는 특별히 외국인 유학생들의 참여를 염두에 두고 개발되었는데, 유학생들이 우리 도서관 커뮤니티에 참여하고 포함되도록 권장하며, 도서관 직원에게 도움을 요청하기 위해 다가가는 것을 편안하고 당당하게 느끼도록 만드는데 주목적이 있다.

셋째, 평가 과정을 통해 우리의 다문화 이용자들에 대한 우리의 서비스를 향상시킬 기회를 만들었다. 우리는 최선을 다해 학생들에게 봉사하기 위해 존재하므로, 학생들의 반응과 언급은 항상 검토되었다.

끝으로, 무엇보다도 우리가 만들어 내고 우리대학 캠퍼스와 함께 하는 가장 중요한 특색은 '알로하 정신'(the Spirit of Aloha)이라고 우리는 믿는다. 우리의 다국적 환경과 하와이의 알로하 정신은 다문화적 차이를 감소시키고 모든 사람들이 대학교육의 공통적 목적을 위해 노력하도록 만들어준다. 이 알로하 정신은 수용, 사랑, 조화, 그리고 오하나(*ohana*) 즉, 큰 가족에 대한 소속감을 확장시킨다. 하와이에서는 모두가 소수자라는 사실과 더불어 이 알로하 정신은 협력과 이해를 장려한다. 브리검 영 대학교 하와이 캠퍼스 도서관에서 일하는 것은 정말 특별한 경험이다.

## 참고문헌

Brigham Young University-Hawaii. "BYU-Hawaii Mission and Vision." BYU-Hawaii. http://about.byuh.edu/mission (accessed April 12, 2012).

# 문화와 연결된 협력관계

## 브리티시 컬럼비아주 공공도서관의 다문화 사서직

앨런 초, 에이다 콘

캐나다 브리티시 컬럼비아 주 도서관협회(The British Columbia Library Association, 이하 BCLA)의 다양성 및 다문화 서비스 위원회(Diversity and Multicultural Services Committee, 이하 다문화위원회, 글상자 5.1 참조)는 지역사회에 봉사하기 위해 협력 문화를 창출하고 정보 자원을 공유한다. 언어적으로, 문화적으로 다양성이 확장되는 환경에서 공공도서관 운영에 여러 어려움이 있음에도 불구하고, 다문화 위원회는 세계의 여러 문화들에 대한 프로그램 개최와 같은 창의적인 지역사회 아웃리치 사업들, 다문화 장서 개발과 접근 개념의 공유, 웹사이트를 위한 다국어 콘텐츠 설계, 문화간(intercultural) 소통 워크숍 등을 통해 새로운 이용자들을 도서관으로 끌어당기는데 성공할 수 있음을 보여주고 있다. 이 글은 우리 업무의 특징을 기술하는 실용적인 안내 자료로, 다른 도서관에서도 큰 틀에서 사용할 수 있을 것이다.

**글상자 5.1 : 브리티시 컬럼비아 주 도서관협회의 다양성 및 다문화 서비스 위원회 구성원**

사라 에이먼(*Sara Amon*), Vancouver Public Library, www.vpl.ca
라비 바시(*Ravi Basi*), Surrey Public Library, www.spl.surrey.bc.ca
마이클 버리스(*Michael Burris*), Public Library InterLINK, www.interlinklibraries.ca

바바라 벅스턴(*Barbara Buxton*), Port Moody Public Library,
http://library.portmoody.ca
앨런 초(*Allan Cho*), Irving K. Barber Learning Centre,
www.ikebarberlearningcentre.ubc.ca
에이다 콘(*Ada Con*), Fraser Valley Regional Library, www.fvrl.bc.ca
길리안 길망-스미스(*Gillian Guilmant-Smith*), Vancouver Public Library, www.vpl.ca
웬디 장(*Wendy Jang*), Richmond Public Library, www.yourlibrary.ca
페레슈테 카쉬피(*Fereshteh Kashefi*), North Vancouver City Library, www.cnv.org/nvcl
로버타 썸머스길(*Roberta Summersgill*), Burnaby Public Library, www.bpl.bc.ca

**감사의 인사를 전하는 사람들**

쉐릴 아담(*Sheryl Adam*), University of British Columbia Library, www.library.ubc.ca
실비아 크룩스(*Sylvia Crooks*), UBC School of Library, Archival, and Information Studies, www.library.ubc.ca
잰 푸(*Jan Fu*), Vancouver Public Library, www.vpl.ca
미슬리 전(*Miseli Jeon*), UBC Asian Studies, www.library.ubc.ca
팻 파룬가오(*Pat Parungao*), Gladstone Secondary School, www.vsb.bc.ca

새로 공개된 인구주택 총조사 데이터를 보면, 2006년 캐나다의 외국 태생 인구는 5명 중 1명으로 나타나 1930년 이후 최고치를 기록했다(Ethnocultural News 2011). 2001년 이후 중국, 인도, 필리핀, 파키스탄 출신 이민자들의 수는 캐나다 전체 인구증가의 3분의 2(68.9%)를 차지한다. 현재의 이민자 증가 추세라면 인종적 차이가 나타나는 가시적 소수인종 집단들(visible minorities)은 2017년까지 캐나다의 다수를 차지하게 될 것이다. 애버츠퍼드-미션 지역(Abbotsford-Mission area)의 경우, 전체 인구의 22%가 남아시아인, 중국인, 한국인인데 비해 밴쿠버 광역권(Vancouver Metropolitan area)에서 남아시아인, 중국인, 필리핀인, 한국인, 동남아시아인의 인구는 전체의 41%에 이른다(Ethnocultural News 2011). 리치몬드(Richmond)시는 가시적 소수인종 집단들이 가장 많은 인구를 계속 차지하고 있는데, 인구의 65%가 아시아계이다. 코퀴틀람(Coquitlam)과 노스 밴쿠버(North Vancouver)와 웨스트 밴쿠버(West Vancouver) 지역에서는 서아시아인들이 최대집단이다.

2001년 8월에 결성된 BCLA 다문화위원회는 다양한 민족 커뮤니티들에 대한 봉사를 증진시키고, 이와 같은 목표를 공유하는 브리티시 컬럼비아 주(이하 BC주)의 여러 도서관들에 대해 지원과 조언을 제공할 책임을 가지고 있다. 1회성 프로젝트 지원금 정도의 운영 예산 밖에 없었지만, BCLA 사서들은 시민 대상 프로그램 관련 지식을 공유하고 BCLA 웹사이트 내에 관련 웹페이지를 만드는데 열정적으로 참여하고 있다. 이 웹페이지에는 다국어 자료 공급업체의 리스트, 다른 도서관들이 도움을 요청할 수 있는 외국어에 능통한 BC주 내 도서관 직원들의 리스트, 문화간 소통 관련 워크숍 등 다른 유용한 웹사이트들과 자료들에 대한 링크가 포함되어 있다.

## 이주민을 위한 프로그램들

도서관의 프로그램은 다양한 배경을 가진 모든 시민들에 대한 서비스를 구성하는 필수적이고 핵심적인 요소이다. 새 이민자들이 여가, 문화, 교육을 위한 자료를 찾기 위해 방문하는 중요한 지역사회 행선지인 도서관은 새 고객들의 관심을 이끌고 도서관장서와 서비스에 대해 관심을 자극할 수 있는 프로그램들을 제공하는 중심지이다.

BCLA 다문화위원회의 다문화 커뮤니티들을 위한 프로그램들은 지역사회와의 협력을 통해 창출되었다. 이러한 협력을 위해서는 궁극적으로 지역사회 구성원들과 새 이민자들의 요구를 채워줄 수 있는 능력이 요구된다. 프로그램 제공자들은 대체로 언어 능통자이면서 지역 정보, 건강 정보, 재무 설계, 생필품 등과 같은 관심사항에 대한 지식을 가지고 있다.

## 유아부터 노인까지 가족을 위한 활동들

### 동화구연 시간

여러 다른 언어들로 진행되는 동화구연 시간에 대한 요청은 항상 많은 편인데, 새 이민자들은 자신의 모국어로 인해 도서관에서 환대받는 느낌을 가진다. 이민자 부모들은 자신의 아이들이 부모의 모국어로 듣고, 말하고, 사용할 수 있도록 권장할 수 있다.

## 북 클럽

여러 도서관들은 이민자의 모국어로 진행하는 성인 대상 북 클럽들을 운영한다. 리치몬드시 공공도서관들은 매월 러시아어로 진행되는 '철학자의 카페'라는 프로그램과 광동어, 표준중국어, 대만어, 한자, 주역(Yijing)[11] 등 5개의 중국어 관련 북 클럽이 있다. ESL 학습자들을 위해 포트 무디(Port Moody) 공공도서관과 포트 코퀴틀람(Port Coquitlam)에 있는 테리 폭스 도서관(Terry Fox Library)에서 새로운 북 클럽들이 운영되고 있다. 문해력이 낮은 독자들을 위해 영어를 연습하고 학습할 수 있는 주제기반 토론 프로그램이 운영되며, 취업관련 "멘토 만나기" 시간이 포함된 "새 이민자" 사교 모임들도 개최된다.

## 회화 동아리

이 영어 연습 동아리들은 새 이민자들이 새로운 언어를 배우고 말하는데 있어 편안한 느낌을 가질 수 있도록 하며, 새로운 친구도 사귈 수 있게 한다. 이 동아리들은 사회적으로 더 활발하게 활동하며, 예약하기 방법, 표 구입하기, 질문하기, 방향 안내하기, 쇼핑하기 등과 같은 일상적인 활동들을 연습한다.

## 도서관 진열과 전시

세계 각국의 언어로 된 장서, 미술품, 문화적 공예품 등은 그 다문화 커뮤니티의 예술과 문화에 대한 통찰력을 제공한다. 지역 예술가와 새 이민자들은 전시를 위해 자신들의 공예품들을 공유한다. 이러한 프로그램에는 중국의 새해맞이에 사용되는 "행운의 빨간 봉투"(lucky red envelopes)와 같이 특정 기념일에 사용되는 특별한 공예품 만들기 등이 포함된다.

## 초청강연

다양한 언어로 제공되는 워크숍과 강좌시리즈는 매우 인기 있다. 리치몬드시에서는 다양한 건강, 재정, 경력개발 전문업체들과의 협력을 통해 당뇨병(광동어, 북경어), 만성 질환 자기관리(광동어, 북경어), 세금 관리(광동어, 북경어, 타갈로그어, 펀잡어, 프랑스어) 등과 같은 주제에 대해 다국어 강좌를 제공하고 있는데, 출석률이 매우 높다.

---

11) 다른 영어표현으로는 'I Ching'이 있다.

## 환영 소책자

많은 도서관들은 다양한 언어로 된 소책자를 제공하여 새 이민자들에게 필요한 기본적인 도서관 정보를 제공한다. 이 소책자들은 회원 가입, 대출 기간, 연체료 등과 같은 도서관 이용 규칙에 관한 내용들을 간략하게 번역한 것이다.

## 커뮤니티 라디오

다국어 서비스 담당자이자 사서인 웬디 장(Wendy Jang)은 리치몬드시의 페어차일드(Fairchild) 지역 라디오에 매월 첫 번째 토요일 오전에 출연해 광동어로 북 토크를 진행한다.

## "사람 도서관" 또는 "살아있는 도서관"

"사람 도서관"(Human Library) 또는 "살아있는 도서관"(Living Library)은 밴쿠버와 인근 도시에서 큰 성공을 일궈왔다. 2002년 덴마크에서 폭력을 종식시키고 문화적 고정관념들을 깨기를 원하는 젊은이들은 "살아있는 책"이 될 수 있는 다양한 분야의 직업, 경험, 지식을 가진 사람들을 초청하는 과정에서 지역 공공도서관과 협력하였다. 이 운동은 점차 강력해지면서 세계의 도서관들로 퍼져나갔다(Ashmore 2010). 밴쿠버와 버나비(Burnaby) 지역의 많은 학교도서관들이 사람 책들을 학교로 초청하는 살아있는 도서관 행사를 진행하였다. 코퀴틀람에서는 더글라스 대학(Douglas College)과 코퀴틀람 공공도서관의 공동 프로그램으로 여러 행사들이 개최되었으며, 이슬람교도, 경찰관, 지리학/인류학자, 스테인드 글라스 예술가 등이 살아있는 책으로 출연하였다. 프레이저 밸리 지역 도서관(The Fraser Vally Regional Library)의 살아있는 도서관 행사는 랭리 시티 도서관(Langley City Library)에서 개최되었는데, 십자말풀이 우승자, 가장 나이 많은 낭포성 섬유증 보균 생존자, 시장 등 9명의 "책"들이 등장하였다. 써리 공공도서관(Surrey Public Library)의 살아있는 도서관 행사에는 자신의 이야기들을 공유하고자 하는 자원봉사자들이 많이 몰려들었다. "여기의 책들은 대화를 의미합니다."라고 불리는 이 살아있는 책들 속에는 웃음 요가 강사, 캐나다 군인, 난민, 레즈비언 부모와 활동가들, 퀼트를 만드는 사람, 유리 공예가, 타란툴라 거미 애호가 등이 포함되었다. 브리티시 컬럼비아 주립대학교 도서관에서도 2010년에 이러한 유형의 행사를 개최하였는데, 캠퍼스의 학생들과 직원들은 다양한 멋진 인물들과 만났다.

## 장서

다국어 장서는 모든 다문화 커뮤니티를 위한 핵심적인 부분이다. 이 장서들은 새 이민자를 위해 봉사할 뿐만 아니라 오래된 이민세대들이 자신의 모국어와의 연계를 유지하는데 필요한 지원을 제공한다. 밴쿠버와 인근도시 고등학교의 장서예산이 축소되는 상황에서 지역의 공공도서관들은 청소년들을 위한 다문화 장서의 부족을 메우는 중요한 역할을 수행한다. BCLA 다문화위원회는 공공도서관을 통해 다국어 커뮤니티의 요구들이 충족되지 못하고 있다는 점을 지적한 보고서가 2000년 BCLA 컨퍼런스에 제출된 이후에 출범하였다. 출범 시점에서 BCLA 다문화위원회는 BC주 내 공공도서관들을 대상으로 대출용 다국어 장서를 제공하고자 노력하였다.

BCLA가 이러한 사업계획을 승인하였지만, 사업비의 부족으로 인해 BCLA 다문화위원회가 BC주 도서관들을 위해 대출용 다국어 장서를 제공하는 사업은 불가능하였다. 대신에 BCLA 다문화위원회는 소속 회원들을 위해 다문화 및 다국어 관련 지식과 전문적인 정보원들을 공유하는 웹사이트의 구축으로 방향을 전환하였다. 상당히 적은 예산을 활용한 이 사업을 통해 접근의 증가, 이용자들을 위한 정보원의 증가, 그리고 BC주 내 공공도서관의 경험 증진의 가능성을 보여주었다. BCLA 다문화위원회 사서들은

- 다국어 자료의 공급업체에 대한 지식을 공유하였다. BC주 내의 공공도서관들이 주 내에서 도서들을 구입하고 있기 때문에, 도서관들의 구입 관련 지식을 통합, 공유하는 것은 다국어 도서에 대한 가격 조건을 유리하게 만들고 접근을 수월하게 하였다.
- 서지정보를 공유하였다.
- 밴쿠버와 인근지역에 근무하고 있는 외국어에 능통한 도서관 직원들의 리스트를 작성하였다.
- BCLA 웹사이트, 국립 캐나다 도서관의 다문화/다국어 정보자원 및 서비스 개발을 위한 자료모음집(toolkit), 다른 유용한 사이트들에 대한 링크를 제공하였다.
- InterLINK 사이트에 다국어장서 소장 현황 리스트를 게시하였다.[12)]

이러한 정보자원들은 궁극적으로 BC주 도서관들이 다국어 장서를 개발하고 유지하는데 도움을 주었고, 사례 도서관, 온라인 정보자원, 추후 독서를 위한 읽을거리 리스트 등을 통해

---

12) InterLINK는 광역 밴쿠버 지역의 18개 공공도서관 시스템들을 위한 협력체로써, 이 웹사이트에는 참여 공공도서관(분관 포함)별, 그리고 언어별 다국어 장서 소장 현황 정보가 PDF 파일로 게시되어 있다.(역자 주)

새로운 생각을 자극시켰다(글상자 5.2 참조).

**글상자 5.2 : 다문화 및 다국어 장서의 개발과 유지**

- Library and Archives Canada, Multicultural Resources and Services Toolkit, http://www.collectionscanada.gc.ca/multicultural/005007-300-e.html
- InterLINK Multilingual Holdings, http://www.interlinklibraries.ca/services
- International Children's Digital Library, http://en.chldrenslibrary.org
- WorldLinQ, http://www.worldlinq.org
- Free Multilingual e-Books, http://www.e-book.com.au/morefreebooks/freemultilingual-books.htm
- Press Display, http://www.pressdisplay.com/pressdisplay/viewer.aspx
- Online Newspapers, http://www.onlinenewspapers.com
- Family Language Kit Program, http://www.webjunction.org/canadian-libraries/articles/content/433969

## 웹사이트

BCLA 다문화위원회에 참여한 모든 도서관들은 새 캐나다인을 위한 도서관 서비스를 강조한 웹페이지들을 보유하고 있다. 이 특별한 웹페이지들은 시민권, ESL 강좌, 다른 언어로 된 자료들에 관한 정보를 게시하여 새 이민자들을 지원하고 있다. 이 웹페이지들 중 일부는 다국어로 번역되어 있다.

- 포트 무디 공공도서관은 세계 여러 언어로 된 장서, ESL 장서, 세계 여러 나라의 온라인 신문에 대한 정보를 제공하는 "다문화" 웹페이지를 가지고 있다.
- 리치먼드 공공도서관은 온라인 "캐나다 시민권 획득 모의시험"을 제공한다.
- 써리 공공도서관은 홈페이지 내 "새 캐나다인" 페이지에서 여러 나라 언어로 정착, 번역 웹사이트, 보건 및 법률 정보를 제공한다.
- 노스 밴쿠버 공공도서관은 페르시아어로 된 자료들과 웹사이트들을 정리한 "페르시아어"

웹페이지를 제공한다.

- 밴쿠버 공공도서관은 "새로운 목록에서 비영어권 자료 찾기"라는 안내 자료로 목록 검색 방법에 대한 세부 이용교육을 제공한다.

## "나의 모국어 상자"

다양한 문화적 배경을 가진 주민들이 존재하는 상황에서, 적절한 문화적 지식과 민감성을 가지고 있으면서 한 편으로는 효과적 서비스 제공을 위해 이용자가 선호하는 언어로 소통이 가능한 다국어 구사가 가능한 직원을 보유하는 것은 매우 중요하다. 언어적, 문화적 정체성의 유지는 인종적 자각을 증진시킨다. 버나비 공공도서관의 "나의 모국어 상자"(My First Language Kits)와 같은 특별한 다문화 자료들은 유년기에 모국어 개발과 문화적 정체성 유지를 도와준다. 해밀턴(Hamilton) 공공도서관의 가족 언어 상자와 유사하게, 이 상자에는 어린이 그림책, 번역되어 있는 부모용 정보원 안내자료, 음악 CD나 비디오 CD, 교육적인 DVD들이 담겨져 있다. 또한 버나비 공공도서관은 다른 문화들 사이의 공유를 촉진하는 온라인상의 지역 정보원인 "다양성의 포용: 우리의 노래와 가사들을 함께 나눠요"라는 멋진 웹사이트를 가지고 있다. 여기에는 15개 언어로 된 어린이들의 노래와 가사에 관한 공연 영상물과 이 자료의 이용에 관한 정보자원들이 포함되어 있다.

써리 공공도서관도 취학연령 이전의 어린이를 위한 일반적인 동화구연 상자, 원주민을 위한 동화구연 상자, 다종교(multifaith) 상자 등을 가지고 있다. 자료들은 테마를 가지고 있으며, 유년기의 문자해독 능력과 읽기 능력 향상을 위해 선정되었다. 상자에는 여러 그림책, 헝겊 이야기책, 인형, 노래와 가사책, 아이디어 책 등이 포함되어 있다. 유대교, 기독교, 시크교, 힌두교, 불교, 바하이교, 이슬람교, 토속신앙, 유니테리언교, 말일 성도 예수 그리스도교회, 퍼스트 네이션스 스피리츄얼리티(First Nations Spirituality)[13] 등을 포함하고 있는 다종교 상자는 다양한 신앙적 전통을 존중한다. 노스 밴쿠버 공공도서관 역시 초급 성인 영어 학습자를 위한 ESL 스타트 상자를 제공한다. 도서관 직원들은 이러한 자료상자들을 이용해 문화적으로 다양한 프로그램과 서비스들을 개발할 수 있으며, 이용자들은 이 자료 상자를 대출하여 집에서 이용할 수 있다.

---

13) 캐나다 원주민 관련 종교(역자 주)

## 문화간 이해 워크숍

의사소통은 문화의 중요한 부분으로, 사회에는 매일의 사회적 상호작용을 위한 특정한 규칙과 규범들이 존재한다. 지금까지 유지된 캐나다의 문화적인 가정(assumptions), 인식(perceptions), 예상(expectations) 등에서 변동이 발생한 상황을 고려할 때, 다른 문화들 사이의 잘못된 의사소통과 잘못된 이해가 발생할 여지가 상당히 크다. BCLA 다문화위원회가 마련한 워크숍들은 더 쉽고 더 효과적인 문화간 의사소통을 촉진하고자 도서관 직원들의 의사소통 방식을 수정하는데 그 목적이 있다. 도서관 직원들을 위한 여러 워크숍에서는 문화간 의사소통을 위한 특별한 비법이나 공식은 존재하지 않으며, 오직 지침들과 상식이 존재할 뿐이라는 점을 강조한다. 이 워크숍들의 목표는 도서관들이 지금까지 적당히 처리해 오던 방식에서 빠져 나오도록 만드는 것이다.

2005년 BCLA 다문화위원회는 BCLA 연례총회에서 반나절에 걸친 문화간 의사소통 워크숍을 매우 성공적으로 진행하였는데, 그 후 이 워크숍이 내용을 더욱 확장시켜 2일에 걸친 "교육자를 위한 훈련"으로 개발, 진행하였다. 이 워크숍의 목적은 사서와 다른 도서관 직원들에게 문화간 의사소통 워크숍을 구성하는 방법을 가르치는 것이다. 아래에 기술된 이 워크숍의 이론, 철학, 실무는 다른 도서관 환경에서도 대부분 적용 가능할 것이다.

### 교육 목표

BCLA 다문화위원회의 워크숍은 사서와 도서관 직원들이 다양한 이용자 커뮤니티들과 함께 일하는데 필요한 인식 증대와 의사소통 능력을 개발하기 위해 현재의 경험과 전략들을 발전시키려는 지원하려는 목적을 가지고 있다. 세부 목표들은 다음과 같다.

- 문화적 차이가 다문화 주민들의 기대치와 상호작용에 미치는 영향에 대한 인식을 높인다.
- 도서관 서비스 분야와 관련하여 문화와 다양성의 개념을 탐구한다.
- 다양한 배경, 언어, 경험을 가진 이용자들과의 세심하고 효과적인 의사소통을 하는데 필요한 기량과 전략들을 개발한다.

특히, BCLA 다문화위원회 사서들은 워크숍에서 의사소통 방식을 강화하는 6가지 핵심 요소들을 제공하였다. 워크숍 관련 자료들은 BCLA 다양성 및 다문화서비스 웹사이트에서 찾을 수 있다. 다음은 경험 사례들을 정리한 것이다.

### "칵테일 파티"

"칵테일 파티"(the Cocktail Party) 실습은 워크숍 참가자들이 어떤 다른(그리고 가상으로 만든) 문화를 따르기 위해 자신의 의사소통 방식을 수정하는 연습기회를 제공하며, 의사소통 방식의 다름, 그리고 다름에 대한 우리의 추측과 반응에 대한 인식을 높이기 위해 계획되었다. 우리는 참가자들을 5명씩 1개 팀으로 나누고, 그들에게 국제적인 도서관 세미나의 환영만찬장에 있다고 가정하도록 요청하였다. 각 팀은 한 세트의 카드를 받는데, 그 속에는 5개의 상상 속 나라의 서로 다른 의사소통 방식과 행동 패턴들이 적혀 있다. 각 참여자들은 카드에 적힌 그 나라의 문화적 규칙에 따라 역할을 수행한다. 부여받은 활동에 대한 의견 제시 과정에서, 참가자들은 다른 사람들이 부여받은 역할들에 대해 지나치게 수줍음이 많음, 주의를 기울이지 않음, 강압적임, 시끄러움, 느림 등과 같이 대체로 부정적인 용어들로 묘사였는데, 실제로 카드에 적힌 의사소통 방식들은 감정이 드러나지 않는 중립적인 용어로 기술되어 있고 일부 문화권에서는 정상적인 범위로 인식되고 있다. 이 실습은 얼마나 우리가 다름을 정당한 문화적 규범의 표현으로써가 아닌, 우리 자신의 문화 내에서는 용납되지 않는 행동으로써 해석하는 경향을 가지고 있는지를 잘 보여준다.

### "일어서기, 앉기"

"일어서기, 앉기"(Stand Up, Sit Down)는 어떤 문화적 그룹 안에서(*within*) 각자의 경험, 취향, 개성에 많은 차이가 있다는 것에 근거하여, 문화적 그룹들을 가로질러(*across*) 유사성이 존재한다는 것을 보여준다. "일어서기, 앉기"는 팀장이 자리에 앉아 있는 팀원들에게 예를 들어, 하키를 좋아하는 사람, 장남 또는 장녀인 사람, 버스로 출근하는 사람은 일어나라고 요청하는 식으로 진행된다. 참가자들이 일어서 있을 때, 촉진자(facilitator)는 그들에게 그 팀에서는 누가 해당하는 사람인지를 기록하고 나서 다시 앉도록 한다. 이 실습은 외면적 차이에도 불구하고 사람들은 어떤 측면에서는 유사성을 가지고 있음을 잘 보여준다.

### 개인적, 문화적 가치의 인식 - 문화의 빙산 모형

마치 빙산의 10분의 1이 수면 위에 떠 있고 나머지 10분의 9는 수면 아래에 잠겨 있는 것처럼, 문화도 일부 측면들은 우리가 눈으로 관찰할 수 있지만 나머지는 상상하거나 직감할 수밖에 없다. 예를 들어, 우리는 라이프 스타일, 법규와 관습, 교육제도, 의복, 외모 등은 눈으로 볼 수 있지만 사고의 규범, 이데올로기, 신념, 철학, 가치, 취향 또는 삶의 방식(예를 들면, 역할, 태도, 욕망, 가정, 기대, 미신 등)은 눈으로 볼 수 없다. 문화를 구성하는 보이는 또는 보이지 않는 부분들이 존재하고 있고, 각 부분들도 하나가 아닌 여러 층으로 형성되어 있으며, 이러한 문화의 여러 부분들이 상호간에 어떻게 영향을 주는지를 이해하고 깨닫는데 실패하게 되면, 그 문화에 대한 오해가 발생할 소지가 크다.

## "편안한 지역"

"편안한 지역"(Comfort Zone) 실습에서 참가자들은 두 명씩 짝을 이루어 서로 약 2.5m씩 떨어진 채로 마주 보며 두 줄을 만든다. 이 상태에서 서로에게 말을 하면서 천천히 서로를 향해 움직이는데, 짝 중에서 한 사람이 먼저 상대방이 자신의 개인적 공간을 침범했다는 것을 알리기 위해 "정지"라고 말하기 전까지 계속 움직인다. 이 실습은 계속 반복되는데, 2명이 짝을 지어 함께 시작하기 때문에 촉진자는 짝 중에서 정지를 말한 사람에게 옆으로 돌아설 것을 요청한다. 그들은 이전보다 더 가까워졌는가? 그들은 어떻게 느끼는가? 이 실습의 아이디어는 모든 문화권의 사람들이 물리적인 거리를 문화적인 특성이라기보다는 개인적인 특성으로 해석하는 인식에 대해 도전하는 것이다. 문화적 규범들을 침범한 사람들은 "냉담한"(너무 먼) 또는 "강압적이고 공격적인"(너무 가까운)과 같이 기술된다.

## 편견 - 고정관념들

사서들도 다른 전문직이나 직업군에 종사하는 사람들처럼 고정관념의 희생자들이다.: 예를 들어, 책이나 영화에서 소심하고 규정에 얽매이고 조용히 하라고 말하는 피조물을 생각해보라. 직업 이외에 옷, 외모상의 인종적 차이, 말투, 인식된 지능, 신체적 특징, 나이 등의 특성들은 모두 다른 사람에 대한 우리의 평가에 영향을 미친다. 이 활동은 참가자들이 자신의 인식을 재평가하도록 권한다.

### “사진 확인”

소규모 팀으로 나뉜 참가자들은 그들이 잘 모르는 사람들의 사진들을 살펴보고 사진 속의 상황에 대해 최대한 추측하게 된다. 이 실습은 촉진자가 사진에 관한 실제 이야기를 알려줄 때 가장 큰 효과를 가진다. - 예를 들면, 교회에서 기도하고 있는 사람이 전문적인 범죄자라거나 노숙자처럼 보이는 사람이 교수라든지.…

전체를 대상으로 촉진자는 참가자들에게 어떤 가시적 실마리들이 우리가 사진들 속의 사람들에 관해 추측하거나 판단하게 만들었는지를 물어보고, 다음의 질문들에 대해 생각해보라고 요청한다.

- 우리는 성급한 판단 또는 깊이 박힌 편견을 어떻게 최소화할 수 있는가?
- 당신 자신이 가진 편견들에 대해 평가하기는 어려운가?
- 당신은 그 편견들을 어떻게 극복하는가?

이러한 활동들은 문화, 가치, 편견에 대해 알아보는 가벼운 방법이다.

## 결론

바하임(Varheim)이 주장한 것처럼, 도서관은 사회에서 중요한 역할을 수행하는데, 특히 사회적 통합의 공간으로 기능한다(Varheim 2011, 12-18). BCLA 다문화위원회가 준비하고 진행한 문화간 소통 관련 워크숍들, 대중 프로그램, 자원공유 활동들은 많은 도서관들이 그들의 다문화 커뮤니티들에게 더욱 잘 다가갈 수 있는 전략을 제공할 수 있을 것이다. 이 글은 다인종 봉사대상을 가진 모든 도서관들을 대상으로 지역사회 통합을 유도, 유지, 촉진하면서도 큰 예산이 소요되지 않는 핵심 전략들을 제공한다.

# 참고문헌

Ashmore, Amy. 2010. "Alive with Knowledge: Engaging Communities through Living Libraries." *Library Student Journal* 5. http://librarystudentjournal.org/index.php /lsj/issue/view/11/showToc.

"Ethnocultural News." 2011. Statistics Canada, Census and Administrative Data 2006. Ottawa: Statistics Canada.

Varheim, Andreas. 2011. "Gracious Space: Library Programming Strategies towards Immigrants as Tools in the Creation of Social Capital." *Library and Information Science Research* 33: 12-18.

# 다 리

## 사서들과 학생처 소속 다문화과 사이의 협력

판타지아 쏜, 킴벌리 윌리엄스

당신의 도서관이 대학 캠퍼스 내 다른 건물들과 인접해있다면, 당신은 근처에 어떤 사람들이 있는지를 알고 있는가? 시러큐스 대학교(Syracuse University)의 버드 도서관(Bird Library)은 운 좋게도 샤인 학생회관(Schine Student Center)와 붙어 있지만 많은 도서관 직원들은 학생회관 내에 있는 다양한 학생지원 부서들에 대해 잘 알지 못하고 있다. 여러 대학들은 최선을 다해 학생들에게 봉사하며, 학생들을 성공적인 글로벌 시민으로 성장시켜 사회로 배출하고자 노력한다. 공통의 목적을 가진 부서들은 함께 일함으로써 학생들에게 더 다가갈 수 있지만, 이러한 결합은 많은 노력을 필요로 한다. 이 장에서는 시러큐스 대학교 도서관의 러닝 코먼스(Learning Commons, 학습 공유공간)의 연락 담당 사서(librarian liaison) 판타지시 쏜과 우리 대학의 다문화과(Office of Multicultural Affairs) 사이의 협력에 대해 소개하면서, 두 부서간의 관계 창출과 그 관계의 계속적 유지를 위한 노력들을 함께 소개한다.

교무 업무(Academic Affairs)와 학생 업무(Student Affairs) 관련 부서들이 서로 협력하는 것은 자연스러워 보이지만, 오랜 시간동안 두 부서가 독립적으로 운영되어왔기 때문에 이들의 협력관계는 아직도 발전되지 않은 상태로 있다. 사실 두 부서는 학생들과 관련된 각자의 업무를 서로 다른 방식으로 수행해왔기 때문에, 이따금 상충되기도 한다. 학생처 실무자들은 보통 한 학생의 전체적인 발전에 깊숙이 관여하는 반면, 대체로 사서들은 학생들의 학창시절 중 일부 시간만 학생들과 상호작용한다. 미국 대학직원협의회(ACPA), 세계 대학기숙사 담당자협의회(ACUHO-I), 그 외 다른 많은 고등교육 관련 단체들의 참여로 간행된 "다시 생각하는 학습 2"(*Learning Reconsidered 2*)(Keeling 2006)라는 책은 "전체 학생의 교육과 준비 과정에서 모든 고등교육 기관 자원의 통합적 활용에 찬성입장을 표한다. 이를 달성하기 위해 요구되는 가장 핵심적 요소들 중 하나는 교무 업무와 학생 업무 담당자들 사이의 강력하고 협력적인 업무 관계를 창출 또는 강화하는 것이다"(Keeling 2006, 69). "전체 학생"에게 봉사하는 것은 교무처와 학생처 모두 이루고자 하는 목표이고, 이는 서로 연계하고 협력을 시작하기 위해 한 번의 논의만 거치면 가능하다.

이러한 생각을 염두에 두고, 2009년 버드 도서관의 학부교육 담당 부관장(associate dean)인 리사 멕켈(Lisa Moeckel)은 다문화과 책임자인 제임스 두아-아게만 박사(Dr. James Duah-Agyeman, "Dr. D")와 두 부서가 어떻게 협력할 것인지를 모색하기 위해 대화를 시작하였다. 새롭게 문을 연 러닝 코먼스의 프로그램이 다양성 관련 사업이고 다문화과 역시 다양성 관련 프로그램에 초점을 맞추고 있기 때문에, 멕켈은 러닝 코먼스에 상주하는 2명의 사서들을 다문화과 직원들에게 소개하였다. 판타시아 쏜(초기부터 상주한 사서 중 1명)은 현재 버드 도서관과 다문화과 사이의 첫 번째 연락 담당자로 일하고 있다.

## 협력의 방법들

두 부서가 협력하는 방법은 많다. 도서관의 연락 담당 사서가 1개월에 1회 다문화과 회의에 참여하여 도서관의 최신 소식을 전달하고 향후 프로젝트들에 대해 제안한다. 흑인 역사의 달(Black History Month) 계획위원회의 위원인, 연락 담당 사서는 학생과 직원들을 위한 관련 프로그램들을 계획하고 실행하기 위해 학생 고용 담당자와 긴밀하게 협력한다. 흑인 역사의 달 전시회는 매년 도서관에서 개최되는데, 여기에는 관련 프로그램들에 대한 광고, 아프리카계 미국인 저자가 쓰거나 그 저자에 관한 도서들, 다문화과와 학생단체들이 후원하는 행사에 관한 교육 자료들과 정보 등이 포함되어 있다. 대출 데스크 근처의 벽면에도 러닝 코먼스 직원이 만든 대형 포스터가 전시되고 있다. 사서 보조 직원(library technician)들도 흑인 역사 관련 사실 정보와 전통을 도서관 이용자들에게 알리기 위한 포스터 제작 과정에서 연락 담당 사서와 긴밀히 협력한다. 이러한 협력을 통해 흑인 역사의 달을 활성화하는데 있어 작지만 매우 효과적인 결과물들이 만들어졌다. 예를 들면, 신간도서 전시 영역의 서가 공간을 흑인 역사의 달 계획위원회에 제공하는 것인데, 이 일은 지난 2년간 진행되어 왔다.

다문화과와 학생 모임이 개최하는 행사에 참여하는 것은 상대방에 대한 지지를 보여주고 두 부서간의 협력을 성장시키는 또 다른 방법이다. 연락 담당 사서는 시낭송 프로그램인 "버벌 블랜드"(Verbal Blend)와 같은 다문화과가 후원하는 많은 행사들뿐만 아니라 대학교 주최의 흑인 역사의 달 기념행사에도 정기적으로 참석한다. 한 해 동안 이와 같은 행사에는 많은 학생들이 고용되는데, 물론 이 학생들이 도서관을 통한 자료조사에 대해 특별히 초점을 둔 것이 아니더라도, 그 학생들은 연락 담당 사서를 쉽게 알아볼 수 있게 되고, 연락 담당 사서와 친숙하게 된다. 비 학술적인 환경에서 학생들과의 상호작용은 그들이 도서관에서 자료조사에 관한 도움이 필요할 때 연락 담당 사서가 그들에게 더 쉽게 접근할 수 있도록 만든다.

다문화과는 학문적 성취가 학생의 발전에 중요한 부분임을 잘 알고 있다. 연락 담당 사서는 도서관의 정보자원과 서비스들에 대한 여러 워크숍들을 지원하는 등 다양한 방법으로 다문화과 직원들을 협력한다. 학생들과 함께 일할 때 융통성을 가지는 것이 중요하기 때문에, 가끔씩 연락 담당 사서는 학생들이 정기적으로 만나는 캠퍼스 내 여러 장소에서 개최되는 다문화과의 프로그램에 이따금씩 방문하거나 도서관에서 이용교육을 제공하는데, 이를 통해 학생들은 도서관 건물과 그 서비스와 친숙하게 된다. 예를 들어, 수학과에 다니는 유색인종 여학생들은 대학 내 강의실과 버드 도서관 내의 다양한 공간에서 도서관 이용교육을 받았다. 그 외에도 연락 담당 사서는 매주 학생들의 시 워크숍을 위해 예약된 강의실에서 진행되는 버벌 블랜드에 참석하고 있다. 교내 다문화 역량 강화 네트워크(The Multicultural Empowerment Network)는 도서관을 자주 방문하였고, 다문화 생활 학습 커뮤니티(the Multicultural Living Learning Community)는 자체 워크숍 일정의 일부로 도서관 이용교육을 실시하는 것을 선호한다. 이 워크숍에 참석한 학생들과 다문화과 직원들은 열정이 가득한 연락 담당 사서와 상호작용이 풍부한 도서관 이용교육 강의에 대해 높게 평가하고 있다.

## 학생들을 돕기 위한 상호 지원

상호간의 열린 소통과 진심어린 존중이야말로 도서관 연락 담당 사서와 다문화과 직원간의 협력이 계속 왕성하게 지속된 주요 원인이다. 다문화과는 친절하게도 연락 담당 사서와 함께 인근 대학의 다문화 센터를 함께 방문하며, 직원 은퇴식에도 초대한다. 두 부서의 인접성은 이상적이다. 양측 사무실이 바로 옆에 붙어 있어 사무실 방문, 홍보물 회수, 학생 방문, 회의 참석 등에서 놀라울 정도로 편리하다. 그리고 다문화부서는 도서관의 러닝 코먼스 부서를 방문하여 이 부서의 여러 직원개발 프로그램 시간에 다양하게 기여하고 있다. 두 부서의 협력 초기에 우리는 도서관 건물을 함께 걸으면서, 자료, 공간, 행사 계획 등에 대해 이야기하고 학생들의 성공을 지원할 아이디어를 공유하였다.

이와 같은 협력의 장점은 전문성 측면과 개인적 측면에서 다양하다. 대학 본부에서 새롭고 혁신적인 프로젝트를 위한 기금 신청과 같은 기회들이 생겼을 때, 두 부서의 첫 번째 생각은 제안서를 함께 만드는 방법을 찾는 것이다. 최근 두 부서는 시러큐스 지역의 고등학생들을 대상으로 한 프로젝트 제안서를 함께 작성하였다. 비록 이 프로젝트를 위한 기금 지원을 얻지는 못하였지만, 이 역시 두 부서간의 강력한 협력을 잘 보여주는 사례이다. 이 글 또한 두 부서간의 협력의 또 다른 사례이다.

우리 대학의 다문화과와 버드 도서관은 교무 업무와 학생 업무간의 경계를 넘어 협력하는 방법들을 모색해왔다. 이 모델은 교무 업무와 학생 업무 부서들이 함께 노력하기를 원하는 미래의 프로젝트들을 위해 활용되어야 한다. 학생들이 고등학교에서 대학으로, 그리고 대학에서 대학원이나 직업의 세계로 성공적으로 성장하려면 두 단위 모두의 도움이 필요하다. "From Services-Centered to Student-Centered: A 'Wellness Wheel' Approach to Developing the Library as an Integrative Learning Commons"(Hinchliff and Wong 2010) 이라는 기사는 행복의 바퀴(wellness wheel)로써 대학 경험을 기술하고 있다. 이 바퀴는 지적, 감정적, 신체적, 사회적, 직업적, 영적인 요소들로 구성된 "행복의 6차원"으로 구성되어 있는데, 이는 학생들을 위한 프로그램과 서비스를 개발할 때 많은 학생 업무 부서에서 사용하는 모델이다(Hinchliff and Wong 2010, 221).

이 기사는 다음과 같이 말하고 있다. "행복의 바퀴는 프로그램을 계획, 개발, 평가하는 틀을 만들고 다양한 캠퍼스 내 협력자들을 파악하는데 있어 러닝 코먼스의 전체적인 영향력을 보장하는 유용한 접근 방법이다." 사서들은 이러한 목적 달성을 위해 다양한 학생 업무 부서들과 협력할 수 있다. 예를 들면, 상담센터와 보건센터가 생산한 자료의 전시, 기말고사 기간에 마사지를 제공하는 특별한 이벤트 개최 등이 있는데, 이 행사들은 현재 버드 도서관의 러닝 코먼스에서 매년 실시하고 있다. 이와 같은 행사들은 전체 학생에게 봉사하려는 버드 도서관의 노력을 잘 나타내고 있으며, 버드 도서관이 하나의 학술적인 건물 이상의 역할을 수행함을 잘 보여준다.

## 결론

배움은 강의실이나 도서관 안에서만 수행하는 것이 아니다. 배움은 매일의 상황에서 생길 수 있다. 우리는 학생들의 강의실 안과 밖에서의 삶을 우리들과 연결시키기 위해 매우 의도적으로 노력한다. 위에서 언급한 모델은 이를 위한 하나의 방법이다. 어떠한 부서도 혼자서는 학생들에게 영향을 줄 수 없다. 부서간의 협력은 봉사대상인 학생뿐만 아니라 협력적 관계를 개발, 육성하고자 함께 노력하는 직원들에게도 이득이 된다.

## 참고문헌

Hinchliff, Lisa J., and Melissa Autumn Wong. 2010. "From Services-Centered to Student-Centered: A 'Wellness Wheel' Approach to Developing the Library as an Integrative Learning Commons." *College and Undergraduate Libraries* 17 (2-3): 213-24. doi: 10.1080/10691316.2010.490772.

Keeling, Richard P., ed. 2006. *Learning Reconsidered 2: Implementing a Campus-Wide Focus on the Student Experience.* Washington, DC: ACPA, ACUHO-I, ACUI, NACADA, NACA, NASPA, and NIRSA.

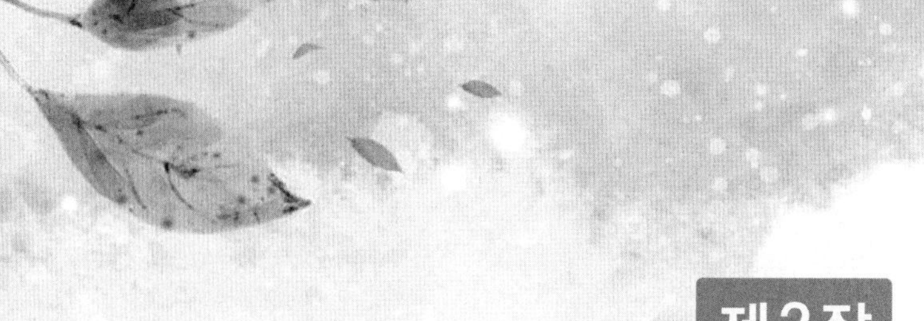

# 제2장
# 학생들에게 다가서기

Reaching Students



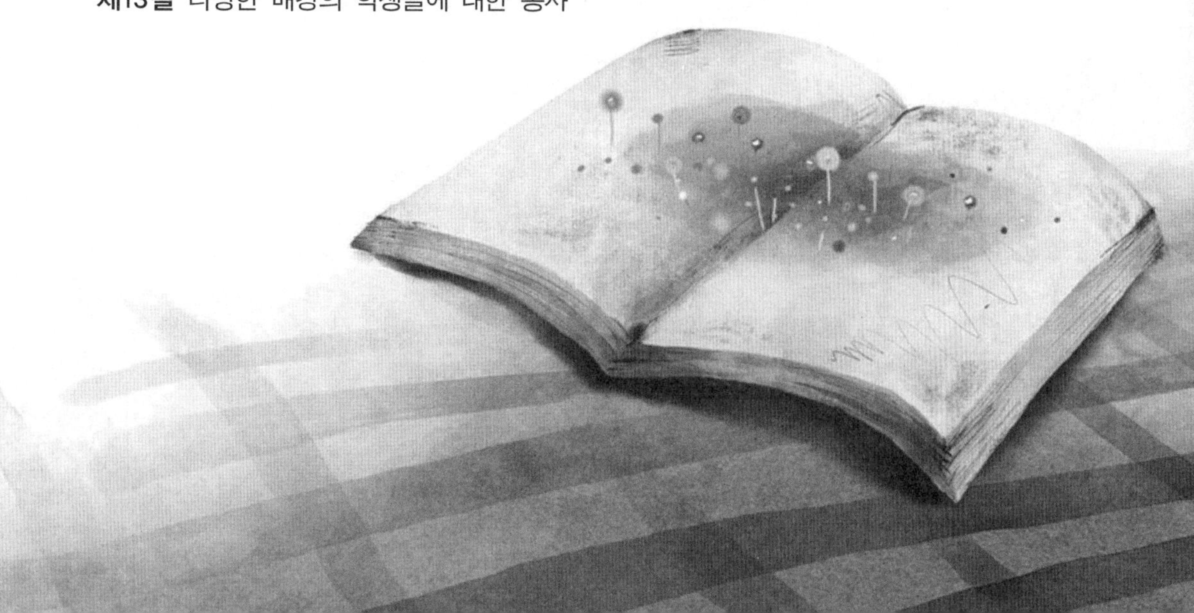

# 미국 원주민 학생들을 클라인 도서관에 연결하기

에이미 휴즈, 카리사 초시에

통계를 살펴보면, 다른 집단들에 비해 미국 원주민들의 고등교육기관 등록 비율은 상대적으로 낮은 상태이다. 최근의 미국 인구 조사에 따르면, 약 7%의 미국 원주민들이 미국의 대학 또는 대학원에 등록되어 있는데, 이는 15만 명을 조금 넘는 규모이다. 비록 이 수치는 높지 않지만, 당신이 속한 도서관에서도 미국 원주민 학생들에게 봉사를 제공하고 있을 가능성이 높다. '전국 주의회 컨퍼런스'(National Conference of State Legislatures, 이하 NCSL)에 따르면, 2011년 10월 현재 연방차원에서 공인된 부족은 595개로 이들은 33개의 다른 주에 걸쳐 거주하고 있었으며, 주차원에서 공인된 부족은 29개로 이들은 12개의 다른 주에 걸쳐 거주하고 있었다. 이러한 수치는 부족수가 증가하였음을 의미하는데, 2000년 당시 연방차원에서 공인된 부족은 2011년보다 23개가 더 적었다. 가장 최근의 미국 인구 조사를 보면, 미국 원주민 전체인구는 지난 10년 동안 증가하였고 앞으로도 계속 증가할 것으로 추정되고 있다. 그리고 미국 원주민 중 다수인 3분의 2 정도가 도시 지역에 살고 있는 것으로 나타났다.

그랜드 캐년에서 남쪽으로 80마일 떨어진 곳에 위치한 노던 아리조나 대학교(Northern Arizona University, 이하 NAU)는 미국 원주민 학생들에게 봉사할 책무를 가지고 있다. 매년 NAU에는 약 1~2천 명 정도의 미국 원주민 학생들이 등록하는데, 이들은 미국과 캐나다 등 북미에 거주하는 90개 이상의 다른 부족 출신들이다. NAU는 대학의 전략계획(목표 6 : "미국 원주민 학생에 대한 책무")에 나타나 있는 것처럼 미국 원주민 학생들을 다양한 방법으로 지원한다.

얼마 전에 NAU는 대학 중심에 위치하면서 학생회관과 클라인 도서관(the Cline Library)과 인접한 곳에 12,650 제곱피트 규모의 미국 원주민 문화센터(Native American Cultural Center)

를 개소하였다. 이 건물은 원주민들의 가치를 설계에 반영하여 건립되었으며, 미국 원주민 학생들을 위한 중요한 모임 장소로 기능하고 있다. 이 건물이 미국 원주민 학생과 부족들을 위한 모임 장소이기는 하지만, 대학의 모든 학생들에게 열려 있다.

우리 대학의 목적을 지원하기 위해 클라인 도서관은 미국 원주민 학생들을 위한 교육 지원과 서비스를 제공하며, NAU와 지역사회를 대상으로 대중 인식 제고를 위한 행사도 주최한다. 지난 몇 년 동안, 클라인 도서관은 미국 원주민 학생들에게 봉사하기 위해 다면적인 접근방법을 채택하였고, 그를 통해 미국 원주민 학생들의 도서관 이용이 증가하였다. 이 글에서는 우리 도서관이 미국 원주민 학생들과 연결되기 위해 사용한 접근방법들을 소개하고, 그들의 도서관 이용 권장하고 지원하기 위해 활용한 방법들을 제시하고자 한다.

## 미국 원주민 문화에 대한 인식 증진하기

### 영화제(Film Series)

지역사회와 미국 원주민 문화와 연결시키고 지역 사회를 교육하는 좋은 방법 중 하나는 영화를 활용하는 것이다. 여러 해 전, 클라인 도서관은 우리 대학의 '목표 6'을 지원하는 방법에 관한 아이디어를 얻고자 표적집단 면담을 수행하였다. 그 결과, 클라인 도서관은 영화제(Film Series)를 주최하기로 결정하였다. 우리의 의도는 현재의 미국 원주민 관련 관심사들에 대해 청중들을 교육시키고, 이 관심사들에 대해 대화를 나누는 의미 있는 장소를 제공하는 것이었다. 클라인 도서관의 미국 원주민 영화제(The Native American and Indigenous Film Series)는 시민들에게 무료로 제공되고 있으며, 올해로 4회째를 맞이하였다. 각 영화마다 청중들은 다양하지만, 매회 평균 70명 정도가 참여하였다.

영화제 준비위원회는 지역 또는 국가적으로 활동하는 미국 원주민 감독이 제작한 영화를 발굴하였다. 지역사회의 지원을 받아 우리들은 관객들과의 대화를 위해 미국 원주민 감독들과 다큐멘터리 영화의 출연진들을 우리 도서관으로 초청하였다. 또한 우리들은 영화에 대한 토론을 위해 교수들을 초청하였으며, 많은 교수들은 과목이수 조건 또는 추가 학점 제공 등을 내세워 학생들의 영화제 참여를 권장하였다. 교수들과의 네트워크는 영화제에 대한 참석, 인식, 지원을 향상시키는 결과를 가져왔다. 최근 우리들은 원주민과 환경적 불평등에 대한 테마를 다룬 영화들을 선정하였고, 이 주제와 관련된 과목 전체가 포함되도록 하였다.

영화제 준비위원회는 영화 선정, 마케팅, 영화 상영 등의 역할을 맡은 3-5명의 도서관 직원으로 구성되어 있다. 우리의 마케팅 방법은 입소문이 큰 비중을 차지한다. 우리는 캠퍼스 전역에 전단지를 배포하고, 교수들과 학생 그룹과 접촉하며, 페이스북 계정을 자주 업데이트한다. 우리는 여러 웹사이트들을 활용하여 사람들로부터 다음 영화제에 포함시킬 영화들을 추천받는다. 그리고 우리는 청중들을 대상으로 상영된 영화, 그 영화에 대한 토론, 그리고 영화제의 발전에 관한 피드백을 받기 위해 매 영화의 상영 종료 후 간단한 5개의 질문으로 설문조사를 실시한다.

영화제에서 상영할 영화를 참고하고자 우리가 즐겨 찾는 웹사이트들의 일부는 다음과 같다.:

Native Networks
American Indian Film Institute
Red Nation Film Festival
Izuma TV

우리가 본 인기가 많은 영화들 중 일부는 다음과 같다.:

*Weaving Worlds*(2007), directed by Bennie Klain
*Paatuwaqatsi: Water, Land, and Life*(2007), directed by Victor Masayesva Jr.
*Lady Warriors*(2001), directed by John C. P. Goheen
*Our Spirits Don't Speak English : Indian Boarding School*(2008), directed by Steven R. Heape and Chip Richie
*Sweet Blood*(2009), directed by Shirley Cheechoo

## 장서관리

미국 원주민 기록물 자료를 위한 업무절차는 클라인 도서관의 특수 장서 부서인 '콜로라도 고원과 디지털 기록보존소'(Colorado Plateau and Digital Archives)에 의해 개발되었다. 이 업무절차는 미국 원주민 부족들을 배려하고 문화적으로 민감한 방법으로 미국 원주민 자료들을 선정하고 보호하는 기록물 전문가와 장서관리 전문가들을 위한 지침으로 사용하기 위해 개발되었다. 이 업무절차는 나바호 부족 박물관 · 도서관 · 기록관(the Navajo Nation Museum, Library, and Archive) 등과 같은 부족 단체들과의 협력을 권장하며, 온라인을 통해 무료로 제공된다. 만일 당신이 원주민 관련 장서를 개발하고 유지하고 있다면, 이 업무절차를 읽어보기를 권한다.

우리는 현재 우리의 인쇄 장서들을 재검토 중에 있으며, 문화적으로 부적합한 자료들을 찾아내고 있다. 일례로, 우리는 장서 속에서 한 공인된 미국 원주민 회고록 저자의 진정한 정체성(true identity)에 의심을 품게 한 논쟁과 관련된 몇 개의 자료들을 파악하였다. 이 사례에서 그 저자는 결국 알려진 미국 원주민 조상이나 부족 소속임을 인정받지 못하였고, 그 회고록은 사실이 아니라고 통보되었다. 우리는 그 자료들이 문화적으로 잘못 이해되었고, 지리적으로 혼동을 주고 있으며, 부정적 선입견을 지속시키기 때문에, 그 자료들을 우리 장서에서 제적하기로 결정하였다. 문화적으로 부적합하다고 해서 모든 자료들이 제외되는 것은 아니다. 그렇기 때문에, 네드 블랙호크(Ned Blackhawk), 린다 호건(Linda Hogan), 바인 디로리아 주니어(Vine Deloria Jr.), 레슬리 마몬 실코(Lesle Marmon Silko), 월터 에코-호크(Walter Echo-Hawk), 위노나 라듀크(Winona LaDuke), 쉐어먼 알렉시(Sherman Alexie) 등과 같이 저명한 미국 원주민 학자와 작자들과 친숙해지는 것은 도움이 된다. 거기에 더해 자료 선정도구를 이용한다면 문화적으로 적합한 자원에 대한 당신의 지식은 더욱 확장될 수 있다. 하지만, 사서들에게 이 분야의 장서관리에 관해 안내해주는 선정도구는 그 수가 제한되어 있고, 그 중 대부분은 고등교육 기관보다는 어린이 문학에 치우쳐있는 편이다. 그러나 *'American Indian Culture and Research Journal'*과 *'Studies in American Indian Literature'* 등과 같은 많은 학술지에는 도서 비평들을 포함하고 있고, 'Oyate'와 'Gathering of Nations' 등의 일부 웹사이트들도 도움이 된다. 문화적으로 적합하고 교과목과 관련 있는 정보자원을 찾는 일은 경험이 축적되면서 더 쉬워지게 된다.

관련 장서를 관리하는 것에 더하여, 우리들은 양적 격차를 파악하여 미국 원주민 주민들의 다양성을 더욱 잘 반영하도록 노력하고 있다. 우리가 파악한 양적 격차중 하나는 법률관련 인쇄 정보원에 관한 것이었다. NAU의 많은 수업에서는 부족 통치권(tribal government)에 대해 조사를 실시한다. 이러한 수업에 유용한 온라인 정보원 중 하나는 *'The Native American Constitution and Law Digitization Project'*인데, 이 정보원은 오클라호마 대학교(University of Oklahoma)의 법학도서관과 미국원주민권리기금(Native American Rights Fund)의 국립 인디언 법률도서관(National Indian Law Library)과의 협력으로 온라인에서 제공된다. 그리고 하나의 핵심 저널은 *'American Indian Law Review'*이며, 다른 유용한 정보원에는 웨스트로(Westlaw)의 'Native Peoples Law and tribal library'를 비롯해 'Bibliography of Native North Americans'(EBSCOhost), 'Ethnic NewsWatch'(ProQuest) 등이 있다.

### 특집 자료를 위한 공간

우리 도서관은 '미국 원주민 문화유산의 달'(Native American Heritage Month)을 기념하는 전시회 개최를 위해 대학 내 다문화 학생센터와 협력하였다. '클라인 도서관과 함께 하는 미국 원주민 문화유산의 달 기념행사'(*Celebrating Native American Heritage Month with Cline Library*)로 이름 붙여진 전시회에서는 현재의 미국 원주민 관련 사안에 관한 도서와 비디오 자료들이 포함되었고, 열람실 내에서 전시가 이루어졌다. 현 열람실은 1층에 위치해 있고 도서관의 참고/대출 데스크와 바로 인접해 있어, 이 자료들을 전시하기에 이상적인 공간이었다. 이 전시회가 시작된 이후, 전시된 자료들에 대한 대출이 증가하였다. 학생들은 자신들의 문화를 대표하는 자료들을 볼 때 소속감을 느끼는 경향이 있다. 전시를 위한 장서의 구비는 그 자료들의 중요성과 관련 장서의 구축에 대한 도서관의 책무와 관련하여 중요한 의미를 가진다. 우리는 현재의 협력 관계가 지속되기를 희망하며, 앞으로는 미국 원주민 학생들을 전시 자료에 참여시키며, 전시회의 일부로 진행될 도서 추천과 비평 행사에 참여시킬 계획이다.

## 존중의 환경 형성하기

### 준비

학문적 지원은 우리 도서관이 교수진과 학생들을 위해 수행하는 업무의 대부분을 차지한다. 이 업무에는 교과목 보조 자료에 대한 색출 및 제공, 교수진과 공동으로 교과목 강의, 학생들에게 대인 및 온라인 조사 제공과 같은 활동들을 포함한다. 대체로 학문적 지원을 위한 준비 시간에 대해서 가볍게 생각하는 경향이 있다. 하지만, 다른 문화들에 대해 배우고 시야를 넓히는 일은 미국 원주민 학생들을 환영하고 격려하는 환경을 만드는데 있어 매우 중요한 단계이다. 미국 원주민 문화에 대해 더 많은 지식을 가질수록, 다양한 문화적 사례들을 참고하기가 더 쉬워지고, 교수진과 학생들과 함께 일하면서 이들 사례들을 활용하기가 더 수월해진다. 또한 여러 부족들이 직면하고 있는 경제, 사회, 환경, 토지 관련 이슈 등과 같은 당대의 관심사에 대해 잘 인식하고 있는 것도 중요하다. 최신 지식을 유지하기 가장 쉬운 방법은 관련 잡지와 신문들을 읽는 것이다. 이와 관련된 여러 중요한 정보원들이 이용가능한데, '*Journal of American Indian Education*', '*American Indian Quarterly*', '*Wicazo Sa Review*', 미국 원주민 고등교육협회(American Indian Higher Education Consortium)의 *'Tribal College Journal'* 등이 대표적이다. 그리고 최신 소식에 관한 유용한 웹사이트는 *'Indian Country Today'*이다.

## 교수진과의 협력

교수 회의에 참석하는 것은 도서관의 자원들을 소개하는 유용한 접근방법이며 네트워크를 형성하기 위한 좋은 도구이다. 과거 교수 회의에 참석하여 우리 대학의 수업 관리 도구를 이용해 제작한 온라인 가상 수업의 사례들을 보여준 것은 많은 도움이 되었다. NAU에서 사용하는 수업 관리 소프트웨어는 'BlackBoard Learn'이라는 제품이다. 어떤 수업을 사례로 수업 관리 소프트웨어를 적용하여 시각적으로 표현함으로써 우리는 도서관의 정보자원들이 얼마나 완벽하게 그 수업과 연동되고, 그 수업 내용을 확장할 수 있는지를 교수들에게 잘 설명해 줄 수 있다. 이 접근방법은 어떤 수업과 관련된 문화적으로 적합한 정보자원들을 강조하는데 도움이 된다.

교수진과 협력하여 업무를 수행하면 그 결과는 상호작용과 지원이 거의 없는 수준부터 수업에 사서가 통합되는 수준까지(대부분 공동 강의 환경 수준까지) 매우 다양하게 나타난다. 어떤 수업에서 강의를 할 때, 주제가 무엇이든, 다문화 자료를 교육에 통합하는 것이 중요하다. 준비시간이 충분하다면 이는 어렵지 않다. 언젠가는 다문화자료를 수업에 포함시키는 것은 당연한 일이 될 것이다.

또한 캠퍼스 내에 미국 원주민 교수진이 있다면, 그들의 교육 방법(특히, 연구방법을 가르칠 경우에는 더욱)에 대하여 질문할 수 있도록 약속 시간을 정하도록 하라. 당신은 아마 현재 연구에 새로운 길을 발견할 수 있을 것이다. 이것은 나의 경험인데, 나는 담당 강사와 만나 어떤 역사 교과목을 위한 정보원으로써 구술 이야기(oral stories)를 포함시키는 방법을 의논했던 적이 있었다. 이 사례에서 구술 이야기는 아는 방법(a way of knowing)을 의미하였으며, 타당한 정보원으로 고려되었다.

## 학생들과의 협력

앞에서 언급했듯이, 다른 문화권에서 온 학생들을 위한 최선의 준비방법은 그들의 문화에 대해 잘 아는 것이다. 여러 문화권의 전통에 대해 잘 안다면 적합한 참고봉사를 더욱 쉽게 제공할 수 있게 된다. 내가 미국 원주민 학생들과 함께 일하면서 배운 하나의 비법을 소개하자면, 계속 능동적으로 학습하게 만드는 것이다. 이 방법은 보통 학생들이 가정에서 일어날 수 있는 실생활 문제를 해결하기 위해 그룹으로 활동하는 것을 허용한다. 최근 사안을 활용하면 능동적 학습을 더 쉽게 촉진할 수 있는데, 특히 학생들이 개인적 경험들을 공유하면서 대화를 이어갈 수 있을 때 자주 활용되고 있다. 나는 수업동안 이러한 유형의 대화를 항상 권장한다. 결국, 그들의 성공에 대한 당신의 관심 정도에 따라 당신에 대한 학생들의 인상이 결정된다. 따라서 긍정적 태도를 유지하고 학생들을 격려하는 것이 매우 중요하다.

학생들과 일대일로 업무를 수행하는 것은 당신의 업무에 대한 가장 큰 보상이며, 학생들과 학생들의 연구 관심사에 대해 더 많이 배울 수 있는 기회를 제공한다. 과제조사는 당신이 그들의 학문적 성공을 위해 노력하고 있음을 보여주는 방법이다. 상담 일정을 계획할 때, 학생과 당신 모두에게 편리한 시간과 날짜를 잡는 것이 중요하다. NAU에서 우리가 만난 여러 명의 미국 원주민 학생들은 캠퍼스 내에서 살지 않았고 아르바이트를 하는 경우도 자주 있었다. 그러므로 상담 일정을 유연하게 잡는다면 도움이 될 것이다. 학생들과 만날 때, 소개 시간을 가지고 연락처를 알려주어 학생이 사무실 전화나 메일로 직접 연락할 수 있게 만들어야 한다. 이 행동은 간단하지만 이후 중요한 연결점이 될 수 있는데, 특히 미국 원주민 학생들의 재학생 유지율(retention rates)이 더 낮다는 것을 고려하면 더욱 그러하다.

## 믿을 수 있는 연결관계 형성하기

### 미국 원주민 대학생 서비스(NASS)

도서관 서비스와 정보자원에 대해 인식을 증진시키기 위한 전략 중 하나는 캠퍼스 내의 다른 서비스 단위와 함께 일하고 것과 캠퍼스 내 관련 있는 프로그램과 위원회에 참여하는 것이다. "미국 원주민 대학생들 : 더 이상 무시될 수 없는 학생 규모"(Native American College Students: A Population That Can No Longer Be Ignored)라는 기사는 미국 원주민 학생들이 대학교육을 성공적으로 마치려면, 학생업무 부서들이 미국 원주민 학생들을 지원하는데 참여할 필요가 있다고 지적하였다(Mazwell 2001). 이 기사는 특히 ALANA(아프리카, 라틴, 아시아, 미국 원주민 계통 : African, Latino/a, Asian, and Native American) 학생 센터의 가치에 대해 강력히 주장하였다. 우리 도서관이 현재 협력하고 있는 교내 기구는 미국 원주민 대학생 서비스(Native American Student Services, 이하 NASS)이다.

NASS는 재정적 지원과 학문적 멘토링 프로그램을 통해 미국 원주민 학생들을 지원하고 있으며, 캠퍼스 내 학생들을 위한 사회적 연결망을 제공하고 있다. NASS가 제공하는 서비스 중 상당수는 NAU의 모든 학생들이 이용할 수 있지만, NASS는 미국 원주민 신입생과 편입생에 특별한 관심을 가지고 있다. 여러 해 전에 지금은 사우스웨스턴 인디언 기술전문학교(Southwestern Indian Polytechnic Institute)의 사서로 근무하고 있는 전직 동료의 노력으로 우리 도서관은 한 장학금 프로그램을 지원하기 위해 NASS와 협력을 시작하게 되었다. 장학금 수혜를 위한 요구사항에 학생들은 도서관 오리엔테이션에 참석해야 한다는 내용이 포함되어 있었다. 많은 문헌들은 미국 원주민 학생들이 대학도서관과 친숙하지 않다고 주장하고 있는데 이는 일반적인 도서관 오리엔테이션이 원주민 학생들에게 그다지 흥미롭지 않았고, 원주민 학생들이 조사 과제를 적극적으로 수행하지 않을 경우는 그 오리엔테이션은 거의 도움이 되지 않기 때문이다. 그리고 일반적인 도서관 이용 교육 시간은 학생들이 바로 써먹을 수 없고, 그래서 기억하기 어려운 정보를 과다 제공하고 있었다.

우리는 학생들과 더욱 성공적으로 연결되기 위해 능동적 학습을 포함시키고 소속감을 키울 수 있는 일상적 환경을 조성할 필요가 있음을 알게 되었고, 그에 따라 기존의 접근방법을 변경하였다. 우리는 원주민 학생들과 수업 단위가 아닌 소규모 그룹 단위로 만나고 있기 때문에, 우리는 학생들을 참여시키고, 우리도 적절히 참여하면서, 궁극적으로 우리들이 효과적이었는지를 평가하는 방법을 마련해야 했다.

우리는 도서관 오리엔테이션 시간에 지역의 환경 관련 사안들에 대한 모의 토론을 하기로 결정하고, 학생들이 다양한 이해관계자들의 관점을 반영한 해결책들에 대해 토론을 하도록 결정하였다. 학생 1~2명은 특정 이해관계자의 입장을 반영하는 정보를 찾는 책임을 지고, 토론하는 동안 그 관점에 기초한 사례를 제시한다. 모의토론 이후 우리는 검색되고 사용된 정보원들이 서로 어떻게 다른지에 대해 논의하였다. 또한 우리는 학생들이 도서관, 대학, 그리고 지역사회에 대해 질문할 수 있도록 오리엔테이션 막바지에 약간의 시간을 배정하였다.

최종적으로, 업무량 조정을 위해 우리는 도서관 직원 3명에게 도서관 이용교육을 분배하였고, 2일간의 교육시간 동안 6개의 대그룹 교육을 조직하였다. 이 협력이 원활히 진행되기 위해 필요한 핵심적 요소는 도서관 이용교육을 위해 기꺼이 지원을 제공하고 시간을 희생할 직원들이 있느냐 여부이다.

### 도서관에서 학생들을 돕기

크로스비(Crosby 2011)는 고등교육 과정에서 미국 원주민 학생들의 성취에 영향을 주는 5가지 요인들을 파악했는데, 그 중 가족의 지원과 재정적 지원이 가장 중요한 요소라고 밝혔다. 그러므로 당신이 대학의 재정적 지원에 대해 어느 정도의 지식을 가지고 있다면 그것은 상당히 가치있는 일이다. 만일 당신의 도서관이 장서구입 예산에 여유가 있다면 '미국 원주민을 위한 재정적 지원 2012-2014'(*Financial Aid for Native Americans*, 2012-2014)(Gail A. Schlachter and R. David Weber 2011)의 구입을 권하고 싶다.

우리가 파악한 미국 원주민 학생들이 겪는 어려움 중 하나는 수업 관리 시스템의 사용경험이 부족하다는 것이다. 많은 수업들이 면대면 수업과 온라인 수업이 혼합된 경우이거나 완전히 온라인으로만 진행된다. 과목의 강의계획서를 읽고 과제물들과 제출만기일을 메모하도록 상기시켜주는 것은 학생들에게 유용하다. 이 문제들 중 대부분은 보통 미국 원주민 학생들이 교수들에게 명쾌하게 질문하지 못한다는 사실 때문일 것이다. 만일 당신이 학생들과 그룹 또는 일대일로 만나게 되었을 때 학생들에게 강의계획서와 수업 관리 시스템을 얼마나 잘 쓰는지 물어본다면 도움이 될 것이다.

## 결론

지난 3년간 우리는 미국 원주민 문화에 대한 지식을 구축하고 대학 내 미국 원주민 학생들에게 다가서기 위해 노력해왔다. 몇몇 방법들은 다른 방법들보다 더 효과적이었지만, 무엇보다도 학생들을 알기 위해 기울인 시간과 노력은 헤아릴 수 없이 가치 있는 것이었다.

우리 모두는 시간과 자원에 제약이 있음을 알고 있다. 그러나 미국 원주민 문화에 대해 알아가는 것은 그리 어렵지 않으며, 미국 원주민 학생들을 돕기 위한 중요한 첫 걸음은 그 학생들이 도서관에서 환영받고 서로 연결되었음을 느끼게 하는 것이다. 만일 당신이 어떤 문화적 지식에 대한 여정을 떠나기로 결정하였다면, 당신이 배운 내용을 비공식적 대화, 회의, 직원개발 워크숍 등 아무 때고 적절한 시점에 다른 사람들과 공유하라. 또한 도서관 내의 모든 부서들이 항상 다른 문화들에 대한 존중의 메시지를 표현하는 것도 중요하다. 이 존중의 메시지는 반드시 필요하며, 도서관이 학생들에게 오랫동안 영향을 주는데 도움이 되며, 그들이 도서관을 이용하면서 편안함을 느끼게 만들어준다.

# 참고문헌

Crosby, Heather. 2011. "Explaining Achievement: Factors Affecting Native American College Student Success." *Applied Research Projects, Texas State University-San Marcos.* Paper 349. http://ecommons.txstate.edu/arp/349.

Maxwell, Deanne. 2001. "Native American College Students: A Population That Can No Longer Be Ignored." http://www.uvm.edu/~vtconn/v22/maxwell.html.

# 모국어로 제공되는 도서관 이용교육

라벤트라 단과, 웬디 우

아시아 사람들은 미국 내 외국 출신의 교수, 연구자, 학생 중에서 가장 많은 비중을 차지한다. 다문화 이용자들의 정보요구를 충족하기 위해 도서관 서비스들을 제공하는데 관한 논의는 관련문헌에서 상당히 진행되고 있다. 언어장벽과 학습에 관한 논의들은 ESL 학습자들이 학습 과정동안 여러 어려움에 직면한다는 점을 계속 지적해왔다(Blau 1990). 인터넷을 잘 쓰는 도서관의 ESL 이용자들조차도 오리엔테이션 프로그램동안 사서들이 사용하는 용어들을 명확히 알아듣기 위해 도움을 필요로 하였다(Jackson 2005). 사서들은 이 과제를 해결하기 위해 다양한 수단들을 동원하였다. 그 중 일부는 다문화 이용자들을 고려하여 다양한 학습 방식(learning style)과 발성 기술(vocal technique)들을 사용할 것을 강조하고 있다. 다른 사서들은 이용자의 모국어로 도서관 견학과 오리엔테이션을 실시하는 것을 지지하고 있는데, 여기에는 도서관 이용교육을 ESL 강의계획에 통합하자는 의견뿐만 아니라 정보 리터러시 기준들을 문화적 의사소통 실습과 통합하자는 의견 등이 포함되어 있다(Barron and Strout-Dapaz 2001; Conteh-Morgan 2001; Liestman and Wu 1990). 이러한 방법들은 다문화 이용자들에게 도서관 정보자원과 서비스들에 대해 개괄적으로 소개하는 과정에서 다문화 이용자들에게 제공한다. ESL 학습자들이 경험하는 학습 장애물들과 아시아 출신 이용자 수의 증가에 대해 기술하고 있는 선행연구들을 참고로 하여 웨인 주립대학교(Wayne State University)의 쉬프만 의학도서관(Shiffman Medical Library) 소속 도서관 이용교육 사서들은 도서관 워크숍을 이용자의 모국어로 진행하기로 결정하였다. 다음의 내용은 한 대학교의 의학도서관이 중국어로 엔드노트(EndNote)[1] 워크숍을 진행한 경험을 순차적으로 정리한 것이다.

## 우리 도서관의 이용교육 프로그램

도서관 이용교육은 우리 의학도서관의 기본적인 서비스이다. 사서들은 서지 이용교육, 교과목 통합 이용교육, 생의학연구 지원 도구에 대한 이용교육 등을 제공한다. 연구와 학문 활동은 전문직의 발전을 위한 촉매제이다.: 그러므로 이러한 활동을 지원하는 도서관의 자원들을 활용한다면, 우리 이용자들은 큰 이득을 얻게 된다. 서지정보 관리 프로그램인 엔드노트는 이러한 도서관의 자원 중 하나이다. 교수진, 연구자, 그리고 학생들은 학술지 기사의 서지정보를 저장하기 위한 시간절약형 도구로써 엔드노트를 사용한다. 초기의 엔드노트 교육은 도서관이 주최하고 홍보를 진행하는 독립적인 교육이었는데, 어느 정도 성공적이었다. 하지만 참석자는 기대했던 것보다 적었다. 그 결과, 이용교육 담당 사서들은 엔드노트 교육을 요청이 있을 경우에만 제공하기로 결정하였다. 역설적이게도, 교육 참석자는 적었지만 참고봉사 데이터를 통해 이용자들이 엔드노트에 대해 더 배우고 싶은 관심정도가 꾸준히 증가함을 알 수 있었다. 그에 따라, 한 팀의 사서들은 의과대학의 교무 및 의학 전문직 개발과(Department of Faculty Affairs and Professional Development, 이하 FAPD)와 협력 관계를 구축하여, 도서관 이용교육을 이 부서의 의학 전문직 및 학술 개발 프로그램(Professional and Academic Development programs, 이하 PAD)과 연계하여 실시하기로 하였다. 이 부서와의 협력은 다양한 측면에서 이로웠다. (1) 교수, 연구자, 의학 전문직 등은 PAD 프로그램들에 많이 참석하였다. (2) 교육에 대한 평가를 공유하여 사서들이 교육 프로그램을 개선할 수 있었다. (3) 사서들은 도서관의 다른 서비스들과 자료들에 대한 홍보를 꼼짝없이 들어야 하는 사로잡힌 청중(captive audience)을 지속적으로 확보하였다. (4) 엔드노트가 PAD를 통해 홍보될 때마다 그 수업들은 빠르게 신청이 마감되었다.

## 중국어로 진행한 엔드노트 교육 사례

알려진 바에 따르면, 최근에 미국으로 온 아시아인들은 읽기 수준이 듣기와 말하기 수준보다 훨씬 더 높다(Fu 1995; Preston 1992). 그들은 강의실에서의 수업을 완전히 이해하는데 어려움을 가지고 있으며, 특히 교수/강사의 강의내용 따라가기, 수업에 의견 제시하기, 그룹 토의에 참여하기 등을 더 어려워한다. 서구 문화와 달리, 아시아의 교육 접근방법은 지식 소비,

1) 전문적이고 상업적인 서지정보 관리 프로그램의 일종(역자 주)

관찰, 권위에 대한 복종, 동료에 대한 세심한 배려(exercising sensitivity toward colleagues) 등에 초점이 맞춰져 있고, 이 접근방법은 쓸데없는 행동을 하지 말도록 한다(Zhang 2006). 보통 새로운 교수 학습 기법에 적응하기 위해서는 추가적인 교육 지원이 필요하다. 도서관 이용교육을 다문화 이용자에게 제공하는 것은 새로운 생각이 아니다. 하지만 그들의 모국어로 이용교육이 진행된다면 이는 부가가치적인 접근방법이다. 또한 이용자가 많이 사용하고 이용자에게 가치있는 특정 정보자원에 대해 교육하는 것도 매우 중요하다.

이전의 교육에 대한 평가와 일화적 증거를 통해, 아시아 출신 이용자들은 엔드노트 교육을 반복적으로 이수하는 경향이 있음을 알 수 있었다. 학습자들은 도서관 이용교육 과정동안 그들이 경험하는 의사소통 장애와 언어 장애들에 대해 자주 이야기한다. 이러한 이유로 인해, 사서들은 이용교육 동안 생길 수 있는 언어 및 의사소통 장애들을 해결할 계획을 수립하였다. 우선, 사서들은 교육 설계와 관련된 지식과 기량, 그리고 커뮤니케이션 전략의 문화적 적절성에 대해 진단하였다. 교육 목표는 엔드노트에 대한 학습자의 이해 향상과 효율적인 사용으로 설정하고, 다음과 같은 수행과제들을 포함시켰다. (1) 중국 한자가 포함되도록 교육 및 홍보자료를 수정 (2) 잠재적 참가자들에게 적극적으로 교육을 홍보 (3) 중국어로 이용교육을 진행 (4) 이용교육의 결과를 진단하기 위한 평가 자료의 배포 및 수집. 이론적으로 모국어로 교육을 진행할 경우, 이용자들의 학술적, 연구적, 학문적 성취가 향상되고 이용자의 효율성이 증진된다. 그리고 담당 사서와의 관계 형성, 도서관의 다른 서비스와 정보자원들에 대한 이용자의 지식 증가라는 또 다른 좋은 결과물도 생산해 낸다.

중국어로 엔드노트 워크숍을 실시하기 위해 협력자들로부터 지원을 확보하는 것은 필수적이었다. 사서들은 아이디어를 내놓고 프로그램 실행계획에 대해 의논하기 위해 동료들과 회의를 가졌다. FAPD는 중국인 이용자 그룹을 위한 비 영어 도서관 이용교육 제공이라는 구상에 대해 곧바로 지지하였다. 관계된 모든 사람들은 이 프로그램의 성공이라는 책무를 분담하였고, 이 교육을 가장 훌륭하게 실시하기 위해 많은 의견을 교환하였다. 다음은 이 이용교육을 주최하는 과정에서 성공적이었던 업무들이다. (1) 이용교육 담당 사서는 잠재적 참가자들과 임시토론 그룹을 형성하여 학습 요구, 교육 방식, 선호하는 교육 일시와 장소 등에 대한 의견을 수집하였다. (2) 전문직 및 학술 관련 중국인 단체들을 대상으로 회원들에게 교육에 대한 정보를 공유할 것을 요청하였다. (3) 관련 있는 교내 학생 간부들에게 이 교육에 대한 홍보 협조를 요청하였다. (4) 도서관 웹사이트와 메일링 리스트, 다른 이메일 리스트를 대상으로 안내 자료를 발송하였다. (5) 모든 홍보자료에 중국 한자를 함께 사용하였다.

## 중국어로 엔드노트 교육 실시

다문화 이용자들을 대상으로 비 영어 기반의 도서관 이용교육을 제공하기 위해 전문 지식을 활용하고자 하는 다국어 구사가 가능한 사서들은 여러 장점들을 가지고 있다. 여러 연구들은 이용자들이 자신의 모국 교육 시스템과 문화적 규범을 이해하고 자신의 언어를 사용하는 개인들과 자신의 학습 요구에 대해 더 많이 대화하려는 경향이 있음을 밝히고 있다. '외국 유학생들과 미국의 대학도서관'(The International Students and the American University Library) 연구는 참가자에 대한 개별적 관심을 보여줄 수 있도록 별도의 맞춤형 교육을 진행한다면, 다문화 이용자들을 위한 이용교육은 향상될 것이라고 제안하였다(Patton 2002). 우리 사서들도 1명의 동료가 교육을 진행할 때, 다른 사서는 참가자들을 개별적으로 지원하는 방식을 고려하였다.

### 수업 환경

많은 참가자들이 엔드노트를 사용해보지 못한 상태에서 일부 참가자들은 아주 제한적으로 사용해본 상태에서 질문거리를 가지고 이용교육에 참여하였다. 발표 담당 사서는 주의 깊게 수업 내용, 학습 목표, 교육 방식 등을 검토하였다. 시연은 학습자들이 용어를 이해하고, 정보를 처리하고, 사용방법을 익히는데 필요한 여유 시간을 가질 수 있도록 느린 속도로 진행되었다. 교육 담당 사서는 정보원을 반입하고 관리하고 적절히 인용하는 방법에 관한 기능들을 보여고, 즉시 학생들이 직접 실습하도록 하였다. 사용법을 교육한 그 시점에 바로 실습을 수행하는 것이 기술적인 수업에서는 매우 중요하다. 영어로 엔드노트의 용어를 소개하고 중국어로 설명하는 것은 학습자의 영어 어휘를 확장시키는 동시에 엔드노트의 기능에 대한 이해를 돕는다. 또한 일부 능동적 학습 기법을 채택하여 수업 참여를 촉진시키고 학습을 강화하였다. 기초단계 평가를 실시한 결과, 참가자들은 학습 목표를 성취한 것으로 나타났다.

### 교육자료 선정

발표 담당 사서는 이용교육을 받은 학생들의 학습요구를 반영하여 기존의 엔드노트 이용교육 자료를 수정하였다. 이 학생들은 순차적인 교육지시와 그림이 있는 유인물을 선호하였다. 이런 내용을 반영하여, 교육자료에는 엔드노트에 대한 간략한 설명, 세부 학습 목표, 시연된 기능을 강조하는 학습 활동, 온라인 자습 자료의 리스트, 추가 질문을 위한 사서 연락처 정보 등이 포함되었다.

## 결론

비 영어 기반의 도서관 이용교육은 영어가 모국어가 아닌 교수, 연구자, 학생들을 위한 가치있는 서비스이다. 이 서비스가 당신의 이용자들에게 도움이 되는지 여부를 결정할 때, 먼저 이전의 수업 평가, 이용자 설문조사, 비공식적 커뮤니케이션, 일화적인 데이터 등을 분석하라. 그리고 당신의 도서관이 이러한 서비스를 수행할 역량을 가지고 있는지도 고려하라. 예를 들어, 1년 동안 여러 번의 수업 일정을 계획하는 것은 유연하지 못할 수 있다. 우리 도서관의 이용교육은 신입생과 신임 교수 오리엔테이션 동안에 진행되었다. 기억하라. 시간이 지날수록 이용자들은 의사소통과 언어의 장벽을 더 적게 경험하게 될 것이고, 결국 그들은 전통적인 도서관 이용교육에 적응하게 될 것이다.

다문화 이용자와의 의사소통을 향상시키기 위해서, 사서들은 도서관의 다른 서비스 제공과 과정에서도 그들의 모국어로 대화하는 것도 고려할 수 있다.

우리의 이번 교육을 진행한 경험을 돌아보면, 참가자들은 엔드노트에 대해 광범하게 이해할 수 있었고, 궁극적으로 더 많이 참여하는 학습 환경을 경험하였다. 예를 들어, 참가자들은 더욱 정확하게 질문을 표현하였고, 담당 사서들과 심층적인 연결 관계를 형성하였고, 추가적인 도서관 정보자원과 서비스들을 더 자주 활용하게 되었다. 이로 인해 사서들은 이용자의 모국어로 도서관의 다른 정보자원들에 대한 이용교육을 실시하고 있으며, 기존의 엔드노트 이용교육을 보완하기 위해 온라인 자습 자료의 제작을 모색하고 있다.

## 참고문헌


Barron, Sarah, and Alexia Strout-Dapaz. 2001. "Communicating with and Empowering International Students with a Library Skills Set." *References Services Review* 29(4): 314-26.

Blau, Eileen K. 1990. "The Effect of Syntax, Speed, and Pauses on Listening Comprehension." *TESOL Quarterly* 24(4): 746-53.

Conteh-Morgan, Mariam E. 2001. "Empowering ESL Students: A New Model for Information Literacy Instruction." *Research Strategies* 18(1): 29-38.

Fu, Danling. 1995. *"My Trouble is My English": Asian Students and the American Dream.* Portsmouth, NH: Heinemann.

Jackson, Pamela A. 2005. "incoming International Students and the Library: A Survey." *References Services Review* 33(2): 197-209.

Liestman, Daniel, and Connie Wu. 1990. "Library Orientation for International Students in Their Native Language." *Research Strategies* 8(4): 191-96.

Patton, Beth Ann. 2002. "International Students and the American University Library." Master's thesis, Department of Education, School of Arts and Sciences, Biola.

Preston, Bonita. 1992. "Foreign Students: Lost in the Library?" In *Understanding the International Students*, edited by S. M. Kaikai and R. E. Kaikai. New York: McGraw-Hill.

Zhang, Li. 2006. "communication in Academic Libraries: An East Asian Perspective." *References Services Review* 34(1): 164-76.

# 다문화 이용자의 도서관 이용 촉진에 있어 사서교사의 역할

다니엘 콜버트-루이스, 션 콜버트-루이스 시니어

## 사서교사는 다문화 이용자들을 위해 안전한 환경을 어떻게 만드는가?

다문화 교육에 대해 훈련받은 사서교사들은 다문화 이용자들이 존중받고 편안함을 느낄 수 있는 환경을 조성함으로써, 학습과 조사를 수행하는 다양한 문화적 배경의 학생들을 도울 수 있다. 학생들이 도서관에서 존중받고 편안한 기분을 가지게 된다면 도서관과 연결되었다고 느끼게 되며, 이러한 느낌은 학생들이 궁금한 점을 질문하도록 자극할 것이다. 다문화 학생들의 소속감 형성은 차례로 학습 의욕 고취와 학문적 잠재력 확장으로 이어진다(Mestre 2009). 학생들이 도움을 요청하기 위해 편하게 질문할 수 있고, 주변의 자료들이 자신들의 특성을 반영하고 있음을 알 수 있는 환경을 조성하는 것은 다문화 배경의 학생 이용자들의 도서관 이용 증진에 큰 영향을 미친다.

이용자들에게 소속감을 주는 학교도서관을 만들기 위해서는, 안전(security)과 자유(freedom)라는 두 가지 개념이 중요하다(Tuan 2001). 장소적 개념으로써 학교도서관에서의 안전과 자유를 개념화하기 위해 존스톤과 비숍(Johnston and Bishop 2011)은 어린이들에게는 학교에서 학습할 안전한 공간이 필요하며, 새로운 생각의 발견과 창의적인 자기개발을 위한 공간 역시 필요하다고 주장했다. 나아가 존스톤과 비숍은 어린이 개개인의 정체성과 그들이 가치 있게 여기는 일상적 경험, 사회적 구조, 관계 등과 연결되는 장소라는 생각을 지지하였다(Eyles 1989). 이와 같이 장소로써 도서관이 가지는 다문화적 개념은 학교도서관이 어린이들의 삶에서의 의미와 학교 교육과정에 대한 지원을 반영하도록 허용하지만, 다문화 이용자들을 위한 교육적 공간이라는 학교도서관의 역할이 소홀히 다루어질 수 있다는 곤란한 문제가 생길 수도 있다. 이러한 난제는 교사 자격 및 도서관학 석사학위(Master of Library Science) 준비기간 동안 사서교사들의 학문적 준비 실태와 관련을 가지고 있다.

## 사서교사와 다문화 교육 교과과정에 대한 그들의 예비 경험

현재 다문화 교육 이론과 관련 문헌들이 넘쳐남에도 불구하고, 많은 사서교사들은 학교도서관을 다문화 이용자들을 위해 안전한 환경에서 학습을 장려하는 교육적 공간으로 만드는데 필요한 훈련을 적절히 받지 못하고 있다. 현재 도서관학 석사학위로 연결되는 사서교사 양성 프로그램들은 학생(대학원생)들에게 이미 교사자격을 보유하고 있거나 신규로 교사자격을 취득하도록 요구하고 있다. 하지만, 상당수의 교사 양성 및 도서관학 교육 프로그램들은 학생들이 졸업 후 사서교사로 일하는 동안 다문화 교육을 실시하는데 필요한 내용 관련 지식을 적절하게 준비시키지 못하는 실정이다. 세갈(Segall 2002)은 다양한 교사 양성 프로그램에 재학 중인 예비 교사들의 경험에 대한 질적 연구를 수행한 결과, 많은 교사 양성 프로그램들은 학생들이 필수로 이수해야 하는 다문화 교육 과목을 1개 또는 2개 정도만 포함시키고 있음을 밝혔다. 또한 세갈(Segall 2002)은 이 학생들이 이 과목들을 입학 초기에 수강하여 필수과목인 교생실습을 시작할 시점에는 배운 것의 대부분을 잊어버리고 있다고 밝혔다. 이 연구와 비슷하게, 사서교사 양성 프로그램들은 다문화 교육을 포함하는 교과목의 이수를 요구하는 경우도 있고, 그렇지 않은 경우도 있다. 예를 들어, 미국 캘리포니아 주의 산호세 주립대학교(San Jose State University)의 사서교사 양성 프로그램의 재학생들은 "'인종/민족적으로 다양한 커뮤니티들을 위한 도서관' 과목과 같이 캘리포니아주 사서교사 자격취득을 위한 필수과목에 포함되지 않는 일련의 선택과목들을 수강하거나 수강하지 않을 수 있다."(San Jose State University School of Library and Information Science 2012) 노스캐롤라이나 주립대학교(University of North Carolina)의 사서교사 양성 프로그램의 경우도, '교육과정 주요 사안들과 사서교사'라는 과목 하나에서만 주요 내용으로 다문화 교육을 다루고 있다(University of North Carolina at Chapel Hill School of Library and Information Science 2012). 그 결과, 잠재적으로 준비가 부족하게 되며, 그로 인해 사서교사들은 편견(사실로 뒷받침되지 않은 부정적 속성의 사회적 관점 또는 태도)을 가지게 될 수도 있다(de Melendez and Beck 2010). 자신들의 편견적 태도의 인식론적 속성이 어떠한지를 살펴보지 않는 사서교사와 다른 교육자들은 차별(특정 문화적 집단에 대한 편견을 강화하는 행위나 행태)에 빠지게 될 위험이 있다(Colbert-Lewis 2011).

## 사서교사의 다문화 역량 강화를 돕는 4단계 과정

대학에서의 교육이 다문화 이용자들과 함께 일할 수 있는 만큼 충분하지 못했음을 알게 된 사서교사들에게도 다문화 교육 역량을 강화할 기회는 있다. 4단계의 이론적 과정을 연구한 연구자들은 이 과정을 다문화 교육의 필요한 역량이 거의 없거나 전혀 없는 교사 양성 프로그램의 학생들과 교사자격 소지자들에게 적용해왔다(Colbert-Lewis 2011). 문화적 다양성 이해, 구분, 다양한 차별의 파악, 사회적 정의 등의 4단계는 사서교사들을 위해서도 적용될 수 있는데, 이는 사서교사라는 직업은 사서일 뿐만 아니라 교사자격 소지자이기 때문이다. 우리는 이 4단계를 일상적으로 적용한다면, 다문화 교육에서 역량 향상이 가능하다고 생각한다. 우리는 사서교사들이 안전한 교육 공간을 만들기 위해 각 단계별 수행할 활동들을 강조하면서 각 단계에 대해 설명하려고 한다.

### 문화적 다양성 이해

사서교사들은 자신들의 다문화 역량 강화로 이어지는 여정에서 1단계인 '문화적 다양성 이해'로 진입한다. 이 단계에서는 사회가 "문화"를 어떻게 인식하고 있는지, 그리고 문화는 개인들의 "다양성"과 어떻게 관련되어 있는지에 대한 기존 문헌들을 학습한다. 문화는 한 집단 내에서 개인들이 생각하고, 믿고, 느끼고, 행동하는 바가 세대를 거치면서 사회적으로 전이된 방식들로 해석된다(Gollnick and Chinn 2009). 대부분의 개인들은 성, 인종, 종교, 사회경제적 지위, 예외성, 지역(출신 국가), 언어 등을 통해 서로 연계하기로 선택한다(Banks 2006). 문화와 관련해 다양성(diversity)은 점차 정의하기 어려운 용어가 되고 있는데, 이는 이 용어가 특정 시간과 특정 공간에 존재하고 있는 많은 문화들을 대표하는 어떤 규모의 개인들을 설명하는 경향이 있기 때문이다. 코펠만과 굿하트(Koppelman and Goodhart 2005, 12)는 다양성을 "여러 가지의 인간적 특성에 기반하여 인식된 또는 실제적 다름을 가진 인간들의 존재"라고 정의하면서, "그것은 소수자들이 없는 교실에도 존재할 수 있고, 모든 학생들이 다양한 소수자 집단의 구성원들로 구성된 교실에도 존재할 수 있다"로 설명하였다. 쿠쉬너, 맥클랜드, 새포드

(Cushner, McClelland, and Safford 2006, 68-76)는 다양성을 문화와 관련지어 "개인들이 폭넓은 방법으로, 다양한 신체적/사회적 속성들의 관점(민족/국적, 인종, 능력/장애, 언어, 사회적 지위, 사회적 계급, 종교, 성적 취향, 지리적 지역, 나이, 건강, 성별 등)에서 자신들을 파악하려는 경향"으로 정의하였다.

사서교사는 개인들은 다양한 문화들을 대표하며, 특정 시간과 특정 공간에서 개인들의 모임은 다양성을 만들어낸다는 것을 이해함으로써 첫 번째 단계를 달성할 수 있다. 로사 헤르난데즈 쉬츠(Rosa Hernandez Sheets 2005, 15)는 다음과 같이 다양성을 정의하였다.

> 다양성은 자신과 다른 사람들 안에 있는 특성, 특징, 신념, 가치, 버릇 등에서의 비동일성(dissimilarities)을 의미하며. … 인종, 민족, 성, 나이, 능력, 출신 국가, 성적 취향과 같이 이미 정해진 요소들과 시민권, 세계관, 언어, 학교 교육, 종교적 신념, 결혼생활(marital), 친권(parental), 사회경제적 지위, 업무 경력 등과 같이 변경 가능한 특징들을 통해 표출된다.

그녀의 정의는 그녀가 사용한 '비동일성'과 같은 핵심어와 "자신과 다른 사람들 안에 있는 버릇"과 같은 핵심 구절을 통해, 한 공간 안에 있는 개인들의 모임(a gathering of individuals)에 관한 것임을 의미한다. 수행 활동을 통해 이 단계를 실천하고자 하는 사서교사는 학교도서관은 다른 문화들을 대표하는 개인들을 위한 매력적인 교육 공간이라고 생각해야 한다. 사서교사들은 지구상 6개 대륙에서 온 여자와 남자를 기념하는 회화적 이미지들(pictorial images)이 학교도서관에 있는지 스스로 필요가 있다. 이러한 이미지들은 종교적 기념일과 같은 행사나 가정 외부의 정치, 종교, 군사, 미디어/연예, 교육 등에 참여하고 있는 여성들을 강조하는 것이어야 한다.

또한 사서교사들은 매일 이러한 이미지들을 강조하기 위해 다양한 소통 매체들(포스터, 컴퓨터/LCD 디스플레이, 박물관 전시)을 사용할 수 있어야 한다. 나아가 사서교사들은 학생들에게 각자의 조상이 어디에서 시작되었는지를 아는지 물어보고, 그 지역이 포함된 나라의 국기를 찾아보라고 질문할 수도 있다. 우리 연구자들은 지금까지 여러 학교들을 방문해 업무를 수행했는데, 학교들마다 아프리카, 이스라엘, 아일랜드, 호주, 인도, 중국, 그 외 여러 나라의 국기들이 그 학교에 존재하는 문화적 전통들을 축하하기 학교도서관에 전시되어 있었다. 이 첫 단계의 성공적인 수행은 개인들이 다양한 문화들을 대표한다는 것을 이해하고 있음을 입증하며, 이로 인해 한 학교의 주류 문화가 아닌 다른 문화에 속한 학생들에 대해 편견이 발생할 기회를 감소시키는데 도움을 주게 된다.

## 차이인식

사서교사들이 어떤 인식론적 속성으로 인해 편견들을 가지게 된 것을 깨닫게 되고 그 편견들에 대해 반성하기로 결정했을 때, 사서교사들은 두 번째 단계인 차이인식(differentiation)에 도달한다. 드 멜렌데즈와 벡(de Melendez and Beck 2010, 432)은 편견을 "개인들 그리고/또는 집단들에 대해 사실이나 증거에 기초하지 않고, 자신의 생각과 고정관념에 근거한 부정적인 성격의 사회적 관점이나 태도"라고 정의한다. 이러한 편견들은 어떤 문화적 다수집단의 선입견에서 비롯되는데, (사서교사를 포함한) 사서들은 특정 주류 집단과 함께 일해 온 편안함에 기초해서, 학생들이 적합한 자료조사 방법을 잘 알고 있는 상태에서 도서관으로 온다고 가정해서는 안된다(Hall 2003).

사서교사들이 스스로 편견적 태도의 인식론적 속성이 어떠한지를 살펴보지 않으면 대부분 차별(특정 문화적 집단에 대한 편견을 강화하는 행위나 행태)로 이어질 가능성이 높다는 것을 깨닫는다면 두 번째인 차별인식 단계에 도달할 수 있을 것이다(Colbert-Lewis 2011). 이러한 차별적 행태는 혜택을 받고 있는 어떤 사회적 다수 집단에게 보상을 제공하면서도, 어떤 소수자 집단을 위한 혜택들을 임의적으로 거부하는 것으로 이어진다(Gollnick and Chinn 2009). 두 번째인 차이인식 단계에 참여하고 있는 사서교사들은 학생들의 문화적 배경이 도서관 환경에서 학생들의 개인적 성취에 어떻게 영향을 주는지를 깨닫게 된다. 그 결과, 사서교사들은 각각의 학생 집단별 특정 요구에 기초하여 도서관 이용교육을 조정할 것이다(Tomlinson 1995). 사서교사들은 개별 다문화 이용자들이 어떠한 도서관 역량(library skill)들을 보유하고 있는지에 대한 조사를 실시해야 한다. 분류시스템을 통해 책을 찾는 방법이나 검색엔진(구글, 야후 등)과 같은 정보원을 이용하는 방법 등에 대한 학생들의 현재 지식을 알 수 있는 질문들로 구성된 익명의 설문지를 이용한다면 학생을 참여시키는 정확한 교육 방법을 결정하는데 도움이 될 것이다.

차이인식이 적용된 도서관 이용교육은 개별 학생의 특정한 요구에 맞게 각 학생을 교육하려는 교육자측의 모든 적극적 노력을 의미한다(Tomlinson 1995). 결과적으로, 차이인식이 적용된 도서관 이용교육은 사서들이 학교환경에서 발생하는 가장 보편적인 형태의 차별을 파악하는 적극적 수단으로도 사용될 수 있다. 학교환경에서 발생하는 가장 보편적인 형태의 차별을 파악하는 것은 사서교사들을 위한 다문화 역량을 확보하는 세 번째 단계를 의미한다. 개인들과 기관 행위자(institutional agent)들은 학교 환경에서 개인들이나 뚜렷이 구분되는 어떤 문화적 집단을 목표물로 삼아왔다. 이 행위자들(차별의 가해자들)은 자신들의 억압적 행태를 유지할 수 있는 힘을 보유할 수 있었다(Hardiman, Jackson, and Griffin 2007). 하디만, 잭슨, 그리핀 등(Hardiman, Jackson, and Griffin 2007)은 정부, 기업, 종교단체 등을 기관 행위자들로 파악하였다.

### 다양한 차별에 대한 파악

이 단계에서 사서교사들은 현재 벌어지고 있는 다양한 형태의 차별에 대한 지식을 가지게 된다. 너무 오랜 시간동안 다문화 교육 이론에 관련된 개인들과 학자들은 민족(인종차별)과 성(성차별)에 근거한 차별에 그들의 지식을 집중시키는 잘못을 범하고 있다. 차별 없는 교육환경을 적극적으로 만들기 위해서 사서교사들은 학교환경에서 발생하는 가장 보편적인 형태의 차별과 그러한 차별에 의해 가장 영향 받는 대상이 누구인지 파악한 최신의 다문화 교육 관련 문헌들을 살펴보아야 한다. 대표적으로 장애인 차별(개인들의 정신적 능력), 계급 차별(상대적으로 낮은 사회경제적 지위), 동성애자 차별(게이와 레즈비언), 성 차별(여성), 인종차별(백인이 아닌 개인들)(Colbert-Lewis 2011). 최근 영어가 주사용 언어가 아닌 개인들에 대한 차별(언어 차별, logocism)을 비롯해, 지리적 출신(농촌 거주자)과 나이(신체적, 행동적 발달)에 기초한 개인에 대한 차별도 생겨나고 있다(Gollnick and Chinn 2009).

사서교사들은 다국어 검색환경 설정을 지원하고 학생이 가진 특정 문화적 배경을 수용하는 데이터베이스 판매에 전문성을 가진 업체들과 일하도록 소속 교육청(school districts)을 설득함으로써, 이를 통해 학생들이 더욱 편안하게 느끼도록 만들 수 있다. 예를 들면, 센게이지러닝/게일(Cengage Learning/Gale)이나 엡스코 호스트(EBSCOhost)와 같은 대행업체들은 공립과 사립 유치원 및 초중고교(K-12)용 데이터베이스를 제공한다. 이 업체들은 사서교사들을 위한 정보원들을 제공하고 지원한다. 이 데이터베이스들은 컴퓨터 화면상의 초기 언어를 다른 언어로 변경하는 기능을 제공한다. 이 선택기능은 그들의 모국어로 영어를 사용하지 않는 학생이나 영어를 배우고자 하는 학생, 여러 언어를 배우고 싶어 하는 학생들에게 유익하다. 스페인어와 같은 음성 언어들(spoken languages)은 한 학생의 문화를 파악할 수 있는 식별자로 점차 널리 활용되고 있다. 사서교사들은 앞에서 언급한 데이터베이스들의 훌륭한 지원기능들을 학생들에게 제공하는 방식으로 학교교육 관련 매체기술에 대한 그들의 전문적 지식을 활용하여 영어가 모국어가 아닌 학생들을 위한 매력적인 학습공간을 만들 필요가 있다.

나아가 사서교사들은 학생들이 다른 학생이나 어른에게 차별적 행위를 하는 것을 봤을 때, 분명하게 지적함으로써 적극적으로 안전한 교육 공간을 만들 수 있다. 또한 학생이나 동료

교사에게 차별적 행위를 하는 교사를 목격했을 때에도 분명하게 이야기해야 한다. 관련문헌들에 대한 철저한 검토를 통해 사서교사들은 차별이 발생했을 때 차별을 해결할 수 있는 준비를 할 수 있다. 그리고 다양한 유형의 차별에 대한 지식을 가지게 된 사서교사들은 학교도서관 안과 밖에서 사회적 정의를 목표로 한 전환 학습(transformative learning)[2)]을 장려하는 활동이나 매체 등을 창출할 기회를 가진다.

## 사회적 정의

사서교사들이 사회적 정의를 교육활동에 포함시킬 때, 사서교사들은 4번째이자 마지막 단계인 사회적 정의 단계에 진입한다. 사회적 정의는 다양한 문화에 대한 이해를 강조하는 교육이 체계적으로 적용되어 구조적 차별이 제거된 환경을 의미한다. 비판적 교육학(critical pedagogy)으로 알려진 이런 교육은 학생들이 전 지구적 다양성을 높이 평가하고, 교실을 넘어 발생하는 모든 형태의 차별을 학생들이 목격했을 때 그들이 평화적 해결에 앞장서는 것을 권장한다(Freire 1970). 비판적 교육학을 통한 수업 개발은 학생들이 자신의 삶의 경험들을 교육적 환경으로 가져오는 기회를 제공함으로써, 사서교사들이 학교도서관을 사회적 정의를 증진하는 교육 공간으로 전환시키는 것을 돕는다(Kubal et al. 2003).

학생들이 자신의 실제 경험을 교실로 가져오는 수업의 개발은 새로운 개념이 아니다. 코페츠, 리스, 워런-크링(Kopetz, Lease, and Warren-Kring 2006)은 교사들 중 다수(백인이고 여성이며 중산층 가치를 보유)는 교사가 되기 전에 그들이 학습한 부정적인 고정관념들로 인해 백인이 아닌 학생들과 함께 하는데 어려움이 있음을 밝혔다. 코페츠, 리스, 워런-크링(Kopetz, Lease, and Warren-Kring 2006)과 래드슨-빌링스(Ladson-Billings 2000)는 교사들이 학생들의 개인적 경험에 관한 자신들의 지식을 수업에 통합시키는 방법으로 다문화주의를 장려한다고 밝혔다. 사서교사들은 학생들의 연계를 통해 비판적 교육학을 잘 입증하는데, 이를 통해 사서교사와 학생 모두 기관적 차별이 다른 문화적 집단들에 대한 불평등으로 어떻게 연결되는지에 대한 인식을 개발한다.

---

2) 의미구조의 근본적인 변화를 위하여 경험의 의미를 재해석하고 새로운 의미를 만들어 가는 학습을 말한다. (역자 주)

## 사회적 정의를 지원하는 도서관 환경 조성

사서교사들은 다문화 이용자들에게 그들이 중요하게 여기는 그들 문화의 여러 측면을 발견할 수 있는 기회를 제공함으로써, 사회적 정의를 권장하는 환경을 만들 수 있다. 사서교사들은 학교도서관을 매력적인 교육공간으로 변화시킴으로써 이 위업을 달성하게 된다. 사서교사들은 '반스 앤 노블'(Barnes and Noble) 같은 대중적인 서점 체인 업체들의 방식을 따를 수 있고, 학교도서관을 "커피하우스 서점"과 같은 환경으로 변모시킬 수 있다. 잭슨과 한(Jackson and Hahn 2011)은 대학도서관 사서들이 "음식물 반입에 관한 일부 규정을 완화시켜 커피숍이나 스낵바를 설치하는 이 모델을 시도하고 있음을 발견하였다. 또한 사서교사들은 이용자 각자의 문화권에서 의미를 가지는 문화 활동들을 권장하기 위해 지역사회의 다양한 문화권 출신의 사람들을 학교도서관에 초청함으로써 사회적 정의를 촉진할 수 있다. 예를 들면, 사서교사가 각자의 학교도서관에서 매일 또는 연례행사로 문화 박람회(cultural fairs)나 관련 행사들을 개최할 수 있다.

문화 박람회는 학생, 학생 가족, 그외 지역사회의 다양성을 가진 구성원들을 초청하여 그들 각각의 문화적 기념일, 좋아하는 음식, 음악, 기타 등에 관해 하루 동안 강좌를 진행하는 방식으로, 1년 내내 학교 전체적인 프로그램으로 진행되어야 한다. 사서교사들은 음악 공연이나 영화 상영을 진행함으로써 다문화 이용자들을 위한 매력적인 공간을 만들어온 대학도서관 사서들의 선례를 따를 수도 있다(Jackson and Hahn 2011). 예를 들어, 우리가 초청한 저자들 중 1명은 4년 연속으로 펜실베니아 주 피츠버그 외곽에 위치한 부유하고 대부분 백인들이 거주하는 학군 내 중학교 2곳에서 '문화 탐구의 날' 기념행사 중 하나로 6학년 전체 학급을 대상으로 발표를 진행하였다. 그는 이 학군의 공식 다문화 상담자로서, 2개 학교의 기념행사를 활성화하고 발전시키는데 도움을 주었다. 그의 45분간의 발표는 인종차별을 다루는 한편, 화합을 고취하기 위한 수단으로 그의 가족들이 제일 좋아하는 국경일 중 하나인 콴자(Kwanza)[3]와 콴자와 아프리카계 미국인 공동체의 연관성에 집중되었다. 여기에 더해, 더 많은 도움을 필요로 하는 다문화 학생들을 대상으로 한 1대1 개별 교습은 다문화 학생들이 학교도서관으로 다시 오고 싶어 할 정도로 편안함을 느끼도록 도와주었다.

그리고 반스 앤 노블과 같은 서점/커피숍 체인점의 대중성은 다문화 이용자들을 위한 편안한 학습 장소를 창출하기 위한 모델로 활용된다. 이 모델에서 사서교사는 아프리카계 미국인

---

3) 12월 26일~1월 1일까지 실시하는 아메리카계 미국인들의 축제(역자 주)

역사, 아시아 지리와 역사, 라틴 아메리카의 역사, 미국 원주민 역사, 세계의 종교, 미국 여성의 역사, 세계 여성의 역사 등과 같은 독서 주제나 조사 주제를 강조할 수 있도록 특정한 서가나 미디어 자료, 기타 자료 위에 강조 표지판을 부착할 수 있다. 이 글의 저자들이 느끼는 것처럼, 학교도서관을 방문하는 다문화 이용자들도 눈에 띄는 안내 표지를 부착한 사서교사들의 노력으로 인해 자신들의 문화가 중요하다는 것을 느낄 것이다.

## 결론

사서교사들은 다문화 이용자들을 위해 학습을 장려하는 학교도서관을 만들 기회와 책무를 동시에 가지고 있다. 이 글에서 강조된 4단계 과정은 사서교사들이 직면해 있거나 그들 자신이 가지고 있는 다문화 이용자의 학습을 침해하는 모든 형태의 차별을 다루기 위한 모델로써 사서교사들을 도와줄 것이다. 사서교사들이 비판적 교육학을 통해 사회적 정의를 증진시키는 환경을 만든다면, 사서교사들과 학생들이 그들의 상호간의 학습활동을 방해하는 모든 개인 또는 기관적 형태의 차별을 해결하기 위해 함께 힘을 쏟을 수 있을 것이다. 학교도서관을 학습을 유도하는 교육적  공간으로 전환하려는 사서교사들의 노력은 고대 지중해 문명권의 도서관들과 같은 방식으로 독서, 글쓰기, 조사 연구를 장려하는 교육의 핵심 매개체 역할을 하고 있다.

# 참고문헌


Banks, James. 2006. *Cultural Diversity and Education: Foundations, Curriculum, and Teaching*. $5^{th}$ ed. Boston: Allyn & Bacon.

Colbert-Lewis, Sean C.D. 2011. "The Rolle of the University Supervisor in Developing Multicultural Competency for Pre-Service Teachers during Their Field/ Student Teaching Experience." *Field Experience Journal* 8 (Fall): 1-26. http://www.student-teacher-supervision.org/yahoo_site_admin/assets/docs/fall_2011.348100729.pdf.

Cushner, Kenneth, Averil Mcclelland, and Philip Safford. 2006. *Human Diversity in*

*Education: An Integrative Approach.* 5th ed. New York: McGraw Hill.

de Melendez, Wilma R., and Vesna Beck. 2010. *Teaching Young Children in Multicultural Classrooms: Issues, Concepts, and Strategies.* 3rd ed. Belmont, CA: Wadsworth/ Cengage Learning.

Eyles, John D. 1989. "The Geography of Everyday Life." In *Horizons in Human Geography.* Edited by Derek Gregory and Rex Walford. London: Macmillan.

Freire, Paolo. 1970. *Pedagogy of the Oppressed.* New York: Continuum.

Gollnick, Donna, and Philip Chinn. 2009. *Multicultural Education in a Pluralistic Society.* 8th ed. Upper Saddle River, NJ: Prearson.Merrill.

Hall, Patrick. 2003. "Perspectives on Developing Research Skills in African American Students: A Case Note." *Journal of Academic Librarianship* 29(3): 182-88.

Hardiman, Rita, Bailey W. Jackson, and Pat Griffin. 2007. "Conceptual Foundations for Social Justice Courses." In *Teaching for Diversity and Social Justice: A Sourcebook.* 2nd ed. Edited by Maurianne Adams, Lee Anne Bell, and Pat Griffin. New York: Routledge.

Hernandez Sheets, Rosa. 2005. *Diversity Pedagogy: Examining the Role od Culture in the Teaching-Learning Process.* Boston: Pearson/Allyn & Bacon.

Jackson, Heater Lea, and Trudi Bellardo Hahn. 2011. "Serving Higher Education's Highest Goals: Assessment of the Academic Library as Place." *College and Research Libraries* 72, no.5 (september): 428-42.

Johnston, Melissa P., and Bradley W. Bishop. 2011. "The Potential and Possibilities for Utilizing Geographic Information Systems to Inform School Library as Place." *School Libraries Worldwide* 17, no.1 (january): 1-10.

Kopetz, Patricia, Anthony J. Lease, and Bonnie Z. Warren-Kring. 2006. *Comprehensive Urban Education.* Boston: Pearson/Allyn & Bacon.

Koppelman, Kent L., and R. Lee Goodhart. 2005. *Understanding Human Differences: Multicultural Education for a Divers America.* Boston: Pearson/Allyn & Bacon.

Kubal, Timothy, Deanna Meyler, Rosaile Torres Stone, and Teelyn T. Mauney. 2003. "Teaching Diversity and Learning Outcomes: Bringing Lived Experience into the Classroom." *Teaching Sociology* 31, no.4 (october): 441-55.

Ladson-Billings, Gloria. 2000. "Fighting for Our Lives: Preparing Teachers to Teach African American Students." *Journal of Teacher Education* 51, no.4 (May-june): 206-14.

Mestre, Lori. 2009. "Culturally Responsive Instruction for teacher Librarians." *Teacher Librarians* 36(3): 8-12. San Jose State University School of Information and Library Science, "Teacher Librarianship Program." http://slisweb.sjsu.edu/classes/careerpathways/teacherlibrarian.htm.

San Jose State University School of Information and Library Science. 2012. "Teacher Librarianship Program." http://sliswep.sjsu.edu/classes/careerpathways/teacherlibrarian.htm.

Segall, Avner. 2002. *Disturbing Practice: Reading Teacher Education as Text.* New York: Peter Lang.

Tomlinson, Carol A. 1995. *How to Differentiate Instruction in Mixed-Ability Classrooms.* Alexandria, VA: Association for Supervision and Curriculum Development.

Tuan, Y. F. 2001. *Space and Place: The Perspective of Experience.* Minneapolis: University of Minnesota Press.

University of North Carolina at Chapel Hill School of Information and Library Science. 2012. "Courses" homepage. http://slis.unc.edu.

제10절

# 중소규모 대학에서의 외국인 유학생과 학자들에 대한 확장된 서비스

아마우리 세라노, 엘리자베스 크라머

국제 교육은 미국 내 많은 고등교육기관에서 핵심적인 이슈가 되고 있다. 외국인 유학생과 학자들의 유치 규모는 상승 추세에 있으며, 이와 함께 대학들도 글로벌 인식을 증진시키고 문화적 다양성의 가치에 대해 깨달아 가고 있다. '국제교육협회'(Institute of International Education)의 '오픈 도어스'(Open Doors)의 데이터에 따르면, 지난 10년 동안 미국 고등교육기관에 있는 외국인 학자들의 수는 거의 30%정도 증가하였고, 외국인 유학생의 수는 19% 정도 증가하였다(Chow and Bhandari 2011). 외국인 유학생과 학자들 중 가장 많은 부분은 대형 연구중심 대학교가 확보하고 있지만, 고등교육 전반에서 광범위하게 국제화가 진전되었기 때문에 중소규모 대학에서도 외국인 모집 규모가 성장하고 있다. 2009년부터 2011년 사이에만 석사과정에 등록한 외국인 수는 3.2%가 증가하였고, 학사과정에는 2.7%가 증가하였다(Chow and Bhandari 2011, 66).

이 글에서는 중소규모 대학의 도서관들이 늘어나는 외국인 유학생과 학자들의 요구를 충족시키고, 문화적 다양성이 증가된 캠퍼스 환경에 기여하기 위해 어떻게 노력할 수 있는지에 대해 다루고자 한다. 외국인 모집인원이 증가하고 있는 작은 규모의 대학도서관들은 늘어나는 외국인 커뮤니티의 요구를 충족시키기 위해 특화된 서비스와 정보자원들을 제공할 새로운 기회를 가지고 있다. 애팔라치안 주립대학교(Appalachian State University, 이하 ASU) 도서관의 여러 사업과 프로젝트들은 외국인 유학생과 학자들이 증가하고 있는 중소규모 대학 도서관들을 위한 실행 가능한 모델로 제시될 수 있고, 캠퍼스의 국제화와 문화적 다양성 인식을 위해 기여할 수 있을 것으로 기대된다.

## 관련 선행문헌 개관

미국 내 외국인 유학생들을 위한 도서관 서비스에 관한 문헌들은 광범위하며, 대학의 크기, 등록한 유학생의 수, 캠퍼스의 다양성 등에 관계없이 모든 도서관에서 참고할 만한 중요 관심사들을 다루고 있다. 외국인 학자들을 위한 도서관 서비스에 대해서는 비교적 적게 논의되고 있으나, 관련 문헌들에서 논의된 많은 사안들과 사업들은 외국인 유학생과 학자 집단 모두에게 유용할 것으로 판단된다. 대학도서관과 외국인 유학생 및 학자들을 아우르는 포괄적인 출판물 리스트를 보려면, 미국대학도서관협회(Association of College and Research Libraries, ACRL)의 이용교육 분과(Instructions Section)의 *Library Instruction for Diverse Populations, Bibliography: International Students* (Association of College and Research Libraries 2008)와 다이앤 페터스(Diane Peters)의 *International Students and Academic Libraries: A Survey of Issues and Annotated Bibliography* 등을 참고하라.

## 언어 장벽과 학술 및 도서관 분야 전문용어들에 대한 이해

언어 장벽에 관한 일부 문헌들은 번역된 도서관 유인물(Chau May 2002), 다국어로 제공되는 도서관 견학(Hensley and Love 2011), 이중 언어로 제공되는 도서관 이용교육(Bosch and Molteni 2011) 등과 같은 다국어 기반 서비스를 제공할 수 밖에 없는 다양성 증대 상황에 초점을 두고 있다. 이와 같은 다국어 기반 도서관 서비스들이 규모가 작은 학교에서는 항상 실용적이지는 않다. 이런 서비스들을 제공할 정도로 또는 이런 서비스를 제공하기 위하여 다국어 사서를 고용할 정도로 특정 국가나 특정 언어권 출신의 외국인 유학생과 연구자들의 수가 충분하지 않을 수 있다. 반면에, 작은 규모의 도서관들은 다음과 같은 사례들을 통해 유용성을 발견할 수 있다.: 교실에서 제2언어 습득 기술(Amsberry 2008), 참고데스크에서 단순화된 어휘와 문장구조의 사용(Brown 2000), 듣는 기법과 직원 훈련(Amsberry 2009) 등.

한 연구는 외국인 유학생들이 도서관과 학술 분야 전문용어를 이해하는데 어려움이 있음을 밝히고 있다(Howzc and Moore 2003). 연구 결과에 따라, ACRL 이용교육 분과의 '다문화 이용자들을 위한 이용교육 위원회'(Committee on Instruction for Diverse Populations)는 다국어 용어 사전을 제작하였다. 또한 이 위원회는 가능한 경우, 도서관을 통한 자료 조사와 전문용어 관련 교육을 집중 영어교육 과정에 통합시키는 것을 제안하였고, 도서관과 도서관의 정보자원들을 초기에 접하도록 하는 것이 유학생들의 도서관에 대한 오해를 줄이고, 학술적 조사와 연구에서 편안함과 안도감을 증진시킬 것이라고 제안하였다.

## 도서관 직원들과 문화적 민감성

외국인 이용자들에 대한 대학도서관 서비스 관련 문헌들이 직원 역량 측면들을 다루고 있지만, 직원 역량에 관한 가장 유용한 제안들은 소수자와 소외계층에 대한 서비스 관련 출판물에서 발견되고 있다. 도서관의 모든 직원 교육 프로그램의 중심에는 문화적 역량 개발에 관한 내용이 포함되어야 한다(Overall 2009). 일부 규모가 큰 대학도서관들은 다양성을 위한 노력과 함께 아웃리치를 담당하는 특별한 임무를 가진 사서들을 채용해왔다. 소규모 대학에서 다양성 담당 사서 또는 다문화 사서의 직위가 확보될지는 불확실하지만, 다문화 이용자들에 대해 관심이 있거나 경험이 있는 사서들로 위원회를 구성한다면, 대학 내의 교수진과 직원의 지식과 전문성을 이용하면서 도서관 직원들을 대상으로 다양성 관련 프로그램과 워크숍들을 제공할 수 있을 것이다.

## 대학도서관과 연구 조사 서비스에 대한 소개

도서관과 도서관의 다양한 서비스에 대한 오리엔테이션은 외국인 유학생과 학자들이 해당 대학에서 성공을 이루기 위한 필수적인 부분이다. 외국인 유학생 오리엔테이션은 캠퍼스 내에서 모여 진행하는 방식으로만 제한될 필요는 없으며, 웹 정보원 제작을 통해 가상공간에서 실시될 수도 있다(Ruswick 2011). 이러한 접근법은 유학생 서비스 담당 부서와의 긴밀한 연계를 필요로 하는데, 연계가 형성되면 이후 그 부서는 외국인 유학생과 학자들을 위한 정보안내서비스(referral service) 대상기관으로 기능할 수 있다(Switzer 2008). 외국인 강사들은 스스로 도서관의 주제 전문적인 정보원과 장서에 친숙해지기 위해 도서관의 주제전문가들과 개인 상담을 실시한다면 많은 도움을 얻을 수 있을 것이다. 더구나, 많은 외국인 학자들은 보통 가족과 함께 지내는 데, 그 가족들은 대학도서관이 지역사회 참여 프로그램의 일부에서 다루어야 할 여러 가지 요구들을 가지고 있다. 공공도서관의 이민자 대상 아웃리치 서비스를 다룬 도서관 관련 문헌들은 이 영역에서 특히 유용하다.

## 중소규모 대학에서 외국인 유학생을 위한 고려

미국 대학의 도서관들이 외국인 유학생과 학자들의 성공과 발전을 더욱 잘 지원할 수 있도록 혁신적인 전략을 제안하는 과정에서 관련 문헌들이 많은 도움을 주지만, 안타깝게도 대체로 이 문헌들은 큰 규모의 외국인 인구를 가진 대학에 초점을 맞추고 있고, 비교적 소규모 정보자원을 가지고 있으면서 큰 대학들과 크게 다른 외국인 유학생과 학자들이 있는 작은 규모의 대학을 포괄하기에는 적합하지 않은 경향이 있다. 소규모 고등교육기관에 근무하는 대부분의 사서들은 학부에 재학 중인 외국인 유학생들에게 봉사하는데, 그 중 다수는 학위취득이 목적이 아닌 교환학생들이다. 미국인 학부생 동료들과 마찬가지로, 외국인 유학생들도 미국의 도서관과 학문 세계를 탐험해야 하는 어려운 과제들에 직면해 있지만, 그들은 언어 장벽과 문화적 차이라는 추가적인 장애들을 경험하고 있다. 미국인 동료 학생들은 일반 교과과정의 일부로 정보 리터러시와 도서관 서비스에 대한 소개를 자주 접하게 되지만, 외국인 교환학생들은 대부분 전공교과과정에서 상급생 수업을 수강하지만 정보 리터러시 교육은 받지 않고 있다. 외국인 유학생이 증가하고 있지만, 그 수가 아직 많지 않은 중간규모의 공립 교육기관에 근무하는 사서들로서, 우리들은 많은 국가에서 찾아오면서 2년마다 바뀌는 외국인 유학생과 관련된 어려운 과제에 직면하고 있다.

도서관 이용교육을 위한 기회의 부족, 제한된 인적, 재정적 자원의 한계를 풀기 위해서 도서관은 다음과 같이 창의적으로 노력하는 것이 중요하다.

- 어디에서 온, 누가, 얼마나 오랫동안 대학 내에서 지내는지를 파악하기 위해 대학 내 외국인 유학생과 학자들에 대한 서비스 담당 부서와 협력한다.
- 대학의 외국인 유학생 오리엔테이션 프로그램 계획에 일부로 참여한다.
- 외국인 유학생들에게 그들 고유의 요구와 관련있는 특화된 도서관 정보를 제공하고, 가급적이면 그 정보를 온라인에서 이용할 수 있도록 한다.

- 도서관의 시설과 서비스들을 보여주는 외국인 유학생 대상의 도서관 견학을 제공한다.
- 표적집단, 귀국학생 면담(exit interview), 설문지 등을 통해 계속적으로 도서관이 제공한 서비스들에 대해 평가하고, 그 결과에 따라 서비스들을 개선할 준비를 한다.
- 도서관이 직접 연관되지 않았더라도, 대학의 국제화 노력에 참여한다.

## 중소규모 대학에서 외국인 학자들을 위한 고려

외국인 학자들을 위한 아웃리치 프로그램과 서비스들을 개발하기 위해서는 대학 내 외국인 학자들과 그들의 체류 기간에 대해 이해하는 것이 중요하다. 강의를 하는 학자들을 고려했을 때, 당신이 속한 대학의 신임교수 오리엔테이션 프로그램은 도서관 서비스들과 그 중 가장 중요한 개별 상담에 대해 강조할 수 있는 최고의 기회가 될 수 있다. 작은 규모의 대학들이 실행 가능한 기타 사업들은 다음과 같다.

- 외국인 학자들과 그 가족들을 위한 도서관 견학
- 사서와 외국인 학자 사이의 협력 프로그램 : 여기에서 도서관은 주제 전문적 지원 제공 가능
- 외국인 학자의 가족들을 위한 대학도서관과 지역 공공도서관 정보자원에 관한 정보 꾸러미(information packet) 제작 : 외국인 유학생과 학자들에 대한 서비스 담당 부서 또는 관련 부서가 전달
- 외국인 학자들을 위한 주제 전문적 워크숍 : STEM(Science, Technology, Engineering, and Math) 또는 경영학 등과 같이 특정 학문분야에 많은 수의 학자들이 소속된 경우에 특히 유용하다.

## 애팔라치안 주립대학교 도서관 : 실행 가능한 모델

노스캐롤라이나 주의 외딴 애팔라치안 산악 지역에 위치한 애팔라치안 주립대학교는 석사과정까지 제공되는 중간 규모의 대학교로, 비교적 동질적인 학생들로 구성되어 있다. 2011년 가을학기에 등록한 학생의 87.7%가 백인이며, 90.5%가 노스캐롤라이나 주민으로 나타났다(Appalachian

State University 2011). 외딴 지역적 특성과 동질한 학생 구성에 대한 대응하여, 애팔라치안 주립대학교는 대학 내 다양성 증대를 위해 외국인 유학생과 학자들을 유치하는데 주력하고 있다. 이러한 외국인 유학생과 학자들의 증가는 우리 대학의 글로벌 인식을 증대시키고 있는데, 이는 우리 대학의 전략 계획에 언급된 목표 중 하나이기도 하다(Appalachian State University 2008).

'외국인 유학생 및 연구자 서비스'(International Student and Scholar Service, 이하 ISSS)는 2010/11 학년도 동안 우리 대학 내에 등록된 외국인 유학생은 62개국에서 온 151명이라고 밝혔다(ISSS 2011). 이 수치는 작년도에 비해 32% 증가한 것을 의미한다. 유학생의 증가에 더해, ISSS는 이 기간 동안 12명의 외국인 방문교수 및 연구원이 대학에 체류하였으며 그 외에 2일부터 4주까지 우리 대학에 체류한 외국인 학자와 방문객은 62명이었다고 밝혔다(ISSS 2011).

외국인 커뮤니티의 증가에 부응하여, 애팔라치안 주립대학교 도서관은 이들의 요구 충족이 중요함을 인식하고 있다. 다양성이 거의 없었던 우리 대학 내에 외국인 유학생과 학자들이 증가하면서, 아웃리치, 서비스, 정보자원, 프로그램 등의 영역에서 새로운 과제와 기회가 만들어지고 있다. 우리 도서관은 작은 규모이지만 계속 성장하는 대학 내 외국인 커뮤니티에 대해 실현 가능한 수준에서 창의적인 아웃치리 노력과 서비스를 제공하고 있다.

## 아웃리치

도서관 사서들은 애팔라치안 주립대학교 내에 증가하는 외국인 유학생과 학자들의 요구를 충족시키기 위해 외국인 유치, 국제적 협력, 글로벌 인식과 문화적 인식과 관련된 캠퍼스 내 행사 등에 대한 정보을 얻고자 대학 내 외국인 교육 및 개발과(Office of International Education and Development, 이하 OIED)와 긴밀히 협력하고 있다. 1년에 2번, 가을과 봄 학기 시작 때 우리 도서관은 OIED가 주관하는 대학 전체의 외국인 유학생 오리엔테이션에 참여한다. 새로 입학한 외국인 유학생의 모국에 대한 지식은 우리 도서관이 다양한 방법으로 다음의 사항들을 준비할 수 있도록 도와준다.

- 우리 외국인 유학생들의 출생 지역에 대한 최신 정보 유지
- 문화적, 언어적 배경에 기초한 특별한 서비스와 정보자원에 대한 현재의 요구 파악
- 향후 의견 수렴과 제안을 위해 구성할 표적집단의 구성

우리 도서관은 대학 전체의 오리엔테이션의 일부로, 1시간 30분짜리 프로그램을 주관한다. 여기에는 도서관 서비스와 정보자원들에 대한 간략한 소개, 대학 글쓰기 센터의 발표, 도서관 건물 견학, 그리고 사서, 도서관 직원, 유학생들 간의 비공식 환영회 등이 포함된다. 도서관 서비스와 정보자원들에 대한 간략한 소개 시간에는 온라인 안내 자료가 함께 제공되는데, 이 자료는 유학생들이 우리 대학에서 체류하는 기간 동안 참고하게 될 정보원이다. 우리 도서관과 외국인 유학생의 모교 도서관의 잠재적 차이를 고려하여, 우리들은 개가제, 사서에 대한 접근 가능성, 우리 도서관의 사회적 환경 등에 대해 설명한다. 프로그램을 진행하는 동안, 사서들은 서가, 정기간행물, 대출 등과 같은 도서관 전문용어에 대해 설명한다. 학술 연구 용어들로 구성된 간단한 용어집은 앞으로 참고할 수 있도록 온라인 도서관 안내자료에 포함되어 있다. 또한 미국 내 인기 있는 방문지에 대한 인쇄 및 온라인 여행안내서 리스트, 대중교통 정보, 우리 도서관의 영화 장서 소개자료 등도 제공된다.

우리 도서관 사서들은 매년 가을학기 초에 대학이 주최하는 신임 또는 방문 외국인 연구원들을 위한 오리엔테이션에도 참여한다. 여기에서 사서들은 이용가능한 도서관 서비스를 간략히 소개하고 사서와의 1대1 상담서비스를 강조하여 설명하는데, 도서관 연락담당 사서의 연락처도 제공한다. 또한 우리 대학은 연구 중심 대학이 아니기 때문에, 우리들은 도서관 홈페이지의 상호대차와 게시판을 강조하고, 외국인 연구원들이 향후 자료구입을 위해 자료를 신청하거나 의견을 남기기를 권장한다. 사서들과 외국인 방문 연구원간의 협력관계는 우리 도서관 장서의 국제화라는 목표에 도움이 된다. 예를 들어, 외국어 학과(Foreign Languages Department)의 방문 연구자들은 다양한 해당 지역의 저자들을 소개하고, 도서관의 현재 장서에 대해 비평을 하며, 비로마자로 된 기증 도서들에 대해 서평을 해왔다.

도서관 사서와 직원들의 문화적 민감성을 증진하기 위해, 우리 도서관은 도서관 내부와 캠퍼스 전반, 그리고 지역사회 내에서 아웃리치 활동을 적극적으로 추진하는 도서관 다양성 위원회(Library Diversity Committee)를 운영하고 있다. 이 위원회는 도서관 내부적으로 사서와 직원들을 위한 문화적 인식 워크숍을 주최하는데, 이 워크숍을 통해 비영어권 이용자와의 의사소통, 비전통적 학생들의 특별한 요구, 소외계층 학생과 유학생에 대한 대학의 현 단계 모집 노력 등과 같은 관련 주제에 대해 사서와 직원들을 교육시킨다. 이 위원회는 1년에 2회 개최되는 외국인 유학생 오리엔테이션을 주관하고, '다양성 기념행사'(Diversity Celebration), '국제 교육 주간'(International Education Week), '인터내셔널 커피 브레이크'(International Coffee Break) 등을 비롯한 캠퍼스의 다양한 국제적 활동에서 우리 도서관을 대표하여 활동한다.

## 정보자원과 서비스

대학의 국제화 노력을 지원하기 위해 애팔라치안 주립대학교 도서관은 다양한 형태와 언어로 된 정보자원들을 입수해왔다. 인기 있는 정보자원 중의 하나는 아시아, 아랍어 사용국가, 서유럽, 라틴 아메리카 지역에서 송출되는 국제 위성TV이다. 정치학, 외국어, 종교학, 철학 등을 포함하는 다양한 학과의 교수들이 세계 전역의 언론보도와 대중오락에 기반한 과제를 부여한다. 그리고 유학생과 국내 학생들도 스포츠, 뉴스, 자국의 인기 있는 시리즈물 등을 보기 위해 위성TV 시청실을 예약하기도 한다.

개별 연구지원은 외국인 유학생과 학자들 모두 이용가능하다. 위에서 언급한 다양한 아웃리치 노력을 통해 외국인 유학생과 학자들은 특정 주제 또는 특정 언어에 전문성을 가진 우리 도서관의 사서들과 연결된다. 목표대상인 외국인 그룹과 함께 일하는 사서 중 가장 대표적인 본보기는 우리 도서관의 'ASU 특임교수 사서'(ASU Faculty Fellow Librarian)이다. 우리 대학은 더욱 다양성 있는 교수진을 확보하여 더욱 다양성 있는 학생들을 유치할 목적으로 ASU 특임교수 제도를 실시하였는데, 7년 전 ASU 특임교수로 중국 국적자 1명을 채용하였다. 우리 도서관의 특임교수는 중국인 유학생과 학자들과 연결하는데 있어 탁월하게 성공적이었으며, 현재 대학 내에서 여러 관련된 활동을 수행하고 있다.

## 프로그램

우리 도서관은 '출입구'(Doorways)라고 불리는 대학 전체를 대상으로 한 프로그램을 지원하고 있다. 이 프로그램은 국제적 이슈들에 초점을 맞추며 신임 및 방문 외국인 교수가 학생, 교수, 지역사회 구성원들을 청중으로 하여 자신의 연구를 발표하도록 지원한다. 도서관은 매회 '출입구' 프로그램들을 각 발표 주제에 관련된 도서관 정보자원들을 평가하고 강화하는 기회로 활용하고 있다. 우리 도서관은 각 프로그램마다 주제 서지의 작성, 엄선된 자료의 전시 등을 통해 관련된 도서관 정보자원들의 이용을 촉진한다.

또한 우리 도서관은 최근에 유학생 그룹들, 대학의 다문화 부서(the Diversity Office), OIED 등과 '글로벌 영화제'(Global Film Series)를 주최하기 위해 협력하고 있다. 유학생 그룹들은 미국 학생들도 좋아할 수 있는 모국의 영화들을 추천하는 아주 가치 있는 역할을 수행하였다. 이로 인해 '글로벌 영화제'에는 교수진들이 더 선호할만한 다큐멘터리 영화들 뿐만 아니라 학생들이 더 선호할만한 대중적인 극영화들도 포함되었다. 학생들이 영화제에 대해 입소문을 내면서, '글로벌 영화제'는 학생들을 위한 사교장소(social scene)가 되어, 예전과 달리 사람들로 붐비는 행사가 되었다. 교수진들은 상영되는 영화들을 소개하기 위해 초청받고, 여러 학생 단체들은 영화 상영 전 문화공연에 참가한다.

## 평가

평가는 현재의 프로그램과 서비스들을 진단하고 향상시키는데 도움을 준다. 그리고 현 단계 도서관의 서비스 제공에서 부족한 부분을 발견하고 관계를 강화하기 위해 다양한 문화적, 민족적 집단들로부터 조언을 얻는데 있어 핵심적이다. 지난 2년간 우리 도서관 사서들은 매 학기말 표적집단과 유학생들에게 온라인 설문조사를 보내는 방법으로 학생들로부터 피드백을 받아왔다. 표적집단 방법은 사서들이 비공식적이고 편안한 환경에서 추가 질문들을 할 수 있기 때문에 가장 효과적인 것으로 판명되었다. 유학생들의 피드백을 통해, 우리 사서들은 유학생들이 짧은 오리엔테이션 시간에 참석한 이후에도 많은 도서관 서비스들에 대해 잘 모르고 있음을 알게 되었다. 여기에 근거하여 우리 도서관은 질의응답 시간, 좌석에 앉아서 진행되는 방식의 공식적인 도서관 서비스 소개, 글쓰기 센터의 강사의 발표, 온라인 조사와 서비스 제공 등을 포함하도록 유학생 오리엔테이션을 확장하였다.

## 결론

다양성이 그다지 심화되지 않은 중소규모 대학교에 속한 도서관들은 각 도서관의 창의성과 비교적 작은 규모를 활용하여 증가하는 외국인 유학생과 학자들에게 더 좋은 봉사를 제공할 수 있는 기회를 가지고 있다. 도서관들이 이 기회를 잘 살린다면, 대학의 국제화 노력에 성공적으로 기여할 수 있을 것이다. 도서관 분야의 기존 문헌들은 어떤 서비스, 정보자원, 아웃치리 및 프로그램들이 당신의 대학에 적합한지를 결정하는데 도움이 될 수 있는 다양한 사례와 사업들을 제시하고 있다. 하지만, 기존 문헌들은 제한된 인력과 예산자원, 캠퍼스의 다양성, 그리고 상대적으로 체류기간이 짧은 외국인 인구 등과 같이 작은 규모의 대학들이 부딪칠 수 있는 일부 문제에 대해 크게 도움을 주지 못하고 있다. 대학 내 국제화 관련 단위들과의 강력한 협력을 구축하는 것은 도서관의 성공에 있어 결정적이다. 우리 애팔래치안 주립대학교 도서관은 중심 목표로써 대학의 국제화 책무를 수행해왔기 때문에 우리와 비슷한 처지에 있는 도서관들에게 실행 가능한 서비스와 아웃치리 및 프로그램 모델이 될 수 있을 것이라 확신한다.

## 참고문헌

Amsberry, Dawn. 2008. "Taking the Talk: Library Classroom Communication and International Students." *Journal of Academic Librarianship* 34(4): 354-57.

________. 2009. "Using Effective Listening Skills with International Patrons." *Reference Services Review* 37(1): 10-19.

Appalachian State University. 2008. "Strategic Plan 2008-2012: Reach Greater Heights." http://www.appstate.edu/about/strategic_plan.pdf (accessed December 16, 2012).

________. Fall 2011. "IPEDS Enrollment Statistics by Race and Cender." http://www.appstate.edu/dept/irp/FB/1112/SI/s60_enroll_race_gender.pdf (accessed January 18, 2012).

Association of College and Research Libraries (ACRL). 2008. Instructions Section. "Library Instructions for Diverse Populations Bibliography: International Students." http://www.ala.org/acrl/sites/ala.org.acrl/files/content/aboutacrl/directory/ofleadership/sections/is/iswebsite/projpubs/internatlstudents.pdf (accessed January 12, 2012).

________. "Multilingual Glossary of Terms." 2011. http://www.ala.org/acrl/aboutacrl/drectoryofleadership/sections/is/iswebsite/projpubs/multilingual (accessed January 12, 2012).

Bosch, Eileen K., and Valeria E. Molteni. 2011. "Connecting to International Students in Their Languages: Innovative Bilingual Library Instruction in Academic Libraries." In *International Students and Academic Libraries: Initiatives for Success,* edited by Pamela A. Jackson and Patrick Sullivan, 135-50. Chicago: Association of College and Research Libraries.

Brown, Christopher C. 2000. "Reference Services to the International Adult Learner: Understanding the Barriers." *Reference Librarian* 69/70: 337-47.

Chau May, Ying. 2002. "Helping Hands: Serving and Engaging International Students." *Reference Librarian* 79/80: 383-393.

Chow, Patricia, and Rajika Bhandari. 2011. *Open Doors 2011: Report on International Educational Exchange.* New York: Institute of International Education.

Gilton, Donna Louise. 2005. "Culture Shock in the Library: Implications for Information Literacy Instruction." *Research Strategies* 20(4): 424-32.

Hensley, Merinda Kaye, and Emily Love. 2011. "A Miltifaceted Model of Outreach and Instruction for International Students." In *International Students and Academic Libraries: Initiatives for Success,* edited by Pamela A. Jackson and Patrick Sullivan, 115-34. Chicago: Association of College and Research Libraries.

Howzc, Phillip, and Dorothy Moore. 2003. "Measuring International Students' Understanding of Concepts Related to the Use of Library-Based Technology." *Research Strategies* 19(1): 57-74.

International Student and Scholar Services (ISSS), Appalachian State University. 2011. "Annual Report." Unpublished university document, December 16.

Overall, Patricia Montiel. 2009. "Cultural Competence: A Conceptual Framework for Library Information Science Professionals." *Library Quarterly* 79(2): 175-204.

Peters, Diane E. 2010. *International Students and Academic Libraries: A Survey of Issues and Annotated Bibliography.* Lanham, MD: Scarecrow Press.

Ruswick, Janelle. 2011. "Engaging International Students before Welcome Week." In *International students and Academic Libraries: Initiatives for Success,* edited by Pamela A. Jackson and Patrick Sullivan, 19-46. Chicago: Association of college and Research Libraries.

Switzer, Anne T. 2008. "Redefinding Diversity: Creating an Inclusive Academic Library through Diversity Initiatives." *College and Undergraduate Libraries* 15(3): 280-300.

제11절

# 레스브리지 대학교 도서관의 유학생에 대한 접근방법

니콜 이바

레스브리지 대학교(University of Lethbridge, 이하 U of L))는 학부생과 대학원생 등 약 8,500명이 재학 중인 중간 규모의 대학이다(University of Lethbridge Institutional Analysis 2011). 대학의 본 캠퍼스는 캐나다 앨버타(Alberta) 주 남부에 있는 인구 약 88,000명 규모의 작은 도시인 레스브리지에 위치하고 있다. 본 캠퍼스에는 1개의 도서관이 있는데, 이 도서관은 레스브리지 캠퍼스뿐만 아니라 레스브리지에서 각각 약 250킬로미터와 500킬로미터 정도 떨어진 앨버타 주 캘거리와 에드먼턴에 있는 2개의 위성 캠퍼스(satellite campuses)[4]에 대해서도 봉사를 제공하고 있다.

U of L 도서관의 학생참여팀(the Student Engagement Team)은 2010년 학생참여팀 규정에 기술된 것과 같이 "대학도서관 내에서 직접 대면과 가상공간을 통해 '학생 경험의 확장'(*enhancing the student experience*)이라는 대학의 전략 계획과 전략적 방향을 지원하는 모든 서비스, 활동, 혁신에 대해 지도력을 행사"할 책무를 가지고 있다. 학생참여팀은 우리가 참여하는 모든 활동에서 이 책무를 명심하려고 노력하고 있으며, 학생 모집과 유지 활동, '대학박람회'(university fairs)와 오리엔테이션, 그리고 학문적으로, 사회적으로 학생들이 참여하도록 계획된 과제와 사업 등의 활동에 참여하고 있다. 우리 학생참여팀은 학생들의 전체적인 경험을 지원하는 새로운 또는 강화된 서비스와 활동들을 제공하는 방법들을 지속적으로 계획, 추진하

4) 대학이 본 캠퍼스 이외에 다른 지역에 설치한 캠퍼스로, 주로 사회인을 대상으로 개설된 과정을 운영하는 경우가 많다.(역자 주)

고 있으며, 우리 캠퍼스 전체와 레스브리지 지역사회의 다른 서비스 제공 관계자들과 협력하고 있다. 우리는 U of L 소속 학생뿐만 아니라 위성 캠퍼스의 학생들, 그리고 직원, 교수, 그 외 레스브리지 지역사회의 구성원 등 대학사회 구성원들이 우리 도서관에 참여하기를 희망한다. 요즘 같은 시기에, 우리가 가능한 많은 잠재적인 이용자들에게 다가가 우리의 귀중한 정보자원들과 서비스들에 대해 최대한 많이 알리는 것은 매우 중요한 일이다.

이러한 생각을 가지고, 학생참여팀 구성원들은 도서관과 도서관이 제공하는 서비스를 접했을 때 가장 많은 혜택을 얻을 것으로 생각되는 학생 집단들을 목표대상으로 발굴하였다. 여기에는 다른 학교에서 온 편입생, 위성 캠퍼스에서 공부하는 학생, 그리고 외국인 유학생 등이 포함되었다. 이 유학생들은 '학문 목적의 ESL'(English as a second Language for Academic Purposes, 이하 EAP)과정을 이수하기 위해 우리 대학교에 온 교환학생, 학사학위 또는 석사학위 취득을 위해 온 학생들이다. 이들은 아시아, 아프리카, 아메리카 대륙, 호주, 유럽 등 세계 각 대륙의 여러 나라에서 캐나다 앨버타 주 남부에 있는 우리 대학으로 찾아왔다. 2011년 12월 14일 U of L의 대학분석팀의 니콜 바흐(Nichle Bach)가 이메일을 통해 보내준 자료에 따르면, 실제로 2011년 가을 우리 대학에는 캐나다와 미국을 제외한 90개 이상의 나라에서 700명 이상의 학부생과 대학원생이 등록하였다. 참고데스크 직원들은 외국인 유학생의 상당수가 도움이 필요하다는 것을 잘 알고 있다. 유학생들은 학업수행에 관한 도움이 필요할 뿐만 아니라 영어능력도 낮은 경우가 많아 그들의 과제 수행에 적합한 자료를 찾는 것이 매우 어려운 실정이다. 유학생들은 도서관 이용과 적합한 도서관 자료를 찾는 과정을 매우 어려워하며 과제의 세부 요구사항을 이해하는 것에도 크게 어려움을 느끼는 경향이 있다. 우리 학생참여팀은 이 학생들을 대상으로 맞춤형 의사전달과 서비스가 제공된다면 우리 팀이 유학생들에게 더 다가설 수 있고 유학생들의 학문적 성공을 지원할 수 있다고 판단하였다.

우리는 우리의 경험과 관련 문헌 조사를 통해 외국인 유학생들이 매우 다양한 이유로 도움을 받으려 하지 않는다는 것을 알게 되었다(Walker and Click 2011; Liu and Winn 2009; Gilton 2007; Morrissey and Given 2006; Wang and Frank 2002). 그들 중 일부는 질문하는 것은 무례한 것이고, 권위를 의심해서는 안된다는 문화적 신념을 가지고 있다. 일부는 자신의 언어능력에 대해 부끄러워하고 자신이 없어 질문을 하지 못한다. 그리고 일부는 자신의 모국에서 도서관(그리고 사서들)은 매우 다른 기능을 수행하기 때문에, 도서관에서 일하는 사람들이 자신의 학업에 도움을 줄 수 있다고 생각하지 않는다. 그래서 그들은 다른 학생들보다 우리의 도움이 더 필요한 상태이지만, 질문을 잘 하려 하지 않는다. 외국인 유학생들은 외국에서 공부하면서 언어뿐만 아니라 문화적 그리고 전통적 차이와 같은 많은 어려운 과제들에 부닥치게 된다.

학생참여팀의 팀장으로써, 필자는 대학 내 '국제학생센터'(the International Centre for Students)의 연락담당 직원과 회의를 가졌다. 이 여자 직원은 모든 외국인 유학생들이 참여하는 행사들을 주선하고, 유학생들이 가능한 무난하게 캐나다의 문화를 받아들일 수 있도록 노력하고 있다. 이 직원의 업무에는 유학생들이 적절한 거처를 찾고 새로운 환경에 적응하는 것을 도와주며, 학업 관련 문제들을 지원하는 일 등이 포함되어 있다. 이 직원은 모든 유학생들이 함께 모여서 교류하는 '인터내셔널 카페' (International Café)를 1개월마다 한 번씩 운영하며, 가끔 강연자를 초청해 유학생 대상 강연회를 개최한다. 우리 도서관은 사서 1명을 국제담당 사서(the International Librarian)로 지정하고, '인터내셔널 카페'에 참석하여 우리 도서관의 서비스에 대해 소개하도록 하였다. 이 사서는 유학생들과 함께 일하는 것을 즐기며, EAP 과정 수강 학생들을 위해 APA 인용양식[5]에 대한 서지교육 수업을 진행하면서 이미 일부 유학생들과 만난 경험을 가지고 있었다. 또한 이 직원은 세계 곳곳을 여행하면서 다양한 문화에 대한 많은 지식과 존중의 태도를 가지고 있는 사람이었다.

'인터내셔널 카페'에서 이 사서는 연구조사에 대한 지원과 우리 도서관이 보유한 다양한 정보자원들에 대해 강조하였고, 개별적 예약을 통해 자신과 만나 지원을 받을 수 있다고 이야기하였다. 유학생들이 사서에게 도움을 얻으려 하지 않는 것 같다고 밝힌 앞의 연구들과 같이, 우리는 학생들이 참고 데스크에 있는 낯선 사람에게 접근하는 것보다 이미 만나본 사람과 접촉하는 것을 더 편안해 한다고 판단하였다. 또한 이 사서는 도서관에 대한 유학생들의 요구를 파악하기 위해 인터내셔널 카페 행사동안 설문조사(글상자 11.1을 보라)를 진행하였다. 설문 결과는 〈표 11.1〉에서 볼 수 있다. 학생들에게서 받은 설문지에는 다음과 같은 언급들이 포함되어 있었다. 도서관은 공부하기 좋은 장소이다. 조용하고 다양한 공부방에 대해 높이 평가한다. 도서관은 밝고 채광이 좋다. 도서관 직원들이 도움을 주었다. 도서관 개관시간이 긴 것에 대해 감사한다. 많은 학생들의 모국의 도서관보다 도서관 건물이 크고 장서규모도 크다.

5) APA(American Psychological Association, 미국 심리학회) 인용양식은 사회과학 분야에서 널리 활용되는 인용 및 참고문헌 작성 양식이다.(역자 주)

**글상자 11.1 : 인터내셔널 - 도서관 설문지**

우리 대학도서관에 관한 설문지 작성을 위해 협조를 부탁드립니다. 우리 도서관은 당신의 의견을 존중하며, 당신의 응답은 미래의 발전을 위해 큰 도움이 될 것입니다. 감사합니다.

1. 지금까지 우리 도서관과 접촉해본 적이 있나요? 있다면 모두 표시해 주세요.
   - 도서관 직원이 우리 수업시간에 방문한 적이 있다.
   - 나는 도서관 견학을 한 적이 있다.
   - 나는 공부를 하거나 친구를 만나기 위해 도서관 내 공간을 이용한 적이 있다.
   - 나는 도서 대출, 질의와 같이 도서관 서비스를 이용한 적이 있다.
   - 나는 도서관 웹사이트를 방문한 적이 있다.

2. 우리 도서관을 처음 보았을 때, 어떤 생각을 했나요?

3. 우리 도서관은 당신의 모국의 도서관과 어떻게 다른가요?

4. 우리 도서관, 도서관의 서비스 또는 도서관의 정보자원 등에 관해 배우고 싶은 것과 관련해 아래의 항목들을 중요한 순서(1이 가장 중요)대로 순위를 매겨주세요.
   _____ 도서, DVD, 기타 자료 등을 찾는 방법
   _____ 도서관 데이터베이스를 이용하는 방법
   _____ 인용 및 서지정보를 작성하는 방법
   _____ 표절을 방지하는 방법
   _____ 웹사이트를 평가하는 방법
   _____ 다른 도서관의 자료를 신청하는 방법
   _____ 기타

인터내셔널 카페에 도서관 사서가 참여함으로써 얻은 소득 중 하나는 외국인 유학생만을 대상으로 한 도서관 목록과 각종 데이터베이스 이용 방법에 관한 워크숍을 실시한다는 아이디어였다. 이런 유형의 이용교육에 대한 요구는 앞에서 언급한 설문조사에서도 표출되었다. 이 행사는 '국제학생센터'에서 메일 발송 및 센터 내 포스터 부착 등을 진행하는 방식으로 외국인

【표 11.1】 인터내셔널 카페 설문조사

| 총 응답 설문수 | 40 |
|---|---|
| 지금까지 우리 도서관과 접촉해본 적이 있나요? 있다면 모두 표시해 주세요. | |
| 도서관 직원이 우리 수업시간에 방문한 적이 있다. | 14 |
| 나는 도서관 견학을 한 적이 있다. | 11 |
| 나는 도서관 내 공간을 이용한 적이 있다. | 31 |
| 나는 도서관 서비스를 이용한 적이 있다. | 33 |
| 나는 도서관 웹사이트를 방문한 적이 있다. | 30 |

우리 도서관, 도서관의 서비스 또는 도서관의 정보자원 등에 관해 배우고 싶은 것과 관련해 아래의 항목들을 중요한 순서(1이 가장 중요)대로 순위를 매겨주세요.

| 순위 | 1 | 2 | 3 | 4 | 5 | 6 |
|---|---|---|---|---|---|---|
| 도서, DVD, 기타 자료 등을 찾는 방법 | 8 | 9 | 5 | 3 | 4 | 4 |
| 도서관 데이터베이스를 이용하는 방법 | 14 | 7 | 8 | 4 | 0 | 1 |
| 인용 및 서지정보를 작성하는 방법 | 5 | 7 | 8 | 8 | 6 | 0 |
| 표절을 방지하는 방법 | 1 | 2 | 6 | 8 | 6 | 9 |
| 웹사이트를 평가하는 방법 | 1 | 2 | 2 | 6 | 10 | 12 |
| 다른 도서관의 자료를 신청하는 방법 | 7 | 9 | 4 | 4 | 7 | 7 |

유학생만을 대상으로 홍보를 진행하였다. 콘테-모건(Conteh-Morgan 2001)이 언급한 것처럼, 비영어권 출신자들은 다른 ESL 학생들과 함께 있는 친숙한 환경에서 더 편안함을 느끼는 경향이 있다. 배키(Badke 2002)는 만일 외국인 유학생들의 정규 수업들이 영어권 출신 학생들과 함께 듣는 경우라면, 유학생들은 수업 활동 참여에 대한 문화적 기피(cultural reluctance)로 인해 도서관 이용 교육이 정규 수업의 형태가 아닌 방식으로 진행되는 것을 더욱 편하게 느끼는 것 같다고 주장하였다. 모리세이와 기븐(Morrisey and Given 2006)은 유학생들이 캐나다 문화와 영어에 적응하기 위해 더 많은 시간을 보내는 시점에 유학생들만을 위한 도서관 이용교육을 제공하는 것이 그 시점 이전에 실시하는 것보다 더욱 효과적이라고 밝혔다. 왕과 프랭크(Wang and Frank 2002)는 유학생들만을 위한 도서관 이용교육 수업은 그들 고유의 학습 방식과 요구에 더 잘 맞춰질 수 있다고 제안하였다. 우리도 유학생들이 자신과 언어와 능력 개발 수준이 비슷한 학생들과 함께 하는 워크숍이라면 그들이 참가신청이 보다 높은 것이라 판단하였다. 하

지만 안타깝게도 이 워크숍에는 유학생들이 많이 참석하지 않았다.

학생참여팀은 우리 대학의 유학생들과 다양한 방식으로 소통하기 위해 노력하였다. 필자는 외국인 유학생들이 이용할 수 있는 특별한 서비스와 정보자원들을 강조하는 소책자를 디자인하였다. 이 소책자에는 앞에서 언급한 우리 도서관의 헌신적인 국제담당 사서와 여러 워크숍들, 일부 데이터베이스의 검색 인터페이스 언어 선택 기능, 우리 도서관이 구독 중인 외국 신문들에 관한 정보 등이 포함되었다. 또한 이 소책자에는 기본적 도서관 이용 안내와 외국 유학생에 대한 지원기능이 매우 강조되어 있으며, 그들의 모국 도서관들과 다를 수 있는 온라인 자료의 이용 및 개가제에 대한 내용도 언급하였다. 또한 우리는 외국인을 위한 영어 및 캐나다 문화 학습 관련 최신 자료들과 이 자료들에 대한 소개 자료도 강조하였다. 이 소책자는 국제학생센터를 통해 모든 외국인 유학생들에게 배포되었다.

그리고 외국인 유학생들을 위한 우리 도서관의 정보자원들도 증가되었다. 캐나다 문화, 해외 유학, 영어 능력 향상에 관한 최신 단행본들이 구입되었으며, 자료조사 지원 안내 자료와 기타 유학생들이 관심가질 만한 다른 자료들도 구입되었다. 자료조사 지원 안내 자료에는 ESL 학습자들을 위해 무료로 제공되는 권위 있는 여러 웹사이트들이 강조되어 있다. 또한 우리 도서관은 국제학생센터가 주관하는 연례행사인 '국제 주간'(International Week) 동안 새롭게 입수된 이 자료들을 진열대에서 전시하였다. 또한 필자는 유학생들의 영어능력 향상에 도움을 줄 수 있는 언어학습 데이터베이스인 '망고 랭귀지'(Mango Languages)의 구입을 검토한 후 컨소시엄 공동구매를 통해 최종적으로 도입하였다.

국제 주간 활동에 우리 도서관이 참여한 또 다른 방법은 국제적 분위기를 살린 '페차쿠차'(PechaKucha) 행사를 주최하는 것이었다. 일본 건축가들로부터 시작된 페차쿠차는 발표를 짧고 신속하게 진행하는 일종의 프리젠테이션 기법으로, 보통 1장당 20초씩, 20장의 이미지 슬라이드들만 보여주게 된다(Klein Dytham Architecture n.d.).[6] 이 행사를 위해 우리들은 학생, 직원, 교수들에게 여행, 업무 또는 학업 등에 관계없이 자신들의 국제적 경험에 대해 발표해 줄 것을 요청하였다. 이 행사는 많은 사람들이 이민 경험, 가족과의 여행, 학과에서의 외국 여행 등을 발표하여, 즐거우면서도 유익한 시간이 되었다.

관련문헌들과 우리의 경험을 통해 봤을 때, 외국인 유학생들이 대학의 도서관 시스템을 원활히 사용하기 위해서는 추가적인 안내가 필요하다. 언어 문제만으로도 유학생들은 큰 어려움을 겪고 있었다. 기초적 수준의 전공 관련 영어와 영어 회화를 학습한 상태에서 목록, 데이터베이스, 색인, 시소러스와 같은 용어들을 비롯해 영어가 모국어인 학생들조차도 친숙하지 않은

6) n.d. = no date(역자 주)

다른 많은 용어들을 접해야 하는 모습을 상상해보라. 이와 같은 혼란 이 외에도 결정권을 가진 사람에게 질문하지 않는 문화적 특성, 타고난 부끄러움과 무능한 사람으로 인식될 지도 모른다는 곤혹스러움, 이용자가 스스로 탐색해야 하는 도서관 시스템에 대한 생소함 등이 더해져, 그들이 도서관을 이용하면서 무서울 정도로 압도당하는 시나리오를 떠올리는 것은 어렵지 않다.

자신의 조사 과제를 수행하는 방법에 대해 어떤 생각이라도 가지는 것은 고사하고, 알아들을 수 있게 제대로 질문하지도 못하는 학생들과 만나게 되었을 때 많은 사서들은 혼란스러울 것이다. 그러나 누구라도 이 학생들이 매일 생소한 문화적, 교육적 시스템 속에서 만나는 장애물들을 알게 된다면 금세 그들에게 연민을 가지게 될 것이다. 필자는 우리 대학의 국제학생센터의 연락담당 직원과의 회의를 통해 모든 도서관 직원들을 대상으로 한 문화적 민감성 훈련을 개최하는 방안을 논의하였다. 이 훈련은 많은 유학생들과 접하게 되는 모든 도서관에 큰 도움을 줄 수 있으며, 일부 관련 문헌들도 이 훈련을 실시할 것을 제안하고 있다(Gale 2006; Gray 2010; Mestre 2010을 보라). 안타깝게도 아직까지 우리 도서관은 이 훈련을 실시하지 못하였지만, 곧 실시할 것으로 기대하고 있다. 캐나다/미국과 우리 외국인 유학생들의 여러 모국들 사이에 존재하는 문화적 차이들 중 다만 몇 개라도 알게 된다면, 도서관 직원들의 문화적 이해를 향상시키는데 도움을 받을 수 있을 것이다.

외국인 유학생들을 대하는 기초 요령들은 쉬운 것처럼 보이지만, 계속적인 반복이 필요하다. 이것에 대해서는 커리(Curry)와 코프만(Copeman)의 "Reference Service to International Students: A Field Stimulation Research Study" (2005)에 잘 나타나 있다. 이 기초적 요령에는 천천히 말하기, 도서관 전문용어나 어려운 말을 쓰지 않고 단순하게 말하기, 질문에 대해 사서나 직원이 제대로 이해했는지 확인하기 위해 질문자의 질문을 다시 말하기, 시선을 맞추고 상냥한 태도를 유지하기 등이 포함된다. 유학생들 중 상당수가 질문하기를 꺼려하는 것은 영어로 명확하게 표현하지 못하는 자신의 능력에 대한 부끄러움에서 비롯되기 때문에, 그들을 안심시킬 수 있도록 미소 짓고 고개를 끄덕이는 것만으로도 유학생들이 참고데스크로 찾아와 질문하도록 만드는데 도움을 줄 수 있다. 우리들이 업무를 하면서 수많은 질문에 대답하다보면 이 간단한 행동들을 잊어버리기 쉽지만, 이같이 조금만 정중하게 행동한다면 비영어권 출신자들이 느끼는 편안함과 이해의 정도는 크게 달라질 것이다. 그 외에 여러 관련 문헌들도 다른 문화 사이의 의사소통에 관련된 정보를 제공하고 있다. 여기에는 왕과 프랭크(Wang and Frank 2002), 길튼(Gilton 2007), 워커와 클릭(Walker and Click 2011) 등이 포함된다.

레스브리지 대학교 도서관에서 실행된 아이디어들은 외국인 유학생들에게 다가가서 그들과 관계를 형성하는데 활용될 수 있는 가능성의 일부일 뿐이다. 더 많은 아이디어들은 이 글에서 언급한 기사들을 포함한 관련문헌들, 그리고 게일(Gale 2006)이 제공한 훌륭하고 간략한 실행 리스트에서 찾을 수 있다. 다른 귀중한 정보원으로는 유스케 이시무라(Yusuke Ishimura 2010)가 미국대학도서관협회(Association of College and Research Libraries, ACRL)의 'Academic Library Services to International Students Interest Group'을 위해 정리한 서지리스트를 들 수 있다.

레스브리지 대학교 도서관은 앞으로도 대학의 국제학생센터와의 지속적인 협력을 통해 외국인 유학생들에게 다가가기 위한 노력을 계속 기울일 것이다. 매년 우리 대학에 괴롭고 힘들어하는 새로운 외국인 유학생들이 찾아오면, 우리들은 그들에게 매번 다음과 같이 말한다. 우리 도서관은 여러분의 학문적 노력을 지원하는 유용하고 친근한 장소이니, 우리에게 찾아와서 주저하지 말고 도움을 요청하세요. 새로 들어오는 외국인 유학생들에게 이 이야기를 전하는 것만으로도 더 많은 유학생들이 도서관 서비스를 이용할 수 있고, 그로 인해 우리나라에서 공부하는 동안 자신의 학문적인 성과를 증진시킬 수 있을 것이다.

## 참고문헌


Badke, William. 2002. "International Student: Information Literacy or Academic Literacy?" *Academic Exchange* 6(Winter): 60-65.

Conteh-Morgan, Miriam. 2001. "Empowering ESL Student: A New Model for Information Literacy Instruction." *Research Strategies* 18: 29-38.

Curry, Ann, and Deborah Copeman. 2005. "Reference Service to International Students: A Field Stimulation Research Study." *Journal of Academic Librarianship* 31(5): 409-20

Gale, Caroline. 2006. "Serving Them Right? How Libraries Can Enhance the Learning Experience of International Students: A Case Study from the University of Exeter." *SCONUL Focus* 39: 36-39.

Gilton, Donna L. 2007. "Culture Shock in the Library: Implication for Information Literacy Instruction." *Research Strategies* 20: 424-32.

Gray, Jody. 2010. "A Different Approach to Diversity Outreach." *College and Research Libraries News* 71(2): 76-78.

Ishimura, Yusuke. 2010. "LIS Literature." Last modified June 10. http://www.acrl.ala.org/international.

Klein Dytham Architecture. n.d. "Twenty Frequently Asked Questions about PechaKucha 20x20." http://www.pecha-kucha.org/what (accessed December 2, 2011).

Liu, Guoying, and Danielle Winn. 2009. "Chinese Graduate Students and the Canadian Academic Library: A User Study at the University of Windsor." *Journal of Academic Librarianship* 35(6): 565-73.

Mestre, Lori S. 2010. "Librarians Working with Diverse Population: What Impact Does Cultural Competency Training Have on Their Efforts?" *Journal of Academic Librarianship* 36(6): 479-88.

Morrisey, Renée, and Lisa M. Given. 2006. "International Students and the Academic Library: A Case Study." *Canadian Journal of Information and Library Science* 30(3/4): 221-39.

Neufeld, Aleta. 2011. "2011 Census Results: City of Lethbridge Is Home to 1,223 New Residents." Last modified June 22. http://www.lethbridge.ca/NewsCentre/Pages/official-census-results-2011.aspx.

University of Lethbridge Institutional Analysis. 2011. "2010-2011 Facts Book." http://www.uleth.ca/analysis/files/Facts%20Book%202010_11WEB_0.pdf (accessed December 2, 2011).

Walker, Claire, and Amanda Click. 2011. "Meeting the Reference Expectations of ESL Students." *College and Research Libraries News* 72(1):20-23.

Wang, Jian, and Donald G. Frank. 2002. "Cross-Cultural Communication: Implications for Effective Information Services in Academic Libraries." *portal: Libraries and the Academy* 2(2): 207-16

# 혼자 근무하는 직업 전문대학 사서

## 비전통적인 학생들에게 다가가기

엘리스 그레이브스

직업 전문대학(career college)과 그 도서관은 관련 학술문헌 속에서 너무 많이 소홀히 취급되고 있다. 최신 관련 연구는 5편으로 나타났는데, 그 중 3편은 2009년 이후에 발표되었고, 다른 2편은 2005년과 2006년에 발표되었다. 영리목적(for-profit)의 직업 전문대학들이 급증하고 있고 그곳에 입학하는 학생들이 증가하고 있기 때문에, 연구자들은 이들 교육기관에 대한 인식을 가져야 하고, 연구자들의 전통적 연구대상으로 진지하게 취급해야 한다.

다른 대학도서관들과 달리, 직업 전문대학의 도서관은 대체로 소규모이며, 정보자원의 범위가 제한되어 있으며, 잘 이용되지 않으며, 보통 사서 1명이 혼자 근무한다. 전통적인 학술기관에 근무하는 사서들과 달리, 직업 전문대학의 사서들은 인터넷과 프린터에 대한 접근 이외에도 도서관이 학생들에게 무엇을 제공하는지를 보여줄 수 있도록 학생들을 도서관으로 유도할 필요가 있다.

내가 근무하는 직업 전문대학의 도서관에 비치된 컴퓨터와 프린터들은 도서관의 앞쪽 공간에 설치되어 있고, 그 뒤에는 4단으로 된 서가들이 놓여 있다. 소설 〈제인 에어〉(Jane Eyre)에 등장하는 금지된 다락방처럼, 교수나 학생 누구도 서가 쪽으로 들어오려고 하지 않는다. 따라서 학생과 교수들을 도서관 장서와 연결시키는 것이 직업 전문대학 도서관의 우선 과제이다.

나는 영리에서 비영리로 전환 중인 사립 직업 전문대학에서 근무하고 있다. 이 학교는 '직업 전문학교 및 전문대학 인증위원회'(Accrediting Commission of Career Schools and

Colleges)로부터 인증받은 학교지만, 전환과정이 종료되면 이 인증은 변경될 것이다. 이 학교에서는 의료보조학과(medical assisting program)가 가장 규모가 크다. 나머지는 미용사, 치과조무사, 개인 피트니스 트레이너 관련 학과들과 컴퓨터 및 네트워크 관리학과 형사행정학과 등이다. 대부분의 과정은 전문학사 과정들(diploma programs)이지만, 컴퓨터 및 네트워크 관리학과는 전문학사학위(associate's degree) 과정을, 형사행정학과는 전문학사학위 과정과 학사학위(bachelor's degree) 과정을 제공한다. 우리 대학은 전국 17개 직업 전문대학 네트워크에 소속되어 있으며 현재 195명이 등록하고 있는데, 거의 대부분이 얼굴을 알아볼 정도로 소규모이다.

일부를 제외하면 우리 대학의 구성원들은 대부분이 20대와 30대 초반일 정도로 젊은 편이다. 아프리카계 미국인 학생이 절반 이상이며, 다음으로 히스패닉계이 차지하고 있다. 학생들은 말 그대로 비전통적이다. 그들은 배우자 없이 자녀를 혼자 돌보거나 군대에서 제대한 사람들이며, 법정에서 원고와 피고를 번갈아 맡아 오기도 했다. 그들은 경제적으로 궁핍하게 살고 있고, 그들의 지지 체계(support systems)는 불안정하다. 때때로 그들의 역할 모델은 그들의 자녀들이다. 근무 일정에 변화가 있거나 집에 있는 자녀가 아픈 경우, 그 학생의 삶은 대혼란에 빠진다. 이 학생들은 길거리 생활을 하지 않을 때에도, 길거리에서 체득한 사회관계 기술(social skills)을 활용한다. 경력 개발 수업에서는 그들에게 팀워크, 문제해결, 효과적인 의사소통, 신뢰성 등과 같은 소프트 스킬[7]을 가르치고 있다. 이 학생들은 과거 자신들에게 영감을 주거나 자신들이 소중하다는 것을 느끼게 해준 교사나 사서를 만나지 못하였다. 좋게 표현하자면, 서로가 서로를 외면해왔다. 이 학생들이 우리 학교를 통해 가지기로 선택한 직업은 앞으로 그들의 삶을 극적으로 바꾸게 될 것이다. 많은 학생들은 몇 년 동안 학교에서 벗어나 있다가, 지금은 자신들의 과거 잘못을 깨닫고 진지하게 교육을 받을 준비를 하고 있다.

직업 전문대학에 대한 낙인이 있다고 해도, 이 학생들은 그것에 대해 잘 알지 못한다. 일부 학생들은 지역의 커뮤니티 칼리지에 다니면서, 그 과정이 "너무 고등학교 같은" 것을 알게 되었다. 이 학생들은 자신들에게 취업 준비에 도움이 되지 못할 학문적 공부에 소비할 시간이 없다. 그들은 빨리 직업의 세계로 뛰어들어 어른이 될 필요가 있다.

우리 대학의 도서관은 약 4천권의 장서를 가지고 있지만, 대부분 더 이상 사용되지 않는 오래된 교재들이다(대학은 수업이 시작될 때, 각 학생들에게 필요한 모든 교재를 제공한다. 이는 각 학생들은 교재를 가지고 있음을 의미한다.). 적은 양의 소설과 문학 장서는 대부분 오래된 기증도서이다. - 노라 로버츠(Nora Roberts), 다니엘 스틸(Danielle Steele), 존 그리샴(John Grisham) 등의 베스트셀러 작가들의 책은 많지만, 헤밍웨이(Hemingway)나 울프(Woolf)의 책

7) 사람들 사이에서 커뮤니케이션, 협상, 팀워크, 리더십 등을 구현할 수 있는 능력을 의미한다.(역자 주)

은 없다. 800번 대의 신간은 들어오지 않았다. 800번 대라고 말한 것은, 이 도서관은 듀이 십진분류표(Dewey Decimal Classification, 이하 DDC)를 사용한다는 것을 뜻한다. 처음에 나는 여기도 대학이기 때문에 모든 것을 의회도서관 분류표(Library Congress Classification, 이하 LCC)로 변환하려고 하였지만, 우리 대학의 학생들을 위해서라면 DDC가 최선의 선택이라고 판단하였다. 이 학생들이 이용하는 유일한 다른 도서관은 바로 공공도서관이기 때문에, DDC에 익숙해져서 우리 도서관을 이용할 때 자신감을 가질 수 있을 것이다. 그리고 우리 대학은 도서 대출 통계를 작성하지 않는데, 이는 도서 대출이 기억할 사건이 될 정도로 거의 이루어지지 않기 때문이다.

나는 우리 대학의 유일한 사서로, 다행스럽게도 나의 직업적 전문성을 존중해주는 교육부장의 휘하에 있다. 하지만 많은 학생들은 'Y 세대'(Gen Yers)[8)]임에도 불구하고 컴퓨터 사용 경험이 별로 없기 때문에, 나는 최초 로그인을 도와주어야 하고, 패스워드를 적어 놓도록 권장해야만 한다. 학생들이 이 일에 얼마나 부주의한지 놀라울 정도이며, 그래서 나는 수없이 좌절감을 느낀다. 나의 하루 일과 중 가장 큰 부분은 프린터 문제 해결하기: 학생들에게 복사해서 붙이기, 글자체 선택, 그리고 다른 기초적인 마이크로소프트 워드(MS-Word) 프로그램 사용법과 같은 컴퓨터에서 작업하는 방법 가르치기: 그리고 잊어버린 비밀번호의 초기화를 위해 정보통신부서에 연락하기 등이다. 많은 학생들은 복사기를 사용하는 데에도 도움이 필요하다. 학생들의 컴퓨터 사용 경험 부족은 그들이 좌절하는 주요 원인인데, 내 생각에 학생들이 패스워드를 잊는 것은 일종의 회피기술(avoidance technique)로 보인다.

내가 여기서 일을 처음 시작했을 때, 아무도 나를 가르쳐주는 사람이 없었고 나는 목록 프로그램 사용방법eh 스스로 배워야 했다. 우리는 바코드를 사용하지만 바코드 스캐너가 바코드를 읽을 수 없어 도서 대출을 위해 등록번호를 키보드로 입력하는데, 이로 인해 도서 대출 고정에서 불필요한 업무가 추가된다. 목록 시스템은 캠퍼스마다 다르고, 일부 캠퍼스들은 LCC를 사용한다. 가끔씩 나는 우리 도서관이 21세기로 가는 버스를 놓친 것처럼 느껴진다.

도서관 방문자들은 서명하고 출입하도록(sign in) 되어있지만, 일부는 서명없이 컴퓨터로 곧장 가서, 우리는 정확한 이용 통계를 알 수 없다.

우리 도서관은 예산이 없다. 우리 도서관의 장서 대부분은 더 이상 사용되지 않는 교재들과 기증된 자료들로 구성되어 있다. 나는 필요한 무언가가 있을 경우, 구입 요구를 한다. 그러면 보통 그것을 구입하지만, 나는 내가 구할 수 있을 것이라 생각되는 수준 이상으로 요구하지 않는다. 내가 진행한 장서개발의 대부분은 중고도서 매매를 통해 이루어졌다.

8) 1980년을 전후해 태어나서 새로운 2000년대의 주축이 될 세대(역자 주)

내가 처음 우리 도서관에 왔을 때, 도서관은 엉망이었고 아무도 이용하지 않았다. 이전에 근무한 사서는 내가 도서관에서 업무를 시작하기 몇 주 전에 사직하였는데, 그녀는 폭군(a tyrant)이었다. 학생들은 그녀를 무서워했고 교수들은 그녀를 무시하였으며, 두 집단 모두 도서관에 오는 것을 피하였다. 나는 여러 사람들로부터 충격적인 세밀한 이야기들을 들어왔다. 따라서 나는 사람들을 환영하는, 열려 있고 역동적인 도서관을 하루 속히 만들어 학생들과 교수들을 도서관으로 오게 할 필요가 있었다.

나는 다음의 과제들을 개발하면서, 특별히 학생과 교수들의 요구에 대해 고려하였다.

- 학생들은 그들이 환영받고 편안함을 느끼는 도서관을 필요로 한다.
- 학생들은 관련 있고 흥미 있는 책들을 필요로 한다.
- 교수들은 도서관 사업에 참여할 필요가 있다.
- 학생들은 정보 리터러시 역량에 대한 자신들의 요구에 관심을 가지고 있는 사서를 필요로 하며, 그리고 신뢰할만한 인터넷 정보원에서 필요한 정보를 찾는 과정에서 편안함을 느끼고 신뢰감을 가질 수 있도록 각종 도구들과 다양한 능력을 제공해주는 사서를 필요로 한다.
- 학생들은 사서가 자신들을 존중하고 신뢰한다고 느낄 수 있어야 한다.
- 학생들은 개인 지도를 제공하고, 여러 모임들이 함께 활동할 수 있도록 도서관 안에 학습센터를 설치하고, 학생들이 쉽게 접근할 수 있고 학생들을 환영하며, 이를 통해 궁극적으로 학생들의 성공을 책임지는 사서를 필요로 한다.

그 후 나의 계획은 효과를 나타내었다.

## 사탕은 멋진 물건이다.

음식은 사람들을 끌어당긴다. 그래서 우리 도서관은 항상 사탕을 둔다. 초기에 학생들은 놀라면서 사탕 하나를 가져가도 되는지를 소심하게 물어보았다. 나는 "물론이죠. 마음껏 가져가세요."라고 말하면서, 그들이 가지고 있는 두려움을 덜어낼 필요성을 인식하였다. 그들은 아직도 학생용 프린터 옆에 있는 "나의" 스테이플러를 사용해도 되는지를 묻곤 한다. 지금은 학생들이 매일 아침 찾아오고, 사탕 하나를 집어 들고, 인사도 건네고, 자신의 수업에 대해 나에게 이야기도 하며, 궁금한 것에 대해 질문도 하고, 800번대 문학 자료들을 둘러본다. 한 학생이 한 무더기의 색인 카드를 들고 오면, 나는 그 여학생의 주별 쪽지시험 준비를 도와준다. 그리고 그 여학생이 자신의 인생에 대해 책을 쓰는 것을 도와준다. - 그 여학생은 25세이며, 남동생은 현재 교도소에 있다. 그 여학생은 나에게 몇 페이지를 넘겨주며 손보거나 고치려고 하지 말고 단지 자신에 대해 알 수 있게 그냥 읽어보라고 말한다. 우리 둘은 그 여학생의 주변 관계와 가족에 대해 이야기한다. 그 여학생은 몇 명 되지 않는 야간 학생들 중 한명이라서 우리는 서로의 개인사를 알고 있다. 그것은 치료효과를 가진다. 새로 들어온 한 학생은 장학금을 어떻게 받을 수 있는지에 대한 도움을 요청하였다. 그 학생은 자신이 미혼모이고, 학대받은 여성이며, 전과자라고 설명하였다. 한 남학생은 원한을 품고 있는 것에 대해 대화하고 있다. 이 학생은 나에게 자신을 찔러 상처 입힌 여동생을 절대로 용서하지 않을 것이라고 말한다. 내가 고등학교 졸업자격시험에 대해 개인 지도를 했던 한 남학생은 수업시간 전에 찾아와서, 우리 둘이 함께 기다리고 있는 시험 결과에 대해 수다를 떨었다. 몇 주 뒤에 그 학생은 합격증을 들고 도서관으로 제일 먼저 찾아왔다. 나는 당연히 축하해주며 얼싸 안아주었다. 만약 무릎 상태가 좋았다면, 나는 껑충껑충 뛰고 싶었다. 그 순간, 나는 처음으로 그 학생의 미소를 보았다.

## 도서 전시

도서 전시는 쉬운 것처럼 보일 수 있지만, 나는 우리 도서관 안에 어떤 책들이 있는지에 대해 아무도 모른다는 사실을 깨달은 후 앞쪽 테이블 위에 책을 전시하기 시작했다. 책들은 주제별로 유사한 것끼리 전시될 수도 있고(마틴 루터 킹 탄생 주간과 같이) 또는 순수하게 여가용 독서 자료들로만 전시될 수도 있다. - 노라 로버츠의 대중소설, 마이클 조던(Michael Jordan) 자서전, 레이 브래드버리(Ray Bradbury)의 과학소설 등의 조합과 같이. 나는 매주 도서 전시를 바꾼다. 학생과 교수들은 전시된 일부의 도서들을 보며 깜짝 놀란다. "저는 우리 학교에 이 책이 있는지 몰랐어요. 다른 책은 어떤 것이 있나요?" 우리들은 전시 이후 약간의 도서대출 증가와 신간 도서에 대한 희망신청이 증가한 것을 확인할 수 있었다. 반납 지연에 따른 연체료는 많이 감면되었다. 연체한 학생들은 버스 요금도 겨우 내는 경우가 많다. 그 학생들이 독서를 하게 만드는 것이 제때 반납하지 못했다는 이유로 벌을 주는 것보다 더 중요하다. 내 전임자는 연체일수마다 25센트의 연체료를 부과하였는데, 아마 이 때문에 대출이 잘 되지 않았을 수 있다.

## 자료 폐기와 자료 요구

우리 도서관의 장서개발 정책은 우리 대학의 교과과정을 지원하는 것이며, 이 정책은 문서로 작성되어 있다. 이 때문에 우리 도서관에 오래된 교과서가 많은 편이다. 하지만 일반적인 독서용 도서는 이유나 논리가 명확하지 않다. 나는 우리 도서관에서 엘리자베스 1세 치세 이전(16세기 후반 이전)의 희곡, 유태인 유머 관련 도서들과 싱클레어 루이스(Sinclair Lewis)의 작품에 대한 수필 등을 발견하였는데, 이 도서들은 폐기되었다. 그리고 스릴러물, 미스테리물, 대중 소설도 상당히 많이 있었는데, 이 도서들은 계속 보유하기로 하였다. 나는 직업 전문대학 도서관에 절대적으로 필요한 책들을 확충하였는데, 여기에는 〈앵무새 죽이기〉,[9] 〈푸시〉,[10] 〈망고거리의 집〉,[11] 〈헝거 게임〉[12] 시리즈 등이 포함되었다. 나는 주기적으로 중고도서 구입을 위해 지역의 공공도서관들을 돌아다니는데, 이렇게 해서 토니 모리슨(Toni Morrison), 이스마엘 베아(Ishmael Beah), 이사벨 아옌데(Isabel Allende) 등이 쓴 책들과 마이클 조던의 자서전 등을 구할 수 있었다. 집을 팔려고 내놓은 이웃들은 자기 책들을 가져가라고 나를 초대한다. 이렇게 해서 나는 우리 도서관에 없던 〈컬러 퍼플〉[13]과 알렉스 헤일리(Alex Haley)의 〈뿌리〉[14]를 구할 수 있었다.

## 도서관 설문조사

매우 간단한 도서관 설문조사도 이용자의 요구를 파악하는데 도움이 된다. 학생들이 도서관에 들어올 때, 나는 간단한 설문조사를 전해주는데, 여기에는 4가지 질문이 포함되어 있다.

---

9) 작가 하퍼 리가 대공황기 미국 남부에서 벌어진 인종문제를 다룬 소설로, 원제는 'To kill a mockingbird'.(역자 주)

10) 작가 사파이어가 할렘가에서 아이들을 가르친 경험을 바탕으로 쓴 소설로, 원제는 'Push'.(역자 주)

11) 작가 산드라 시스네로스가 쓴 멕시코 이민자들에 대한 소설로, 원제는 'La Casa en Mango Street'(영어로는 House on Mango Street).(역자 주)

12) 작가 수잔 콜린스가 독재체제하의 미래사회를 배경으로 쓴 대중 소설로, 원제는 'The Hunger Games'.(역자 주)

13) 작가 앨리스 워커가 미국 남부의 외딴 시골에서 성장한 흑인 여성의 삶을 다룬 소설로, 원제는 'The Color Purple'.(역자 주)

14) 아프리카에서 노예로 끌려와 자유를 찾는 한 흑인의 이야기를 다룬 세미다큐멘터리 소설로, 원제는 'Roots'.(역자 주)

1. 당신이 좋아하는 도서의 이름은 무엇입니까?
2. 당신이 읽고 싶은 도서의 종류는 어떤 것입니까?(과학소설/미스터리/뱀파이어/기타 등등)
3. 당신이 도서관에서 보기를 원하는 도서는 무엇입니까?
4. 도서관이 흥미로운 신간도서들을 가지고 있다면, 당신은 더 많이 책을 읽을 생각입니까?

설문조사 결과, 나는 학생들이 다양한 취향과 흥미를 가지고 있고, 학생들이 정말로 독서를 하며, 모든 응답자들이 4번 질문에 "예"라고 응답하였음을 알게 되었다. 한 학생은 마키아벨리의 〈군주론〉을 자신이 좋아하는 책이라고 나에게 말해주었는데, 이것은 누구도 직업 전문대학 학생들에 대해 고정관념을 가져서는 안된다는 사실을 입증하고 있다.

## 교수진의 참여

학생들과 매일 만나는 교수들은 학생들에게 큰 영향력을 행사할 수 있기 때문에, 교수진의 참여는 직업 전문대학 도서관에 있어 필수적이다. 나는 교수들에게 수업과 관련해 도서관이 소장해야 할 자료는 어떤 것이 있는지를 묻는 메일을 발송하였는데, 그 뒤 여러 건의 희망도서 신청을 받을 수 있었다. 어이없게도 신청도서의 일부는 이미 우리 도서관에 있는 것들이었다. - 이는 우리 도서관이 얼마나 비밀(?)을 잘 지키는지를 말해준다. 도서관에 없던 자료들은 구입하여 추가되었는데, 간호사를 위한 약리학 핸드북은 복본으로 구입하였다.

또한 나는 교수들과 직원들에게 도서 기증을 요청하면서, 특히 소설류, 일반적인 비소설류, 자서전류 등을 부탁하였다. 한 강사는 아침 일찍 미스터리와 스릴러 도서들을 쇼핑백에 가득 가져와서 나를 깜짝 놀라게 하였다.

## 도서관 이용 안내자료

학생들은 도서관으로 와서 췌장염과 같은 매우 세부적인 주제의 도서에 대해 질문한다. 우리 도서관의 도서 중 대부분은 교과서들인데, 교과서에는 이러한 주제에 관해 일반적이고 제한적인 정보를 일부 장(chapter)에서 수록하고 있을 뿐이다. 나는 이 학생들이 정보활용능력을 보유하기를 바라고, 가장 최신의 정보를 온라인에서 찾을 수 있다는 것을 이해하기를 바라기 때문에, 학생들에게 '메드라인 플러스'(Medline Plus), '더 씨디씨'(the CDC : The Centers for Disease Control and Prevention), '더 머크 매뉴얼 온라인'(the Merck Manual Online) 등을 이용하도록 안내한다. 우리 대학의 모든 학과가 최소한의 자료조사를 필요로 하는 기말과제 제출을 학생들에게 요구하고 있지만, 이런 과제를 수행하는 방법에 대한 지도는 제공되고 있지 않았다. 학생들은 자신의 과제를 위해 우리 대학이 구독하는 3종의 온라인 데이터베이스를 이용할 것으로 예상되었지만, 그들은 이용하지 않았다.

어느 날 아침, 의료보조학과에 다니는 한 학생이 과제를 위해 당뇨병에 대한 책을 요청하기 위해 도서관으로 왔다. 책 대신에 나는 그 학생에게 '메드라인 플러스'를 보여주었고, 그 학생은 매우 감동받아 "여기에 고혈압에 관한 것도 있나요? 인간 면역결핍 바이러스(HIV)도 있나요?"라고 말했다. 모든 것은 거기에 다 들어 있었다. 그 학생은 학과 친구들과 강사에게 이 이야기를 전하기 위해 강의실로 뛰어서 돌아갔다.

이 사건은 내가 각 학과별로 도서관 이용 안내자료를 제작하게 된 계기가 되었다. 예를 들어, 의료보조학과를 위한 안내자료에는 '메드라인 플러스', '더 씨디씨', '더 머크 매뉴얼 온라인' 등이 포함되었다. 우리 대학은 '인포트랙'(Infotrac), '이브러리'(Ebrary), '구글 스칼라'(Google Scholar) 등 3종의 데이터베이스를 구독하고 있는데, 안내자료에는 이 데이터베이스들에 접근하는 방법이 설명되어 있다. 또한 '플로리다 전자도서관'(Florida Electronic Library)과 '인터넷 공공도서관'(the Internet Public Library)에 대한 이용방법도 포함되어 있다. 경찰행정학과를 위한 안내자료에는 다른 정보원들과 함께 '온라인 대법원'(U.S. Supreme Court online), '플로리다주 법원'(Florida State Courts), '더 리걸 타임즈 블로그'(the Legal Times blog) 등이 포함되어 있다. 학생들은 전자적 형태의 정보를 찾는 것에 점차 익숙해져야 한다. 학생들이 아직도 책을 요구하고 있는 것은 그들의 잘못이 아니다. 학생들은 단지 우리 도서관의 세계와 도서관이 제공하는 모든 것에 대해 발견하고 있는 중이며, 구글과 위키피디아보다 인터넷에 더 많은 것이 있다는 것을 배워가고 있는 중이다. 나는 학생들의 정보 세르파(Sherpa)이다.

나는 도서관 이용 안내 자료를 교수들에게 배포하고, 그들에게 평가와 추가적인 제안을 요청하였다. 교수들은 이후 학생들에게 이 안내 자료를 배포하였다. 도서관 이용 안내자료의 제작은 사서와 교수들 사이의 협력을 창출하고, 교수들의 참여를 독려한다.

## 도서관 소식지

우리 도서관 소식지는 월간으로 발행되며, 학생들과 소통하기 위해 활용된다. 소식지에는 신간도서 정보를 간단한 내용 요약 및 저자 소개와 함께 제공하며, 도서관의 행사 정보와 간단한 도서관 퀴즈도 포함되어 있다. 한 소식지에는 멜빌 듀이에 관한 기사와 함께 DDC에 대한 안내를 제공하였다. 도서관 소식지는 교수들에게 이메일로 발송되지만, 학생들의 경우, 학교 이메일 주소가 없어 50장을 인쇄하여 학생 휴게실과 도서관에 비치하고 있다. 나는 소식지를 더 좋게 만들기 위해 컬러 프린터를 요청해 제공받았다.

## 사서가 만든 웹사이트

학생들은 구글을 제외하고는 전자 정보원들에 대해 잘 알지 못해, 나는 도서관 이용안내를 만들었고 또한 무료 웹사이트 제작 도구를 이용하여 간단한 웹사이트를 만들었다. 이 웹사이트는 도서관 이용 안내 자료에 수록된 정보들을 담고 있으며, 그 외에 표절과 온라인 인용정보 관리도구, 위키피디아의 제한적인 유용성 등에 관한 내용도 포함되어 있다. 각각의 페이지는 위키피디아, 유투브(YouTube) 등 외부 웹사이트 링크 정보를 제공하고 있다.

## 북 클럽

독서를 장려하기 위해, 나는 '첫째 목요일 조찬 북 클럽'(First Thursday Breakfast Book Club)을 시작하였다. 이 북 클럽은 매월 첫째 목요일 수업시작 전에 만나는데, 나는 도넛을 준비한다. 첫 번째 독서를 위해 〈화씨 451〉(Fahrenheit 451)[15]을 선정하였다. 내가 이 책을 선택한 이유는 우리 도서관에서 그 책을 소장하고 있다는 점, 상대적으로 분량이 적다는 점, 공상과학소설은 성중립적(gender-neutral)이라는 점, 그 주제가 분서(book burning)와 검열에 관한 것이라는 점 때문이다. 천재적인 작가 래이 브래드버리는 1953년에 쓴 이 소설에서 리얼리티 TV 쇼, 대형 스크린 TV, 현금 자동 입출금기 등을 예측하였다. 여러 학생들은 열광적으로 반응

---

15) 작가 래이 브래드버리가 쓴 책이 금지된 미래사회에 대한 공상과학소설로, 주인공인 소방관은 금지된 책들을 불태우는 일이 주 업무였다.(네이버 참조, 역자 주)

하였고, 이 책을 읽었다. 나는 활동 시작 전에 북 클럽 참여자들에게 토론은 영어 수업과 다르게 매우 비형식적으로 진행될 것이라고 말하였다. 단 2명의 학생만이 첫 번째 모임에 참여하였지만, 우리는 불을 꺼야할 소방관이 불을 지르는 아이러니와 도서 검열에 대해 이야기하였다. 두 번째 모임이 다가오고 있는데, 나는 참가자들이 늘어날 것이라 확신하고 있다.

## 다른 도서관 사업들

거의 매월 국경일과 각종 기념일들이 찾아온다. 흑인 역사의 달에 나는 플로리다 전자도서관에 올라온 흑인 역사 퀴즈를 배포하였고, 학생들에게 해답은 인터넷에 있다고 말하였다. 이 퀴즈는 학생들의 호기심을 강하게 불러 일으켰다. 나는 학생들에게 퀴즈 문제들의 키워드 -"메드거 에버스"(Medgar Evers)"[16]나 "수정헌법 13조"(13th Amendment)[17]- 를 구글에서 검색해보라고 제안하였고, 학생들은 해당 문제에 대한 답을 찾았다. 그달 말까지 밝은 색으로 장식된 상자 속에 정답 용지를 넣게 하고, 월말에 정답자를 추첨하여 시상하였다. 여성 역사의 달에도 퀴즈를 활용되었으며, 교수들의 어린 시절 사진에서 교수들을 찾는 콘테스트도 실시되었다. 대학 캠퍼스가 작고 모든 교수들의 사진들이 복도에 게시되어 있기 때문에, 사진들을 쉽게 비교할 수 있었다. 우리 대학의 학장이 비싸지 않은 상을 구입하는 것을 계속 허락한다면, 이 퀴즈들은 계속 진행될 것이고 우리 도서관의 정기적 프로그램의 일부가 될 것이다.

## 지역 도서관 컨소시엄에 참여하기

우리 도서관에서 근무를 시작한 첫 주에 나는 정리되지 않은 파일들과 씨름하였는데, 그 과정에서 과거 우리 도서관이 지역 도서관 컨소시엄의 회원이었다는 것을 알게 되었다. 2007년 여러 이유로 우리 도서관의 회원자격이 갱신되지 못하였다. 나는 우리 대학의 교육부장과 학장에게 컨소시엄 회원의 장점, 컨소시엄에 2백 개 이상의 도서관이 참여하고 있다는 점, 다른 영리적 직업 전문대학들도 회원으로 참여하고 있다는 점에 대해 설명하였다. 그들은 나의

---

16) 메드거 에버스는 미국 미시시피 주의 민권운동가로, 1963년 KKK단원의 총격으로 살해되었다.(네이버 참조, 역자 주)
17) 이 미국 헌법 조항은 공식적인 노예제도 폐지에 관한 것이다.(네이버 참조, 역자 주)

요청을 강력하게 지지하였고 그 결과, 우리 대학은 컨소시엄 가입을 통해 더 많은 교육훈련 기회와 더 많은 정보 접근성이라는 이점을 얻고 있다.

## 결론

직업 전문대학의 학생들은 자신이 받는 교육을 진지하게 받아들이고 있으며, 쉽게 접근할 수만 있다면 최대한의 서비스를 얻으려고 한다. 일부 학생들은 우리 도서관에 한 번도 찾아오지 않았지만, 다른 학생들은 매일 도서관을 이용하고 있다. 우리 도서관은 학생들이 혼자 또는 소그룹으로 학습하는데 있어 편안한 공간이 되고 있으며, 학생들은 자신들이 평가되거나 조롱받지 않을 것이라는 확신을 가지고 도움을 요청하기 위해 도서관으로 찾아온다. 그 결과, 학생들은 존중받는 느낌을 가지며, 우리에게 존중으로 화답하고 있다. 무엇보다도, 최악의 삶을 목격해온 우범지역 출신의 학생들이 더 이상 도서관에 오는 것을 겁내지 않는다는 것이다.

우리는 내일 우리의 첫 번째 업무가이 무엇일지를 예측할 수 없다. 도서관학과 대학원(library school) 재학시절, 나는 도서관 경영론 기말과제로 특수도서관에 근무하는 1인 사서에 대해 썼는데, 그것이 나의 운명이 될 것이라고는 전혀 생각해보지 못했다. 나는 내 일을 사랑하며, 내가 내 부모에게 말할 수 없었을 때 편견 없이 나의 이야기를 들어주던 고등학교 사서교사에 대한 기억을 가지고, 자신의 삶을 다르게 만들어줄 누군가를 찾고 있는 사람들을 돕고 있는 중이다.

# 다양한 배경의 학생들에 대한 봉사

## 중국인과 아프리카계 미국인 이용자에 대한 아웃리치

켈리 로즈 맥브라이드, 샤오롱 샤오

다양한 경험, 다양한 기대치, 다양한 정보수집 능력, 다양한 영어 글쓰기 능력을 가진 중국인 학생과 아프리카계 미국인 학생들이 미국 고등교육으로 유입되고 있다(Ardis 2002). 이는 이 학생들 중 일부 학생들이 고등교육과정에서 더 잘 대처할 수 있도록 지원하는 서비스가 필요함을 의미한다.

## 아프리카계 미국인 학생들의 경험

백인들이 위주인 교육기관에 입학하는 아프리카계 미국인 학생들은 주로 사회적, 학문적 통합의 문제와 대학 환경에서 어려움에 직면한다. 이러한 요소들은 그들의 학문적 성공 전반에 영향을 줄 수 있다(Strayhorn and Terrell 2010).

아프리카계 미국인 학생들은 대학 편입에서 어려움을 겪는 경우가 있다. 여러 대학들은 자기 대학에 대한 호감을 가질 수 있도록 잠재적 입학생들에게 캠퍼스 방문을 제공하여 다양한 학생들을 모집하는 활동을 수행한다. 이러한 짧은 경험이 그 학생들이 정규 학생으로 입학한 이후에 경험하게 될 그 대학의 분위기를 항상 정확하게 반영하지는 않는다. 그 결과, 그들은 사회적으로, 학문적으로 적응하기 위해 어려움을 겪을 수 있고, 공동체를 찾는데 어려움을 경험할 수 있다.

## 중국 학생들의 경험

최근 몇 년간 미국 내 고등교육기관으로 유입되는 다양한 외국 유학생들과 학자들의 수가 점진적으로 증가하고 있는데, 특히 중국 유학생의 수가 증가하고 있다. 2011년 국제교육협회의 오픈 도어스 보고서에 따르면, 미국 내 중국 출신 등록 학생의 수가 158,000명까지 다다르고 있다. 이는 전체 외국인 유학생 인구의 22%에 이르는 수치인데, 중국이 2년 연속으로 가장 많이 유학생을 보내는 나라가 되었다(Institute of International Education 2011).

아프리카계 미국인 학생과 달리, 중국 유학생들은 미국과 중국의 교육 시스템의 차이로 인해 미국의 대학에서 공부하는데 있어 더 많은 어려움에 직면하게 된다. 게다가, 중국 유학생들은 문화적, 언어적 장애를 경험하게 된다. 중국에서 교육은 강의 중심적, 교과서 중심적, 교사의 지도 중심적 경향이 더욱 강하다. 의사소통은 서구에 비해 일방적인 경향이 강하다. 중국 대학생은 토론이나 협력적 학습 활동에 거의 참여하지 않는다. 학습은 강의나 교과서의 사실 정보에 대한 암기로 구성되고 여러 시험에 쫓기게 된다. 미국 교육 시스템은 일반적으로 학생들에게 지식의 탐구과정에서 자립적이고 독립적이기를 요구하는데, 이로 인해 중국 유학생들이 미국의 교육 과정을 제대로 이수하기가 어려운 실정이다(Johnson, Shi, and Shao 2010, 188).

왕(Wang 2006)에 의하면, 오늘날의 중국 학생들은 다른 나라에서 온 학생들과 다를 뿐만 아니라 1980년대와 1990년대 중국 학생들과도 다르다. 오늘날 중국 학생들의 교육은 취득을 목표로 하는 학위 단계, 전공하는 학문분야, 영어 준비 정도, 영어권 국가에 도착하기 전 서구 문화에 대한 노출정도 등에 있어 변화를 보여 왔다. 리우와 윈(Liu and Winn 2009)은 중국인 학생들이 직면하는 어려움들은 대체로 문화적 장애 이외에도 성격적 특성들(personality traits)과 언어에서 기인한다는 점에 주목하였다. 중국 학생들은 같은 교실의 미국인 학생들보다 더 얌전하고 조용하다. 그들은 도움을 요청하기보다는 자기 스스로 문제를 해결하려고 한다. 문화적 차이는 중국인 학생들에게 여전히 장애이며, 그들의 문화는 부지불식간에 그들이 도서관의 자원과 서비스를 원활하게 이용하는 것을 가로막는다. 게다가 중국인 학생들은 중국에서 도서관을 이용한 경험이 서로 다르다. 예를 들어, 중국에서 일부 도서관들은 아직도 카드 목록을 사용한다. 중국의 다른 여러 도서관에서 학생들은 컴퓨터를 이용하기 위해 비용을 지불해야 할 수도 있고, 데이터베이스와 전자 정보원들에 대해 제한적인 접근만 가능한 경우도 있다. 또한 중국 도서관들의 물리적 환경은 대체로 사람들이 붐벼서 학습하기에 좋은 조건이 아니다.

## 다양성 사서의 역할

도서관 분야의 선행 연구 조사를 통해, 대학도서관들이 다양한 인구집단에게 어떻게 서비스를 제공하였는지에 관련된 수많은 문헌들이 존재하고 있음을 알 수 있었다. 여기에는 다문화 또는 다양성 사서(diversity librarian)와 같은 전문적 지위의 정립, 특정 인종 출신자들을 위한 특화된 프로그램들, 그리고 다양한 배경의 이용자들에게 특별히 맞춰진 장서와 서비스의 개발과 유지 등에 관한 사례들이 포함되어 있었다. 선행 연구에서 발견된 공통점은 유사한 문화적 배경을 가진 다양한 사람들을 지원하는데 있어 다양성 사서들이 많은 장점을 가진다는 것이다.

키스 랜스(Keith Lance 2005)는 도서관들이 민족과 인종에 관계없이 모든 사람들을 환영하는 기관이 되고자 한다면, 사서와 기타 도서관 직원들의 인구 구성에 있어 다양성을 더욱 강화해야 한다고 언급하였다. 애드킨스와 에스피날(Adkins and Espinal 2004)은 사람들이 도서관에서 자신들을 반영하는 누군가를 찾을 수 없을 때, 그들은 사서에게 접근하지 않을 수 있다고 언급하였다. 이상적 환경에서, 학생들은 대학 캠퍼스 곳곳에서 “자신들을 반영하는 누군가”를 찾음으로써 많은 이득을 가지게 된다.

애드킨스와 에스피날(Adkins and Espinal 2004)에 따르면, 다양성 사서들은 자신들과 유사한 배경을 가진 사람들에게 더 나은 서비스를 제공하는 장점을 가지는데, 이는 그들의 서비스가 더 깊은 문화적, 언어적, 인종적 이해를 반영할 수 있기 때문이다. 지금은 도서관들이 대학 내에서 증가하고 있는 다양한 배경을 가진 사람들의 정보요구를 해결하고 이 인구들이 대학사회에 통합되도록 지원해야할 시점이다.

다양한 배경을 가진 사람들에게 서비스를 제공하는 도서관과 사서들은 누구이며, 어떠한 일을 하는가? 다음의 내용은 애팔라치안 주립대학교의 캠퍼스에 재학중인 중국인 학생과 아프리카계 미국인 학생의 정보요구 충족을 위해 대학도서관에 근무하는 2명의 다양성 사서들의 경험을 간략히 정리한 것이다.

## 애팔라치안 주립대학교 도서관

애팔라치안 주립대학교는 노스캐롤라이나 주립대학교 체제(University of North Carolian system)에 속한 16개 대학교 중의 하나로, 서부 노스캐롤라이나 지역의 블루 리지(Blue Ridge) 산맥에 위치해 있으며, 학사과정, 석사과정, 전문가 과정, 박사과정을 제공한다(Appalachian

State University 2012). 애팔라치안 주립대학교의 2011학년도 가을 재학생 데이터를 살펴보면, 총 17,344명이 재학 중인데, 그 중 1,750명이 소수자이다(Appalachian State University Institutional Research, Assessment, and Planning 2011-2012).

많은 공공 교육기관처럼, 애팔라치안 주립대학교도 교육 프로그램 설치, 지역사회 아웃리치, 교수 연구비, 장학금 프로그램 등을 통해 다양성 교육과 아웃리치에 대한 책무를 수행하고 있다(Appalachian State University 2012). 그러나 애팔라치안 주립대학교와 같이 백인이 압도적 다수인 교육기관에서 백인 학생들과 유사한 수준으로 소수자 학생 수를 유지하는 것은 어려운 과제이다. 러브(Love 2009)는 최근 연구들에 따르면, 도서관은 학생들의 학문적 성공과 성취에 있어 핵심적 역할을 수행하기 때문에 도서관이 소수자 학생 수 유지에 긍정적으로 영향을 줄 수 있다고 밝혔다.

애팔라치안 주립대학교 도서관은 다양성과 국제적 교육에 대한 책무를 오랫동안 지속해왔고 우리 대학이 글로벌한 인식과 역량을 가진 학생들을 육성하는 것을 지원하는 책무를 수행하고 있다. 우리 도서관의 다양성과 국제화에 대한 헌신과 노력은 '애팔라치안 주립대학교 도서관 2008-2013 전략계획'(*Appalachian State University Library 2008-2013 Strategic Plan*)에 잘 나타나 있다. 이 전략계획에는 "학생, 교수, 직원들에게 다양한 문화, 사람, 체계를 배울 수 있는 기회를 제공"하는 과제가 포함되어 있다. 이러한 책무는 다양한 배경을 가진 외국 유학생과 교수들을 위한 장서개발과 서비스의 개발, 그리고 전자 정보원에 대한 무제한적 접근 등을 통해 잘 구현되고 있다.

우리 도서관의 국제화와 다양성 확보를 위한 노력의 예를 들면 다음과 같다.

- 우리 도서관의 장서는 교수와 학생들의 국제적 관심을 반영한다. 2000년 이후에 입수된 도서의 4% 이상은 비영어 도서이거나 다른 언어 자료의 영어 번역서이다. 2천 종 이상의 전자저널들은 저널명에 국제 또는 글로벌이라는 단어를 포함하고 있으며, 800종 이상의 전자저널들은 저널명에 다음의 단어들 중 하나를 포함하고 있다.: 아프리카, 아시아, 호주, 브라질, 중국, 유럽, 일본, 러시아 스칸디나비아. 색인과 신문 데이터베이스와 같은 전자정보원들의 지역적 포괄범위도 국제적이다.
- 1998년에 출범한 우리 도서관의 다양성 위원회는 여러 활동들을 통해 교수들과 도서관 직원들의 다양성 인식 증진을 위해 열심히 노력해왔다. 다양성 위원회는 외국인 신입생과 교수들을 위한 도서관 오리엔테이션의 조직, 그리고 매년 봄에 개최되는 대학의 다양성 교육주간(the University Diversity Education Week) 동안 도서관 자료 전시 등에 있

어 핵심적인 역할을 수행해왔다. 다양성 위원회는 소수자, 저소득층, 이민자 자녀 학생들을 위한 대학 내 여러 프로그램들을 파악하고 있으며, 도서관 아웃리치와 서비스를 제공하기 위해 이 프로그램들과 협력하고 있다.

- 2007년 여름, 3명의 사서들은 '출입구 국제 프로그램 시리즈'(Doorways International Program Series)라고 불리는 국제적인 프로그램 시리즈를 만들었다. 우리 도서관은 국제적 관심사에 관한 일련의 프로그램들을 후원하고 있으며, 매년 5-6개의 프로그램을 개최한다. 이 프로그램의 목표는 대학 구성원들이 국제적인 사안들에 관한 자신의 연구와 지식을 공유할 수 있는 발표의 장을 제공하고, 국제 문제에 대한 자신들의 관심에 기초한 생산적 관계를 형성하는데 있다. 추가적인 목표는 우리 도서관이 외국 자료와 다양성 관련 자료들로 구성된 장서를 구축할 수 있도록 지원하는 것이다.

## 애팔라치안 주립대학교 도서관 다양성 사서들의 경험

### 샤오롱 샤오(Xiaorong Shao)

나는 영국의 대학교 1곳과 미국의 대학교 2곳에서 공부하였다. 중국 출신 외국인 학생으로서, 나는 미국 교육 체계 속에서 중국인 학생들이 직면하는 많은 어려움들을 경험해왔다. 서로 다른 교육 시스템 속에서 겪은 이러한 경험들은 내가 미국으로 유학 온 다른 학생들을 더 잘 이해하고 도울 수 있도록 만들었다. 나는 다양성과 국제 교육에 관한 교수 신분으로 2006년 애팔라치안 주립대학교에 왔다. 사서로써 나의 직업경력을 시작했기 때문에 외국에서 온 다양한 배경의 이용자들에게 봉사하는 것은 나의 연구 관심사이자 열정적 활동 중 하나이다.

나는 우리 대학의 외국인 학생 등록 및 관리 위원회, 그리고 도서관의 다양성 위원회에서 봉사하고 있다. 또한 나는 대학 차원 그리고 국가적, 국제적 차원에서 진행되는 많은 다양성 및 국제 교육 관련 사업들과 아웃리치 프로그램들에 참여하고 있다. 이 모든 참여를 통해, 나는 대학 행정당국과 여러 동료들로부터 다양한 배경을 가진 도서관 이용자들을 대상으로 한 봉사에 필요한 많은 자원과 지원을 제공받고 있다.

### 켈리 로즈 맥브라이드(Kelly Rhodes McBride)

나는 미국에서 백인이 압도적으로 많은 3개의 학교와 아프리카계 미국인을 위한 전통있는 고등교육기관 중 한 곳에 다녔다. 소수자 학생으로서, 나는 학교에서 도움을 주는 장소를 찾고, 위로를 받고, 다른 사람들과 연결하는데 있어 아프리카계 미국인 학생들이 직면하는 것과 같은 문제와 도전들을 많이 경험해왔다.

나는 소수자 사서로서 1997년에 애팔라치안 주립대학교에 왔는데, 우리 도서관이 교수 지위의 사서들(the library faculty) 사이에서 다양성 증진이라는 목표 달성을 지원하기 위해 채용되었다. 소수자 사서인 나의 직무에는 캠퍼스의 아프리카계 미국인 학생들을 대상으로 아웃리치를 제공하는 업무가 포함되어 있다. 사서로서의 나의 업무를 통해, 나는 교수와 직원들과도 상호작용을 하였지만 주로 아프리카계 미국인 학생들과 함께 일하는 것에 초점을 맞추기로 선택하였다. 나는 흑인 교수 및 직원 협의회(the Black Faculty and Staff Association)의 회장으로 봉사해왔고, 공식/비공식의 멘토링 프로그램에 참여해왔으며, 다양한 배경의 학생과 함께하는 대학 내 단체들의 지도교수를 맡아왔으며, 우리 대학의 다양성 장학금 위원회의 의장으로 봉사해왔다.

나는 우리 도서관에서 눈에 띄는 얼굴이기 때문에, 아프리카계 미국인 학생들은 나에게 찾아오는 것을 매우 편안하게 느끼며, 가끔 자료조사에 도움을 받기 위해서나 그냥 이야기를 나누기 위해 내 사무실로 찾아오곤 한다. 이 모든 상호작용을 통해 나는 학생들과 연결하여 아웃리치를 제공하며 우리 도서관의 프로그램과 서비스들에 대해 학생들을 교육을 제공하고 있다.

## 중국인 학생과 아프리카계 미국인 학생을 대상으로 한 노력들

중국인 학생들과 아프리카계 미국인 학생들을 대상으로 도서관 서비스들을 소개하기 위해 많은 전략들이 실행되었다.

1. **눈에 잘 띄고 접근할 수 있도록 노력하라.** 고등교육 이수는 학생과 학부모에게 있어 큰 투자이며, 중요한 결정이다. 학생들은 새로운 캠퍼스 문화에 적응하고, 새로운 학업 관련 기대치를 맞춰가는 방법을 배워야 하는 과도기에 직면한다. 만일 당신이 다양한 배경의 학생들이 쉽게 찾을 수 있도록 확고한 노력을 보여주고, 그들의 목소리를 듣고, 그들에게

도움과 조언을 기꺼이 해줄 용의가 있다면, 학생들은 당신을 자주 찾아오게 될 것이다. 우리 도서관의 경험을 보면, 이러한 상호작용은 대체로 도서관 이용에 관련된 맥락에서 이루어지지만 다른 영역에서도 생겨날 수도 있다. 우리는 학생들의 주택문제, 국경일 때의 식사제공, 그리고 학생들이 대화상대가 필요한 경우에도 학생들을 지원하고 있다.

2. **계획수립과 목표설정을 지원하라.** 경험이 많은 이용자 봉사 사서들로서, 우리들은 대학에서 계획수립과 목표설정이 중요하다는 것을 잘 알고 있다. 중국의 교육 체계와 자녀양육 방식은 청소년기에 의존성을 더 많이 증가시키는 경향이 있다. 이 학생들은 자신의 선생님과 부모가 자신에게 하라고 지시한 것만을 해왔다. 지금 그들은 갑자기 자신이 의사결정을 하고 독립적으로 살아야 하는 시스템에 직면해있다. 그들은 완전히 압도당할 수 있으며, 이것은 전혀 과장이 아니다. 사서는 그 학생들이 달성하고자 하는 것에 관한 계획수립과 목표설정을 도와주어 그들이 가야할 길을 알려줄 필요가 있다.
3. **차이를 인식하라.** 학생과 사서들 모두가 중국인 학생들과 아프리카계 미국인 학생들은 다른 나라 출신 유학생들을 포함한 여타의 학생들과 다르다는 점을 인식하는 것이 중요하다. 이 학생들은 학업 준비, 팀별 프로젝트 경험, 수업 토론, 도서관에서의 자료조사, 작문 기법 등에서 차이를 보인다. 학생과 사서들은 이 학생들이 대학 시스템에 적응하는 것을 도와 격차를 메우는 일을 함께 할 수 있다. 우리는 이러한 차이점들에 대해 학생들과 논의하고, 그들이 경험하는 과도기동안의 어려운 과제들을 극복하기 위해 무엇을 어떻게 해야 할 지 이야기하는 것이 중요함을 알게 되었다.
4. **도서관 서비스들을 홍보하고 장려하라.** 학생들이 도서관 서비스와 프로그램들에 대해 잘 알게 하고, 이 서비스들을 이용하도록 만드는 것이 중요하다. 이용자 서비스 담당 사서인, 우리들은 도서관 이용교육을 제공하고, 이용자 서비스 데스크에서 일하며, 조사 연구 상담에 참여하였다. 학생들은 이 서비스들이 자신들을 돕기 위해 있다는 것을 알아야 한다. 우리는 학생들이 도움 요청을 꺼려하는 것을 이겨내고, 도움 요청이 자신의 부족함을 인정하는 것이라고 생각하지 않기를 바란다. 우리는 학생들이 사서의 도움이 필요한 상황에 처하는 것은 자연스러운 일이라는 생각을 이 학생들에게 심어주기 위해 아웃리치와 도서관 서비스 홍보를 실시하였다. 여기에 대해 중국인 학생들이 특별히 관심을 가지고 있는데, 이는 그들이 미국의 대학도서관에서 참고봉사와 도서관 이용교육 프로그램을 제공한다는 사실을 잘 모르기 때문이다. 왜냐하면 중국의 도서관들은 대부분 눈에 잘 띄는 참고 데스크를 가지고 있지 않거나 도서관 이용자 교육 프로그램을 잘 제공하지 않았기 때문이다.

5. **조사 과정에 집중하라.** 이 학생들이 미국 고등교육 시스템이 어떻게 운영되는지, 그리고 이 환경에서 성공하기 위해 무엇을 해야 하는지에 대해 생각하게 되는 시점에, 그들에게 도서관의 서비스와 정보자원들을 소개하는 것은 훨씬 수월한 일이 된다. 중국인 학생들을 위해 나는 그들의 과제, 특히 그들의 첫 논술 과제를 도와주기 위해 노력해왔다. 예를 들어, 2011학년 가을 학기 첫 주 동안, 2명의 중국인 대학원생들이 도서관 자료조사와 5페이지짜리 논술 과제 작성을 도와달라고 요청하였다. 나는 자료 검색, 학생들의 아이디어 조합, 자료 인용 등을 도와주었다. 또한 초고를 교정하는 것도 도와주었다.
6. **언어 선택.** 언어는 중국인 학생들에게 여전히 큰 장벽이다. 가끔, 나는 중국인 학생들의 이해력을 향상시키기 위해 말하는 속도를 조절한다. 그리고 나는 그 학생들의 선호도와 영어 수준을 고려해서 영어나 중국어 또는 두 언어 모두를 사용해 말한다. 새로 입학하는 중국인 학생들이 증가함에 따라(학기당 5-8명), 우리는 그들에게 도서관 견학과 도서관 정보자원에 대한 소개를 중국어로 제공할 예정이다. 향후 우리는 이 학생들의 이해를 증진시키기 위해 도서관 정보자원과 서비스에 대한 핵심 정보를 이중 언어 방식으로 번역할 제공을 가지고 있다.
7. **캠퍼스 전반의 네트워크.** 캠퍼스 전체에서 다양한 배경의 학생들을 도울 수 있는 교수, 직원, 학생들을 파악하는 것은 그 학생들을 지속적으로 지원하는데 있어 중요한 단계이다. 우리 대학은 다양성 확보를 계속 추진하기 때문에 더 많은 자원들이 필요하다. 대학 내의 부서, 지원 서비스, 활동, 프로그램들 중에서 다양한 배경의 학생들에게 도움을 줄 수 있는 것들을 파악하고, 그것들과 다양한 배경의 학생들과 연결시키는 것은 매우 중요하다. 왜냐하면, 도서관과 사서들이 혼자서 모든 일을 할 수 없기 때문이다.
8. **다른 담당 업무들과 균형을 유지하라.** 다양한 배경을 가진 학생들에 관한 업무와 다른 담당 업무들과 사이의 균형을 맞추어야 한다. 우리는 다양성 업무만을 맡고 있는 것이 아니기 때문에 우리의 모든 담당 업무를 수행하는데 필요한 시간과 동기부여를 확보하기 어려울 수 있다. 교수 지위의 사서로서, 우리들은 교육, 연구, 봉사의 영역에서 책임성을 가지고 있다. 우리들은 가끔씩 다양한 배경을 가진 학생들과 관련된 업무가 우리의 다른 업무들에 추가된 것으로 느끼는 경우가 있다. 이 업무를 우리가 어떻게 처리할 수 있을까? 다행히도 우리 도서관의 경우, 도서관 책임자들이 다양한 배경의 학생들과 관련된 업무를 잘 이해하고 지원하고 있다. 그러나 이 업무와 다른 담당 업무들 사이의 균형을 잘 유지하는 것은 결국 우리 스스로의 책임이다.

9. **장서.** 도서관의 장서는 다양성에 대한 대학의 책임성을 반영하고 지원해야 한다. 도서관은 소수자와 외국인 유학생들이 언어와 문화를 학습하는데 도움이 되는 장서를 구입하는 한편, 모든 이용자를 위한 장서의 한 부분으로써 도서관 장서의 범위를 확장시키는 민족 전통적인 여가 독서 자료들(ethnic leisure reading materials)을 제공하는 방법으로 그 목표를 달성할 수 있다. 우리는 중국인과 아프리카계 미국인 학생, 직원, 교수들의 요구를 반영하는 장서를 구축하기 위해 계속 노력하고 있다.

## 결론

다양한 배경의 사람들에게 서비스를 제공하는 것은 도서관 내 다양성 담당 사서만의 책임이 되어서는 곤란하며, 대학 커뮤니티의 모든 구성원에게 최고의 서비스를 제공해야 하는 모든 사서들의 책무 중 일부가 되어야 한다. 굴라티(Gulati 2010, 289)는 도서관의 힘은 장서의 다양성과 모든 사람에게 봉사하는 책임성에서 비롯된다고 주장하였다. 사서들은 증가하는 다문화 이용자들을 위해 서비스를 제공하는 어려운 과제들을 해결하기 위해 노력하기 때문에 우리가 개개의 그리고 모든 이용자의 요구들을 파악하고 그들 모두가 도서관에서 환영받고 소속감을 느낄 수 있게 만드는 것이 중요하다.

외국인 이용자와 다양한 배경을 가진 이용자들에게 봉사하기 위해서는 헌신, 책임, 열정을 필요로 하며, 이것은 항상 쉬운 일이 아니다. 하지만 이 학생들이 우리의 대학 문화에 성공적으로 적응하는 모습을 본다면, 이는 엄청난 보상이 될 것이다.

## 참고문헌

Adkins, Dennis, and Isabel Espinal. 2005. "The Diversity Mandate." *Library Journal* 129(7): 52-54.

Appalachian State University. 2012. "About Appalachian." http://www.appstate.edu/about/ (accessed December 15, 2011).

Appalachian State University. Institutional Research, Assessment, and Planning. 2011-2012. *Fact Book*. http://irap.appstate.edu/fact-book/2011-2012-fact-book(accessed January 23, 2012).

Ardis, Susan. 2002. "An Idea from the Field-21st Century Service to all Users. IATUL *Proceedings,* 12.
http://veweb.hwwilsonweb.com/hww/results/results_single_fulltext.jhtml (accessed January 26, 2012).

Gulati, Anjali. 2010. "Diversity in Librarianship : The United State perspectives." *IFLA* 36(June): 288-93. doi:10.1177/0340032510388244 (accessed January 19, 2012.)

Institute of International Education (IIE). 2011. "International Student Enrollment Increased by 5 Percent in 2010/11, Led by Strong Increase in Students from China." *Open Doors Report* 2011.
http://www.iie.org/en/Who-We-Are/News-and-Events/Press-Center/Press-Releases/2011/2011-11-14-Open-Doors-International-Students (accessed January 4, 2012).

Johnson, Megan, Weihua Shi, and Xiaorong Shao, 2010. "Exploring Library Service Models at Fudan University and Appalachian State University: Experiences from an International Librarian Exchange Program." *International Information and Library Review* 42(3): 186-94.

Lance, Keith Curry. 2005. "Racial and Ethnic Diversity of U.S. Library Workers." *American Libraries* 36(5): 41-43.

Liu, Guoying, and Danielle Winn. 2009. "Chinese Graduate Students and the Canadian Academic Library: A User Study at the University of Windsor." *Journal of Academic Librarianship* 35(6): 565-73.

Love, Emily. 2009. "A Simple Step: Integraring Library Reference and Instruction into Previously Established Academic Programs for Minority Students." *The Reference Librarian* 50, 4-13.

Strayhorn, Terrell L., and Melvin C. Terrell, eds. 2010. *The Evolving challenges of Black Colleges Students: New Insights for Practice and Research.* Sterling, VA: Stylus.

U.S. Census Bureau. "Overview of Race and Hispanic Origin: 2010."
http://www.census.gov/prod/cen2010/briefs/c2010br-02.pdf (accessed January 22, 2010).

Wang, Belle Xinfeng. 2006. "Academic Library Services to Chinese International Students in New Zealand." Master's thesis, Victoria University of Wellington, New Zealand.

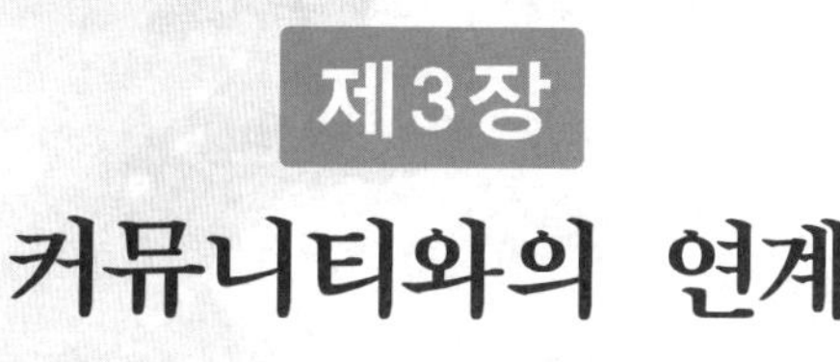

# 제3장 커뮤니티와의 연계

Community Connections

**제14절** 커뮤니티가 자기를 대변한다.

**제15절** 다문화 청소년, 더 나아가 그 가족들과 연결하기

**제16절** "나는 교양인이다!"

**제17절** 사진 소설과 만화책

**제18절** 만화 소설을 통해 다가가기

# 커뮤니티가 자기를 대변한다

## 라브리올라 국립 미국 원주민 데이터 센터의 원주민 강연자들

조이스 마틴

라브리올라 국립 미국 원주민 데이터 센터(the Labriola National American Indian Data Center, 이하 라브리올라 센터)는 애리조나 주립대학교(Arizona State University, 이하 ASU)의 기록물 및 특수 장서과(Department of Archives and Special Collections) 내 7개의 특수 장서 중 하나이며, 미국 원주민 장서에 전념하는 공립 대학교 도서관 내 유일한 자료보존관이다. ASU의 여러 학과에서 미국 원주민 문제에 관해 연구하는 학생과 교수들은 라브리올라 센터의 고유한 1차 자료와 2차 자료를 이용하고 있다. 하지만 라브리올라 센터는 이용자 폭을 더욱 확대하기 위해 항상 노력하고 있다.

라브리올라 센터는 대학 내 그리고 지역사회의 미국 원주민 단체들과 강력한 협력관계를 가지고 있다. 이러한 핵심 파트너들의 도움으로 라브리올라 센터는 센터 안에서 원주민 강연 시리즈, 시 낭송, 전국 규모의 도서상(national book award) 발표 등을 포함하는 정기적인 아웃리치 행사들을 주최함으로써 ASU 내부와 광역 피닉스(Phoenix) 권역에 있는 미국 원주민 커뮤니티에 다가서고 있다. 라브리올라 센터의 아웃리치 활동 노력으로 인해, 저명한 미국 원주민 출신 저자, 학자, 예술가, 법률가들이 강연을 하기 위해 우리 도서관에 방문하였다.

라브리올라 센터는 프랭크 라브리올라와 메리 라브리올라(Frank and Mary Labriola)의 기부로 1993년 4월 1일에 개관하였다. 1973년 라브리올라 부부는 길라 강(Gila River) 유역에 위치한 '피마 알루미늄 회사'(Pima Aluminum Company)를 창업하였다. 이 부부는 길라 강 원주민 커뮤니티와 다양한 원주민 부족 구성원들과 함께 일하면서 긍정적인 경험을 하게 되었는데,

오랜 시간동안 그 부부가 알아온 원주민 개개인들에 대한 "우정과 존경의 표현"으로 라브리올라 센터를 설립하게 되었다. 이 부부는 기증 명판(plaque) 위에 "라브리올라 센터가 모든 미국 원주민들을 위한 교육과 자부심의 원천이 되는 것이 우리들의 소망입니다."라고 새겨 넣었다.

라브리올라 센터는 미국 원주민 관련 관심사에 초점을 맞춘 최고수준의 연구 장서를 보유하고 있을 뿐만 아니라 상호작용적 공유 학습(interactive shared learning)을 위한 장소가 되기 위해 노력하고 있다. 데본 미히슈아(Devon Abbot Mihesuah)와 안젤라 윌슨(Angela Cavender Wilson)의 저서인 〈Indigenizing the Academy〉에 나오는 말을 빌자면, 라브리올라 센터는 "원주민의 가치와 지식이 존중받는 장소"가 되고자 하는 포부를 가지고 있다(Mihesuah and Wilson 2004, 2). 라브리올라 센터는 이러한 목적을 달성하고 라브리올라 부부가 정한 사명을 이행하고자, 다양한 직업과 전문분야에 종사하는 원주민 강연자들이 출연하는 연중 정기적 아웃리치 행사를 주최하고 있다. 라브리올라 센터의 모든 행사는 무료이며 모든 시민에게 개방된다. 라브리올라 센터는 행사 참여자와 강연자 사이의 상호작용을 촉진하는 매력적인 장소이다.

라브리올라 센터는 ASU 도서관의 기록물 및 특수 장서과 내의 7개 서고 중 하나이며, ASU의 사회과학도서관인 헤이든 도서관(Hayden Library) 2층에 라브리올라 센터 소속의 독특한 열람실을 가지고 있다. 이 열람실은 아름답고 친밀감 있는 공간이며, 강의실 방식으로 배치할 경우 45-50명의 이용자를 수용할 수 있다. 일반적인 강의실이나 강당 형식의 공간에서 개최되는 행사들과 비교했을 때, 라브리올라 센터의 열람실은 작은 인원을 수용하기 때문에 강연자와 청중 사이의 진정한 의견 교환을 촉진할 수 있다.

이 열람실 바로 옆에는 라브리올라 센터의 큐레이터가 미국 원주민학과(American Indian Studies) 수업을 듣는 학생들과 수업의 일부로 원주민 지식을 조사하는 ASU 내 다른 여러 학과에 소속된 학생들을 위해 서지 교육을 제공할 수 있도록 크기 조절이 가능한 강의실로 활용되는 작은 방이 있다. 아웃리치 행사 동안 라브리올라 센터의 직원들은 이 강의실을 다과를 위한 공간으로 변경시켜 사람들이 어울려 대화할 수 있도록 한다. 이 강의실의 규모와 배치는 강연자와 청중이 함께 모여 생각을 공유하고, 그들의 직업, 경험, 연구, 글 등에 대해 대화하는데 도움을 준다.

라브리올라 센터는 세 가지 방식으로 정기적인 아웃리치 행사들을 진행하는데, 이 행사에 원주민 커뮤니티 출신의 강연자들을 초청하여 라브리올라 센터 이용자들과 토론을 통해 지적 교류에 참여할 수 있도록 한다. 첫 번째 아웃리치 행사는 미국 원주민학과가 주최하고 ASU에서 개최되는 미국 원주민학회(American Indian Studies Association, 이하 AISA) 학술대회와 함께 매년 진행되는 시(또는 단편 소설) 낭송 행사이다. 이 행사의 강연자들은 ASU 캠퍼스 출신의 저명한 원주민 저자들이다. 두 번째 아웃리치 행사는 원주민 영토, 문화, 커뮤니티에 대한 사이먼 오티즈[1] / 라브리올라 센터 강좌(The Simon Ortiz and Labriola Center Lecture on Indigenous Land, Culture, and Community)이다. 세 번째 아웃리치 행사는 라브리올라 센터 전미 원주민 도서상(Labriola Center American Indian National Book Award) 심사위원과 수상 작가의 인터뷰이다.

## 시 낭송 - 한 학과와의 협력

매년 2월 라브리올라 센터의 큐레이터는 ASU 캠퍼스에서 개최되는 AISA 학술대회와 함께 진행되는 시 낭송과 환영 연회를 조직한다. ASU의 미국 원주민학과는 AISA 학술대회를 후원하고 있으며, 2006년부터 라브리올라 센터가 환영 연회와 시(또는 단편 소설) 낭송 행사를 주최하도록 초청해왔다.

라브리올라 센터에서 진행되는 시 낭송 행사는 새로운 이용자들을 모으는 좋은 방법인데, 그 이유는 ASU에서 개최되는 학술대회에 참여하기 위해 미국 전역에서 온 미국 원주민학과 교수들과 대학원생들을 환영 연회와 시 낭송 행사를 통해 우리 도서관으로 오도록 만들기 때문이다. 학술대회는 보통 학생회관인 '메모리얼 유니언'(Memorial Union)에서 개최되는 반면, 연회와 시 낭송 행사는 라브리올라 센터가 있는 헤이든 도서관에서 개최된다. 시 낭송에 참석한 학술대회 참가자들은 종종 장래의 라브리올라 센터 고객이 되는데, 그들은 학술대회 종료 후 우리 도서관의 정보자원들을 살펴보기 위해 시간을 보낸다.

ASU의 영문학과, 그리고/또는 미국 원주민학과의 교수와 대학원생들은 라브리올라 센터의 열람실에 가득한 사람들을 대상으로 낭송을 하는데, 그들의 낭송으로 인해 이 아웃리치 행사는 감정적으로 변화가 생기고 진지하게 생각하게 되는 행사가 된다. ASU의 미국 원주민학과는 AISA 학술대회를 세계의 미국 원주민학 연구자들과 관심있는 지역사회 주민들에게 홍보하는 데에 큰 역할을 수행한다. 이 전국적인 학술대회와 ASU의 미국 원주민학과, 그리고 라브리올라 센터 사이의 연계는 ASU를 넘어 이용자층을 미국 원주민학 연구자들과 애리조나와 그 외 지역의 주민들에까지 확장시킴으로써 라브리올라 센터에게 많은 이득을 가져다준다.

1) 유명한 미국 원주민 출신의 작가이다.(역자 주)

## 강연 시리즈 - 학과 및 지역사회 파트너들과의 협력

2008년에 라브리올라 센터는 미국 원주민학과, 영문학과, 미국 원주민 정책 연구소, 역사/철학/종교학부의 역사학 전공 교수진, 법과대학의 원주민 법률 프로그램, 사회변동학부(School of Social Transformation)의 여성과 젠더학과(Women and Gender Studies), 허드 박물관(Heard Museum) 등과 협력하여 '원주민 영토, 문화, 커뮤니티에 대한 사이먼 오티즈 / 라브리올라 센터 강좌(이하 사이먼 오티즈 / 라브리올라 센터 강좌)'를 공동으로 주최하였다. 이 강좌는 "예술, 인문학, 과학, 정치학 등의 학문에 걸쳐 여러 주제와 이슈들을 다룬다. 미국 원주민의 경험과 관점을 강조하는 이 강좌 시리즈는 포괄적인 원주민적 세계관에서 비롯되고 사회 각층에 적용될 수 있는 지식을 창출하고 기념하고자 한다."(Arizona State University 2008)

사이먼 오티즈 / 라브리올라 센터 강좌는 1년에 2차례, 3월과 10월에 개최된다. 이 강좌 시리즈는 다양한 분야에서 활동하는 저명한 원주민 출신 지식인들을 초청하여 ASU와 허드 박물관에서 강연을 진행한다. 허드 박물관은 애리조나주 피닉스의 중심에 위치하고 있으며, 미국 원주민 예술과 문화에 관해 세계적 수준의 명성을 가진 박물관이다. 허드 박물관이 애리조나주의 미국 원주민 부족들과 연계를 가진 덕분에 라브리올라 센터는 더 많은 이용자들과 연결될 수 있다.

허드 박물관은 미국 원주민 대중매체들과 연계를 가지고 있는데, 이 매체들은 허드 박물관의 행사를 홍보한다. 또한 허드 박물관이 가진 강력한 자원봉사와 기부 프로그램의 회원들은 관심 있는 청중들에게 다가올 아웃리치 행사에 대해 구전 홍보로 지원한다. 허드 박물관은 자체 강당에서 격식을 갖춘 강좌를 개최하는 반면, 라브리올라 센터는 강연 당일 조금 일찍 해당 강연자가 참여한 가운데 좀 더 친숙한 모임을 개최한다.

사실, 사이먼 오티즈 / 라브리올라 센터 강좌에 초청된 강연자들은 하루 종일 여러 활동에 참여한다. 알린다 로클리어(Alinda Locklear)의 방문을 사례로 설명하고자 한다. 2011년 10월 6일 강연자로 초청된 노스캐롤라이나 지역의 북미 원주민 '럼비'(Lumbee) 부족 출신의 변호사인 알린다 로클리어는 '오나이더'(Oneida) 부족의 토지 소유권 소송의 역사에 대해 강연을 하기 위해 피닉스 지역으로 왔다. 그날 오전 로클리어는 라브리올라 센터에서 그녀의 변호사 경력에 대해 강연하였다. 그날 오후에는 ASU 법과대학 건물에서 강연을 실시하였는데, 청중인 법대 학생, 미국 원주민학과 학생, ASU 교수와 직원들로부터 받은 연방 원주민 법률에 대한 질문에 대해 답변하였다. 공식 강연은 그날 밤에 허드 박물관에서 진행되었는데, 로클리어는 변호사들이 미국 원주민 부족들을 대신해 부족의 토지 소유권 소송에서 소유권을 주장하기 위해 '발견주의 원칙'(the doctrine of discovery)[2] 또는 연방 관습법을 어떻게 활용하는지에 대해 강연하였다. 로클리어는 뉴욕 주 정부가 오나이더 부족 영토를 획득하기 위해 공격적인 활동을 시작한 1784년부터 현재에 이르기까지의 오나이더 부족 토지 소유권 소송의 역사에 대해 정리하여 제시하였다. 허드 박물관에서 진행되는 강좌에 참석한 청중들은 대체로 많은 편이고 구성도 다양한데, 여기에는 원주민과 비 원주민 커뮤니티 구성원들과 ASU의 학생과 교수 등도 포함된다. 이와 같은 아웃리치 행사는 피닉스 지역에 거주하는 관심있는 사람들이 라브리올라 센터에 대해 알게 되고, 미래의 고객이 되는 훌륭한 방법이다.

사이먼 오티즈 / 라브리올라 센터 강좌가 라브리올라 센터 고객 수 증가에 기여하는 또 다른 방법은 강좌 시리즈에 대한 강력한 웹사이트의 구축이다. ASU 영문학과가 이 강좌 시리즈를 홍보하는 웹페이지를 운영한다. ASU 도서관은 허드 박물관에서 진행되는 이 강좌들을 녹화하여 ASU 도서관 웹사이트와 유투브 사이트에 지난 모든 강좌의 동영상 자료들을 게재한다. 이 강좌는 DVD로 제작되어 라브리올라 센터 장서로 소장되며, 하이든 도서관에도 소장된다.

이 강좌 시리즈를 시작한 2008년 이후 라브리올라 센터는 '블랙풋'(Blackfoot) 부족 출신의 리로이 리틀 베어(Leroy Little Bear) 교수와 '체로키'(Cherokee) 부족 출신의 윌마 맨킬러(Wilma Mankiller)와 같은 저명한 지성인들을 초대하였다. 2011년에 현 시드 대학원(SEED Graduate Institute)의 원장이자 전 하버드 대학교의 미국 원주민학 전공 주임 및 레스브리지 대학교 원주민학과 명예교수인 리틀 베어 교수는 그 자신이 "원주민 과학"으로 부르는 것과 "서구 과학"간의 협력을 위한 잠재력에 대해 강연하였다. 리틀 베어 교수는 원주민 사고의 원리에 대해 설명하고, 그것을 서구 패러다임과 비교하고 수학적 표현(language of math)에 의존하지 않으면서 원주민 언어가 어떻게 자연 현상을 설명하는지에 대해 강연하였다. 또한 그는 원주민적 사고와 끈이론(string theory)[3] 사이의 협력이 잠재적으로 물리학의 '대통일이론'(Grand Unified Theory)[4]을 어떻게 완성시킬 수 있는지에 대해 설명하였다(Little Bear 2011). 라브리올라 센터는 또한 전 체로키 부족(the Cherokee Nation)의 부족장이자 국제적으로 저명한 원주민 권리 행동가 윌마 맨킬러를 2008년 10월에 초청하였다. 맨킬러의 강연은 "21세기와 토착민들의 과제"라는 주제로 진행되었는데, 그녀는 오늘날 토착민들 사이의 광범한 다양성과 자연계 보호와 관련된 토착민들의 책무에 대해 강연하였다(Mankiller 2008).

---

2) 서구 국가들의 아메리카 신대륙 점령의 법적 근거로, 여기에 근거하여 유럽인들은 자신들이 신대륙을 발견한 것이므로 원주민들은 신대륙의 소유권을 주장할 수 없다는 논리이다.(네이버 참조, 역자 주)

3) 만물의 최소 단위가 점 입자가 아니라 '진동하는 끈'이라는 물리학 이론(네이버 참조, 역자 주)

4) 자연계에 존재하는 네 가지 힘 중에서 중력을 제외한 세 가지(전자기력, 강한 핵력, 약한 핵력)를 통일한 이론(네이버 참조, 역자 주)

라브리올라 센터는 사이먼 오티즈 / 라브리올라 센터 강좌에 참여하여 다양한 원주민 강연자들을 초청함으로써 커뮤니티 구성원들에게 라브리올라 센터의 자원들에 대한 인식을 증진시키는 효과를 가져왔다.

## 도서상 - 개인들과의 협력

당신이 속한 커뮤니티 출신의 강연자들을 불러모으는 또 다른 방법은 당신이 목표로 하는 커뮤니티 출신의 저자들을 위한 도서상(book award)을 후원하는 것이다. 4년 전, ASU의 역사/철학/종교학부 소속인 미국 원주민 역사학자 도날드 픽시코(Donald Fixico) 박사는 라브리올라 센터의 큐레이터와 연락하여 당대의 미국 원주민 관련 관심사들에 대해 저술한 저자들의 공로를 인정하기 위한 도서상 제정의 아이디어를 제공하였다. 라브리올라 센터는 도서상 제정과 후원에 관한 아이디어에 흔쾌히 동의하였다.

그 결과로 제정된 '라브리올라 센터 전미 원주민 도서상'(Labriola Center American Indian National Book Award)은 다양한 학문분야에서 당대의 북미 원주민 커뮤니티에 관한 학술활동, 특히 현대 부족 연구, 현대 전기(biographies), 부족 지도부 또는 연방정부의 원주민 정책에 관한 학술활동을 장려하고 있다. 라브리올라 센터는 미국 원주민학 분야에 강점을 가진 여러 출판사들에게 후보자 추천을 요청하고 있다. 심사위원은 역사/철학/종교학부의 도날드 픽시코 박사와 캐서린 오스본(Katherine Osburn) 박사, 그리고 미국 원주민학과의 데이비드 마르티네즈(David Martinez) 박사로 구성되었다.

도서상 수상자는 수상 및 저서에 대한 강연을 위해 라브리올라 센터로 초청된다. 심사위원회는 수상자와 비공식 면담을 수행한다. 수상식에는 ASU 학생과 교수, 그리고 커뮤니티 구성원들이 참여한다. 수상식은 ASU의 공식 행사 일정에 포함되며 ASU의 매체들을 통해 홍보된다. 이미 교내 매제인 'ASU News'는 라브리올라 센터 전미 원주민 도서상에 대해 2번의 특집기사를 게재하였다.

*'ASU News'*의 기자 쥬디스 스미스(Judith Smith)는 2010년 수상자인 *'Lumbee Indians in the Jim Crow South: Race, Identity, and the Making of a Nation'*의 저자이자 노스캐롤라이나 주립대학교 역사학과 조교수인 말린다 로워리(Malinda Lowery)와 2011년 수상자인 *'Federal Fathers and Mothers: A Social History of the United States Indian Service, 1869-1933'*의 저자이자 뉴 멕시코 대학교(the University of New Mexico) 역사학과 조교수인

캐서린 케이힐(Katherine Kahill)에 대해 기사를 썼다.

이들 외에 라브리올라 센터 전미 원주민 도서상 수상자에는 *'Native Activism in Cold War America: The Struggle for Sovereignty'*의 저자인 다니엘 콥(Daniel Cobb) 박사와 *'Serving Their Country: American Indian Politics and Patriotism in the Twentieth Century'*의 저자인 빌라노바 대학교 역사학과 부교수인 폴 로지어(Paul Rosier) 박사 등이 포함되어 있다.

도서상 수상작의 출판사들은 자사의 웹사이트와 인쇄된 출판물 목록에 라브리올라 센터 전미 원주민 도서상 수상작이라고 표시하면서 이 수상작들을 신속히 홍보하였다. 이는 우리 센터에 대한 인식을 증진시키는 중요한 방법이라 할 수 있다.

## 결론 - 이 아웃리치 기법들을 당신의 도서관에서 활용하는 방법

시 낭송 주최, 강좌 시리즈 개최, 도서상 제정 등과 같은 일들이 비용이 많이 들거나 실행하기 어려운 것으로 생각될 수 있는데, 반드시 이렇게 할 필요는 없다. 모든 도서관과 자료실들은 자신의 도서관에 적당한 규모를 가진 유사한 여러 행사에 참여할 수 있다. 라브리올라 센터는 비록 큰 도서관 내에 위치해 있지만 전임직원은 1명뿐이다. 열심히 헌신적으로 일하는 나머지 직원들은 인턴, 자원봉사자, 근로학생들이다. 이런 유형의 아웃리치 행사를 성공적으로 수행하기 위해서 반드시 많은 직원이 필요한 것은 아니다.

진정으로 당신에게 필요한 것은 좋은 협력자들이다. 당신이 대학도서관에 소속되어 있다면 이 협력자들은 학과가 될 수 있고, 공공도서관에 소속되어 있다면 지역의 역사학회나 박물관이 될 수 있다. 당신이 속한 지역 내에서 지역 박물관이나 역사학회와 같이 아웃리치 행사를 공동으로 후원할 협력자를 찾는 것은 당신의 고객 범위를 확장할 수 있는 좋은 방법이다.

사이먼 오티즈 / 라브리올라 센터 강좌에서 보듯이, 당신의 협력자들은 대학 내 학과와 지역사회 모두가 될 수 있다. 그리고 라브리올라 센터 전미 원주민 도서상에서 보는 것처럼, 초기의 핵심 협력자는 한 명의 개인일 수도 있다.

예산이 빡빡한 요즘 같은 시기에 돈은 항상 중요 관심사다. 하지만 라브리올라 센터의 모든 아웃리치 행사 예산은 가장 돈이 많이 들어가는 다과를 포함하더라도 대체로 감당할 수 있는 수준이었다. 당신이 속한 도서관의 예산 범위를 충족할 수 있도록 행사규모를 조정한다면, 행사 비용은 감당할 수 있을 것이다. 그리고 아웃리치 행사를 조직할 때 협력자가 많을수록 행사 비용은 감당하는 것이 더욱 수월해진다는 사실을 명심해야 한다. 라브리올라 센터는 사이먼 오티즈 / 라브리올라 센터 강좌와 같이 대규모 행사를 위해 8개의 협력기관들을 확보하여 업무량과 비용을 넓게 분산시킬 수 있었다.

만일 당신의 도서관에서 아웃리치 행사를 준비한다면 계획시점에 협력자들을 적극적으로 발굴할 필요가 있다. 그렇지만 나는 협력이 예상하지 못한 경우에도 이루어질 수 있음을 알게 되었고, 박물관, 도서관, 기록관, 그리고 그 외의 분야에 속한 동료들과 대화할 때 새로운 아이디어에 대해 열린 자세를 가지는 것이 매우 중요함을 알게 되었다. 어떤 아이디어에 대한 대화에서 긍정적이고 열린 자세를 가진다면 큰 협력 프로젝트가 이루어질 수 있을 것이다.

당신이 가진 자원들이 이미 너무 부족하다는 주위의 조심스러운 목소리 때문에 단념하지 말아야 한다. 잠재적인 협력에 대한 대화가 참여에 대한 동의는 아니다. 제안된 프로젝트가 당신이 속한 도서관에서 실행가능한지 결정하기 위해 대화하거나 초기 모임을 가지는 것은 전혀 문제가 되지 않는다. 비록 처음 제안된 프로젝트가 성과로 이어지지 않을 수 있지만, 이미 당신은 소속 도서관이 미래의 행사를 성공적으로 진행할 수 있도록 도움을 줄 수 있는 연결 체계를 만들었다. 이와 같은 도서관 아웃리치 행사들은 당신의 도서관이 새로운 이용자들과 연결되도록 도와줄 수 있다.

모든 도서관들은 전체 커뮤니티의 요구에 대해 봉사하기를 희망한다. 커뮤니티 구성원들이 자신의 이야기를 말하고 지식 창출에 참여할 기회를 향유함으로써, 그 도서관을 자신의 도서관으로 만드는 기회를 가지는 것이 중요하다. 라브리올라 센터는 이용자에게 다가가기 위한 중요한 단계는 우리 도서관이 토착민 커뮤니티 스스로 자신의 생각을 말하는 장소가 되는 것이라고 굳게 믿고 있다. 라브리올라 센터는 다양한 전문직 출신의 원주민 강사들이 등장하는 정기적인 아웃리치 행사들을 주최함으로써 앞으로도 계속 새로운 고객들에게 다가가 공동체 의식을 함양시킬 계획이다.

## 참고문헌

Arizona State University. 2008. "The Simon Ortiz and Labriola Center Lecture on indigenous Land, Culture, and Community." Last modified April 2012. http://english.clas.asu.edu/indigenous/.

Labriola, Frank. 1993. "Dedication Plaque and Reading Room, Labriola National American

Indian Data Center." (LAB FILM S21:1—3). Labriola National American Indian Data Center. Department of Archives and Special Collections. University Libraries. Arizona State University, Tempe, Arizona.

Little Bear, Leroy. 2011. "Native Science and Western Science: Possibilities for a Powerful Collaboration." Lecture, Heard Museum, March 24.

Locklear, Arlinda. 2011. "Tribal Land Claims: A Generation of Federal Indian Law on the Edge." Lecture, Heard Museum, October 6.

Mihesuah, Devon A., and Angela Cavender Wilson. 2004. *Indigenizing the Academy: Transforming Scholarship and Empowering Communities*. Lincoln: University of Nebraska Press.

제 15절

# 다문화 청소년, 더 나아가 그 가족들과 연결하기

애쉴리 안사

우리 지역사회에 있는 이민자 가족들의 공공도서관 이용을 권장하기 위한 가장 효과적인 방법들 중 하나는 지역의 중학교(6~8학년) 영어 학습자(English Language Learner, 이하 ELL) 교실에 접근하는 것이다. 아이오와(Iowa) 주 디모인 공공도서관 시스템(Des Moines Public Library system)을 통해 문화적으로 다양성을 가진 2개의 주민집단들에게 서비스를 제공하고 있는 청소년 전문가로서의 나의 책무는 12~18세 학생들의 요구에 적합한 프로그램을 개발하는 것이다. 인류학과 국제학을 공부한 배경을 가지고 있고 영어와 스페인어를 능숙하게 사용하는 나는 우리 도서관에서 다문화 이용자들을 환영하는 환경 창출 업무에도 참여해왔다.

내가 이 도서관에서 근무하기 시작할 때, 우리 도서관의 다문화 아웃리치 서비스의 대부분은 도서관 내에서만 진행되었는데, 사실 이는 필요한 첫 번째 단계라 할 수 있다. 우리는 커뮤니티의 주요 언어로 다문화 장서를 위한 안내표지를 만들었고, 우리 도서관의 정책들에 관한 소책자를 지역에서 가장 많이 사용되는 스페인어와 베트남어로 번역하였다. 또한 외국어 자료 선정에 도움을 주는 이용자들과 관계를 형성하였다. 이와 같은 활동에 앞서 우리 도서관은 수년 동안 지역의 커뮤니티 칼리지와의 협력관계를 통해 성인을 위한 ELL 수업을 개설하였지만, 우리 지역의 이민자 커뮤니티로부터 새로운 고객을 충분히 창출하지 못하였다.

나는 우리 지역의 이민자 고객들로부터 "책값은 얼마인가요? 왜 우리에게 이 책들을 집으로 가져가라고 하나요? 왜 나의 집주소를 요구합니까?" 등과 같은 기본적인 도서관 이용에 관한 질문들을 수시로 받아왔다. 다문화 고객들에게 봉사하면서 접하게 되는 특별한 난관은 우리 자신의 문화적 관점에서 다른 문화들을 판단하려는 경향으로, 문화인류학계에서는 이러한 현상을 "자기민족 중심주의"(ethnocentrism)라고 부른다.

당신과 다른 문화적 배경의 이용자들에게 봉사하려면, 먼저 당신도 이와 같이 행동한다는 점을 알고 있어야 한다. 당신은 이민자 청소년 무리가 도서관 입구에서 시끄럽게 대화하는 것을 본 적이 있는가? 당신은 화가 났었는가? 당신은 그 청소년들의 행동이 도서관 또는 사서를 무례하게 대하는 것으로 느꼈는가? 그러하다면, 당신은 '당신의'(your) 문화적 기준에서 그 청소년들의 행동을 판단한 것이다: 자기민족 중심주의적 행동. 도전 과제는 마음속에서 한 걸음 뒤로 물러나 새로운 또는 다른 렌즈를 통해 그 상황을 보는 것이다. 그렇다. 이것은 훈련되어야 할 기술이다. 첫째, 당신이 그렇게 한다는 것을 인식하라. 나, 애쉴리 안사(당신의 이름을 입력하라)는 내가 자란 것과 같은 방식으로 그들도 자랐을 것으로 생각하고 다른 사람들을 판단하였다. 지금 당신은 다른 사람들이 흔히 저지르는 잘못을 한 것이다. - 나는 나 역시 그렇게 한다는 것을 인정한다.

우리가 스스로 고백했으므로, 그에 대한 수정을 함께 시작하도록 하자. 위의 예에서처럼 도서관 입구에서 큰 목소리로 대화하는 것을 기분 나쁘게 받아들이지 말라. 자신에게 물어보라, "내가 그 무리에게 우리 도서관에서 허용되는 소음 수준(a certain noise level)에 대해 알려준 적이 있는가? 내가 그 무리에 다가가 미리 우리 도서관의 통로를 막지 말아달라고 요청한 적이 있는가?" 만일 이 일들을 먼저 하지 않았다면, 지금 그들에게 그 일들을 하라. 그 무리가 당신에게 무례하게 대하고 소란스러운 행동을 계속했는가? 아니면 그들이 사과하고 다른 곳으로 가거나 행동을 조심하는가? 후자라면, 당신은 그들이 그저 순진하게도 미국의 공공도서관 환경을 잘 모르고 그렇게 행동한 것으로 추측할 수 있다. 당신은 그들에게 공공도서관에서의 적합한 예절을 알려주는 최고의 학습 기회를 제공하였다. 만일 전자와 같은 일이 벌어졌다면, 당신은 무례함을 느꼈을 것이고 그 상황을 당신의 상사에게 알려야 한다. 그러나 내 경험에 비춰보면 그런 경우는 별로 없었다.

열렬한 도서관 애호가이자 이용자인 우리들은 가끔 다른 사람들도 우리가 느끼는 것처럼 도서관에 대해 느낄 것이라고 생각한다. 하지만, 일부 다른 문화권에서는 공공도서관에 접근하지 못하는 경우도 있으며, 접근할 수 있는 경우라도 미국의 공공도서관과 다른 정책과 제한이 존재하기도 한다. 당신이 가진 개인적 편견에 기대어 가정하지 말고, 다른 사람에게 이 차이점들에 대해 설명할 시간을 가지도록 하라. 이와 같은 기량은 발전을 위해 필요한 것으로 당신의 세계관을 점검하기 시작한 시점에 이용자와의 상호작용을 돌아보는 것은 매우 큰 이득을 가져다 줄 것이다.

내가 근무하는 도서관의 경우를 살펴보면, 다문화 이용자들과의 성공적인 상호작용은 청소년 대상 서비스와 다양한 배경의 성인들 도서관을 환영받는 공간으로 인식하게 만들려는 노력이 결합될 때 주로 생겨났다. 그것을 알아챈 후 나는 미국 바깥에서 태어난 새로운 성인 이용자들을 우리 공공도서관으로 오도록 만드는 일관성 있는 방식을 발견하였다.

나는 우리 도서관에 찾아온 ELL 교사에게 감사를 표하지 않을 수 없는데, 그 교사는 자신의 수업시간에 수강학생들에게 도서관 견학을 해 줄 수 있는지 문의하였다. 당시 나는 여기에 온 지 얼마 되지 않았고 청소년들에게 우리 공공도서관과 자료에 대해 소개할 기회를 가진다는 사실에 흥분되어 있었다. 우리는 도서관이 무엇이고, 도서관 이용증을 어떻게 사용하는지, 자료를 어디에서 찾는지에 대해 안내하는 것을 중심으로 견학을 진행하기로 결정하였다. 또한 모든 학생들에게 학생 도서관 이용증을 발급하여 5권까지 대출할 수 있도록 허용하였다. 나는 간단한 자료 찾기 게임(scavenger hunt)을 실시하여 DDC 체계와 저자명의 알파벳순 배열에 대해 토론할 수 있게 하였다.

학생들은 짝을 이루어 자료 찾기 게임을 수행하였고, 자기들의 리스트에 있는 자료들을 찾았을 때 작은 선물을 받았다. 나는 그 학생들에게 우리 도서관이 청소년을 위한 프로그램을 제공한다는 것을 홍보하고, 조만간 있을 프로그램에 관한 전단지를 나눠주었는데, 상당히 성공적이라고 느꼈다. 학생들은 열심히 참여하였고 우리 도서관에 대해 훌륭한 질문을 많이 하였다. 학생들은 점잖았고 자료를 대출해 집에 갈 수 있다는 점에 크게 반응하였다. 나는 적어도 몇 명의 학생들은 우리 도서관의 단골손님이 될 것이라고 확신하였다.

나는 그 후 몇 주 동안 다양한 문화적 배경을 가진 성인 이용자들이 도서관 이용증 발급을 위해 많이 찾아오는 것을 보고 매우 놀랐다. 그 모습은 마치 우리 도서관에 어른들이 쉴 새 없이 밀려들어오는 것처럼 보였는데, 그들은 영어 학습을 위한 도서, 교육과 오락을 위한 영화, 그리고 인터넷이 가능한 컴퓨터를 요구하였다. 나는 어른들과 함께 온 몇 명의 ELL 수강반 학생들을 주목하여 살펴 본 결과, 그 학생들과 같이 온 어른들이 누구인지 알 수 있었다. 나는 그 학생들에게 부모님과 같이 왔는지 물어보았다. 그 중 일부는 그렇다고 하였고, 다른 학생들은 그 사람들이 가족의 지인이거나 영어 통역이 필요한 동네 어른들이라고 대답하였다.

이와 같은 변화를 목격한 후에 나는 깨달았다. 다문화 청소년들은 이전에 공공도서관을 이용한 경험이 없는 지역사회의 구성원들에게 다가가기 위한 완벽한 도서관 마케팅 수단이라는 것을. 왜냐하면 ELL 수업에서 도서관을 견학한 청소년들은 이민자들이 흔히 물어보는 질문을 많이 하였다. 왜 이 도서관은 사진이 있는 신분증과 디모인 지역 거주 증명을 요구하는가? 도서관의 책과 컴퓨터를 이용하는데 얼마나 비용이 지불해야 하느냐? 프로그램에 참여할 때 가져와야 할 것이 있는가? 어른들도 보통 이와 같은 궁금증을 가지고 있지만, 여러 다양한 이유로 인해 질문을 잘하지 않는다. 예를 들면, 그들은 문화적 차이들로 인해 질문을 하지 못하거나 영어로 말하는 것에 대한 공포 또는 자신감 부족으로 인해 고압적 자세의 도서관 직원들과 대화를 시도하지 못한다. 더구나 정부기관으로써의 공공도서관에 대한 잘못된 인식도 이민자들이 질문하지 않는 원인 중 하나로 고려될 수 있다.

대부분의 청소년들은 근처 도서관에 걸어서 올 수 있을 정도로 독립적이며, 개인적인 자료의 이용에 있어서도 자신감을 가지고 있다. 올해로 3년째로 접어드는 ELL 수강반의 도서관 견학에 참여했었던 학생들 중 여러 명은 내가 주관하는 우리 도서관 소속 분관들의 주 단위 프로그램에 정기적으로 참여하고 있다. 이 프로그램들은 청소년들에게 지역사회 내 다른 학생들과 모일 수 있는 안전하고 환영받는 공간을 제공한다. 도서관 이용 경험이 쌓이고 그에 따라 자신감이 커지면서 그 청소년들은 더 많은 질문을 하고, 새로운 서비스들을 이용하며, 관심사에 대해 의견을 말하기 시작하였다. 그 청소년들은 자신의 부모나 보호자들한테 어떤 도서관 프로그램 참가에 대해, 신간 도서나 DIY(Do-It-Yourself) 수업 시간에 만든 공예품을 집으로 가져는 것에 대해 허락을 얻을 때마다 그들과 우리 도서관에 대해 자연스럽게 대화를 시작하고 있다.

도서관 이용이 편안해지면, 공공도서관이 제공하는 서비스에 대해 더 많이 배우고, 더 많이 이용하고자 하는 관심이 생겨난다. 그렇다면, 당신은 다양한 배경을 가진 청소년들과 관계를 어떻게 형성할 수 있는가? ELL 수강 청소년들에 대한 봉사를 시작하게 될 당신을 위해 4가지 조언을 아래에 제시하고자 한다.

**첫째, 그들의 모국과 문화에 대해 학습하라.** 언어와 비언어로 이용해 소통하는 과정에서 실수를 하지 않으려면, 그 문화의 일반적인 사항들에 대해 알고 있어야 한다. 만일 그들의 문화에 관해 질문이 있다면, 사적으로 어느 정도 알게 되었을 때 그들에게 접근하도록 시도하라. 왜냐하면, 단체로 모인 상황에서 그들의 모국 문화와 미국 문화 사이의 차이점에 대해 이야기하는 것에 대해 그들이 불편해 할 수도 있기 때문이다.

**둘째, 매일 도서관을 이용하는 것이 당연하다고 절대 가정하지 말라.** 도서관계에 종사하는 우리들 대부분은 책과 도서관을 이용하면서 자라왔지만, 오늘날 도서관을 이용하는 다문화 청소년들의 경우는 그렇지 않을 수 있다. 일상의 언어를 사용하면서 도서관의 정책에 대해 설명할 수 있는 시간을 만들어야 한다. 시끄럽게 떠드는 청소년에게 도서관은 많은 사람들이 와서 공부하고 일하는 조용한 장소라는 점을 차분하게 설명하라. "갱신"(renewal)보다는 "연장"(more time), "만기일"(due date)보다는 "반납일"(return)과 같이 그들에게 친숙한 말로 자세하게 설명하도록 노력하라. 이같이 단순한 용어를 사용한다면, 당신의 도서관을 이용하기 전에 도서관 용어를 접해본 적이 없을 수도 있는 청소년들과 그 부모들이 더 쉽게 이해할 수 있을 것이다.

**셋째, 청소년들의 모든 질문을 진지하게 생각하라.** 나는 이것이 어려운 과제가 될 수 있다는 것을 알고 있다. 왜냐하면 나도 청소년들로부터 내가 대답해야 하는지 확신하지 못하는 몇 개의 질문을 받고 그 질문에 대답을 해봤기 때문이다. 당신이 그들에게 말한 어떤 것(예를 들어, 컴퓨터 1대당 1명씩 사용하기, 도서관에서 장난싸움(play fighting) 금지 등과 같은)에 대해 한 청소년이 "왜"라고 질문한다면, 그 학생에게 사실대로 대답하라. 이렇게 하는 이유는 두 가지이다.: 학생들이 진짜로 그것에 대해 알고 싶거나 아니면 사서의 대답을 슬쩍 받아 넘겨 재미를 찾으러 할 수 있기 때문이다.

우리 도서관은 어떤 이유로 인해 정책들을 만들게 되는데, (청소년들이 도서관의 규칙들을 존중하든 말든 간에) 청소년들은 '무엇을 해야 한다'(the what)의 배경이 되는 '그 이유'(the why)에 대해 알만한 자격이 있다. 예를 들어, 나는 장난스럽게 친구들을 치거나 발로 차는 한 무리의 다문화 청소년들에게 다가가 차분하고 신중한 목소리로 "안녕? 오늘 학교에서 잘 지냈어요?"라고 말한다. 그 다음, 나는 말을 잇기 전에 그들의 대답을 기다린다. "나는 여러분들에게 여기 우리 도서관에서는 장난이라도 사람을 치거나 발로 차서는 안 된다는 것을 알려주고 싶었어요." 모든 학생들이 장난을 그만두고 나를 쳐다볼 때까지 나는 이 대화를 계속한다.: 이렇게 해서 나는 그들이 나의 메시지를 들었음을 확인한다. 보통 당신은 두 가지 반응 중에서 하나를 접하게 된다.: "네, 이제 안 그럴게요."(미션 완료!) 또는 "왜요? 얘는 내 친구고, 괜찮다는데요?" 이제는 당신이 말할 차례다. 도서관이 장난싸움 금지 정책을 실시하는 것에는 그 이유가 있다. 차분하게 청소년들에게 "도서관 직원들과 도서관 이용자들은 어떤 것이 장난이고 어떤 것이 위험한 상황인지를 명확하게 알 수 없기 때문에, 우리 도서관은 장난싸움을 허용하지 않습니다. 장난싸움은 사람들을 불편하게 하고, 도서관에서 내 업무는 도서관의 모든 사람들이 자기 일을 하면서 편안하도록 만드는 것입니다. 장난이든 아니든 간에 한 번 더 사람을 치거나 발로 찬다면, 나는 당신들에게 오늘은 도서관에서 나가달라고 할 것입니다. 내일 다시 도서관에 오는 것은 환영합니다."라고 설명하라. 이 마지막 부분, 즉, 다시 오도록 요청하는 것이 중요하다. 이 부분은 그 청소년들에게 우리 도서관에서 환영받지 못하는 것은 그러한 '행동'이지, '사람'이 아니라는 것을 명확히 설명해준다. 대화하는 동안 차분한 목소리로 시선을 마주친다면, 건방지게 대꾸하는 청소년들 때문에 어른 사서가 당황하는 모습을 보는 "재미"는 사라질 것이다.

**넷째, 가능한 많은 이름을 기억하라.** "루카, 컴퓨터 좌석에서 호세 옆에 앉지 마세요." 또는 "쇼, 오늘 학교생활 어땠어요?"처럼, 이름을 부르는 것은 그 청소년 이용자에게 훨씬 더 효과적으로 말하는 방법이다. 이 방법은 청소년들로 하여금 누군가가 자신을 개인적으로 신경써주고, 어떤 집단(청소년, 라틴계, 아프리카계 등등) 속의 일원이 아닌 개인 차원으로 존중하고 있다고 느끼게 만든다. 말을 잘 듣지 않는 청소년들의 경우, 그들의 이름을 안다는 것은 어떤 행위에서 익명성을 없애는 효과가 있다. 당신이 누가 그 행동을 하였는지 알지 못한다면 나쁜 행실을 바로 잡기 어렵다. 도서관을 이용하는 청소년들을 파악한다면 당신은 그들의 행실을 더 바르게 잡아줄 수 있을 것이다. 예를 들어, 당신이 도서관에서 크게 말하고 웃는 3명의 여학생들을 보았다. 다른 이용자들이 그 여학생들과 참고 데스크를 번갈아 쳐다보고 있기 때문에, 당신은 그 학생들의 행동이 다른 사람에게 방해가 되고 있다는 것을 알게 되었다. 가능하다면, 그 여학생들의 이름을 부르며 "쿠바니쿠아, 란넷, 마미에, 여러분들이 여기에서 즐거운 시간을 보내고 있는 것을 알지만, 건너편에 있는 내가 여러분의 소리를 들을 수 있다면 여기에 있는 다른 사람들도 다 들립니다. 여기에 있는 많은 사람들은 지금 각자 중요한 일들을 하고 있어요. 만일 내가 이 문제에 대해 다시 여러분들에게 이야기를 해야 한다면, 나는 여러분들에게 오늘은 도서관에서 떠나달라고 말할 계획입니다. 물론, 내일은 다시 도서관에 와도 좋습니다."라고 말하라. 항상 정책을 따르지 않았을 때의 결과에 대해, 그리고 그들이 도서관 정책을 준수한다면 다시 방문할 수 있다는 것에 대해 명확하게 설명하라. 청소년들의 이름을 부르고 문제(들)과 그 결과(들)와 대해 명확히 설명한다면, 당신은 그 청소년들에게 도서관 이용에 대한 선택권을 주는 것이다.

이름을 기억하는 것은 특히, 당신이 속한 문화에서 흔하지 않은 이름일 경우에는 어려운 문제일 수 있다. 청소년들에게 이름을 물어보는 것을 두려워하지 말라. 당신이 흔하지 않은 이름을 기억하는데 어려움을 겪을 수 있다는 점을 받아들여야 한다. 내가 어떤 청소년이 자료를 찾는 것을 도와주거나 새로 온 청소년이 우리 도서관의 프로그램에 참여할 때, 내가 처음으로 물어보는 것은 그 학생의 이름이다. 내가 기억하기 어려운 이름이라고 생각될 경우에, 나는 보통 그 학생에게 "나중에 내가 학생의 이름을 다시 물어봐야 할지도 모르겠네요. 내 이름은 애쉴리입니다. 질문이 있을 때, 나에게 물어보세요."라고 말한다. 이렇게 한다면, 내가 그 학생의 이름을 잊었을 때 이름을 다시 물어보더라도 그 학생은 놀라지 않을 것이다. 프로그램을 진행하는 동안 당신은 청소년들에게 명찰을 붙이도록 할 수 있다. 내가 청소년 독서클럽을 시작했을 때, 모든 학생들은 명찰을 붙이고 있었다. 이 방법을 통해 우리 모두는 서로의 이름을 기억하는데 도움을 받았고, 책에 관한 대화를 하는 동안 다른 학생들의 이름을 쉽게 부를 수 있었다.

앞에서 제시한 4가지 조언을 기억한다면, 당신은 당신의 도서관과 다문화 청소년 사이의 문화, 나이, 경험 등에서 간격을 좁힐 수 있을 것이다. 물론, 이 4가지 조언은 개괄적 지침이기 때문에 당신이 속한 상황에 맞도록 조절할 필요가 있다. 다문화 청소년들과 상호작용하는데 있어 최고의 선생님은 학생들 그 자체이다. 내가 언급한 단계들과 함께 시작하면서 스스로 다문화 청소년과 상호작용할 기회를 만들도록 하라. 그들의 언어적, 비언어적 반응은 모두 그 집단에 속한 사람들에게 다가가는 도서관의 접근방법을 재설정하는데 필요한 피드백을 제공해 줄 것이다. 지역의 청소년들을 관찰한 당신의 문화적 경험을 반영하는 것도 잊지 말라.

다문화 청소년에게 다가감으로써 도서관이 얻게 되는 장점들은 많다. 성인 이민자들이 도서관의 자원들을 이용하기 위해 도서관 이용증을 신청하려고 도서관으로 찾아오는 것 말고도, 또 다른 긍정적 결과물은 나와 중학교 ELL 교사 사이의 협력에서 비롯되었는데, 청소년 프로그램을 위한 새로운 마케팅 도구에 관련된 것이다.

그 ELL 교사가 매년 학생들을 데리고 오면, 나는 우리 도서관의 프로그램을 이용하고 싶어 하는 새로운 청소년 그룹들과 만나게 된다. 우리 도서관 내에서 실시하는 프로그램 이외에도, 나는 학교를 방문하기도 한다. 우리 도서관이 한 교사로부터 교실 방문을 권장하는 긍정적인 피드백을 받는 것보다 좋은 것은 없다. 어떤 교사가 나를 교실로 초청할 때, 나는 나의 방문을 맞아주는 학생들을 통해 보상을 받는다. 그 교사가 우리 도서관으로 연락을 먼저 취했기 때문에, 나는 우리 도서관이 제공하는 서비스들의 가치를 높여주는 한 전문가와 만나는 것을 보장받게 된다. 이와 같은 교실 방문을 언급하는 이유는 지금까지 여러 번의 교실 방문은 대부분 내가 학교에 먼저 접촉을 시도하여 일정을 정한 후에 방문이 진행되었기 때문이다. 내가 연락하여 교실을 방문하는 방법은 대채로 성공적이었지만, 학생들 또는 교사가 나의 메시지에 대해 항상 흥미를 가질 것이라는 보장은 없다. 하지만, 교사가 나에게 교실로 와서 이야기를 해달라고 먼저 연락한 경우, 그 교사들은 대부분 나를 위해 의무적으로 참석하면서도 반응을 잘 보이는 청중을 확보하기 위해 필요한 절차들을 취할 것이다.

과거 나는 우리 지역의 교사들에게 우리 공공도서관의 청소년 대상 행사를 알리기 위해 많은 홍보 이메일을 발송했다. 나는 학생들을 위한 견학과 프로그램에 대해 물어보는 답장이나 전화를 간절히 기다렸지만 그러한 응답은 결코 오지 않았다. 교사들은 학생, 기준, 시험 등의 메일을 많이 받아서, 이러한 홍보 이메일은 뒤섞여 잘 읽지 못하게 된다. 그러나 교사들은 서로 이야기를 자주 나눈다. 도서관이 그들의 교실을 위해 할 수 있는 것에 대해 교사들이 깨닫는데 진정으로 필요한 것은 한 번의 좋은 경험이다. 나의 경우, 다행스럽게도 친절하고 잘 배려하는 ELL 교사를 우리 도서관 문 앞에 스스로 나타났다. 영어 학습자들과 도서관 사이에 원만한 협력관계를 시작할 수 있는 적합한 교사를 발굴하기 위해서는 주변 지역을 꼼꼼히 살펴볼 필요가 있다. 경우에 따라, 그 협력자가 ELL 교사가 아니라 이민자 청소년들에게 봉사하는 지역의 단체일 수도 있다. 당신은 적합한 교사를 만나는 순간, 그 교사가 적합한 사람인지를 알 수 있을 것이다. 당신은 그 사람에게서 커뮤니티 내의 협력자들에게 다가서고자 하는 의지를 읽을 수 있을 것이다.

적합한 교육자는 우리 도서관이 제공하는 모든 것들의 가치를 높이며, 도서관에 대한 열정을 자신의 학생들에게 전달한다. 이 협력자는 당신의 도서관이 가진 한계를 이해하고, 학생들이 필요로 하는 정보자원에 대해 요청하는 것을 편안하게 생각한다. 적합한 교사를 찾아냈다면, 적극적으로 그 사람에게 매달려야 한다. 그 교사는 다문화 청소년과 그 가족들이 왜 공공도서관에 의지해야 하는지를 설명해주는 걸어 다니는 광고판이 될 것이다. 그 교사는 새로운 사람들을 도서관으로 데리고 올 것이며, 다시 그 사람들은 더 많은 새로운 사람들을 데리고 올 것이다. 당신이 다문화 청소년에게 다가서면, 점차 당신은 그 범위를 확장하여 결국 전체 이민자 커뮤니티에 다가갈 수 있을 것이다.

# "나는 교양인이다!"

## 히스패닉 주민들과 연결하기

조이스 누타, 줄리 벤투라

오렌지 카운티 도서관 시스템(The Orange County Library System, 이하 OCLS)은 플로리다 주의 광역 올랜도 지역을 대상으로 봉사를 제공한다. 플로리다 주 중부에 위치한 이 지역에는 110만 명 이상이 거주하고 있다. 이 인구 중 26.9%는 히스패닉 출신이다. OCLS는 2010년 미국의회가 제공하고 '박물관 및 도서관 서비스 기구'(the Institute of Museum and Library Services, 이하 IMLS)[5)]를 관리하는 보조금 수여 대상으로 결정되었다. 이 보조금은 광역 올랜도 지역의 히스패닉 커뮤니티, 특히 봉사대상 인구 중 약 44%가 히스패닉 주민인 2개의 분관에서 히스패닉 커뮤니티에 더 나은 봉사를 제공하기 위해 3년 이상 사용되었다.

OCLS는 5가지 세부 영역에 초점을 맞추었다.

- 자료 입수 - 도서와 다른 매체를 포함(67%의 예산 지출)
- 도서관 정보자원에 대한 이용자 교육
- 스페인어로 제공되는 신규 컴퓨터 교실
- 표적집단을 통한 서비스 장애물 파악
- 센트럴 플로리다 대학교(the University of Central Florida)와 연계한 새로운 ESL 프로그램

5) 미국 내의 박물관과 도서관들에 대한 지원을 총괄하는 연방 기관(역자 주)

이 글에서는 이 보조금 프로젝트로 인해 생겨난 변화에 대해 소개할 계획인데, 여기에는 2010년 6월부터 2012년 12월까지 만들어진 측정 가능한 결과물과 조정사항들을 포함한다. 마지막 부분에는 이 보조금 프로젝트 과정에서 얻어진 교훈들을 소개하고자 한다.

## 간략한 배경

OCLS는 보조금이 제공될 예정이라는 언질을 받고, 2010년 봄과 여름에 예산 배분, 이용자 교육, 자료구입, 기타 보조금 집행 등을 포함하는 조직적 활동을 계획하고 준비하기 시작하였다. 2010년 가을에는 일련의 컴퓨터 수업용 소책자들 중 첫 번째 소책자를 주문하고, 이용자 교육 활동을 계획하였고, ESL 프로그램을 마무리하기 위해 센트럴 플로리다 대학교와 논의를 진행하였다.

2011년 1월 11일 사우스 크릭(South Creek) 분관은 보조금과 관련 프로젝트에 대해 발표하는 기자회견을 주최하였다. 여기에는 거의 80명에 가까운 사람들이 참여하였는데, 많은 스페인어 대중 매체들 외에 사우스 크릭 분관을 기반으로 활동하는 지역 작가 그룹과 스페인어 독서 클럽도 참여하였다. 우리 도서관 이사회 의장이자 중부 플로리다 호텔 및 숙박업 협회 회장인 리차드 말레덱키(Richard Maledecki)가 환영 연설을, 광역 올랜도 지역의 히스패닉 상공회의소 의장 라몬 오헤다(Ramon Ojeda)는 간략한 연설을 하였다. OCLS는 2005년부터 광역 올랜도 지역의 히스패닉 상공회의소에 회원으로 참여하고 있다.

## 자료입수

OCLS는 히스패닉 커뮤니티가 관심있어 하는 도서들과 다른 매체들을 주로 구입하는 한편, 스페인어 사용자를 위한 새로운 데이터베이스, 소프트웨어, 기타 자료들도 함께 구입하였다. 여기에는 스페인어 '플레이어웨이'(Playaway)[6]도 포함되어 있다. 플레이어웨이는 카드 한 벌보다 작은 크기로 도서 전체에 대한 음성을 포함하고 있다. 이 음성도서는 AAA 크기의 건전지 1개로 작동된다. 헤드셋을 꽂고 음성도서를 즐기면 된다! 또한 OCLS는 600권 이상의 음성도서를 다운로드 가능한 디지털 장서에 추가시켰다. 스페인어 대여 프로그램(lease program)

6) 카드나 담뱃갑 크기를 가진 자체적인 재생기기가 내장된 일종의 오디오북(역자 주)

은 자료들을 신선하고 최신성 있게 유지하기 위해 개발되었다. '프리갈 뮤지카 그라티스'(Freegal Musica Gratis)는 한 업체와 함께 개발하였고 보조금으로 구입하였다. 원래 '프리갈'(Freegal)은 도서관 이용자들이 도서관 이용증을 사용해 한 주에 3개의 노래를 다운받을 수 있는 무료 음악 데이터베이스로, 다운받은 음악은 이용자가 계속 보유할 수 있다. 프리갈 뮤지카 그라티스는 프리갈의 스페인어 버전으로 개발되었다. 우리들의 노력에도 불구하고, 스페인어 인터페이스의 이용은 매우 낮았으며, 그 결과 보조금 기간이 종료되는 시점에서 스페인어 버전을 중단하고 영어 인터페이스로 전환하기로 결정하였다.

OCLS 산하의 사우스이스트(Southeast) 분관과 사우스 크릭 분관은 보조금 사용의 주요 대상이었지만, 모든 자료들은 OCLS의 모든 구성원들이 이용할 수 있다. 무료로 제공되는 가정 배달 서비스인 'Mail Access to Your Library'(MAYL)는 대부분의 자료에 대한 접근을 쉽게 제공하기 위해 이용자의 집으로 자료를 배송한다.

지역의 여러 스페인어 북클럽 및 작가 그룹들과 함께 협력하고 있는 OCLS는 지역 저자들의 작품들을 장서로 추가시켰고, 지역 작가 그룹들의 희망도서 신청과 제안을 통해 장서를 증가시켰다. 이 외에도 DVD로 제작된 인기있는 영어 학습 프로그램인 *'Ingles sin Barreras'*, 일과 관련된 다양한 시나리오를 통해 영어를 배울 수 있는 소프트웨어인 'Words for Work' 등의 매체들도 추가로 구입되었다. 학생들과 직업을 구하는 성인들이 직업 정보를 탐색하는데 도움을 주는 직업 안내 데이터베이스인 *'Career Cruising'*도 역시 구입되었다. 그리고 스페인어로 된 우리 도서관의 많은 정보자원에 대한 링크 정보를 모아 놓은 이용자용 웹페이지도 개발되었다.

## 도서관 정보자원에 대한 이용자 교육

보조금이 지급된 처음 1년 동안, 우리 도서관은 지역의 히스패닉 커뮤니티와 도서관을 연결하기 위한 커뮤니티/이용자 인식 제고 활동을 준비하였다. OCLS는 지역 홍보 대행사와 함께 히스패닉 커뮤니티를 위한 일련의 효과적인 이용자 교육 자료들을 개발하였다. 'The Group Advertising'의 설립자이자 대표인 에르난 타글리아니(Hernan Tagliani)는 OCLS가 일련의 활동들을 준비하는 것을 지원하였다. 영어로 "나는 교양인이다."(I'm cultured)로 번역될 수 있는 "Soy culto"라는 문구가 사용되었고, 로고도 제작되었다.

우리는 몇 개의 다른 핵심 문구도 사용하였다.

*Yo soy Músico. ¡Y la biblioteca es mi DJ!*
(나는 음악인이고 도서관은 나의 디제이(DJ)다.)
*Yo soy Bilingüe. ¡Y mi biblioteca también!*
(나는 이중 언어 사용자이고 나의 도서관도 그러하다.)

이와 같은 핵심문구들은 보조금이 사용된 모든 자료에 사용되었다. OCLS 직원들은 일련의 교육 자료들에 등장하기 때문에, 이용자들은 직원들과 개인적으로 연락할 수 있었다.

보조금이 지급된 두 번째 해에 OCLS는 우리 도서관 시스템과 서비스들에 대해 지역의 스페인어 사용 주민들에게 알려주고자 문자 메시지 발송(texting) 전략을 개발하였다. 이 전략은 도서관 비이용자로 구성된 표적집단 면담 결과를 통해 탄생하였다. 우리들은 지역 버스의 뒷면과 다른 장소들을 활용하여, 주민들에게 향후 도서관 행사들에 대해 알려주는 문자 메시지 서비스에 등록할 것을 권장하는 캠페인을 실시하였다. 또한 OCLS는 스페인어 신문인 *'Las Prensa'*와 *'El Sentinel'*에 캠페인에 대해 소개하도록 요청하였고, 'KQ103'과 'Jose98' 등과 같은 지역의 스페인어 라디오 방송국에도 현수막과 방송을 요청하였다. 스페인어 문자 메시지들은 특정 프로그램들 관련 정보와 일반적인 정보에 대한 내용으로 작성되었다. 하지만 그 결과는 그리 좋지 않았고, 현재의 계약 종료 후 신규 계약은 진행하지 않았다.

## 스페인어로 제공되는 신규 컴퓨터 수업

보조금은 스페인어 통역이 제공되는 추가 컴퓨터 수업들을 위해서도 사용되었다. 간단한 이용자 설문조사를 통해, 두 분관의 직원들은 통역이 필요하다고 판단되는 수업 리스트를 작성하였다. 이 작업은 1년치 수업 전체를 대상으로 진행되었다. 현재 제공되는 수업에는 '오피스' (Office) 프로그램 2007, 2010 버전, 회계 프로그램인 '퀵북스'(QuickBooks), '포토샵' (Photoshop), 그리고 기타 자체적인 수업들이 포함된다. 보조금이 제공된 이후부터 두 분관에서 4,313명이 참여한 871개의 수업이 진행되었다. 수업 당 평균 참가자 수는 6명이었는데, 두 분관에서 진행된 영어 수업보다 참석자 수가 더 많았다. 수업 당 최대 인원이 8명 또는 12명이었는데, 이는 실습실 크기 때문이었다. 우리는 다수의 수강생들이 직무 역량 증진에 관심이 있다는 사실을 파악하고, 오피스 프로그램 교육에 초점을 맞추었다. 많은 수강생들은 자신의 업무 성과가 향상되고 확장되기를 희망하는 고용주 또는 미래의 고용주에게 자신의 역량을 입증하기 위해 수료증을 활용하였다. 현재 스페인어로 수업을 진행하는 OCLS의 모든 분관들은 해당 수업들을 위해 제작한 번역된 소책자를 사용하고 있다.

## 표적집단을 통해 서비스에 대한 장애물 파악

보조금은 서비스에 대한 장애물 파악을 위해서도 사용되었다. 왜 도서관을 이용하지 않는지를 알아보기 위해, 우리는 지역의 히스패닉 커뮤니티, 특히 도서관 이용증이 없는 사람들을 살펴보았다. OCLS는 우리 지역 내 경영 분석가인 '어번더'(Urbander) 사의 새미 하이만-마레로(Sami Haiman-Marrero)씨의 도움을 받아, 두 분관의 봉사지역 내에 거주하는 228명을 대상으로 설문조사를 진행하였다. 228명 중 13명을 도서관 이용 또는 도서관 미이용에 대한 심도 깊은 토론을 위해 표적집단에 참여해 주도록 초청하였다. 이 표적집단을 통해 제공된 정보를 바탕으로 5개의 결론에 도달하였다.

1. 스페인어 선호 현상은 보편적이며, 이는 긍정적 경험을 위한 전달자(conduit)로써 기능한다. 많은 스페인어 사용자들이 영어를 사용하지만, 스페인어를 사용할 때 유대감과 공동체 의식을 느낀다.
2. 인터넷을 제외하고, 히스패닉 가족들이 할 수 있는 여러 오락(entertainment) 중에서 도서관의 주요 경쟁자는 야외 활동(outdoor activities)으로 나타났다. 거기에 더해 "자유 시간"은 "가족 시간"으로 여겨지고 있었다. "성인" 또는 "어린이" 차원의 분리된 활동보다는 가족 단위의 프로그램들을 개발했더니, 우리 도서관의 행사에 더 많은 사람들이 참여하였다. 예를 들어, 가족 행사로 홍보된 '슈퍼 히어로 토요일'(Superhero Saturday) 행사에는 159명이 참여하였다. 지역의 한 만화 가게는 의상을 입은 만화 주인공들과 만화책에 대한 정보를 제공하였고 페이스 페인팅과 다른 행사도 진행하였다. 많은 어른들도 어린이들처럼 만화 주인공들을 몹시 보고 싶어 하였다. '모터사이클 매드니스'(Motorcycle Madness) 프로그램은 멋진 모터사이클들을 직접 보고, 그 소유주들과 대화하며, 손목 밴드, 머리 장신구, 다른 장신구와 같은 가죽 공예품들을 만드는 기회를 이용자들에게 제공하였다. 이 행사에는 82명의 어린이와 부모들이 즐겁게 참여하였다.

3. 히스패닉 주민들은 서로 간에, 그리고 다른 분야의 전문가들과 상호작용할 수 있는 그룹 활동에 흥미를 가지고 있다. 그 예는 OCLS의 스페인어 북 클럽들이 될 수 있는데, 여기에서는 사교 활동을 위한 시간을 주기적으로 제공하며, 지역의 음악인들뿐만 아니라 출판인, 외국 고위인사, 의사 등과 같은 전문가들을 초청하였다. 사우스 크릭 분관의 스페인어 북클럽은 매주 평균 25명 이상이 즐겁게 참여하고 있다.
4. 풀뿌리 홍보와 디지털 환경은 히스패닉 커뮤니티와 소통하고 그들과 연계할 수 있는 핵심 경로이다. 입소문은 사람들을 도서관으로 이끄는데 있어 핵심적 역할을 수행한다. 앞에서 언급했듯이, 히스패닉 커뮤니티와의 유대감 형성을 위해서는 문자 메시지 발송이 중요한 역할을 해야 한다. 그러나 이 시점에서 우리 도서관의 문자 메시지 발송 노력은 우리가 기대했던 만큼의 결과를 만들어주지 못하고 있다.
5. 주요 목표대상은 라이프 스타일을 형성하고 있는 히스패닉 젊은이들, 그리고 히스패닉 가정에서 도서관 홍보대사를 담당하고 있는 어린이들이다. 많은 젊은 가족들은 도서관을 DVD, 도서, 프로그램 등을 통해 교육적인 정보와 오락을 제공하는 곳으로 바라본다. 우리들은 프로그램과 컴퓨터 수업 등을 제공함으로써, 이 사람들이 자신의 요구를 충족시키기 위해 도서관을 어떻게 이용할 수 있는지를 서서히 알도록 만들 것이다.

## 새로운 ESL 프로그램

히스패닉 커뮤니티에 대한 아웃리치의 일환으로, OCLS는 ESL 수업을 개발하기 위해 센트럴 플로리다 대학교와 협력하였다. 지역 학교들이 제공하는 기존의 성인 대상 ESL 수업들과 중복되지 않기 위해 프로그램 계획 담당자들은 지역 학교들의 ESL 수업에서 충족되지 않고, 도서관이 현재 제공 중인 여러 수업에서 충족되지 않은 요구들이 있다고 판단하였다. 특히, 도서관의 영어회화 수업이나 컴퓨터 기반의 ESL 프로그램에 참여했던 많은 성인 이용자들은 업무에서 그리고 이웃과의 일상적 상호작용에 적합한 영어 회화 실력을 쌓았지만, 직장에서의 승진, 고등교육으로의 진학, 또는 더욱 민감한 상황에 대한 대처 등에 필요한 수준의 영어 실력에는 도달하지 못하였다. 예를 들어, 성인 이용자들은 식당에서 음식을 주문하는 방법은 알지만, 좋지 못한 음식이나 서비스에 대한 항의 편지를 쓰는 방법은 모르고 있었다. 그들은 자신의 직업에서 일상적인 업무는 수행할 수 있지만, 관리감독을 위한 의사소통 역량이 요구되는 일자리에는 들어갈 수가 없었다. 새로운 ESL 수업은 참가자들이 우연 학습(incidental learning),[7] 자기주도적 학습, 또는 회화 중심 수업을 통해 습득한 생존 수준의 영어보다 더욱 격식 있고 학술적인 영어 구사에 필요한 지식과 역량을 구축하는데 초점을 맞추어야 한다는 사실은 명백하였다.

대학 교수와 대학원생들이 ESL 수업을 계획하고 강의했기 때문에, 교육과정을 만드는데 많은 학술적인 정보자원들이 이용되었다. 센트럴 플로리다 대학교는 미국 내 대학교육 이수를 위해 요구되는 학술적 영어 실력의 향상을 위해 애쓰는 유학생들을 위한 집중 영어 프로그램을 제공하고 있다. 이런 유형의 프로그램은 이전의 정규 영어 학습 토대 위에서 더 발전되도록 설계되거나 항상 학술적 영어를 강조하면서 완전한 초보자들의 의사소통 능력을 향상시키도록 설계되었다. 프로그램 설계 목적에서 보듯이, 이 프로그램은 영어 사용 환경 속에서 지내면서 기초적인 영어 의사소통 실력은 가지고 있지만 성인으로써 영어를 학습한 적이 없는 도서관 이용자들에게는 적합하지 않았다. 게다가 이 프로그램의 강조점이 대학에서의 학업 수행에 필요한 학술적 언어능력 발전에 국한되어 있기 때문에, 도서관 ESL 수업에 관심있는 성인들의 다양한 요구를 충족할 수 있을 만큼 유연하지 않았다. 그러나 이런 유형의 프로그램이 가지는 많은 특징들은 도서관의 ESL 프로그램에도 도움을 줄 수 있었다.

프로그램 설계자들은 격식 있고 학술적인 대학교 기반의 ESL 프로그램을 제공하기로 결정하였지만, 참가자들의 다양한 영어능력 향상 목표를 충족시키기 위해 전략적으로 성인 이민자 학생들의 현재 수준의 대화 실력을 기반으로 하였다. 이 프로그램은 듣기, 말하기, 읽기, 쓰기 등 4가지 역량에 초점을 맞춰 직업적, 학술적 언어사용 등에 있어 학생들의 의사소통 능력과 언어적 정확성을 향상시키도록 설계되었다. ESL 수강생들에게서 흔히 나타나는 문법, 표기법, 철자법 등의 오류에 주의를 기울이면서, 글쓰기를 많이 강조하였다. 어휘 확장 및 문법 양식의 구사 능력 배양을 위한 도구로 읽기를 활용한 것은 도서관 기반의 교육과정을 고려한 논리적인 전략이었다. 듣기와 말하기 능력 개발은 취업 면접을 하거나 어떤 문제에 대해 자녀의 교사에게 설명하는 것과 같은 특별한 의사소통 의도에 맞춰 진행되었다. 격식 있는 표현과 그렇지 않은 표현간의 차이에 대해서는 특별히 강조하고 연습을 시켰다. 대학교 기반의 교육과정 개발자들이 교육과정을 설계하고 강의를 진행했기 때문에, 영어 이해와 표현에 있어 정확성과 탁월성을 추구하는데 초점을 맞추었다.

이 수업에 참가할 의향이 있는 사람들은 첫 수업 전에 테스트를 받았고, 교육과정에 끝까지 참여할 수 있을 정도로 충분히 영어 실력을 가진 사람들만이 선정되었다. 선정되지 못한 사람들에 대해서는 우리 도서관 분관 두 곳에서 제공되는 영어회화 수업과 컴퓨터 기반 ESL 프로그램을 수강하도록 안내하였고, 추후에 이 과정에 다시 신청해줄 것을 요청하였다. 교육은

7) 어떤 것을 학습할 의도나 동기, 준비가 없는데도 이루어지는 학습.(네이버 참조, 역자 주)

격식 있는 환경에서 격식 있는 영어를 사용할 수 있는 능력을 구비하는 것을 목표로 하면서, 개별 학생들의 영어 실력보다 약간 높은 수준에 맞춰 진행하였다. 또한 참가한 성인들은 교육 이수에 많은 시간을 쏟아야 하기 때문에, 이 교육은 시간을 투자할 가치가 있는 무료 강좌로 설계되었다. 모든 사람들은 가치있는 어떤 것을 무료로 얻는 것을 좋아한다. 어떤 사람들은 가게나 식당에서 무료 선물을 얻기 위해 몇 시간씩 기다릴 것이다. 교육 설계자들은 어느 곳에서나 이용할 수 있는 그런 교육보다 더 훌륭한 도전과 더 나은 결과물을 제공하기를 원했고, 학생들이 정확성과 탁월성이 높은 성과를 만들어내는 매력적이고 유익한 활동에 자신의 시간이 잘 활용했다고 느끼기를 원했다.

센트럴 플로리다 대학교 팀은 이것을 얻을 수 있는 한 가지 방법은 대학의 학문적 영어 프로그램과 비교하여 줄어든 교육 시간만큼 수업의 강도를 높이는 것이라고 생각하였다. 강사들은 정보기술을 활용하여 모든 수업 자료들과 추가 학습을 위한 관련 파일 및 웹사이트 정보를 포함한 위키(wiki)[8] 사이트를 개발하고 관리하였다. 강사들과 학생들은 전화를 통한 의사소통을 향상시키는 방법으로 스카이프(Skype)를 시험해봤지만, 두 분관의 컴퓨터실을 사용하는 것이 제한적이어서 이 부분은 중단하였다. 학생들은 대략 1주일에 2시간 이상의 분량의 과제를 지속적으로 부여받았다. 매주 학생들은 캡스톤(capstone)[9] 활동의 일환으로, 그 주의 문법 교육, 주제에 관련된 읽기(목표대상 어휘 포함), 실제 생활과 관련된 글쓰기 등에 대한 과제를 부여받았다. 강사들은 지속적으로 캡스톤 과제들을 취합한 다음, 내용을 교정해주는 피드백을 제공하였다. 강사들은 학생들의 관계에 있어 큰 기대를 가지고 수업에 임하였기 때문에 학생들은 어려운 과제들을 잘 해결해 나갈 수 있었다.

성인들은 지역사회를 기반으로 한 교육활동에서 중도하차하는 경우가 빈번하기 때문에, 인원감소는 항상 주 관심사이다. 그래서 우리들은 이 교육과정의 수강생들을 모집하고 유지하는 과정에서 다음의 세 가지 중요한 혜택에 대해 홍보하였다. (1) 대학교 수준의 ESL 프로그램이 무료로 제공된다. (2) 프로그램 수강생들이 6주 교육기간동안 성실히 참석한다면 제대로 된 다양한 측면의 영어 능력을 습득하게 된다. (3) 수강생들의 요구에 기초해 유연한 교육과정을 제공한다. 우리는 계속적이고 끝이 정해지지 않은 영어 수업 대신에 6주 단위로 순환되는 교육

8) 위키는 하와이 말로 '빨리'를 뜻하는데, 사람들이 빨리 참고할 수 있도록 일반인들이 참여하여 만들어진 집단 지성 백과사전인 '위키피디아'(wikipedia)를 통해 널리 알려졌으며, 그 이후 위키라는 용어는 여러 사람들이 함께 제작, 수정, 관리하는 콘텐츠 관리 시스템을 의미한다.(역자 주)

9) 캡스톤은 돌기둥이나 담 위 등 건축물의 장식을 뜻하며, 그 뜻이 확장되어 (최종적으로 거두는) 최고의 업적, 성취를 의미한다. 최근에는 이공계 대학생들에게 현장에서 생길 수 있는 문제들을 해결할 능력 배양을 위해 졸업 논문 대신 작품을 설계, 제작하도록 하는 종합설계 교육프로그램의 뜻으로 사용된다.(네이버 참조, 역자 주)

과정을 계획하였다. 참가자들에게는 결석하지 않고 수업에 참석해 줄 것을 요청하였다. 6주간의 수업이 끝난 뒤에 우리는 수강생들에게 영어 능력 달성 수준을 말해주는 수료증을 제공하였고, 북 클럽과 컴퓨터 활용능력 수업 등 우리 도서관에서 영어를 사용하는 교육 기회에 참여하도록 유도하였다. 언어 학습자들이 원어민과 상호작용하도록 권장하는 것이 우리 프로그램의 핵심적 목표이기 때문에, 이 수강생들을 영어로 진행되는 주류 도서관 수업, 프로그램, 그룹 활동으로 유도하는 것은 중요하다. 일부 수강생들은 지역의 커뮤니티 칼리지 교육과정, 나아가 4년제 대학교로 편입하기도 하였다.

사람들의 입소문과 OCLS의 홍보로 인해 이 수업들은 등록정원을 가득 채워 유지되었으며, 지속적으로 대기자들이 만들어졌다. 이 수업들은 강력한 공동체 의식을 심어주었다. 수강생들 중에는 한 가족 내 여러 세대, 이웃 사람, 직장동료들이 집단적으로 수업에 참여한 경우가 많았다. 수강생들은 자신의 개인 생활과 직업 생활에서 많은 혜택을 보고 있다며 지속적으로 추천하고 있다. 2011년 1월에 시작된 이후부터 이 글을 쓰는 시점까지, 이 프로그램은 두 곳의 분관에서 총 86개 분반 1,400명 이상이 참여하였다. 이 교육의 가장 큰 성공은 한 수강생의 경험을 통해 잘 묘사될 수 있다. 이 수강생은 몇 해 동안 미국에서 거주하면서 일해 왔지만, 이전까지 강의실 환경에서 영어를 공부해본 적이 없었기에 영어로 말하는 것에 불편을 느끼고 있었다. 'Soy Culto' 프로그램이 끝나는 시점에, 이 수강생은 지역의 커뮤니티 칼리지에 전업 학생으로 등록하기에 충분한 영어 사용 능력을 가졌다고 자신감을 가지게 되었다. 이 수강생은 'Soy Culto' 프로그램으로 인해 난생 처음 이중 언어(bilingual) 구사 능력을 가지는 것이 멀지 않음을 느끼게 되었다.

## 교훈과 시사점

OCLS가 지역의 히스패닉 커뮤니티와 가장 잘 연결될 수 있었던 여러 교훈과 시사점들을 정리하면 다음과 같다.

첫째, 자료를 번역하는 것만으로는 불충분하다. 정보는 번역을 넘어 창의적으로 재창조되어야(transcreated) 한다. 영어로 된 홍보문구가 스페인어로 그대로 번역되는 것은 바람직하지 않을 수 있다. 해당 문화와 해당 언어에 관련된 캠페인 행사를 진행함으로써, 우리는 더욱 효과적으로 사람들을 불러 모을 수 있었다.

둘째, 지역 대중매체 직원들과 지역사회 지도자들과의 관계 형성이 성공적이었다. 기자

회견에 언론매체들을 초청하고 그들과의 관계를 형성함으로써 OCLS는 이들로부터 훨씬 더 많은 지원을 얻을 수 있었다.

셋째, 직원들을 홍보 도우미로 활용하는 것은 매우 인기가 좋았다. 많은 직원들이 사진촬영에 초청되었고, 그들의 사진들은 교육 자료와 소책자에 사용되었다. 이로 인한 장점을 들면, 첫째, 직원들은 교육자료, 라디오 웹사이트 현수막, 심지어 버스 뒷면에서도 자신의 모습을 볼 수 있었다. 둘째, 지역사회 구성원들은 도서관에 들어와서 사진 속의 그 인물들을 실제 볼 수 있었다. 끝으로 어떤 분관의 이용자들은 사진 속의 인물들이 "자신의" 도서관 직원이라는 점을 즐거워했다.

넷째, 다른 단체들과 관계를 형성함으로써, OCLS는 지역의 히스패닉 커뮤니티와 더욱 단단히 연결될 수 있었다. 우리 도서관은 히스패닉 커뮤니티에 다가서기 위해 오렌지 카운티 컨벤션센터에서 개최된 '히스패닉 비즈니스 엑스포'(the Hispanic Business Expo)에 참여하였으며, 히스패닉 주민들에게 봉사를 제공하는 우리의 책무의 일환으로 광역 올랜도 지역의 히스패닉 상공회의소에 회원으로 가입하였다.

다섯째, 히스패닉 커뮤니티와의 유대감 형성을 위해 문자 메시지 발송이 중요한 역할을 할 것이라고 제안되었으나 이 시점에서 우리의 경험을 돌아보면, 이는 옳은 것으로 입증되지 않았다. 이와 유사하게, ESL 수업을 확장시키기 위해 스카이프를 활용하는 것도 효과적이지 않았다. 사람간의 접촉, 특히 한 그룹을 이끄는 교사와의 접촉이 훨씬 더 나은 것으로 입증되었다.

끝으로, 타 분야의 전문가들을 발굴함으로써 우리는 제공된 보조금을 가장 잘 활용할 수 있었다. 우리는 ESL 프로그램을 개발하기 위해 노력하면서 홍보 캠페인을 벌이거나 설문조사를 실시할 필요가 있었는데, 센트럴 플로리다 대학교의 조이스 누타(Joyce Nutta)와 앨리슨 영블러드(Allison Youngblood), 'The Group Advertising'의 에르난 타글리아니, 어밴더 사의 새미 하이만-마레로 등과 협력함으로써 이 과정은 가장 효과적이고 생산적으로 진행되었다.

## 결론

OCLS는 경제적으로 어려운 시기에 보조금을 받는 행운을 누렸다. 이 보조금은 우리 도서관이 우리 지역사회의 가장 큰 집단을 형성하는 주민들을 위한 장서를 구축하고 확장하는데 도움을 주었고, 그들을 위한 새로운 서비스와 새로운 기회를 만드는 데에도 도움을 주었다. 이 보조금으로 도입된 프로그램과 서비스들은 앞으로 오랫동안 우리 도서관의 지역사회에 대한 봉사를 지원해줄 것이다.

# 사진 소설과 만화책

## 미국 도서관에 있는 멕시코 성인용 만화책

신시아 휴스톤

### 멕시코의 대중적 독서 전통

미국 남부 캘리포니아 지역에 살았던 어린 시절, 나는 동네 슈퍼마켓에 갈 때마다 계산대 옆에 진열된 스페인어로 된 성인용 만화책 코너에 은밀한 눈길을 보냈었다. 근육질의 남자들과 풍만한 여성들이 등장하는 표지로 된 그 작은 만화책들은 나에게 있어 책으로 만들어진 기묘하고 신비한 멜로드라마의 세계를 의미하였다. 이 책들은 내가 매주 볼 수 있게 허락되었던 '아치'(*Archie*)나 '원더 우먼'(*Wonder Woman*) 같은 만화책들이 꽂히는 만화책 코너의 서가 낮은 곳에 비치되지 않았다.

수년 전에 있었던 지역의 레포르마(Reforma)[10] 회의에서 한 사서가 이 사진 소설들(*fotonovelas*)은 멕시코인들과 라틴 아메리카인들의 독서 전통에 있어 중요한 부분이기 때문에 히스패닉 이용자들을 위한 장서에 포함될 수 있는 훌륭한 자료라고 언급하기 전에는, 왜 내가 이 성인용 사진 소설들에 매료되었는지 완전히 이해되지 않았다. 갑자기 머리 속에 불이 켜졌다. - 아! 이 책들이 어린 나를 매료시켰던 그 작은 책들이구나. 성인이 된 이후 멕시코로 자주 여행을 다니면서 나는 수많은 사진 소설들을 볼 수 있었는데, 이 책들은 길거리 신문가판대에

10) 전국 라틴계와 스페인어 사용자를 위한 도서관 정보봉사 협회(Reforma: The National Association to Promote Library and Information Services to Latinos and the Spanish-Speaking)(역자 주)

권당 1달러 미만의 가격으로 팔렸고, 벼룩시장에서는 그보다 더 싼 가격으로 팔렸으며, 통근자와 근로자들은 점심시간에 이 책을 손에 들고 다녔다. 나는 멕시코에서 어린이, 노인, 잘 사는 사람, 못 사는 사람 할 것 없이 모든 사람들이 이 포켓 북(*libros de bolsillo*, pocket books)을 읽는 것을 보았다. 사진 소설들이 이처럼 인기가 있다면, 미국의 도서관에서도 소장될 수 있을 것이다.

최근호 *'Mexican Review of Communication'*에 수록된 한 기사를 보면, 카우보이 도서(The Cowboy Book, El Libro Vaquero) 또는 주간 도서(The Weekly Book, *El Libro Semanal*)와 같이 로맨틱한 테마 또는 서구의 테마에 초점을 맞춘 사진 소설은 저렴한 종이 위에 인쇄되어 있고, 빈약하게 제본되어 있고, 보통 신문가판대에서 가장 저렴하게 팔린다는 사실들 때문에 "가장 최저 중의 최고"(the best of the worst, lo major de lo peor)라고 불리기도 했다(Lopez Parra 2005). 그러나 월당 7백만 번 이상의 대출 횟수는 멕시코와 라틴 아메리카의 독서 인구 사이에서 이 책들이 크게 인기있다는 사실을 입증한다(Campbell 2009). 캠벨(Campbell 2009)에 따르면, 사진 소설은 멕시코에서 대출가능한 정기적으로 발행되는 인쇄 문헌들 중에서 큰 비중을 차지하고 있고, 멕시코 성인들이 읽은 자료의 약 12%에 이르고 있다. 그로 인해 멜로드라마에 대한 일관된 대중적 수요를 충족시키고자 매주 멕시코와 라틴 아메리카 나라의 출판사들은 로맨스, 미국 서부, 탐정, 비정한 도시 등의 테마별 새 간행물들을 시리즈별로 신문가판대에 배포시킨다. 보통 신문가판대에서 구입된 모든 사진 소설은 소매로 판매되거나 지역의 헌책방을 통해 대여되는 방식으로 적어도 5명의 다른 사람들에 의해 읽혀지고 있다(Campbell 2009).

## 사진 소설에서 작은 이야기로, 그리고 거꾸로: 성인 만화책 전통에 대한 간략한 소개

사진 소설은 수백 년 동안 멕시코와 라틴 아메리카에서 대중적인 독서 전통의 한 부분이 되어 왔다. 수백만 권에 이르는 사진 소설의 대출 통계를 보면, 페이지 당 하나 또는 두 개의 인물군(panel)이 등장하는 삽화 형식의 이 이야기들이 매혹적이고 재미있다는 사실을 부정할 수 없다. 사진 소설을 사랑하는 독자들은 매 호마다 풍부한 묘사와 탄탄한 이야기 구조로 이루어진 본격 드라마(high drama) - 50~150페이지 분량으로 남자와 여자들이 선과 악, 사랑과 욕망, 부유함과 가난, 강함과 약함 사이에서 사투를 벌이다가 좋든 나쁘든 갈등이 해소되는 내용 - 의 재미있는 세계라는 사실을 잘 알고 있다.

멕시코에서 최초의 "작은 이야기"(little story, *historieta*)는 "한 여자의 이야기"(Story of a Woman, *Historia de una Mujer*)라는 제목으로, 1880년대 한 담배회사의 홍보 자료에서 비롯되었다. 그 후 20세기 초에 작은 이야기는 주간 신문 속의 표준 아이템이 되었고, 결국 1930년대에 만화책의 독립된 장르로 출현하였다. 1970년대에 이르러 '사진 소설'이라는 용어는 영화와 연속극 드라마를 인쇄본 형태로 재가공(repackage)하는 도구로써 영화와 드라마 속의 스틸 사진(still photo)을 사용한 시리즈 인쇄물을 의미하는 용어로 등장하였다. 지금은 '사진 소설'이라는 용어가 이 장르를 대표하는 용어로 사용되고 있지만, 지면의 대부분은 사진보다는 삽화로 구성되어 있다. 현재 10개 이상의 출판사들이 발행하는 50개 이상의 시리즈 인쇄물들이 출판되고 있다(Ulloa 2008). 가장 보편적인 테마들은 서부 이야기, 고전 문학의 요약 각색판, 역사적 전기 또는 역사적 사건들에 대한 설명, 정부 기관이 발행한 비공식적 자료, 탐정 이야기, 슈퍼 영웅, 로맨스, 일일 드라마, 테러 등이다. 이야기 줄거리는 선악의 대결, 사랑의 승리 등을 포함하는 친숙한 내용이면서, 기독교의 7대 죄악에 대해 유념하라는 내용이다. 대화를 구성하는 짧은 문장들은 주로 상투적인 문구들과 친숙한 관용구를 사용하여, 독자들이 이야기 구조를 쉽게 이해하고 등장인물에 대해 파악할 수 있도록 한다. 캠벨(Campbell 2009)에 따르면, 가장 대중적인 시리즈물들은 21세기의 경제적 현실과 문화적 글로벌화를 반영한 테마들을 통합한 것이다. 예를 들면, '카우보이 도서'(*El Libro Vaquero*)에서 주인공은 미국의 황량한 서부의 카우보이 전형들을 본떠 만들어졌고, '주간 도서'(*El Libro Semanal*)의 등장인물들은 미국의 중산층 소비자의 일상과 그들의 개인적이고 직업적인 야망을 반영하고 있다.

## 도서관에 싸구려 문학작품을? 예! 가능합니다.<br>(SI SE PUEDE! LITERATURA BARATA IN LA BIBLIOTECA)

40년 전, 내가 동네의 가게에서 처음으로 사진 소설을 알게 되었을 때, 이 책들은 갱지에 인쇄된 싸구려 통속 소설(pulp fiction)로 취급되었고 미국의 도서관에 적합한 자료로 전혀 인식될 수 없었다. 그러나 21세기를 맞은 지금, 미국 선역에서 스페인어 사용 인구가 급격히 증가하고 있는 상황에서 새로운 이민자들을 도서관의 정보자원들과 연결하는 방법들을 모색하다 보면, 문화적으로 민감성을 가진 장서개발 계획의 중요 부분으로 이러한 자료들의 구비를 포함하게 된다(Cuesta 1990; Flythe 2001; Marquis 2003). 이 출판물들은 널리 읽혀지고 있기 때문에, 새로운 스페인어 사용자들을 도서관으로 유입시키는 잠재력을 가지고 있으며, 또한 스페인어와 영어로 된 다른 장르의 독서 자료들과 연결되는 관문으로 인식될 필요가 있다. 많은 사서들과 문해력 전문가들은 사람들이 독서습관을 들이기만하면, 도서관에서 그들이 이용할 수 있는 다른 자료들을 찾아보기 시작하고, 그들의 독서 경험을 계속 확장시키며, 오락과 교육 모두를 위해 독서를 추구한다는 것을 강력하게 신뢰하고 있다(Krashen 2004). 사실, 미국에서 스페인어 사용자들에게 봉사하는 사서들과 레포르마와 같은 도서관 단체들은 스페인어 사용자들을 위한 장서개발 계획에 사진 소설을 포함시킬 것을 장려해왔다(Boulé 2005; Naylor and Frey 2006). 이와 같은 이유 때문에 덴버 공공도서관(Denver Public Library), 클리블랜드 공공도서관(Cleveland Public Library), 포스 워스 공공도서관(Forth Worth Public Library) 등과 같은 많은 공공도서관들은 오랫동안 사진 소설들을 자관의 장서 속에 포함시켜왔다. 이에 대한 증거로 OCLC의 'WorldCat'[11] 데이터베이스에 대한 간단한 검색을 실시해 보면, "사진 소설"이라는 주제명 표목(subject heading) 아래에 '불같이 뜨거운 당신의 살결 아래'(*Bajo el Fuego de Tu Piel*)나 '신성한 정의'(*¡Justicia Divina!*) 등과 같은 사진 소설들을 포함해 미국 내 여러 도서관에 소장된 1,790권의 사진 소설들이 검색되고 있음을 알 수 있다.

미국 내 도서관에서 사진 소설을 이용하는 이용자들의 요구를 이해하기 위한 중요한 출발점은 멕시코 내의 사진 소설 독자층에 대한 이해라고 할 수 있다. 사진 소설이 멕시코와 라틴 아메리카 출신 이민자들의 모국에서 생산된 대중적인 인공물(popular artifacts)이고 스페인어를 사용하는 모든 사회 계층에서 이러한 유형의 정기적 간행물들을 읽는다고 하더라도, 미국 내 공공도서관에서 이 사진 소설들을 위한 목표 대상은 이주 노동자, 가사 노동자, 도시의 일용직 노동자 등과 같이 스페인어 사용 국가에서 최근에 유입된 이민자들로 추정할 수 있다. 이들은 농촌 또는 도시 출신이며 대체로 스페인어 사용에 있어서 제한된 문해력을 가지고 있다(Cuesta 1990). 이러한 추정은 사진 소설들은 단순한 문장구조, 페이지 당 하나 또는 두 개 정도로 최소화되어 그려진 인물군, 이야기를 지원하는 삽화 등을 사용하면서 분명하게 문해력을 염두에 두고 계획되었다는 사실에 기초한다. 사진 소설의 크기는 대략 가로 4인치(10.16cm)와 세로 4인치 정도여서, 노동자들이 뒷주머니에 넣고 다니면서 하루 중 언제라도 읽을 수 있다. 한 작가는 이러한 유형의 대중적 출판물들은 읽고 쓸 수는 있지만 자신의 근로 형태, 경제적 처지, 또는 독서자료에 대한 접근 등의 이유로 거의 읽고 쓰지 못하는 사람들이 기능적 문해력(funtional literacy)을 유지하는데 활용될 수 있다고 제안하였다(López Parra 2005). 멕시코인

11) OCLC(Online Computer Library Center)는 세계 최대의 서지 유틸리티 기관으로, 종합목록 데이터베이스인 WorldCat을 운영하고 있다.(역자 주)

들의 독서 습관에 관한 최근 연구들 또한 사진 소설이 "가난한 사람들의 소설"로 고려될 수 있음을 지지하고 있다(Güereña and Pisano 1998). 위 연구들 속에 포함된 통계자료들은 '카우보이 도서'와 같이 서부시대 테마의 사진 소설을 읽는 독자들의 40%는 노동계급에 속한 남성들(그 중 22%는 최저임금 이하를 받는 사람들)이었으며, '주간 도서'와 같이 로맨스 테마의 사진 소설을 읽는 독자들의 52%는 주부였으며, 그들 중 62%는 일급 기준으로 25달러 미만을 받는 사람들이었다(Campbell 2009).

최근 미국과 멕시코 정부기관들은 스페인어 사용 주민들을 대상으로 정치, 보건, 안전 등의 사안들에 관한 정보를 제공하기 위해 사진 소설을 널리 활용하고 있다. 2004년, 멕시코 정부는 '멕시코인 이민자를 위한 안내'(*Guía del Migrante Mexicano*)를 출판하였는데, 이 자료는 멕시코 국경을 가로지르는 이민을 위한 고된 여정에서 생존하는 방법에 대해 멕시코 시민들을 교육하기 위해 사진 소설 양식을 사용하였다. 미국에서는 보건 기관과 공공도서관들이 스페인어 사용자들을 대상으로 중요한 보건안전 실무교육을 실시하거나 공공도서관에 대한 오리엔테이션을 제공하기 위해 사진 소설 양식을 사용하였다. 'The Fotonovela Company'는 공공 보건안전 기관들을 위해 사진 소설의 개발 및 제작을 전문화하였고, 자사 웹사이트에 자사가 출판한 사진 소설에 대한 많은 견본들을 제공하고 있다.

## 애정, 폭력, 그리고 옛 서부: 도서관 장서로써 인기있는 사진 소설과 작은 이야기 시리즈

"사진 소설"(*fotonovela*)이라는 용어와 "작은 이야기"(*historietas*)이라는 용어는 종종 서로 바꿔서 사용되기도 하지만, 전문용어로써 사진 소설의 체제는 생산과정에서 영화나 드라마의 스틸 사진들을 사용하는 반면, 작은 이야기의 체제는 컬러 또는 흑백의 선화(line drawing)를 사용한다. 1960~1970년대에 사진 소설은 로맨스 관련 시장에서 매우 대중적인 포맷이었고 주로 10대 소녀들과 주부들이 이용한 반면, 작은 이야기는 서부 테마 시리즈들을 위해 사용되었고 주로 청소년과 성인 남자들이 이용하였다. 비록 실제로 모든 사진 소설들이 스틸 사진을 사용하여 제작되지 않지만, 미국의 사서들은 멕시코와 라틴 아메리카에서 제작된 스페인어로 된 멜로드라마 류의 성인용 만화 소설(graphic novels)의 모든 유형들을 일반적으로 '사진 소설'이라 부른다. 이것은 '작은 이야기'라는 용어가 스페인어권에서 만화책(comic books)을 의미하는데 더 많이 사용되고, '사진 소설'이라는 용어는 특정한 멜로드라마 만화 소설을 언급하기 위해 사용되기 때문이다. 이용자들이 이 자료들을 요구할 때, 그들은 '사진 소설'이라는 용어 대신에 "작은 이야기", "주머니 책"(libros de bosillo), "카우보이 만화책"(comic tipo libro vaquero), "감상적인 이야기"(sentimentales), "단편 소설집"(novelas), "소설책"(novelitas), "연재 만화"(tiras cómicas) 등과 같은 용어를 사용해 요구할 수도 있다. 이러한 이유 때문에 참고면담 과정에서 특정한 사진 소설 시리즈를 언급하는 것은 그 이용자의 정보요구를 파악하는데 도움이 될 수 있다.

멕시코와 라틴 아메리카에서 사진 소설들은 일반적으로 신문 가판대에서 이용할 수 있기 때문에, 이용자들은 도서관의 단행본 서가보다는 정기간행물 서가에서 사진 소설이 있을 것이라 생각하고 있다. - 하지만 사진 소설들은 크기가 작기 때문에 다른 잡지들과 같은 서가에 배가되어서는 곤란하다. 많은 도서관들은 최신 사진 소설 장서들을 위해 CD용 회전서가를 사용하고, 이용자들이 쉽게 접근할 수 있도록 정기간행물 서가 위에 비치한다. 비록 사진 소설들은 싸구려 종이와 제본으로 인해 그 수명이 짧을 수 있지만, 많은 도서관들은 자관 목록에 사진 소설의 목록 레코드를 포함시키고 있어 대출 통계를 생산할 수 있다. OCLC에는 천권 이상의 사진 소설 시리즈 도서들에 대한 목록 레코드들이 존재하기 때문에, 신규 사진 소설에 대한 최초 목록 레코드(original catalog records)를 제작해서는 안된다. 빈번한 대출을 견뎌낼 수 있도록 정리업무 과정동안에 사진 소설의 표지와 제본을 강화하는 것은 좋은 방안이 될 수 있다.

사진 소설들이 멕시코에서 출판되기 때문에 미국 내에서의 유통은 제한적이다. 현재 미국 내에는 1곳의 사진 소설 유통업체가 존재한다.: 애리조나 주 노게일스(Nogales)에 위치한 'Latin American Periodicals'(http://www.lapmagazines.com/home. html)는 미국 내 도서관에 사진 소설을 공급하는 유일한 업체이다. 현재 이 업체는 미국 내 600개 이상의 도서관에 사진 소설을 공급하고 있으며, '카우보이 도서'(*El Libro Vaquero*), '난폭한 국경'(*Frontera Violenta*), '주간 도서'(*Libro Semanal*), '감상적 도서'(*Libro Sentimental*), '사랑과 연인'(Amoresy Amantes) 등과 같은 많은 인기있는 사진 소설 시리즈들에 대한 정기구독을 제공한다. 이 시리즈들에 대한 정기구독은 묶음 구독 형태나 개별자료 구독 형태로 판매된다.

스페인어 사용자들을 위한 대부분의 장서 개발 계획 속에는 사진 소설을 꼭 필요한(must-haves) 자료로 설정하고 있는데, 이는 주로 스페인어 사용자들이 이 사진 소설들을 읽는 것을 즐기기 때문이다(Boulé 2005; Cuesta 1990; Marquis 2003). 최근 미국 노스캐롤라이나에 거주하는 스페인어를 사용하는 도서관 이용자들의 독서 습관에 관한 연구에 따르면, 그들 중 17%는 사진 소설을 읽는 것으로 나타났다(Flythe 2001). 안타깝게도 사진 소설을 도서관 장서에 포함시킬지 여부에 대한 결정은 가끔 논쟁이 되곤 하는데, 과거 사진 소설들이 지역의 보수단체들로부터 도전을 받은 적이 있었다. 예를 들면, 2005년 반이민 단체인 '이민 개혁을 위한 콜로라도 연대'(Colorado Alliance for Immigration Reform)는 덴버 공공도서관 시스템(Denver Public Library system)에 소장되어 있는 사진 소설 장서 6,569권에 대한 검토를 실시하여 이용가능한 14개의 시리즈물 중 4개의 시리즈물들이 의문스러운(questionable) 내용을 포함하고 있다고 밝혔다("Denver Reconsiders Fotonovela Collection" 2005). *'American Libraries'*에 의하면, 이 사례에서 덴버 공공도서관은 '카우보이 도서', '난폭한 국경', '탐정 소설'(*La Novela Policiaca*), '탐정 도서'(*El Libro Policiaco*) 등의 시리즈들을 장서에서 철회하였다. 이 사진 소설들은 스페인어를 사용하는 남성 이용자들이 선호하는 자료들이었기 때문에, 이들의 입장에서 장서 철회 결정은 매우 안타까운 결정이었다. 하지만 한 시리즈 내의 모든 사진 소설들이 의문스러운 내용을 담고 있는 것은 아니며, 매주 멕시코에서 많은 양의 신간 사진 소설들이 출판되기 때문에 정부가 모든 신간 사진 소설들의 내용을 검토하기 어렵다는 것을 알아야 한다. 때때로 판매량 증가에 대한 요구에 떠밀려, 작가와 삽화가들이 창작 과정에서 일부 과도한 표현을 사용하여 도서관들이 저속하다고 고려할만한 언어나 사진들 포함하기도 한다(López Parra 2005). 이런 이유로, 목록을 작성하는 동안 서가에 비치되기 전에 사진 소설 시리즈의 개별 도서들은 저속한 내용을 포함하고 있는지에 대해 검토될 필요가 있다.

성인 독자층을 고려해 제작된 사진 소설들은 "작은 이야기", "만화책"(cómic), "연재 만화" 등으로 불리는 멕시코 만화책들과 반드시 구분되어야 하는데, 이 만화책들은 중산층과 상류층 어린이와 청소년들에게 맞춰져 있고 미국이나 일본의 인기 만화책에 상당히 기초하고 있다. 그리고 사진 소설 시리즈들은 모든 연령층이 함께 읽는 고전적인 멕시코 만화책(*La Familia Burrón, Kalimán* 등과 같은)과도 다르다. 사진 소설들은 멕시코 만화책과 다른 스페인어 만화 소설들과 달리, 삽화를 포함한 로맨스, 서부극, 또는 불쾌한 현실을 보여주는 경찰 드라마 등을 내용으로 성인 독자들을 고려하여 제작되었다. 최근 몇 년간 사진 소설들은 여성을 비하하고 성적으로 노골적이거나 지나치게 폭력적인 언어와 삽화를 포함하고 있다는 비판을 받아왔다. 이러한 이유 때문에 사진 소설에는 여러 범주가 존재한다는 것을 알 필요가 있다. '핑크빛 사진 소설'(*fotonovela rosa*) 또는 '부드러운 사진 소설'(*fotonovela suave*)은 감상적 테마와 동화같은 결말(quasi-fairy-tale endings)이 포함된 전통적 로맨스 장르이다. '주간 도서', '감상적 도서'와 같은 시리즈들이 여기에 속하는 대표적 사례인데, 여성 등장인물들이 과장된 특징들을 가지고 있고 여성이 주인공일 경우에도 여성은 이야기의 결말을 결정하는 과정에서 전형적으로 소극적인 역할을 담당한다. 최근에 나온 범주이며 중간 정도의 포르노물이라 할 수 있는 '붉은 사진 소설'(*fotonovela roja*)은 불쾌한 현실(gritty reality)을 다루고 있고 강간, 가난, 약물 중독과 같은 테마를 포함하고 있다. '눈물의 계곡'(*Valle de Lagrimas*) 시리즈는 여기에 속하는 대표적 사례이다.

주석이 포함된 아래의 사진 소설 리스트에는 붉은 사진 소설과 부드러운 사진 소설에 속하는 시리즈들이 포함되어 있다. 아래의 리스트에 포함된 대부분의 사진 소설들은 'Latin American Periodicals'를 통해 정기구독 계약이 가능하며, 현재 미국 내 공공도서관의 장서에 포함되어 있다. 이 시리즈들에 대한 견본 도서들은 멕시코에서 생산된 대중적 출판물들을 수집하는데 전념하고 있는 디지털 아카이브인 *'Popular Print: Hermosillo'*에서 이용할 수 있다.

## 사진 소설 시리즈 도서들

'카우보이 도서'(*El Libro Vaquero*). 'Nueva Impresora y Editora'에서 출간되었으며, 각 도서는 컬러 삽화로 되어 있고 19세기 미국 서부를 배경으로 하고 있다. 이야기는 보통 폭력적인 충돌이나 투쟁에 참여하고 있는 강한 남성 등장인물들과 아름다운 여성 등장인물들을 중심으로 돌아간다. 이야기의 배경 대부분이 미국과 멕시코 국경을 따라 형성되어 있지만, 이야기에는 보통 멕시코 역사는 언급되지 않으며 그 당시의 국가적 관점이 포함되지는 않는다.

'난폭한 국경'(*Frontera Violenta*). 카우보이 소설과 유사한 배경을 가지고 있는 이 시리즈는 'Nueva Impresora y Editora'에서 출간되었으며, 컬러 삽화로 되어 있고 19세기 미국 서부를 배경으로 하고 있다. 대부분이 국경 지역을 배경으로 하고 있다. 이야기에는 강한 남성과 아름다운 여성 등장인물을 중심으로 돌아가는데, 이들은 멕시코인 또는 미국 백인, 미국 원주민 등이며, 어떤 종류의 충돌이나 투쟁에 참여하고 있으며 때로는 폭력에 관여한다.

'주간 도서'(*El Libro Semanal*). 이 시리즈는 'Nueva Impresora y Editora'에서 출간되었으며, 삽화는 흑백으로 되어 있다. 각 권에는 멕시코시티 같은 현대 도시를 배경으로 중산층과 상류층 남성과 여성이 등장한다. 이야기는 보통 어떤 도덕적 교훈에 관한 내용이며 인기있는 TV 연속극(*telenovelas*)의 이야기 구조와 매우 흡사하다.

'감상적 도서'(*Libro Sentimental*). 이 시리즈는 'Nueva Impresora y Editora'에서 출간되었으며, 삽화는 흑백으로 되어 있다. 각 권의 이야기는 미국이나 멕시코의 중산층이 거주하는 도시 또는 도시 외곽을 배경으로 하고 있다. 이야기는 보통 남녀간의 관계와 관련된 갈등을 다루고 있고, 탐욕과 허영과 같은 죄악에 관한 테마나 한 여성의 관점에서 본 가정 폭력, 애정 문제, 욕망에 대한 이야기들을 포함하고 있다.

'사랑과 연인'(*Amores y Amantes*). 이 로맨스 시리즈는 'Editorial Mango'에서 출간되었으며, 삽화는 흑백으로 되어 있다. 여기에는 도시에 거주하는 중산층을 배경으로 하고 있으며, 젊은이의 사랑, 금지된 사랑, 진정한 사랑에 대한 이야기를 다루고 있다.

'카우보이의 모험'(*Aventuras de Vaqueros*). 이 시리즈는 'Mina Editores'에서 출간되었으며, 삽화는 풍부한 컬러로 되어 있다. 옛날의 미국 서부를 배경으로 남녀간의 모험, 욕망, 사랑에 대한 이야기를 다루고 있다. 이야기는 미국과 멕시코 국경 지역을 따라 전개되며, 미국 원주민, 멕시코인, 미국 백인들 사이의 폭력적 갈등을 포함하고 있다.

'탐정 도서'(*El Libro Policiaco*). 이 시리즈는 'Nueva Impresora y Editora'에서 출간되었으며, 컬러 삽화로 되어 있다. 각 이야기들은 미국이나 멕시코, 라틴 아메리카의 도시 거리를 배경으로 하며, 이야기는 전통적인 탐정 소설 테마로 모든 인종과 마약 거래상과 같은 도시의 악당 등 현대 사회의 인물들이 등장하는데, 이들 중 대부분은 폭력적인 결말을 맞게 된다.

## 참고문헌


Boulé, Michelle. 2005. "Examining a Spanish Nonfiction Collection in a Public Library." *Library Collections Acquisitions and Services* 29: 403-11.

Campbell, Bruce. 2009. *Viva la Historieta: Mexican Comics, NAFTA, and the Politics of Globalization*. Oxford: University Press of Mississippi.

Cuesta, Yolanda J. 1990. "From Survival to Sophistication: Hispanic Needs = Library Needs." *Library Journal* 115(9): 26-28.

"Denver Reconsiders Fotonovela Collection." 2005. *American Libraries* 36(8): 12-13.

Flythe, Frances H. 2001. "Identification of the Information Needs of Newly Arrived Hispanic/Latino Immigrants in Durham County, North Carolina, and How the Public Library May Address Those Needs." Master's thesis, University of North Carolina, Chapel Hill. http://ils.unc.edu/MSpapers/2666.pdf.

Güereña, Salvador, and Vivian Pisano, eds. 1998. "Other Periodicals: Fotonovelas." In *Latino Periodicals: A Selection Guide*. Jefferson, NC: McFarland.

Krashen, Stephen. 2004. *The Power of Reading*. 2 nd ed. Englewood Cliffs, NJ: Libraries

Unlimited.

López Parra, Raul. 2005. "El Libro Vaquero: Un Clásico de la Cultura Popular." *Revista Mexicana de Comunicación* 99.

Marquis, Solina. 2003. "Collections and Services for the Spanish-Speaking." *Public Libraries* 42(3): 172-77.

Naylor, Shelly, and Susan M. Frey. 2006. "Where Cultural and Information Literacy Meet: Serving Spanish-Speaking Library Users in Indiana." *Indiana Libraries* 25(4): 2-7.

Ulloa, Sergio. 2008. "Pulp Fiction: Mexico's Historieta." Mexconnect, http://www.mexconnect.com/articles/1759-pulp-fiction-mexico-s-historieta.

# 만화 소설을 통해 다가가기

마이클 부오노

만화 소설(graphic novel)은 도서관에 적합한 자료이다. 여러 도서관계 저널들 속에는 왜 만화 소설과 다른 만화책들(comics)이 도서관의 장서에 포함되어야 하는지에 대한 많은 기사들이 존재한다. 만화 소설이 다문화 주민들에게 특별히 중요한 몇 가지 요인들은 다음과 같다. 첫째, 만화책은 훌륭한 ESL 자료이다. 둘째, 소수자 집단 출신의 열광적인 팬들을 많이 보유하고 있다. 셋째, 만화책은 자기 역량 강화의 주제들을 가지고 있고 일상생활의 어려움들에 대해 초점을 맞추고 있다. 넷째, 만화책은 세계적인 예술의 형태이며, 대다수의 사람들이 그에 대해 인식하고 있다.

## 만화책과 문해력

간단한 본문과 시각적 속성으로 인해, 만화책은 문해력 증진을 위한 훌륭한 도구로 자주 추천된다. 영어가 모국어가 아닌 성인 독자들에게 있어, 만화책은 읽고 이해하기 쉬우며 그들이 알기 쉽게 이야기를 전해준다. 이야기 흐름은 복잡하고, 등장인물들은 세부적으로 묘사되어 있다. 이런 이유로 만화책은 문해력 교육을 위한 최고의 도구라 할 수 있다.

만화책의 본문 대부분은 대화이다. 이는 단어의 대부분이 대화체 형식이며, 문장들은 미국 출생자들이 말하는 방식을 바탕으로 하였음을 의미한다. 미국 내 여러 지역의 말투는 어휘의 철자와 문장의 운율(cadence)에서 일관되게 표현된다. 전문용어와 관용구 그리고 영어의 다른 측면들도 역시 설명된다. 많은 만화책들은 외국에서 출판되는데, 이는 다문화 이용자들이 그들의 모국어로 같은 만화책을 읽고 자라왔을 수도 있음을 의미한다.

## 다양성을 가진 장서의 개발

다양성을 가진 장서는 매우 중요하다. 나는 이러한 장서를 개발하는 과정에서 5개의 매우 중요한 교훈들을 얻었다.

**교훈 1** : 모든 소수자 출신 영웅들을 장서에 포함하려고 해서는 안된다. 누가 그 만화책을 집필했는지에 따라, 그들의 묘사는 우스꽝스러운 것부터 모욕적인 것까지 다양할 수 있다.

**교훈 2** : 내가 생각한 것보다 더 많은 소수자 출신 영웅들이 있다. 상대적으로 덜 알려진 이 많은 영웅들은 소수자 만화 팬들에게 깊이 감동을 주고 있지만, 이들 집단 외부에서는 사실 이 영웅들을 잘 모른다.

**교훈 3** : 다문화 장서개발을 위한 최고의 원천은 바로 소수자 팬들이다. 만화 소설들은 사서직의 서평 관련 문헌들 중에서 상대적으로 작은 비중을 차지하고 있다. 도서관 직원 중에서 소수자 비평가들도 상대적으로 작은 비중을 차지하고 있어서 나는 인터넷으로 눈을 돌렸다.

**교훈 4** : 다양성을 가진 장서는 스파이더맨, 배트맨, 기타 유명 주인공이 등장하는 만화책을 제외한 장서를 의미하지 않는다. 비록 이 주인공들의 특징은 매우 흔한 것이지만, 그들은 대단한 인기를 가지고 있다. 스파이더맨, 배트맨, 수퍼맨은 세계적으로 유명하다.

**교훈 5** : 일본 만화인 망가(manga)는 모든 규칙들을 파괴한다. 망가에서 비 일본인에 대한 묘사는 대체로 우스꽝스럽게 나쁘거나 무례하게 되어 있지만, 그 팬층은 다양하다. 망가는 자주 약자(underdog)의 이야기에 초점을 맞춘다. 투쟁, 자신에 대한 믿음, 힘든 노동은 반복되는 테마이다. 이 같은 보편적 테마들은 비 일본인에 대한 이상한 묘사에도 불구하고, 다양한 배경의 팬들이 더 많은 망가를 보러 오도록 만든다.

## 인터넷 괴짜들에 대한 신뢰

소수자 이용자들을 즐겁게 하고 깨우치기 위한 자료들을 발굴하기 위한 가장 좋은 방법은 인터넷 괴짜(internet nerds)에게 도움을 구하는 것이다. 인터넷에는 소수자 주인공에 대해 소수자 팬들이 쓴 많은 블로그들이 존재한다. 이러한 블로그의 작성자들은 내가 앞으로 가질 수 있는 것보다 더 많이 자신들의 문화에 대해 이해하고 있다. 블로그 매체가 가지는 한계가 있지만, 그들이 만화책 팬이라는 사실이 중요하다. 그들은 보배 같은 작품들을 찾기 위해 새로운 출판물들을 조사하며, 그러한 작품을 찾았을 때 진심어린 지지를 보낸다. 그들이 추천하는 모든 만화책들에 소수자 주인공이 등장하는 것은 아니며, 가장 사랑받는 소수자 인물들 중 일부는 다른 국적을 가진 사람들에 의해 창작되었다.

이러한 블로그들은 소수자 팬들이 부닥치는 여러 사안들에 대해 알고 싶은 사람에게도 도움이 된다. '할리우드'(Hollywood)는 여전히 등장인물들에 대해 백색 칠(whitewashing)을 하고 있다. 여성 예술가들과 작가들은 그들의 능력과 대중성에도 불구하고 큰 작품에서 여전히 배제되고 있다. 더 많은 소수자 등장인물을 원하는 팬들로부터 만화책 창작자들, 특히 소수자 만화책 창작자들이 가장 빈번하게 받는 조언은 "스스로 인물을 창조하라"는 것이다. 전체 웹사이트들이 이러한 사안들을 다루고, 'Geekqulaity', 'Has Boobs', 'Reads Comics', 'Racialicious', 'Black Superhero Fan' 등과 같은 비평 블로그를 읽는다면 많은 정보들을 모을 수 있다.

## 만화책의 이용 촉진

이용 촉진은 서적상과 사서에게 중요한 것이며, 특히 표지 그림 제작은 그 만화책의 "매출"에 큰 영향을 미친다고 할 수 있다. 만화책 제작 회사는 표지가 그 만화책을 판매에 있어 얼마나 중요한지 알기 때문에, 특별히 표지 그림을 위해 예술가들에게 돈을 지불한다. 표지 그림 제작은 고객에게 만화책을 판매하는데 있어 중요한 부분이다. 내가 청소년 부서에서 일하게 된다면, 나는 훌륭한 표지를 가진 책과 만화 소설들을 가지고 와서 책상 위에 자주 전시할 작정이다. 나는 청소년들이 자기 친구들이 보지 않을 때, 조심스럽게 그 책들을 뽑아드는 모습을 보는 것을 사랑한다.

소매 서점들은 표지면 전면 배가(face outs)를 매우 적극적으로 활용한다. 이 방식은 서가 위의 책의 방향을 변경하여, 책등이 아닌 전면의 표지가 앞쪽으로 드러나게 만든다. 이 방식은 전시된 도서의 이용을 증진시키는 좋은 방법으로, 전시된 도서를 받치기 위해 그 뒤에 값싼

플라스틱 받침대를 놓을 수도 있다. 사서가 채택한 많은 전통적 이용 촉진 방법들은 만화책의 경우에 특히 잘 적용된다.

소수자 영웅들은 보통 한 팀의 구성원이거나 엄밀히 따지면 주변 인물들이다. '마블'(Marvel)사와 '디씨'(DC)사[12]의 거의 모든 수퍼 히어로들은 자신이 주인공이 아닌 작품에서 데뷔한다. 가끔 그들은 만화 소설의 표지에 등장하지 않는다. 나는 많은 도서관들이 전시를 위해 만화책 표지 이미지의 출력물들을 준비하는 것을 봐왔는데, 만화책 속의 등장인물들을 가지고도 이러한 일을 할 수도 있다. 마블사, 디씨사, 그리고 다른 회사들은 만화책 속의 등장인물을 홍보 이미지로 제공한다. 그러므로 당신은 등장인물들과 그들의 프로필을 뽑아내서 같은 방식으로 전시를 할 수 있다.

## 당신이 만화책을 좋아하지 않더라도 만화책을 존중하라.

관련 연구, 만화 산업의 규모, 수퍼 히어로 영화의 확산, '디즈니'(Disney)사의 마블사 인수 등 이 모든 것에도 불구하고, 사람들은 여전히 만화책의 가치에 대해 의문스러워한다. 사실, 이는 일부 사람들이 단지 만화책을 좋아하지 않기 때문인데, 그것은 문제가 되지 않는다. 만화책과 만화 소설은 모든 사람들을 위한 것이 아니다. 하지만 모든 표현 매체들은 존중받을 가치가 있으며, 따라서 만화책들도 존중받을 필요가 있다.

마블사와 디씨사의 등장인물들은 취학 전 아동부터 모든 연령의 사람들을 대상으로 한 자료들에 등장한다. 만화책이나 만화 소설에 대한 토론에 참여하기 위해 특별한 신체적 조건이나 특별한 능력이 필요하지 않다. 만화책을 향해 자라난 열정은 평생을 지속할 수 있다. 평생의 팬이 된 사람은 만화책을 계속 읽을 것이며, 또한 만화책이 아닌 자료들도 읽으려 할 것이다. 예를 들어, 올슨 스캇 카드(Orson Scott Card), 딘 쿤츠(Dean Koontz), 스티븐 킹(Stephen King), 닐 게이먼(Neil Gaiman) 등과 같은 유명한 저자들도 모두 만화책을 집필했다. 게이먼이 만화책을 통해 출발했다는 것은 분명한 사실이지만, 당신은 그가 스토리를 담당한 '샌드맨'(Sandman)의 팬들에게 그의 저서 '*Neverwhere*'를 건네주며 그들에게 산문(prose)을 읽게 할 수 있다.

만화책은 성인(부모, 가족 구성원, 멘토, 교사 등)과 어린이가 함께 즐기기 쉬운 책이다. 만화책은 여러 세대에 걸친 팬들을 가지고 있고, 나아가 팬 커뮤니티를 보유하고 있다. 이와 같

12) 이 두 업체는 배트맨, 아이언맨, 스파이더맨 등의 수퍼 히어로들을 주인공으로 한 만화 소설(graphic novel)을 제작하는 대표적인 업체들이다.(역자 주)

은 팬 커뮤니티는 다른 팬 커뮤니티들과 중복된다. 그 팬층은 믿을 수 없을 정도로 활동적이며, 의견을 잘 표출하며, 만화 산업에 참여한다. 또한 팬 커뮤니티는 고립된 개인들을 환영한다.

## 지역 내 팬 활동들에 대해 잘 알아야 한다.

당신이 일하는 지역에서 새로운 팬 또는 오래된 팬을 다양한 활동으로 연결시키는 것은 당신의 이용자들에게 큰 서비스가 될 수 있다. 전국에 걸쳐 여러 '코믹 콘'(Comic Con)[13]들이 열린다. 일부는 크고 유명하며, 다른 것들은 소규모이다. 거의 대부분의 코믹 콘에서 팬들은 자원봉사를 하거나 행사를 주최한다. 당신이 만화책을 좋아하든 아니든, 팬들을 이러한 행사로 연결시킨다면 당신이 그들과 관계를 형성하는데 도움을 받을 수 있다. 이러한 활동은 만화책에 대한 존중 이상을 의미하며, 당신은 그들이 원하는 정보와 그들을 연결하는데 관심이 있다는 것을 보여준다.

## 팬 픽션

많은 팬들은 '팬 픽션'(fan fiction)[14]에 참여한다. 그들은 그들이 사랑하는 특정 만화책의 세계에서 자신만의 이야기를 만들거나 등장인물들이 참여하는 새로운 시나리오를 만든다. 팬 픽션은 최고로 잘 만들어진 자료가 될 수 없을지라도, 한 팬이 산문을 읽고 쓰는데 참여할 수 있는 기회를 제공한다. 팬 픽션을 시작하게 만드는 것은 쉬운 일이며, 이는 자신의 상상력을 배양하는 기회를 팬들에게 제공하는 것이다.

---

13) 코믹 컨벤션(Comic Convention)의 축약형으로, 만화를 기반으로 한 일종의 문화 페스티벌(네이버 참조, 역자 주)

14) 특정 스타, 영화, 만화 등의 팬들이 자생적으로 만든 허구적 이야기(역자 주)

## 코믹 컨벤션

당신의 관심사가 당신의 이용자들이 산문을 읽게 만드는 것이라면, 만화 부문에 속하지 않는 저자들도 코믹 컨벤션에 자주 등장하며, 그들의 저서를 알려주는 것은 누군가가 산문을 읽도록 만드는 좋은 방법이 될 수 있음을 알 필요가 있다. 대부분의 행사 시간동안 자원봉사자들은 코믹 컨벤션에 무료로 입장할 수 있다. 만일 당신이 만화 업계에 대해 더 많이 알고자 한다면, 지역의 코믹 컨벤션에 자원봉사로 참여하는 것도 좋은 방법이 될 수 있다. 주말을 포기한 대신에 얼마나 많이 배울 수 있는지를 알게 된다면, 아마 당신은 깜짝 놀랄 것이다.

나는 우리 도서관의 만화책 장서에 대한 아이디어를 얻고 새로운 만화관련 소식들을 접하기 위해, 2011년 10월에 개최된 '뉴욕 코믹 콘'(New York Comic Con)에 참가하였다. 이 행사에서 나는 몇 가지 아이디어를 얻기 위해, "항상 검은 쪽에 베팅하라"(Always Bet on Black)[15]는 제목의 토론회에 토론자로 참석하기로 결정했다. 이 토론회는 만화책 속의 흑인 역사에 대한 주제로 홍보되었는데, 나는 내가 놓쳤던 몇 개의 고전 만화들에 대해 알아낼 수 있을 것이라 판단했다. 이 토론회를 통해 흑인 만화책 팬들의 내부 활동을 볼 수 있었기 때문에, 이 토론회는 진정으로 영감을 주는 소중한 경험이었다. 나는 존재하는지도 몰랐던 만화 영웅들에 대해 알게 되었고, 우리 도서관의 만화 장서에 대해 더욱 비판적으로 바라볼 수 있게 되었다.

나는 우리 도서관의 장서가 우리 지역의 인종과 관심사들을 반영하도록 개선하고 싶은 강력한 욕구를 가지고 돌아왔다. 이러한 욕구는 만화책 장서 내에서 달성하기 쉽지 않은 과제이지만, 나의 마지막 조언을 전하자면 다음과 같다.: 한 팬이 만화책들 속에서 자기 인종에 대한 묘사 때문에 화가 난 채로 당신에게 다가온다면, 당신이 항상 하던 일을 하라. 그리고 만화 시장은 그 팬이 속한 인종 출신의 현실적인 영웅을 위해 열려 있으며, 소수자 등장인물 또는 소수자 창작자들이 충분히 존재하지 않은 상황에서 만화업계를 변화시키는 가장 빠른 방법은 내부로부터 나와야 한다는 점을 이야기하라.

---

15) 아프리카계 미국인 배우가 주연한 〈Passenger 57〉라는 영화에 등장하는 유명한 대사인데, 토론회의 내용이 만화 속 흑인에 관한 것이라 토론회 제목으로 차용한 것으로 보인다.(구글 참조, 역자 주)

# 제4장

# 기술의 적용

## Applying Technology

# 다국어 용어사전 프로젝트와 마이랭귀지

## 다문화 이용자를 위한 도서관 서비스를 지원하는 두 개의 온라인 프로그램

오리아나 아세베도, 니키 로 비앙코

공공도서관은 지역사회의 모든 구성원들이 접근할 수 있어야 하고 그들과 밀접히 관련되어야 한다. 하지만 제한된 자원과 시간을 가진 도서관들이 이와 같은 과업을 달성하는 것은 때로 어려울 수도 있다. 이 어려운 과제를 해결하기 위해 두 개의 프로그램이 만들어졌는데, 하나는 호주의 뉴 사우스 웨일즈 주립도서관(State Library of New South Wales, 이하 SLNSW)을 통해, 다른 하나는 호주 내 주립도서관들(state and territory libraries)의 컨소시엄을 통해 수행되었다. 이 두 프로그램은 다문화적인 지역사회의 요구에 더 많이 기여하고자 하는 도서관 직원들에게 실무적 지원을 제공하기 위해 특별히 고안되었다. 두 프로그램은 도서관의 위치나 규모에 관계없이 여러 도서관 직원들에게 유용한 실무적인 자원들을 한곳으로 모으기 위해 온라인 도구들을 활용한다.

## 다국어 용어사전 프로젝트

### 배경

뉴 사우스 웨일즈(New South Wales, 이하 NSW) 주는 호주 내에서 가장 문화적으로 다양한 지역 중 하나이다. 주민들의 출생지는 200개국 이상이며, 주민의 26%가 가정에서 영어가 아닌 다른 언어를 사용한다(Australian Bureau of Statistics 2006). SLNSW는 호주 내 가장 오랜 역사를 가진 도서관들 중 하나로, 그 역사는 1826년 '호주 대출 도서관'(the Australian Subscription Library)의 설립부터 시작되었다. 1869년 NSW 정부는 이 도서관에 대한 운영 책임을 이양받아, NSW 주민들을 위해 진정한 최초의 공공도서관 서비스를 제공한 '시드니 무료 공공도서관'(the Sydney Free Public Library)을 조직하였다. 1895년 이 도서관의 이름을 '뉴 사우스 웨일즈 공공도서관'(the Public Library of New South Wales)으로 변경하였고, 1975년에 다시 SLNSW로 변경하였다. 뉴 사우스 웨일즈 도서관 평의회(the Library Council of NSW)는 SLNSW의 관리 기구이다(Library Council of New South Wales 2005, 4).

SLNSW는 변화하는 이민 양식과 문화적으로 다양한 지역사회의 변화하는 정보요구에 반응하는 양질의 통합적인 다문화 도서관 서비스를 제공할 책무를 가지고 있다. SLNSW는 자체적으로 소장한 43개 언어로 된 장서와 다문화 서비스에 대한 접근을 제공하며, 다문화 도서관 서비스를 제공하는 274개의 모든 NSW 공공도서관들을 지원한다. 그리고 SLNSW는 주 내 공공도서관들과 NSW 지역 내에서 다문화 도서관 서비스를 장려하고 지원하며, SLNSW를 위한 다문화 관련 정책을 개발하는 특별한 책임을 가진 1명의 다문화 컨설턴트도 확보하고 있다.

NSW의 규정에 따라, 우리 공공도서관 서비스는 접근과 평등의 개념을 포함하는 사회적 책임성을 가진다. 도서관의 서비스들은 정보와 사상에 대한 시민들의 제한 없는 접근이라는 원칙을 지지한다. 정보 리터러시는 참여 시민정신, 사회적 통합, 지식의 창출, 평생 학습을 위한 근본이다.

### 다국어 용어사전 : 의사소통과 안내표지 도구

이 도구는 SLNSW가 주관하여 NSW 뿐만 아니라 인터넷을 통해 전 세계적으로 도서관 직원들의 요구를 충족하기 위해 제작한 생산물이다. 다국어 용어사전은 도서관들을 위한 안내표지 도구로써, 전문적으로 번역되어 있고 문화적으로 적합하게 만들어져있다. 이 용어사전은 무료로 제공되며, 국제적인 도서관 기반 다문화 서비스에 기여하는 혁신적인 결과물이라고 할 수 있다.

다음과 같은 이유로 다국어 용어사전에 대한 요구는 분명하다.:

- 한 도서관의 환경 내에서, 번역 서비스의 제공 수준은 커뮤니티가 요구하는 수준에 비해 상대적으로 낮다.
- 국제적인 도서관의 모범 사례는 지역사회에 대한 적극적 참여의 필요성과 비영어(the languages other than English, 이하 LOTE) 장서와 이용자 사이에서 도서관의 적극적 중재 역할을 강조하고 있다.
- 도서관 직원들은 향후 인터넷을 통한 서비스의 제공에 우선권을 두고 있다.

일부 도서관들이 다국어 능력이 있는 직원들을 보유하고 있지만, 이들은 보통 통역/번역 관련 유자격자들이 아니거나 그 지역사회 내의 주요 언어사용 집단들을 충분하게 대표하지 못하는 실정이다. 그리고 대중을 지원하기 위해 필요한 언어 능력을 가진 도서관 직원들이 언제나 이용 가능한 것도 아니다.

이 프로젝트의 목적은 문화적, 언어적으로 다양성이 있는(culturally and linguistically diverse, 이하 CALD) 커뮤니티 구성원들에게 공동체 삶에 더 많이 참여할 수 있는 기회를 제공하고, 그들이 공공도서관들이 보유한 정보와 오락을 위한 정보자원에 평등하게 접근할 수 있도록 지원하는데 있다. 특히, 이 프로젝트는 CALD 이용자들의 도서관 서비스에 대한 접근을 가로막는 언어 장벽을 극복하고 도서관 환경을 더욱 이용자 친화적으로 만드는 것을 목표로 한다. 예를 들어, CALD 이용자들이 사용하는 언어로 된 건강 관련 정보가 있음을 알려주거나 그들이 요청한 도서관 자료가 이용 가능한 상태임을 알려줄 때, 도서관 직원들은 이 용어사전이 매우 유용하다는 것을 알 수 있다.

## 다문화 용어사전은 어떻게 만들어졌나?

NSW 내 다문화 도서관 서비스 실무 그룹은 모든 도서관들이 쉽게 접근할 수 있고, 특정한 기술, 그리고 언어 능력을 가진 직원이 없어도 제약을 받지 않는 도구를 개발할 필요성을 인식하였다. 번역 소프트웨어와 같이 웹에서 접근할 수 있는 대안들(web-accessible alternatives)이 있는지 모색했지만, 그 대안들은 문법적으로 부정확하거나 문화적으로 부적합한 번역을 제공하였기에 신뢰할 수 없다고 판단되었다.

용어사전은 NSW 내 공공도서관에 근무하는 다문화 사서들로 구성된 한 위원회가 개발하였다. 그들 대부분은 광역 시드니 지역의 도서관에 근무하였고, 영어는 그들의 두 번째 언어였다. 그들은 2년 이상 협력 번역(cooperative translations)에 대한 다양한 접근을 시도하였고, 그 결과로 도서관 용어 사전을 개발하였다. 그 후 그들은 SLNSW로부터 조언을 구하기로 결정하였다. 그 노력은 이미지와 크기별 서체(font)들을 관리할 수 있는 데이터베이스 제작을 위한 명세서로 이어졌다. 연구단계에서 SLNSW의 정보기술 부서는 실행 모델(feasible model)과 시제품을 개발하였는데, 이를 통해 이 용어사전은 효율적이며, 공공도서관들이 NSW 내의 문화적으로 다양한 커뮤니티들과 효과적으로 의사소통하고 아웃리치를 증진하는데 필요한 기능들을 제공할 수 있다고 판명되었다.

다국어 전문 정보기술 회사인 'eTranslate'는 데이터베이스 개발을 위한 계약을 수주하였다. 두 달 이상의 기간 동안 이 업체는 6,958개의 파일들을 개발하였는데, 이는 142개의 어휘들과 문장들을 49개 언어로 번역한 것이다. 실무 그룹은 공공도서관 네트워크 전체에서 번역 내용에 대해 확인하고 논의할 수 있는 적절한 언어 능력을 가진 사람들을 파악하였고, 이들은 데이터베이스 내의 어휘들과 문장들이 도서관 환경에서 사용하기 적합한 것으로 판단하였다.

### 프로젝트의 지속가능성

페어필드 시티(Fairfield City) 도서관장, 다문화 사서들로 구성된 위원회, 그리고 SLNSW의 다문화 컨설턴트 등으로 구성된 프로젝트 관리 그룹은 계속해서 이 프로젝트를 관리하고 있다. 이 데이터베이스는 SLNSW가 SLNSW의 홈페이지를 통해 계속 운영하고 있다. 실무 그룹은 매 2년마다 이 데이터베이스를 검토하여 적합하게 수정 작업을 실시한다. 예를 들어, 최근 '카세트'(*cassettes*)나 '비디오'(*videos*)와 같이 더 이상 NSW 내 공공도서관에서 적합하지 않은 어휘들은 제거되고, '건강 정보'(*health information*)와 같은 구절(phrase)은 다문화 건강 인식에 관한 프로젝트를 지원하기 위해 추가되었다.

## 다국어 용어사전의 사용

이 용어사전은 특정한 도서관 서비스 관련 영어 구절들을 입력하면 아라비아어, 중국어, 러시아어, 태국어 등을 포함한 41개의 비영어권 언어로 된 해당 구절을 검색해낸다.

다문화 용어사전은

- 어떤 영어 구절을 입력하면, 동일한 내용의 비영어 구절을 검색해낸다.
- 다른 기술 수준을 가진 도서관들이 용어사전 내 정보에 접근하는 것을 허용한다.

이 용어사전은 데이터베이스로 'SQL 2000'을 사용하며, 인터넷 접속용 웹서버 운영을 위해 'Cold Fusion'을 사용한다.

## 결과물

다국어 용어사전은 다음과 같은 장점을 가지고 있다.

- 다국어로 정보를 제공하는 비용-효과적인 수단
- 공공도서관들이 변화하는 지역사회의 인구 구성에 신속히 반응하는 것을 지원
- 지역사회의 다양성 있는 구성원들에게 봉사를 제공하는 능력의 향상
- 지방과 농촌 지역의 CALD 커뮤니티에 대한 도서관 서비스들을 장려
- 더 나은 기술(특히, 비 로마자에 관한 기술)의 사용
- CALD 도서관 이용자들을 위한 정보에 대해 독립적인 접근
- NSW 도서관들을 위한 안내표지와 정보의 표준화(이 장점은 도서관 서비스에 대한 접근을 가로막는 언어적 장벽을 극복하는데 있어 CALD 이용자들을 지원하며, 도서관 환경을 더욱 이용자 친화적으로 만들 수 있다.)
- 목표대상 주민들에 대한 정보 제공을 지원함으로써 서비스 격차를 해소할 기회 제공
- 새 이민자들과 여전히 언어 장벽에 직면한 구성원들이 포함된 기존 이민자 커뮤니티 모두를 위한 지원

특정 맥락에서 보편적으로 사용되는 용어들을 수집한다는 이 데이터베이스 개념은 도서관 환경을 넘어 다른 환경에서도 응용될 수 있다. 예를 들어 골드 코스트 시티(Gold Coast

City)는 애완동물 허가, 쓰레기 수거, 재활용 등과 같은 서비스들에 대해 여러 언어로 작성된 번역된 정보를 저장하는 유사한 데이터베이스의 개발을 모색하였다.

### 전 세계의 이용자들

이 용어사전 데이터베이스는 인터넷을 통해 전 세계의 이용자들도 이용할 수 있다. 이 용어사전은 무료이며, 세계적인 범위에서 도서관 기반 다문화 서비스 향상에 기여하는 혁신적인 결과물이다. "추가할 구절을 신청하세요"(Request a phrase)를 통해 밴쿠버 공공도서관, 브룩클린 공공도서관(Brooklyn Public Library), 웰링턴 시(Wellington City) 등으로부터 긍정적인 피드백을 받고 있다.

## 마이랭귀지

### 배경

'마이랭귀지'(myLanguage)는 오스트레일리아 수도 준주(Australian Capital Territory), 뉴 사우스 웨일스 주(NSW), 노던 준주(Northern Territory), 퀸즐랜드 주(Queensland), 사우스 오스트레일리아 주(South Australia), 빅토리아 주(Victoria), 웨스턴 오스트레일리아 주(Western Australia) 등의 주립도서관들 사이의 협력을 통해 2005년에 개발된 웹사이트이다. 여러 도서관들이 호주 안에서 사용되는 많은 언어로 된 물리적 형태의 정보자원들을 충분히 제공하기 어려운 상황에서, 이 서비스는 65개 언어로 된 웹사이트, 검색 엔진, 웹 디렉토리, 뉴스 등을 통해 온라인 정보 접근을 제공한다. 또한 이 웹사이트는 도서관 직원들이 호주 내 CALD 커뮤니티들을 대상으로 다문화 서비스를 개발하고 프로그램들을 홍보하는데 도움을 주는 정보자원들을 제공한다.

2010년 개선된 비전과 새로운 과제들을 통해 이 프로젝트의 중요한 방향전환이 결정되었는데, 그 방향은 새로운 기술과 웹 2.0을 활용하여 CALD 커뮤니티들을 위한 '디지털 포용'(Digital Inclusion)을 강조하는 것이었다. 그 결과, 2011년 11월 도서관들이 정보, 언어, 문화에 접근하려는 호주의 다문화 커뮤니티들을 지원할 수 있도록 한 차원 향상되고 상호작용이 더욱 강화된 웹사이트의 1단계가 출범하였다. 현재 이 웹사이트는 도서관 직원들이 서비스를 개발하고 도서관 이용을 장려하는 과정에서 필요한 도구들과 정보자원을 무료로 제공하고 있다.

다음의 비전 선언문은 마이랭귀지를 위한 협력 업무를 제시하고 있다.

비전 2010-2015 : 마이랭귀지는 도서관을 통해 CALD 커뮤니티들이

- 더 큰 사회적 포용을 달성하고
- 문화적, 언어적 정체성을 유지, 강화하도록 만들기 위해서 정보기술을 사용할 것이다.

과제 : 마이랭귀지는

- 다국어 정보자원 개발을 위해 모든 부문들이 참여하는 협력적 동반자 관계를 개발한다.
- 마이랭귀지를 추가 개발하여, 혁신적 방안들을 실행한다.
- 다문화 커뮤니티의 언어들로 만들어진 다양한 정보자원에 대한 접근을 강화한다.
- CALD 커뮤니티들의 정보요구를 이해하고 정보요구에 적극 대응한다.
- 다문화 서비스 제공을 지원함으로써 공공도서관의 역할을 드높인다.
- CARD 커뮤니티들을 위한 디지털 포용과 사회적 포용 및 그 가치를 지지한다.

## 도서관 이용을 장려하는 실용적 방법들

새로운 마이랭귀지 웹사이트는 도서관, 서비스 제공자, 다문화 커뮤니티, 개인들이 정보를 찾고 공유하며, 효과적인 서비스와 프로그램의 개발을 위한 도구를 발견할 수 있는 온라인 허브 역할을 수행한다. 도서관의 관점에서 본 주요 기능들은 아래와 같다.

## 65개 이상의 언어로 된 검색엔진, 웹 디렉토리, 뉴스

이 기능은 특히 자신의 모국어로 인터넷을 탐색하는 새로운 인터넷 이용자들을 지원하는데 도움이 된다. 이 기능은 처음부터 영어 사이에서 너무 많이 헤매지 않고 특정 언어에 직접 접근할 수 있게 해준다. 또한 이 사이트는 '크리에이티브 커먼스'(Creative Commons)[1]를 적용한 온라인 다국어 인터넷 이용 교육 매뉴얼을 제공한다. 이 매뉴얼은 어떤 도서관이든 자관에 맞도록 수정할 수 있다.

1) 특정 조건에 따라 저작물 배포를 허용하는 저작권 라이선스 중 하나(위키피디아 참조, 역자 주)

### 다문화 프로그램과 서비스의 계획, 실행, 홍보를 위한 자원

이 영역은 도서관들이 다문화 커뮤니티를 위해 가장 적합한 서비스를 개발하는데 필요한 배경정보 제공을 목표로 한다. 여기에는 커뮤니티 현황과 통계, 다른 문화 사이의 의사소통, 정부 정책과 도서관 정책, 지원 조직과 단체, 장서개발과 목록, 프로그램 아이디어, 교육훈련 매뉴얼 등과 같은 다양한 측면에 관한 수많은 웹사이트들과 문서 자료들이 포함된다.

### 다문화 커뮤니티, 도서관, 다른 지원 단체들이 참여한 훌륭한 프로그램들을 강조한 사례 연구

이 영역은 자신의 지역사회에 적합하고 매력적인 서비스를 제공하는 과정에서 도서관 직원들을 지원하는데 초점이 맞춰져 있다. 포함된 사례들은 호주 전체의 다양한 유형의 프로그램들을 통해 발굴되었는데, 그 프로그램들이 어떻게 개발되었는지에 대한 세부 사항들을 제공한다. 대표적 사례로는 영어 대화 모임, 디지털 구술사 프로그램, 다국어 동화구연, 건강 정보 프로그램, 도서전, 문해력 증진 프로그램 등이 포함된다.

### 뉴스와 아이디어, 자원공유를 위한 블로그, 새로운 발전

이 영역에서는 도서관 직원들에게 다른 도서관들과 사회의 최신 발전에 관한 정보를 제공하며, 그들이 다른 집단들과 함께 업무를 수행하는 것을 지원한다. 또한 도서관 직원들이 의견을 제시하고 의견을 공유할 수 있다.

### 정부와 지역사회 정보에 대한 번역

건강, 정착, 법률, 교육 등과 관련된 영역의 중요 정보에 대한 온라인 번역 자료들이 많이 존재하지만, 다문화 커뮤니티들은 거기에 접근하기가 어렵다. 정보에 대한 접근은 도서관의 핵심적 역할이라는 것을 인식하여 마이랭귀지 웹사이트는 도서관 직원들과 서비스 제공자들이 지역사회를 더욱 효과적으로 지원할 수 있도록 번역된 정보들을 한 곳에 모으고 있다. 이 정보들은 현재 텍스트 위주이지만, 점차 동영상이나 팟캐스트(podcast)[2] 형태도 증가하고 있다.

---

2) 인터넷을 통해 다양한 콘텐츠를 공유하는 서비스(역자 주)

전통적으로 호주 내 공공도서관들은 커뮤니티에서 사용되는 언어들로 된 정보를 제공하기 위해 지역 차원에서 보건 단체들과 함께 일해 왔다. 보통 이러한 정보는 정보 제공자가 제공하는 언어와 내용으로 제한된다. 만성 질환들에 관한 정보를 찾는 CALD 커뮤니티들에 있어 어려운 과제는 문화와 언어 관련 장애들, 기술에 대한 제한된 접근, 그리고 이용가능한 정보원에 대한 인식 결여 등을 극복하는 것이다.

2010년 SLNSW는 마이랭귀지 전국 학술대회를 처음으로 개최하였다. 학술대회에서 나온 우선 과제 중 하나는 정부가 제공하는 정보와 서비스에 대해 효과적인 접근을 제공해달라는 요구였다. 이에 대한 응답으로, 2011년에 마이랭귀지, 'NSW 다문화 보건 커뮤니케이션 서비스'(NSW Multicultural Health Communication Service), SLNSW 등의 협력 프로젝트가 출범하였다. 이 프로젝트에는 호주 전역에 걸쳐 관심있는 많은 도서관들이 파트너로 참여하였다.

이 프로젝트의 목적은 NSW 내 CALD 커뮤니티들을 위해 보건 정보에 대한 인식과 접근성을 증진시키고, 전국의 CALD 커뮤니티들에게 도움을 줄 수 있는 지속가능한 모델을 개발하는데 있다. 마이랭귀지 웹사이트는 다국어 보건 정보원들에 대한 접근을 더 용이하게 만들기 위해 업데이트 되었으며, 이와 함께 SLNSW는 다양한 커뮤니티 언어들로 된 보건 관련 자료들을 공공도서관 네트워크로 배포하는 정보센터로 활동하게 되었다.

마이랭귀지는 특별한 전국적 자료보관소를 제공할 예정이다. 이 사이트는 외부 기관들에게 그 기관들이 제작한 번역 자료를 제공하도록 권장하고 있기 때문에 앞으로 계속 성장할 것이다. 세부기능들은 아래와 같다.

- 호주 전체의 언어별 장서에 대한 안내. 이 도구는 다문화 커뮤니티의 구성원들과 도서관 직원들이 그들이 관심있는 언어별 장서들이 호주 내 어떤 곳에 소장되어 있는지를 파악할 수 있도록 도와준다.
- 도서관과 다문화 기관 및 단체들을 위한 행사 일정표. 여기에서는 웹사이트 방문자들이 자신의 행사를 업로드하여 국가적으로 홍보할 수 있다. 도서관 직원들의 입장에서 이것은 자신의 업무를 강조할 수 있는 특별한 기회가 될 수 있다.
- 마이랭귀지 전국 학술대회에 관한 정보. 이 행사는 2년 주기로 진행되며, 도서관 직원들, 다른 서비스 제공자들, 다문화 커뮤니티들이 함께 모여 중요 관심사들에 대해 논의할 뿐만 아니라 프로그램을 지원하고 제공하는 새로운 방법들을 강조할 수 있는 중요한 행사이다.

새로운 매체들의 발전과 웹을 통한 상호작용성의 향상은 여러 도서관들이 지역사회의 모든 구성원들을 지원하고, 정보, 문화유산, 문화에 대한 접근을 장려하는 전통적 역할을 넘어 앞으로 나아갈 수 있음을 의미한다. 이는 단지 접근 제공에만 머물지 않고, 새로운 정보자원의 생산이 쉬워짐을 의미한다. 예를 들어, 규모가 작고, 새롭게 등장해서 관련 정보자원이 별로 없는 CALD 커뮤니티들은 디지털 비디오를 활용해 구술사를 녹음하는 과정에서 도서관을 통해 도움을 받을 수 있고, 무료 온라인 소프트웨어를 활용하여 전자책을 생산할 수 있다.

## 결과물

마이랭귀지는 전국적 단위로 다국어 서비스를 제공하는 유일한 웹사이트이다. 이 웹사이트는 아이디어, 뉴스 보도, 행사, 정보 등을 공유하고자 하는 도서관, 지역사회 단체, 다문화 커뮤니티, 개인들을 한 곳으로 모으는 온라인 허브로 기능하고 있다. 또한 이 웹사이트는 정보, 문화유산, 그리고 문화에 접근을 제공하는 도서관의 역할에 관심을 집중시키는데 도움을 주고 있으며, 그로 인해 자신들이 가진 번역된 정보와 행사 정보를 이 웹사이트에 제공하고자 하는 서비스 제공자들이 증가하는 결과를 가져왔다. 다문화 커뮤니티들 사이의 정보와 아이디어의 흐름을 지원하기 위해 협력관계는 지속적으로 발전하고 있는데, 여기에는 '호주 소수인종 협의회 연맹'(the Federation of Ethnic Communities Councils of Australia), 'SBS'(전국적 다문화 방송국), 그리고 정부와 지역사회의 핵심적인 의료서비스 제공자 등과의 새로운 협력이 포함된다.

## 미래

인터넷 정보자원이 증가함에 따라, 이민자 커뮤니티들이 그들 모국어로 된 정보자원에 독자적으로 접근하는 경우가 증가하고 있다. 하지만 새롭게 등장한 많은 이민자 커뮤니티의 경우에는 이것이 항상 가능하지 않을 수 있다. 특히 아프리카, 중동, 남미 등에 대한 인도주의적 이민 정책의 변화로, 도서관 사서들은 새로운 언어를 사용하는 집단들과 마주치고 있다. 마이랭귀지의 2단계 개발은 이러한 집단들을 지원하는데 초점을 맞추고 있다. 여기에는 온라인 정보자원의 제작을 지원하고, 온라인에서 여러 언어들을 정확하고 효율적으로 보여주는 솔루션을 개발하는 방안들이 포함된다. 호주로 유입되는 새로운 이민자들은 스완 힐(Swan Hill), 쉐파톤(Shepparton), 와가(Wagga) 등의 농촌 지역에 정착하는 경우가 증가하고 있다. 마이랭귀지와 같은 도구는 모든 도서관 직원들(특히 외딴 지역의 도서관 직원들)과 그들이 새 이민자들에게 봉사하는데 필요한 정보자원과 아이디어를 제공하는 넓은 세계를 상호 연결시킴으로써, 도서관 직원들이 새 이민자들의 효과적인 정착을 지원하고 그 지역에서의 삶을 풍부하게 만드는 서비스들을 개발할 수 있도록 돕는다. 마이랭귀지의 정보자원들은 전 세계에서 무료로 이용할 수 있다.

## 결론

위에서 기술된 두 프로젝트는 공공도서관들이 지역의 다문화 커뮤니티들의 요구를 충족시키는 과정에서 생기는 문제들을 해결하기 위한 시도였다. 온라인 기술과 새롭고 상호작용이 더욱 향상된 솔루션들은 아이디어, 정보자원, 프로그램들을 자유롭게 공유하도록 만들어, 대도시 도서관들뿐만 아니라 외딴 지역, 나아가 온라인 기술의 접근과 사용이 가능한 세계의 모든 도서관들에게도 도움을 줄 수 있다. 홀로 일하는 도서관 직원은 무료이면서 적용하기 편한, 이미 만들어진(ready-made) 정보자원들에 접근할 수 있다. 또한 이 프로젝트들은 도서관들이 지금까지 없었던 자신만의 정보자원과 정보 도구를 만들 수 있는 새로운 솔루션으로 가는 길을 열었다.

# 참고문헌

Australian Bureau of Statistics. 2006. New South Wales. Census Expanded Community Profile. Latest issue, February 29, 2008.http://www.censusdata.abs.gov.au.

Library Council of New South Wales. 2005. Annual Report 2004/05. Sydney: State Library of New South Wales.

# 새 이민자들을 위한 취업지원 프로그램과 컴퓨터 능력 프로그램 개발

니사 덴슬리, 헤더 로스

## 프로그램 맥락

매우 다양한 배경을 가진 주민들에게 봉사를 제공해 온 애리조나 주 투산(Tucson)에 위치한 피마 카운티 공공도서관(Pima County Public Library)은 최근 몇 년간 우리 도서관에 찾아오는 난민들과 이민자들의 수가 급격히 증가하고 있다는 사실에 주목하였다. 그들의 유입은 그들에게 최고의 봉사를 제공할 방법을 모색하던 도서관 직원들에게 새로운 기회 - 그리고 중요한 변화 - 를 제공하였다. 많은 난민들은 우리가 모르는 언어들을 사용하였고 도서관이 어떻게 운영되는지를 잘 이해하지 못하였데, 이로 인해 그들을 지원하는 것은 매우 어려운 일이었다. 동시에 우리는 그들이 우리와의 의사소통뿐만 아니라 새로운 직업을 찾고, 새로운 능력을 기르고, 새로운 삶의 방식에 적응하는데 있어서도 힘겨워하고 있다는 것을 알게 되었다.

이러한 상황을 맞아 사서들은 보조금을 신청하고 난민들에게 지원을 제공하는 프로그램을 계획하였다. 무료 영어 수업은 지역의 문해력 증진 단체(literacy organization)와의 협력을 통해 이미 우리 도서관에서 제공하고 있었다. 그런데, 우리는 지역사회의 여론조사와 여타 설문조사들을 통해 난민들이 구직과 기술 이용에 있어서 스스로를 사회적 약자로 인식하고 있음을 알게 되었다.

이러한 점을 고려하여, 우리는 컴퓨터 수업을 제공하는데 중점을 두기로 결정하였다. 컴퓨터 능력이 있으면 자립과 취업의 기회를 가질 수 있다. 그런데 우리는 지역사회 내에 난민들이 컴퓨터 교육을 받을 수 있는 곳이 많다는 사실을 알아채지 못했었다. 그로 인해, 우리는 개인별 컴퓨터 수업 보조, 수업 진행, 교과과정 등을 지역사회 내 난민과 이주민들이 사용하는 대표적인 몇 가지 언어로 제공하는 방식으로 그 서비스 공백을 메우기로 결정하였다. 우리의 첫 번째 목표는 난민들에게 다가서는 것이고, 두 번째 목표는 직원들이 난민들에게 봉사할 때 난민들과 더욱 생산적이고 긍정적인 상호작용을 할 수 있도록 활용할 수 있는 자료들을 만드는 것이었다.

이 절에서 우리는 피마 카운티 공공도서관에서 제공한 프로그램에 대해 소개하고, 이 프로그램을 당신이 속한 도서관을 방문하는 난민 이용자들의 요구에 적합하게 만드는 것에 관해 몇 가지 제안을 하고자 한다.

## 프로그램 실행

시작단계에서 우리는 고등학교나 대학에 재학 중이면서 다국어가 가능한 시간제 컴퓨터 보조원들을 채용하였다. 특히 우리는 지역의 난민과 이민자들이 사용하는 몇 가지 언어(아라비아어, 프랑스어, 키룬디어(Kirundi),[3] 소말리아어, 네팔어, 메이 메이어(Maay Maay)[4] 등)를 사용할 수 있는 사람들을 채용하였고, 그들을 난민 수가 가장 많은 분관들에 배치하였다. 이 컴퓨터 보조원들은 컴퓨터 사용을 위해 로그인 하는 방법, 인터넷에 접속하는 방법, 출력하는 방법 등과 같은 기초적인 컴퓨터 관련 질문들에 대해 난민들을 도와주었다. 보조원들은 이 외에도 난민들의 도서관 이용증 신청서 작성을 돕고 도서관 자료들을 대출하는 방법을 설명하는 등 다른 부분에서도 핵심적인 역할을 수행하였다. 사람들은 도서관으로 들어오기 시작하였고, 이름을 대면서 컴퓨터 보조원들을 요청하였다.

젊은 컴퓨터 보조원들이 아주 좋은 평가를 받는 것을 보고 나서, 우리는 지역사회의 난민과 이민자들의 일부 요구들을 더 잘 해결하고자 '도서관 봉사와 기술에 관한 법률'(Library Services and Technology Act, 이하 LSTA) 보조금을 신청하였다. 그리고 우리는 컴퓨터 교육 내용과 도서관 문서들을 번역하고, 다양한 언어로 심도 있는 컴퓨터 교육을 제공할 수 있는 다국어 강사들을 채용하였다.

3) 반투(Bantu) 제어(諸語) 중의 하나로 부룬디의 공용어(네이버 참조, 역자 주)
4) 소말리아에 거주하는 주바 소말리인들이 사용하는 아랍 방언으로 Af-Maay라고도 함(구글 참조, 역자 주)

당신이 당신의 지역사회에서 어떻게 난민들에게 서비스를 제공할 수 있을지 고민하고 있다면, 당신의 목표들이 무엇이며, 그 목표들이 어떻게 달성될 수 있는지에 대해 폭넓게 생각하라. 당신은 특정 언어들을 사용하고 도서관의 프로그램과 수업들을 운영할 수 있는 사람을 채용할 수도 있고 또는 지역의 고등학생들을 자원봉사자로 활용할 수도 있다. 고등학생들이 교육내용을 만들거나 번역할 수 없다고 하더라도, 이 학생들은 이용자들과 일대일 봉사를 제공하고 그들과 긍정적인 관계를 형성함으로써 난민과 이주민들이 도서관을 환영받는 장소로 인식하도록 만드는 여러 가치 있는 봉사들을 제공할 수 있다.

## 프로그램 구조

우리 도서관의 컴퓨터 강사들에 대한 두 가지 주요 요구사항은 다음과 같다. : 첫째, 수업을 진행하고, 둘째, 컴퓨터 교육내용과 도서관 이용증 신청서와 도서관 오리엔테이션 팸플릿과 같은 핵심적인 도서관 문서자료를 번역함으로써 현재와 미래의 도서관 이용자들과 직원들이 이용할 수 있도록 하는 것이다. 새 이민자들 중 상당수는 이력서를 만들어 본 적이 없고 온라인 취업 원서를 작성하기 위한 컴퓨터를 사용한 적이 없기 때문에, 우리는 강사들에게 이력서와 온라인 취업 원서 작성에 중점을 두고 수업을 진행할 것을 요청하였다. 그러나 강사들이 이 주제들에 관한 교육내용을 작성한 직후, 우리는 그에 대한 수정이 필요하다는 것을 알게 되었다. 수업 참여 수강생들의 목표가 우리들의 목표와 다르다는 것을 깨닫는 데에는 긴 시간이 필요하지 않았다.

우리는 이력서와 취업 원서를 작성하는 기량은 취업과 직접 연결되어 있기 때문에 수강생들이 여기에 대해 배우기를 원할 것이라고 잘못 생각하고 있었다. 우리는 상대적으로 우수한 수강생들 중 일부는 이 주제에 대해 관심이 있지만 대부분의 수강생들은 이러한 복잡한 주제에 대해 접근하기 전에 우선 컴퓨터와 인터넷에 숙달되는 것이 필요하다는 점을 알아차리지 못했다. 이 수강생들은 개인별로 많은 관심을 기울여야 할 필요가 있었다. 그래서 강사들은 접근방법을 변경시켜 수강생들이 언제든지 도움이 필요할 때 강사들을 찾을 수 있도록 하였는데, 이러한 방법은 컴퓨터 수업을 융통성 있게 만들면서 수강생들의 다양한 요구를 수용하도록 구조화시키는 최고의 방법으로 판단되었다. 이 방법은 수강생들이 들어와서, 이력서를 작성하거나 마우스 작동방법을 배우거나에 관계없이, 그들이 원하는 것은 무엇이든지 도움을 얻을 수 있게 만들었다. 컴퓨터 수업을 더욱 유연하게 진행한 결과, 수업의 성과와 효율성 모두를 크게 증가시켰다.

또한 우리는 컴퓨터 수업 동안에 어린 자녀들이 같이 머물 수 있도록 허용할 때 수업이 더욱 유연해 질 수 있음을 알게 되었다. 우리 도서관의 다른 성인대상 교육 수업의 대부분은 부모들이 자녀를 동반하지 말고 수업에 참여하도록 권장하고 있다. 하지만 우리가 새로운 난민과 이주민들에게 수업동안 아이를 돌볼 사람을 찾도록 요청한다면, 이는 그들에게 엄청난 부담으로 작용하여 어떤 경우에는 그들이 수업에 참여하지 못할 수도 있음을 의미한다. 이를 고려하여, 우리들은 일반적 정책에 대한 예외를 만들어 부모들이 수업에 자녀를 데리고 올 수 있도록 허용하였다.

부모가 수업에 참여할 때 자녀들을 어떻게 돌보는지에 대해서는 창의적으로 접근할 필요가 있다. 대부분의 수업이 회의실에서 노트북 컴퓨터나 개인용 컴퓨터를 사용하여 진행되기 때문에, 우리는 사용하지 않는 컴퓨터를 그 자녀들이 사용하도록 허용하거나 근처 책상 위에 보드 게임이나 색종이를 비치하였다. 장소 사용이 좀 더 유연한 곳에서 수업이 진행되는 경우에는 컴퓨터 수업과 동시에 만들기 시간을 제공하거나 동화구연과 같이 어린이를 위해 준비된 다른 프로그램을 제공하였다.

당신이 프로그램을 계획하고 있다면, 당신의 도서관으로 방문하는 이민자들과 난민들을 고려하라. 그들에게 물어보고 당신이 배운 것에 기초하여 프로그램에 대해 결정하라. 그들이 사용하는 언어는 무엇인가? 그들이 이미 가지고 있는 컴퓨터 사용능력은 무엇이며, 어떤 수준인가? 그들이 어떤 프로그램에 오는 것을 가로막거나 지장을 주는 장애물들은 어떤 것들인가? 그들의 진정한 요구가 무엇인지를 이해할 수 있고, 앞으로 당신의 프로그램에 수정해나갈 의사가 있다면, 당신의 프로그램은 성공적으로 진행될 수 있다.

## 자료

우리는 다행히도 노트북 컴퓨터 실습공간을 가지고 있어서, 그 회의실 안에서 수업을 진행할 수 있었다. 이 구조는 컴퓨터 수업들이 컴퓨터 공간 내의 다른 이용자들을 방해하지 않는 한편, 공용 컴퓨터를 장시간동안 묶어두지 않을 수 있도록 만들었다. 물론 노트북 컴퓨터 실습공간 없이 수업을 진행할 수 있겠지만, 만일 당신의 도서관이 충분한 기금을 확보하고 있어 노트북 컴퓨터 실습공간을 만든다면, 그것은 오랜 시간동안 성과를 낼 수 있는 투자가 될 것이다.

우리 도서관은 이미 노트북 컴퓨터들을 보유하고 있기 때문에, 많은 노트북 컴퓨터들을 구입할 필요가 없었다. 대신 우리는 외장 디스크들을 구입하여 사람들이 자신이 작업한 문서들을 저장하여 인터넷 접속이 되지 않더라도 다른 컴퓨터로 옮길 수 있도록 하였다. 또한 우리는 우리 도서관에 오기 어려운 사람들의 교통 장벽을 제거하고자 버스 정기권을 구입하였다. 그리고 무료이면서 오픈 소스(open source) 기반의 소프트웨어를 활용하기로 결정하여 특별한 컴퓨터 프로그램들을 구입하지는 않았다. 우리의 계획은 비용을 절약하였고, 인터넷에 접근할 수 있는 사람이라면 누구나 자신이 만든 문서들을 검색할 수 있게 하였다. 또한 새로운 버전이 개발되면 곧바로 무용지물이 되는 소프트웨어를 구입하는 위험을 무릅쓰지 않아도 되었다.

당신의 프로그램은 당신이 선호하는 대로 많은 예산이 들 수도 있고 적은 예산이 들 수 있으며, 당신의 직원수에 따라 소규모로 진행되거나 거대한 규모로 진행될 수도 있다. 만일 당신의 도서관이 제한된 자원을 가지고 있거나 봉사할 난민 커뮤니티가 작고 하나뿐이라면, 컴퓨터 수업을 하지 않기로 결정할 수도 있다. 하지만, 그 경우라도 여전히 무엇이라도 도와주고 싶어 할 것이다. 그렇다면 하나의 가능성은 이민자와 난민들에게 유용할 정보자원들을 정리한 유인물을 제공하는 것이다. 이 유인물은 목표대상 언어권 사용자들에게 유용한 정보를 가지고 있는 웹사이트 리스트나 관련있는 도서관 자료들의 리스트가 될 수 있다. 예를 들어, 네팔 출신의 사람들은 "힌디어[5]로 된 영화들"을 자주 요청한다. 그들은 원하는 것을 찾기 위해 도서관 목록을 사용하는 방법을 모르기 때문에, 우리는 도서관이 소장한 '발리우드'(Bollywood) 영화[6] 리스트를 만드는 것이 그들의 질문을 해결하는데 도움이 됨을 알게 되었다.

## 홍보

도서관의 프로그램과 서비스들을 홍보할 때, 전통적인 방법들에 전적으로 의존해서는 안 된다. 우리는 도서관의 어떤 프로그램이라도 도서관의 온라인 달력을 게시하였고 신문에 관련 정보를 게재하였다. 하지만 우리들은 많은 난민들 또는 최근의 이주민들이 영어를 읽을 수 없다는 것을 알고 있었기 때문에, 이중 언어로 된 종이 전단지를 제작하여 도서관 게시판과 소수 인종들의 식료품 가게와 같이 많은 난민들이 방문하는 장소에서 널리 배포하였다. 또한 우리는 난민들을 위해 일하는 지역 단체들을 대상으로 그 단체의 이용자와 관계자들에게 전단지를 배포해줄 것을 요청하였다.

또한 우리 도서관이 채용한 강사들은 자신들의 커뮤니티 내에서 구두로 홍보를 하였다.

5) 힌디어는 인도 북부 지역에서 사용되는 인도 공용어 중의 하나이다.(네이버 참조, 역자 주)
6) 인도의 영화 산업을 가리키는 말로 봄베이(Bombay)와 할리우드(Hollywood)의 합성어(네이버 참조, 역자 주)

개인적으로 이루어지는 구두 초청은 이 방식이 가지는 환영 분위기 때문에 사람들을 어떤 프로그램에 참여하도록 권하는 가장 좋은 방법이었다. 또한 강사들은 우리가 프로그램을 계획할 때 고려할 필요가 있는 중요한 문화적 정보에 대해 우리들에게 알려주었다. 강사들은 어떤 커뮤니티가 중요한 명절을 축하하거나 결혼식을 준비할 때 우리들에게 알려주어, 우리가 그것을 잘 모르고 그 날짜에 어떤 도서관 프로그램 일정을 잡지 않도록 해주었다. 예를 들어, 우리는 지역내 키룬디어를 사용하는 커뮤니티의 사람들은 결혼식에 모두 모이기 때문에, 그 날에 어떤 프로그램을 개최한다면 아무도 그 프로그램에 참석하지 않을 수 있다는 것을 알게 되었다.

## 기금

우리는 LSTA 보조금을 받아 도서관의 프로그램을 운영하였다. 당신은 프로그램의 규모에 따라, 지역의 '도서관 친구들' 모임에 기금을 요청하거나 LSTA나 다른 곳에 보조금을 신청할 수도 있다. 하나의 예를 들면, 마이크로소프트(Microsoft)는 비영리 단체들을 위해 기술과 소프트웨어 용도의 보조금을 제공한다. 당신이 찾고자만 한다면, 이용할 수 있는 매우 다양한 보조금 신청 기회들이 존재한다. 당신이 속한 도서관이 구입한 도서와 데이터베이스에는 당신을 위한 많은 보조금 관련 정보를 포함하고 있다. 피마 카운티 공공도서관은 웹사이트에 보조금 전용 웹페이지를 만들고 자주 갱신하고 있다.

여기에 더해, 새로운 직원들을 모집하고 채용할 때 당신의 생각의 틀을 조금 바꾸는 것만으로도 시작점이 될 수 있다. 당신은 새로운 직위를 만들 필요가 없다. 우리 도서관 시스템에 있는 "컴퓨터 강사"라는 직위가 당신의 도서관에 없다면 기존의 직위들 중에서 선정할 수 있다. 준사서(library associate)들이나 사서들도 컴퓨터 수업을 담당할 수 있다. 현재 당신의 도서관에 결원이 있다면, 당장 수업을 담당하거나 도서관의 수업자료를 번역할 수 있는 다국어가 가능한 지원자들 중에서 채용하는 것을 고려하라.

## 협력

협력은 당신의 네트워크를 확장하고, 더 많은 아웃리치 기회들을 제공하며, 지역사회와의 긴밀한 관계를 형성하고, 협력자들을 도서관에 데리고 올 수 있게 만든다. 또한 협력은 당신이 속한 도서관의 보조금 획득 기회를 증대시킨다.

협력은 이민자나 난민들을 고려한 프로그램을 개발할 때 필수적이다. 그러나 부실하거나 성급하게 진행된 협력관계는 헌신적인 노력을 성공으로 연결하는 것을 가로막을 수 있다. 이 부분에서 우리는 적합한 파트너를 선택하기 위한 전략들을 논의하고, 당신의 지역사회 내에서 당신이 협력관계를 맺고 싶어할만한 기관들을 추천하고자 한다. 우리의 목적은 포괄적인 개요를 제시하는 것이 아니라, 우리의 협력관계들을 통해 우리가 배운 몇 가지 비결과 교훈들을 공유하는데 있음을 밝혀둔다.

첫 번째 단계는 적합한 한 파트너를 선택하는 것이다. 어떤 잠재적 파트너가 적합한지를 결정하려고 할 때, 다음의 여러 질문들을 고려하라.

• 우리의 과제들은 정리되었는가?

몇 년 전에, 우리 도서관 시스템은 우리에게 수업을 위한 연습문제집과 교육 과정을 제공하는 한 단체와 협력하였다. 교육 과정은 이미 개발되었으며, 그 단체는 우리들에게 큰 도움을 주었다. 하지만 그 단체는 우리 도서관의 프라이버시와 정보수집 정책에 반하는 정보를 수집하고 싶어 하였다. 양쪽을 만족시키는 타협점을 발견하기 위한 계속된 줄다리기가 이어졌다. 모든 협력관계를 맺기 전에, 양측이 서로의 기대사항들에 대해 명확히 의사소통했는지를 확실히 점검하라.

• 당신의 접촉 상대는 소속 단체를 대신해 발언하고 결정할 수 있도록 승인받았는가?

이것은 분명히 물어봐야 할 문제이지만 우리는 그렇게 하지 않았고, 그 때문에 우리는 몇 가지 업무를 더 해야 했다. 우리와 함께 일하고 있던 어떤 단체의 한 대표자는 그 단체가 최종적으로 제공할 수 있는 것보다 더 많은 것을 약속하였다. 이로 인해 우리의 프로젝트는 몇 개월 지연되었고, 최종적으로 축소된 규모로 함께 일하였다.

• 과거 당신과 이 단체와의 상호작용을 어떻게 평가할 수 있는가?

임박한 마감일에 쫓기거나 다른 사람의 의견만 듣고서 아직 좋은 공감대가 형성되지 않은 어떤 단체와 협력관계를 맺지 않도록 하라. 그 난체의 지역사회 협력 담당자와 연락하는 것이 어느 정도로 어려운가? 그들은 당신의 전화나 이메일을 통한 질문에 얼마나 빠르게 대답하는가? 명확하고 지속적인 의사소통은 효과적인 협력관계에 있어 필수적이며, 특히 당신의 프로젝트가 그 파트너가 제공하는 정보와 지원에 의존하고 있다면 더욱 그러하다.

만일, 당신이 세심하게 파트너를 선택한다면, 협력관계는 순조롭고 용이할 것이다. 당신의 프로젝트와 관련하여, 난민과 이주민을 위해 일하는 여러 국가적인 기관들은 좋은 파트너가 될 수 있다. 다음은 우리가 컴퓨터 수업과 구직 지원 프로그램을 개발할 때 활용했던 국가기관들이다.

- '국제구조위원회'(the International Rescue Committee, 이하 IRC)는 난민의 정착에 있어 큰 역할을 수행하는 국가적인 단체이다. IRC는 미국 내에 22개의 지역 사무소를 두고 있다.
- 투산 지역에는 '난민 통합 서비스 제공 네트워크'(the Refugee Integration Service Provide Network, RISP-Net)라 불리는 연합단체가 있는데, 이 단체에는 난민들에게 봉사하는 네트워크를 결성하기 위해 우리 도서관과 IRC 등과 같은 이질적인 단체들이 모여 있다. 유사한 네트워크가 당신의 지역사회 안에 만들어져 있는지 확인하라. 경우에 따라, 당신이 속한 도서관이 네트워크 구축 과정에서 책임자 역할을 맡을 수도 있다.
- 번역 대행사들은 번역 프로젝트들을 지원할 수 있는데, 특히 그 언어가 당신이 속한 도서관 시스템 내에서 거의 사용되지 않는 언어일 경우에 도움이 된다. 우리는 도서관 자료들을 목표로 삼은 여러 언어들로 번역하려고 할 때 우리가 채용한 사람들에게 의지하려고 하였지만, 결국 많은 언어들이 번역에서 제외되었다. 그 상황에서 우리는 난민들에 대한 봉사에 전문적인 지역의 소규모 번역 대행사로부터 도움을 받았다.

## 지역사회의 언어 요구에 대한 파악과 인식

누가 지역에 살고 있는지, 그들은 어떤 언어를 사용하는지에 대해 파악할 시간을 가지도록 하라. 만일 당신이 번역자를 채용하여 다른 언어로 컴퓨터 교육내용을 만든다면, 대부분이 구술 언어(oral language)인 '메이 메이어'와 같은 언어는 번역하지 않는다는 것을 명심하라. 아프리카 국가들에서 온 많은 이민자들은 복수의 언어들을 사용하지만, 그중의 한 언어 또는 다른 언어를 사용하는 것이 더 편할 수 있다. 우리 지역에는 키룬디어, 스와힐리어[7], 프랑스어, 키냐르완다어[8]를 사용하는 브룬디 출신의 이민자들이 있는데, 기술적인 용어와 새로운 기술 습득과 관련해서 그들은 키룬디어를 가장 편하게 생각한다. 당신이 속한 지역사회를 잘 알게

7) 반투 제어(諸語) 중의 하나로, 탄자니아와 케냐 등의 지역의 공용어(네이버 참조, 역자 주)
8) 반투 제어(諸語) 중의 하나로, 르완다의 공용어(네이버 참조, 역자 주)

된다면 당신은 이러한 차이점들을 파악하는데 도움을 받을 것이다.

그리고 우리는 수업의 수를 늘리기 위해 여러 종류의 사전들을 구입하기 시작했다. 사전을 평가할 때 유념해야 할 몇 가지 일들이 있다.

- 그 사전은 일방향 사전인가? 양방향 사전인가? 오직 영어를 다른 언어로만 제공하는 사전은 영어를 사용하지 못하는 사람들에게 도움이 되지 않을 것이다.
- 그 사전은 외국어를 학습하는 영어 사용자들을 겨냥한 것인가? 아니면 영어를 학습하는 비영어권 사람들을 위한 것인가? 어느 쪽인지에 따라 그 사전의 구성 원리와 방식은 크게 달라진다. 그 예로써 다음을 참고하라.
- 그 사전은 영어 알파벳으로 출판되었는가? 아니면 다른 문자로 출판되었는가? 네팔어를 학습하는 영어 사용자들을 위해 출판된 많은 네팔어 사전들이 있는데, 이 사전들은 모두가 영어 알파벳으로 되어 있다. 영어를 학습하는 네팔 사람에게 정말로 유용하려면, 그 사전은 데바나가리(Devanagari)[9] 문자로 만들어질 필요가 있다. 이와 비슷하게 아라비아어 사용자들은 아라비아 문자로 만들어진 사전들을 통해 큰 도움을 받는다.
- 그 언어는 문자로 표현된 것과 동등(written equivalent)한가? 그 언어가 주로 구술 언어라면, 사전을 찾을 일이 거의 없다. 존재하지도 않는 사전을 찾느라 당황하지 말라.

이와 같이 매우 특화된 사전을 찾는 일은 까다로울 수 있다. 다음은 우리 도서관이 사전들을 입수하기 위해 사용한 두 가지 방법인데, 아마 당신에게도 유용할 것이다.

- 당신의 도서관과 거래하는 도서유통업체에서 시작하라. 간혹 도서유통업체의 데이터베이스에서 사전을 찾는 일이 어려울 수 있지만, 몇 가지 창의적인 검색을 한다면 충분히 찾을 수 있을 것이다. 우리는 구글이나 아마존에서 좀 더 일반적인 검색으로 시작한다면 다른 철자들을 사용해 다양하게 검색을 할 수도 있고, 출판된 사전의 서명과 ISBN을 찾을 수 있다는 것을 알게 되었다. 그 다음, 우리는 도서유통업체의 데이터베이스에서 그 ISBN으로 검색한 후 해당 사전들을 구입한다. 이 방법을 사용하여 우리는 암하라어(Amharic)[10]와 티그리냐어(Tigrigna),[11] 터키어, 마샬어(Marshallese)[12]로 된 사전들을

---

9) 산스크리트어·힌디어·그 외 일부 인도어에 쓰이는 알파벳(네이버 참조, 역자 주)
10) 에티오피아의 공용어(네이버 참조, 역자 주)
11) 에티오피아 북부의 셈계(系) 언어(네이버 참조, 역자 주)
12) 태평양의 마샬제도에서 사용하는 언어(네이버 참조, 역자 주)

찾을 수 있었다.

• '마스턴 기념 역사센터'(Marston Memorial Historical Center)는 키룬디-영어로 된 무료의 주문형 맞춤출판(print-on-demand) 사전들을 보유하고 있다.

## 결론

위에서 언급한 모든 요소들을 사용하여 우리는 공식 보조금 지원이 종료된 2년 후까지도 우리 지역사회의 난민과 이주민들에게 계속적으로 긍정적인 영향을 미치고 있는 중요한 프로그램을 개발하였다. 우리는 이용자들을 돕기 위해 다국어 구사가 가능한 컴퓨터 보조원들을 채용하였는데, 이 보조원들은 학교를 졸업하고 직업을 찾아 이동하기 때문에 우리는 계속해서 다국어 구사 능력을 가진 컴퓨터 보조원들로 그들을 대체하고 있다. 우리는 3개의 분관에서 우리 도서관 시스템 전체에서 이용할 수 있는 도서관 문서자료들과 컴퓨터 교육 내용을 번역하였고, 컴퓨터 역량과 구직 역량을 가르칠 다국어 강사들을 채용하였다. 보조금 지원이 종료된 이후 도서관 관리 당국이 우리 도서관이 지역사회에 제공해온 가치 있고 고유한 서비스들을 인정한 덕분에 우리 도서관은 강사들 중 일부를 정규직원으로 채용할 수 있었다. 우리는 비전통적인 아웃리치 방법들을 동원하여 프로그램을 홍보하였고, 새로운 커뮤니티 협력 관계를 형성하였다. 또한 우리는 새로운 이용자들을 더욱 잘 반영할 수 있도록 외국어 사전의 선택을 확대하였다. 이러한 노력의 결과로, 도서관 직원들은 새로운 이용자들에게 봉사를 제공하는 것에 대해 더욱 자신감을 느끼기 시작했고, 이로 인해 난민과 이주민들은 우리 도서관을 더욱 환영받는 장소로 인식하고 있다.

우리는 우리 도서관의 프로그램이 당신의 도서관에서 유사한 프로그램을 개발하는데 활용될 수 있는 토대가 되기를 희망하며, 새로운 이용자들에게 봉사하는 새로운 방법을 발굴하는데 영감을 줄 수 있기를 희망한다.

# 세계를 열다

## 난민과 이민자들에게 도서관 서비스를 소개하기 위한 다국어 DVD의 제작

쥬디 앙헬레스쿠

영어 말하기 능력이 부족하거나 전혀없는 저개발국가에서 온 개인들은 대부분 도서관을 이용하는 방법과 도서관 용어의 의미를 아는 것은 고사하고, 무료 대출 도서관이 무엇인지를 이해하는데에도 어려움을 겪는다. 그렇다면, 도서관과 도서관의 핵심적 서비스에 대한 개념을 어떻게 전달할 수 있을까? 이 질문에 대해 대답하고자 오마하 공공도서관(Omaha Public Library)은 "도서관에 오신 것을 환영합니다." DVD(자막과 음성은 아라비아어, 수단어-누에르어[13], 카렌어[14], 스페인어, 스와힐리어, 소말리아어 등 지원)를 제작하였는데, 이 DVD는 아직 문자를 배우지 못한 시청자들을 위해 대출 개념을 시각적으로 제시하고, 기본적인 도서관 용어를 소개하였으며, 도서관 이용증과 도서관 서비스를 쉬운 용어를 사용하여 설명하였다.

오마하는 많은 이민자들의 거주지역인데, 큰 규모의 스페인어 사용 인구들을 비롯해 수단, 소말리아, 버마 출신의 새로운 이민자들을 포함하고 있다. 우리 도서관은 매년 '세계 난민의 날'(World Refugee Day) 행사에 탁자를 준비하여 참가한다. 1,500명 이상의 지역 주민들이 매년 이 행사에 참여하는데, 여기에는 난민 체험자 초청 간담회, 기념 음악과 무용, 시민권 선서식, 음식 제공 등이 포함된다. 우리는 영어로 된 도서관 안내책자를 영어를 말하지 못하는

13) 누에르어(Nuer)는 수단 남부의 나일강변에 거주하는 누에르족이 사용하는 언어(네이버 참조, 역자 주)
14) 카렌어(Karen)는 미얀마 남동부에 거주하는 카렌족이 사용하는 언어(네이버 참조, 역자 주)

사람들에게 나눠주면서, 오마하에 새로 온 사람들의 언어로 도서관이 제공하는 것들을 소개하는 초보수준의 영상물이 필요하다는 사실을 인식하였다.

오마하 지역사회와 비영어권 구성원들에게 있어 도서관은 필수 요소이다. 우리 도서관은 이중 언어 도서와 동화구연, 청소년 대상 행사, 모든 연령대를 위한 ELS 자료, 숙제를 돕는 'Tutor.com'[15] 시민권 시험 준비를 위한 '러닝 익스프레스'(Learning Express)[16], 무료 컴퓨터와 회의실 사용, 그리고 모두에게 개방된 따뜻하고 중립적인 장소 등을 제공한다. 도서관이 제공하는 것들에 대해 배울 수 있는 가장 좋은 방법은 도서관 견학이다. 사서들은 기꺼이 견학을 제공할 의사를 가지고 있다. 그러나 통역사가 없기 때문에, 영어를 말하지 못하는 사람들과 함께 하는 견학은 말은 쉽지만 실제로 진행하기는 훨씬 더 어렵다. 우리 도서관 직원들 중 아무도 오마하의 소외계층들이 사용하는 소말리아어, 카렌어, 또는 수단어 등을 구사하지 못한다. 하지만 새로운 이 DVD에서는 우리 도서관 견학에 관한 내용이 그들의 언어로 편하게 제공된다.

## 진행 단계

우리는 미국에서의 새 출발을 하는데 필수적인 우리 도서관을 소개하는 간단한 영상물을 만들기로 결정하였다. 첫 번째 단계는 파트너들을 찾고, 주요 시청 대상자를 파악하는 것이었다. 우리는 지금까지 어떤 지역 단체들이 어떤 방식으로 활동해왔는지를 조사하였다. 난민 정착 기관인 '루터교 가족 복지관'(Lutheran Family Services, 이하 LFS)은 우리들에게 정보와 안내를 제공해 주는 주요 정보원이었다. 공항에서 입국하는 가족들을 맞이하고 난민들의 주거, 의료, 교육을 지원하는데 전념해온 이 단체는 분명한 선택지였고 필수적인 파트너였다. LFS는 우리들을 번역자들과 접촉하게 해주었고, 우리에게 어떤 언어들이 어떤 문자를 사용하는지 알려주었고, 영상물에서 단역으로 봉사할 소수인종 자원봉사자들을 찾아주었고, 보조금을 위한 지원 편지를 써주었다. 또 다른 소중한 파트너는 오마하 공립학교들(Omaha Public Schools, 이하 OPS)이었다. 이들은 매년 '세계 난민의 날'을 조직하였고, 오마하에서 난민과 이주민들을 대상으로 생존 능력 교육을 사명으로 하는 '예이츠 커뮤니티 프로그램'(the Yates Community Program)을 제공하였다.

15) 온라인상에서 학생들이 숙제를 해결하기 위해 가정교사의 도움을 받는 시스템(네이버 참조, 역자 주)

16) 시민권 시험을 비롯해 SAT, TOEFL, 경찰관 자격시험 등 각종 시험의 모의고사를 무료로 응시할 수 있는 사이트(구글 참조, 역자 주)

오마하는 큰 규모의 스페인어 사용 인구들과 1,500명의 소말리아인, 2천명의 버마 난민들의 거주지역이며, 매월 상당한 이민자들이 계속 도착하고 있다. '오마하 난민 태스크포스'(the Omaha Refugee Task Force) 회의는 2개월에 한 번씩 개최된다. 여기에는 주와 연방 정부의 대표자들(네브래스카 주에 기반을 두고 난민의 정착을 위해 노력하는 주거, 보건, 복지, 고용 기관의 직원들)과 지역의 소말리아인, 수단인, 카렌인 커뮤니티의 지도자들이 포함된다. 이 회의에 참석함으로써 우리는 오마하로 들어오는 새로운 문화들에 대한 인식을 증진시킬 수 있었고, 그로 인해 우리의 목표대상 이용자를 파악하는 것이 쉬워졌다. 우리는 학습 장애를 가진 사람들과 문맹인 사람들, 아직 문자 학습 이전 상태인 사람들이 간단하고 묘사가 잘된 영상물을 통해 많은 혜택을 볼 수 있다고 판단하였다. 하지만 우리는 우리의 초점을 명확히 맞추기 위해 파트너인 LFS와 OPS에 도움을 청하였다. 그들은 학습 방식, 습관, 요구, 한계, 생활 방식 등의 영역에서 소말리아, 수단, 카렌 사람들의 문화에 관련된 중요한 정보를 우리에게 제공하였다.

다음으로 기금을 획득하는 것이 무엇보다 중요하였다. 얼마 정도의 금액이 필요한지를 산정하기 위해, 우리는 LFS와 OPS에게 대략적인 시간당 번역자 인건비를 알려줄 것을 요청하였고, 한 지역 영상물 제작 회사에 대해 온라인 검색을 시작하였다. 우리들은 '네브래스카 주 도서관 위원회'(the Nebraska Library Commission)를 통해 2만 달러의 도서관 증진 기금을 신청하였고, 결국 선정되었다. '오마하 공공도서관의 친구들'(the Friends of the Omaha Public Library)도 지급된 기금의 10%를 대응 자금으로 제공하였다. 우리는 오마하 컨벤션 센터를 위해 몇 번의 작업을 수행한 바 있는 '비디오버즈 프로덕션'(Videobuzz Productions)을 선택하였는데, 이 업체는 우리의 작업에 대해 18,000달러의 견적을 제시하였다. 그들은 음향 업체인 '그럽 스튜디오'(Grubb Studios)와 공동으로 작업을 자주 수행하였기 때문에 음향 업체를 찾아야 하는 우리의 업무를 줄일 수 있었다. 다른 비용으로 번역자 4명에 2,000달러, 전문 내레이터(narrator) 1명에 280달러, 홍보 및 관련 행사진행에 필요한 음식과 공예품에 총 1,100달러가 소요되었다. 남은 금액으로 우리는 '응용언어학 센터'(Center for Applied Linguistics)로부터 난민들의 언어로 된 안내책자 '미국에 오신 것을 환영합니다.'(Welcome to the U.S.)를 여러 권 구입하였다.

가장 재미있지만, 시간이 많이 소요되는 단계는 스토리보드와 대본을 개발하는 것이었다. 영상물 제작업체와 이 DVD 개발의 비전과 목표를 공유하는 것이 가장 중요하다. 당신의 도서관이 제공하는 것에 대한 최고의 지식 원천은 바로 당신 자신이다. 당신이 고용한 영상물 제작 업체는 수년간 도서관을 가보지 못했을 수 있다. 이 DVD에서 무엇을 설명할 것인지에 대한 의사결정은 중요하다. 모두 의사결정은 당신의 도서관이 가지고 있는 것을 보여주는 장면으로 나타나게 된다. 만일 당신이 여러 분관들을 가진 도서관 시스템에 소속되어 있다면, 그 중에서 어떤 도서관을 촬영할 것인가? 그 도서관은 당신이 목표대상으로 선정한 소외 계층 주민들과 가장 가까운 도서관인가? 아니면 촬영하기 가장 좋은 도서관인가? 가장 잘 보일 수 있는 외부와 내부는 어디인가? 만일 도서관이 휴관일 하루에 촬영해야 한다면, 냉난방은 작동되는가?

## 내용 창작과 기술적인 세부사항

스토리보드를 만들기 위해, 우리는 스크린샷(screenshot)[17]별로 파워포인트(PowerPoint) 한 페이지를 사용하였다. 각 스크린샷은 그 장면(scene)에서 무슨 일이 일어나는지, 최종 결과물에서 어떤 애니메이션 또는 문자가 보이며, 그 속에 어떤 대화, 소도구, 인물들이 나타나는지를 묘사하였다. 우리는 각 장면에서 강조할 것에 대해 결정해야 했다. 우리는 가능한 장면이라면 어느 장면이든지 ESL과 시민권 관련 자료, 외국어 도서, 도서관의 다른 프로그램과 서비스를 광고하는 전단지 등을 소도구로 배치하였다. 각 샷(shot)을 세는 것은 중요하다. 당신이 다가서고자 하는 이용자들의 관심을 얻으려면, 누군가가 어떤 장면에서 걷고 있을 때 여러 샷에서 대출 데스크 위와 전시대 위에 그들이 관심을 가지고 있는 도서나 음악 CD들을 배치하라. 그리고 마지막 샷에서 많은 소도구를 포함시키도록 하라. 또한 점심식사 예산을 확보하고 촬영을 잠시 중지할 동안 마실 많은 물을 준비하라.

또한 스토리보드에는 각 장면에서 어떤 연령대가 나타나는지, 어떤 도서관 서비스와 도서관 공간이 보이는지에 대해 기술된다.: 북 클럽, 청소년 게임시간, 동화구연 시간, 도서 반납하는 사람들, 표지판, 손상된 자료에 대한 샷들, 직원, 보조출연자 등. 스토리보드와 뒤이은 영상 촬영은 계속 수정될 수 있다는 점을 명심하라. 대본상에서 좋아 보이는 장면도 영상 감독이 참여하게 되면 변경될 수도 있다. 영상 감독은 조명, 공간, 움직이는 요소들에 근거해 사물들을 다른 방식으로 보기 때문에, 마지막 순간에도 충분히 변경할 수 있도록 유연성을 가져야 한다. 만일 영상물에 소외 계층 주민들과 도서관 직원들의 대표나 가족 구성원들을 담고 싶다면, "캐스팅 콜"(casting call)[18]을 발표할 때 여러 차례 공지를 제공하라. 우리들은 OPS에 자신의 인종 고유 의상을 입고 올 수 있는 다양한 연령대의 자원봉사자들을 요청하였으며, 필요한 경우 그들

17) 스크린샷 또는 샷(shot)은 영화에서 한 대의 카메라가 계속해서 잡는 장면을 말하며, 씬(scene)은 몇 개의 연결된 샷들로 이루어진 이야기 단위를 의미한다.(구글 참조, 역자 주)

18) 작품의 배역을 선정하기 위한 소집 공지(네이버 참조, 역자 주)

에게 교통수단을 제공하였다. 즉흥적 촬영(spontaneous shots)을 하는 동안 감독이 더 많은 사람들을 필요로 하는 경우를 대비하여 대기할 수 있는 자원봉사자들을 확보하라.

대본을 쓸 때, 직원들이 도서관에서 이용자와 상호작용을 하면서 실제로 쓰는 언어를 사용하라. 다시 말하지만, 대본상에서 좋아 보이는 대사도 대사를 하는 사람들의 입에 잘 맞지 않을 수 있다. 번역자와 함께 하는 대본 작업이 이 프로젝트에서 가장 많은 시간이 소요되었고, 가장 힘든 부분이었다. 우리는 수단어-누에르어, 스와힐리어, 소말리아어, 카렌어, 아라비아 번역자들의 이름을 확보하고 난 다음, 그들에게 대본을 이메일로 전달하였다. 그 번역자들이 한 스튜디오 안에서 대본을 번역하였는데, 그로 인해 그들은 대본과 친숙해질 수 있었다. 우리는 모든 번역자들이 스튜디오에 도착하기 전에 그것을 대강 살펴볼 것이라고 예상했지만, 한 번역자는 그렇게 하지 않았다. 그 결과, 2일로 예정된 스튜디오 대여 시간은 4일로 늘어났다. 대본이 도착한 직후에는 그 대본을 출연자와 번역자에게 최대한 빨리 발송하라.

이 프로젝트를 일정에 맞추려면 사전에 대본이 번역될 수 있도록 대본을 살펴보는 번역자 개개인과 일대일로 만나도록 하라. 많은 언어와 개념(시간, 월, 날짜 등)들은 번역 대상 언어로 쉽게 번역되지 않기 때문에, 이로 인해 스튜디오 대여시간이 추가로 많이 발생하게 된다. 나는 대사가 의미하는 것을 번역자에게 설명하여, 번역자가 실제 대사와 비슷하게 번역을 하도록 하였다. 예를 들어, 영어로 된 "오마하 공공도서관의 중요한 부분은 이곳에서 근무하는 친근한 사서들입니다. 사서들은 명찰을 착용하고 있으며, 당신이 하는 모든 질문에 대해 도움을 주는 것을 즐거워합니다."라는 대사가 있었다. 하지만, 소말리아어에는 명찰에 해당하는 단어나 개념이 없기 때문에, 채택된 가장 유사한 번역은 "당신이 어떤 것에 대해 걱정하고 있거나 행복해 할 때, 사서들은 당신을 위해 질문에 대답할 것입니다."였다. 번역자에 대한 스트레스와 비용을 줄이려 한다면, 그들을 오디오 스튜디오와 영상 촬영지로 데려다 줄 교통수단을 제공하라.

대본의 각 대사마다 번호를 부여하라. 이렇게 한다면, 음향 기술자가 녹음테이프를 시작하고 정지하는 시점에 대해 알 수 있다. 그리고 영상물 감독은 최종 편집본에서 각 샷별로 어떤 번역 대사를 복사하여 붙일 것인지에 대해 알 수 있다. 우리들 중 누구도 이 언어들에 대해 알지 못하기 때문에, 우리는 번역자가 번역한 것이 정확한 대사이며, 그 대사가 매끄럽게 말해질 것이라고 믿어야 했다. 음향 기술자는 말더듬는 것 같은 소리들을 듣고 우습게 들린다고 생각할 수도 있다. 그 언어의 후음부(a guttural part of the language)인지 아닌지에 대해 확신이 없기 때문에, 음향 기술자는 최종적으로 그것이 잘된 녹음인지 아닌지를 번역자에게 의지해 물어볼 수밖에 없었다. 대부분의 경우에서 그렇게 하지는 않았지만, 음향기술자들은 그들이 제대로 했다고 느낄 때까지 기꺼이 그것을 반복적으로 수행하였다.

우리 번역자들은 정말 최고로 열심히 일하였다. 그들은 대본의 녹음본 뿐만 아니라 대본의 인쇄본을 가지고도 작업해야 했다. 감독이 영상 위에 적절하게 자막을 배치하기 위해 각 언어별로 문장들이 언제 끝나는지를 알 수 있도록, 우리는 번역자들에게 대본 안의 문장들 속에 적당히 띄어쓰기를 해달라는 요청 메일을 몇 달간 계속 보냈다. 영상 업체와 음향 업체들도 자기들만의 분명한 어려움을 가지고 있었다. 아라비아 문자는 왼쪽에서 오른쪽 대신에 오른쪽에서 왼쪽으로 읽는다. 특정 언어의 컴퓨터용 폰트들은 화면 위에 자막 배치를 위해 다운로드한 다음 복사하여 붙여져야 한다. 각각의 언어들로 인해 업체들은 언어에 대한 지식이 없는 상태에서 영상 속에 적절한 위치에 자막을 배치하는 노력을 해야 했다. 그리고 일부 언어의 문자들은 다른 언어들보다 길기 때문에, 이 영상물은 언어별로 재생 시간이 다르다! 영상과 음향 감독이 이런 현상이 발생할 수 있다는 사실을 알 수 있도록 하라.

## 이 프로젝트의 마케팅

"도서관에 오신 것을 환영합니다." 동영상은 어떤 도서관이라도 이용할 수 있게 만들려는 의도로 제작되어, 현재 '유투브' 사이트(http://www.youtube.com/watch?v= bCzCbYz6Vd0)와 오마하 공공도서관 웹사이트에 있는 '이민자/난민 도서관 가이드'(Immigrant/Refugee Libguide) 링크를 통해서 이용할 수 있다. 비록 오마하 공공도서관을 강조하여 제작되었더라도, 그 개념들은 모든 도서관에서 적용할 수 있다. 원래 DVD 250개가 제작되었다. 그 중 12개는 목록을 작성한 다음, 우리 도서관의 각 분관에 비치하여 전시 용도로 사용하거나 외국어 장서의 서가에 배가하였다. 이 DVD는 2010년 1월에 개최된 오마하 난민 태스크포스 회의에서 40여개의 회원들에게 공개되었고, DVD 100개가 이 모임에서 배포되었다. 네브래스카 주립대학교 오마하 캠퍼스(University of Nebraska Omaha)의 외국어 전공 교수들은 오리엔테이션과 학생 교육에 사용하고 싶다며 DVD 2개를 요청하였다. 도서관 직원들은 분관 방문 때 수단인과 소말리아인 가정에 제공할 수 있도록 추가 DVD를 요청하였는데, 이로 인해 50여개가 추가로 제작되었다. 모든 분관들은 전시를 통해 이 DVD를 홍보하였고, 외국어 사용자들이 도서관에 방문할 때마다 주기적으로 이 DVD를 언급하였다. OPS는 각 학교에 이 DVD에 대한 정보를 제공할 것을 약속하였다.

우리들은 오마하 지역의 "모닝 블렌드"(Morning Blend)라는 프로그램 중 토막 광고(TV spot)에서 이 DVD를 홍보하였고, 지역 스페인어 신문에 광고를 실었으며, DVD 홍보용 전단지와 포스터, 유인물들을 제작하여 우리 도서관의 12개 분관에 배포하였다. 또한 우리는 오마하 지역의 모든 언론매체에 보도자료를 이메일로 발송하였으며, QR 코드를 활용하여 우리 도서관의 웹사이트, 소셜 미디어, 그리고 '오마하 도서관 재단'(the Omaha Library Foundation)의 봄 소식지에 이 DVD를 홍보하였다. 2011년 3월에 우리 도서관은 다문화적인 "도서관에 오신 것을 환영합니다." 영상물의 최초 상영(movie premiere) 행사를 개최하였다. 이 행사에서는 모든 언어별로 DVD를 계속 상영하였고, 지역의 식당 2곳에서 조달한 아라비아와 아프리카 음식들이 제공되었으며, '멕시코 문화예술협회'(the Mexican Cultural Arts Association)가 준비한 '마리아치'(mariachi) 공연[19]과 멕시코 민속 춤 공연이 벌어졌다. 또한 우리는 이중 언어 동화구연, 참가자들이 다양한 언어로 된 "환영" 글씨가 적힌 출입문 표지를 만들어 가져갈 수 있는 공예품 제작 코너, 청소년 게임 구역, ESL 자료, 외국어 도서, 소수 인종 요리책 등을 준비하였다. 우리의 요청에 따라 두 곳의 출판사는 60권의 이중 언어 도서를 무료로 기증하였고, 우리는 이 도서들을 행사에 참석한 사람들에게 무료로 제공하였다. 행사 초청장은 도서관 친구들, 도서관 재단 이사회, 시청 직원들에게 발송되었다. 시장의 개회선언부터 3시간동안 진행된 이 행사에는 6명의 직원들과 10명의 자원봉사자들이 진행을 담당하였고, 341명이 참석하였다.

'세계 난민의 날' 계획을 수립하는 과정에서, 우리는 OPS와 협력적인 논의를 통해 늘 그래왔던 듯이, 미국인 참석자들만이 난민들에 대해 배우는 것이 아니라 난민들이 배울 수 있는 무언가를 준비하는 것이 유익하다고 결론지었다. 매우 많은 난민들의 공연과 행사 참여, 난민들의 물품 판매, 그들의 문화에 대한 축하 등이 이루어지기 때문에 '세계 난민의 날'은 소외된 오마하의 난민 주민들에게 다가갈 수 있는 이상적인 행사이다. 과거에 우리 도서관은 도서관 이용증을 발급하고, ESL 자료와 '망고 랭귀지', '러닝 익스프레스' 데이터베이스 등을 전시하는 도서관 아웃리치 부스를 설치하였다. 보통 교육용 강연에는 대중들에게 자신의 이야기를 전해 줄 난민들이 참여하였다. 그러나 2011년 '세계 난민의 날'에는 우리 도서관을 홍보하려는 노력의 일환으로 하루 종일 "도서관에 오신 것을 환영합니다." DVD를 상영하는 교육용 강연만을 실시하였다.

그 노력은 대단한 성공을 거두었다. 참여자들은 65개의 DVD를 집으로 가져갔다. 200명 이상의 난민들이 스스로 또는 통역자에 이끌려 단체로 도서관 안으로 들어왔다. 난민들은 자신들의 언어가 DVD에서 나오는 것을 듣고 놀랐으며, 넋을 잃고 앉아서 우리 도서관과 그 서비스들에 대해 학습하였다. 많은 청소년들은 "저 말은 내가 쓰는 언어야!"라고 말하면서 돌아다녔으

19) 멕시코의 거리 악단(역자 주)

며, 들어와서 함께 보자며 자신의 가족들과 친구들을 불러 모았다. 러시아 태생의 한 미국인은 미국에 온 지 2주 밖에 되지 않는 3명의 버마인 가족들과 함께 나에게 다가왔다. 그 가족의 후견인으로서, 그녀는 이번이 그 가족들이 새 아파트에 와서 참여한 첫 번째 외부 행사인데 자신 때문에 그 가족들이 문화적 충격을 받을 수도 있다고 말하였다. 그녀는 간절하게 이 DVD를 가져가기를 원했고, 그 난민 가족들이 수줍음에서 벗어나 미국에 적응할 수 있는 방법에 대해 조언을 요청하였다.

이 DVD 제작 프로젝트를 통해 만들어진 협력관계 덕분에, 나는 LFS 소속의 사람과 그녀를 연결해 주었고 나아가 그녀가 후원하는 가족들을 이 DVD에 나오는 한 청년에게 소개해 줄 수 있었다. 이 DVD에 단역으로 출연했던 투 소에(Thu Soe)는 그 가족들에게 그들이 갈만한 한 교회와 다가오는 카렌족 기념행사에 대해 말해주었다. 또한 그는 러시아 태생의 후견인의 질문에 대해 통역도 해주었다. "아파트의 냉장고가 아직 수리되지 않았나요?" 이 대화를 들으면서, 나는 미국에 새로 들어온 이민자들이 일상생활을 견딜 수 있도록 만드는 과정에서 이와 같은 연결망이 얼마나 중요한지를 깨닫게 되었다.

## 지역사회에 대한 영향과 평가

유투브 사이트와 우리 도서관 웹사이트의 이민자/난민 도서관 가이드 방문자 수, 그리고 말과 글로 표현된 여러 피드백을 바탕으로 우리는 이 프로젝트가 성공적이라고 평가하였다. OPS는 "도서관에 오신 것을 환영합니다." DVD를 난민과 이주민 교육 수업에서 활용하고 있다. '하트랜드 국제센터'(the International Center of the Heartland, 이하 ICH)[20]는 사무실에 이 DVD 100개를 보유하고 있으면서, 새로 유입된 난민들을 위한 오리엔테이션의 일부로 이 DVD를 상영하고 있다. ICH는 이 DVD 프로젝트가 "미국에 새롭게 정착하는 난민, 미국 내에서 거주지를 옮긴 2차 이주민과 이민자들이 이용할 수 있는 정보자원의 범위를 확장시키기 때문에, 우리 지역사회의 입장에서는 중요한" 것이라고 언급하였다. ICH는 새로운 이민자들에게 "원스톱"(one-stop) 서비스를 제공하는데, 오마하와 지역사회를 소개시키는 도구로 이 DVD를 포함시키고 있다.

20) 하트랜드는 미국의 중서부 지역을 일컫는 별칭(역자 주)

또한 우리의 협력자들도 이 프로젝트가 성공적이라고 평가하고 있다. '루터교 난민 봉사단'(Lutheran Refugee Services)의 교육 및 고용 전문가는 "도서관에 오신 것을 환영합니다." DVD에 대해 다음과 말하였다.: "이 영상물은 훌륭하다. 그 이유는 이 영상물이 매우 기초적이며, 우리 난민 이용자들의 지식수준을 향상시키고자 노력하고 있기 때문이다." 루터교 난민 봉사단은 2011년 6월에 다음과 같은 이메일을 보내왔다.

> 이 비디오가 지역사회에 배포된 이후 더 많은 난민들이 도서관 이용증을 만들고 있습니다. 저는 이전에는 도서관 이용증을 가진 난민에 대해 들어보지 못했지만, 지난 두 달간 도서관 이용증을 가진 난민들에 대한 이야기를 듣고 있습니다. 저는 지금까지 난민들이 도서관 이용증에 대해 알 것이라고 전혀 생각하지 못했지만, 지금 그 사람들은 도서관을 이용하고 있습니다. 구전 홍보는 정말 빠르게 퍼지기 때문에, 저는 도서관에서 많은 난민들을 볼 수 있으리라고 예상합니다.

우리의 이웃으로 들어오는 이민자/난민과 같은 특수한 집단들과 이미 거주하고 있는 소외 계층 주민들에 대한 인식과 아웃리치를 증진시킴으로써, 우리 도서관은 오마하 지역사회의 다양한 주민들에 대한 도서관 서비스를 향상시키고 있다. 난민들은 난민 정착 기관에 도착하고 나서 우리 도서관을 "견학"하기 때문에, 이 프로젝트는 난민들에게 지속적으로 영향을 미친다. 자신의 커뮤니티와 공유하도록 개별 이용자들에게 이 DVD를 집으로 가져가게 함으로써, 난민 대상의 도서관 견학은 한층 더 강화될 수 있다. 오마하 공공도서관의 새로운 전략 계획 중 한 부분에는 지역 내 조직들을 발굴하여 그 조직들이 오마하의 근본적 문제를 해결하는 것을 도울 수 있도록 우리 도서관의 외연 확장(long reach)에 관한 내용을 포함하고 있다. 이 DVD 프로젝트를 통해 우리 도서관은 강력한 전략적 협력을 형성하고, 그로 인해 우리 도서관이 더 나은 오마하를 만드는데 있어 촉매이자 협력자 역할을 수행할 수 있었다. 또한 우리 도서관은 일자리를 찾거나 새로운 커뮤니티와 이용 가능한 정보자원들에 대해 배울 수 있는 기회를 확장시킬 수 있었다. 도서관 직원과 도서관 용어들에 대해 친근한 단계에 이르게 된다면, 공통의 관심사에 대한 대화가 가능해지고, 친교관계가 만들어 진다. 또한 우리는 도서관 프로그램들을 문화적으로 적합하게 조정할 수 있고, 마케팅을 맞춤형으로 제공할 수 있으며, 소수집단마다의 고유한 요구들을 충족시키는 장서를 확충할 수 있을 것이다.

# 라틴계 및 스페인어 사용자들을 위한 가상 서비스

오드리 바바코프, 크리스티나 고메즈

효과적인 가상 서비스(virtual services)는 개인의 여가, 교육, 정보 요구를 충족시키는데 있어 필수적인 구성요소이며, 여러 도서관들이 온라인을 통해 라틴계 주민들과 연결하는 중요한 방법이다. 가상 서비스는 도서관이 온라인 환경에서 대중들과 연결하는 방법으로 정의될 수 있다. 여기에는 웹사이트, 도서관 목록, 가상 참고봉사, 소셜 미디어 사이트, 모바일 어플리케이션 등이 포함된다. 오늘날 공공도서관에서 단연코 가장 많이 지원되는 비영어권 언어는 스페인어이고, 히스패닉이 미국에서 가장 빠르게 성장하는 인구라는 점을 고려한다면, 지금은 공공도서관들이 라틴계 주민들을 위해 가상 서비스를 제공할 수 있도록 광범위한 접근을 시도해야 하는 중요한 시점이다. 라틴계 주민들을 위한 가상 서비스는 언어에 관계없이 모든 이용자들을 위해 평등한 정보 접근을 보장해야 하는 도서관의 중요한 책무 중 일부로 인식될 수 있다. 라틴계 주민들이 온라인 정보에 접근하고 이용하는 방법에서 중요한 차이점들은 무엇이며, 도서관들이 가상 서비스를 개발하기 위해 사용할 수 있는 전략들은 무엇인가? 이 글에서는 웹 콘텐츠, 모바일 도서관 어플리케이션, 가상 참고봉사 등의 세 가지 가상 서비스들을 통해 라틴계 주민들의 정보요구를 충족할 수 있는 방법에 대해 논의하고자 한다.

## 인구학적 개관

다른 인구집단과 마찬가지로, 미국 내 히스패닉과 라틴계 주민들의 정보요구에 접근하기 위해서는 그들에 대한 더욱 자세한 인구학적 실태를 알 필요가 있다. 우리가 봉사하고자 하는 히스패닉과 라틴계 주민들은 누구인가?

많은 인구 관련 정보들이 미국 인구 총조사(U.S. Census)에서 생산되므로, 우리는 연방정부 '관리예산처'(the Office of Management and Budget)의 1997년 "인종과 민족에 관한 연방정부 데이터 분류를 위한 기준 개정판"(Revisions to the Standards for the Classification of Federal Data on Race and Ethnicity)에 의해 개발되고, 인구조사에서 사용된 히스패닉 또는 라틴계 주민들에 대한 정의를 사용하였다. 응답자들은 자신들이 미국에 오기 전에 자신이나 그 부모 또는 조상의 전통(heritage), 국적 집단(nationality group), 혈통(lineage) 또는 출생국가 등에 근거하여 히스패닉/라틴계로써의 자기 동일성(self-identity)을 가지고 있는지에 대해 질문을 받는다. 자신들의 근원을 히스패닉, 라틴계, 또는 스페인 사람이라고 말하는 사람은 어떤 인종에도 포함될 수 있다(Ennis, Ríos-Vargas, and Albert 2011).

점차 다문화적으로 변모하고 있는 미국의 최근 인구 구성에서 히스패닉이 증가하고 있다는 사실은 놀랄 일이 아니다. 현재 미국 인구의 16%(5,050만 명)이 히스패닉 또는 라틴계 주민으로 파악되고 있다(Ennis, Ríos-Vargas, and Albert 2011). 그 중 약 40%는 2세대 또는 3세대 미국인들이다(Fox and Livingston 2007). 2000년에서 2010년 사이 히스패닉 인구의 증가는 그 기간 동안 미국 인구 증가의 절반 이상에 해당한다.

라틴계 주민들의 지리적, 언어적, 문화적 다양성으로 인해, 개별 커뮤니티는 매우 다른 요구를 가질 수 있다. 당신이 속한 지역의 문화를 이해하는 것은 적절하고 의미 있는 서비스를 개발하는데 있어 필수적이다. 당신이 속한 지역에 대한 조사는 연방정부 인구조사국의 '아메리칸 팩트파인더'(American FactFinder) 웹사이트에서 그 지역에 관한 인구 통계들을 파악하는 것으로부터 시작하라. 도서관이 어디에 위치하든지, 급격히 증가하는 히스패닉/라틴계 주민들의 정보요구와 정보추구 행태를 고려하지 않는다면 매우 적절하지 못한 것이라 할 수 있다.

## “스페인어로”(en Español)를 넘어서: 라틴계 주민들을 위한 효과적이고 매력적인 도서관 웹사이트 개발

도서관 웹사이트는 영어와 스페인어 사용자를 위한 최초의 가상적 접촉 지점이자 라틴계 주민들에 대한 효과적인 가상 서비스의 핵심 요소이다. 도서관 개관시간과 행사, 자료, 참고봉사 지원, 추천 자료, 그리고 지역사회 관련 기관 등에 대한 접근을 제공함으로써 우리 도서관 웹사이트는 진정한 “가상 분관”(virtual branches)으로 자리매김하였고, 물리적 형태의 분관이 제공하는 서비스들을 유사한 서비스들을 온라인 환경에서 제공해왔다. 온라인에서 라틴계 주민들의 마음에 들 수 있는 가장 가시적인 방법은 스페인어 또는 이중 언어(스페인어-영어)를 사용하는 것이다. 양질의 스페인어와 이중 언어 도서관 웹 콘텐츠는 라틴계 주민들에게 전자 정보원에 대한 접근을 제공하려는 모든 노력 중에서 첫 번째 단계이다. 그러나 매력있고 구미가 당기는 이용자 경험(user experience)을 창출하는 것이 도서관 콘텐츠를 스페인어로 번역하여 제공하는 것보다 더 중요하다. 현재의 그리고 잠재적 라틴계 이용자들을 효과적으로 사로잡기 위해서 우리는 콘텐츠를 스페인어로 번역하는 것을 넘어, 히스패닉의 문화적 가치와 그들의 온라인 사용에 대한 기대치를 고려해야 한다.

### 온라인을 이용하는 라틴계 주민들

온라인을 이용하는 라틴계 주민들의 숫자는 급격히 증가하고 있다. ‘퓨 인터넷’(Pew Internet) 조사에서는 인터넷을 사용하는 라틴계 성인 인구가 2006년 54%에서 2008년 64%로 증가하여 이들이 가장 빠르게 성장하는 온라인 이용 인구로 나타났다(Livingston, Parker and Fox 2009). 시장 조사에 따르면, 현재 온라인을 이용하는 라틴계 인구는 18세에서 34세 사이의 사람들이며, 히스패닉 인구 전체와 비교했을 때 “더 부유하고, 더 교육을 많이 받았으며, 미국사회에 더 잘 동화되어 있다.”(Captura Group 2008) 온라인을 이용하는 히스패닉들의 기대치, 선호, 행태에 대한 연구를 활용한다면, 도서관들은 온라인을 사용하는 라틴계 주민들의 정보요구를 충족시키면서 그들의 흥미를 끌 수 있는 웹 콘텐츠를 설계할 수 있을 것이다.

### 언어 선호

라틴계 이용자들의 언어적 요구와 선호를 다루어야 할 책임이 있는 도서관을 위한 첫 번째 단계는 이중 언어와 스페인어로 된 도서관 정보를 온라인상에서 제작하고 접근을 제공하는 것이다. 이는 직원들의 언어 능력, 지역사회 연결망, 또는 유료 번역 서비스를 통해 달성될 수 있다. 라틴계 주민들은 다양한 언어 능력을 가지고 있다. 미국 내 모든 히스패닉 중 절반을 조금 넘는 사람들은 영어만 사용(English-only)하거나 이중 언어를 사용하며, 47%는 스페인어를 지배적으로 사용(Spanish dominant)한다(Fox and Livingston 2007). '컴스코어'(ComScore)와 '아메리칸 온라인'(AOL)과 같은 회사가 수행한 연구에 따르면, 온라인을 이용하는 라틴계 주민들의 50%는 스페인어 콘텐츠 또는 스페인어와 영어 콘텐츠 모두를 선호한다(Singh, Baack, Kundu, and Hurtado 2008, 164).

스페인어 사용자들이 다양한 문화적 배경을 가지고 있기 때문에, 언어에 대한 선호는 다양할 수 있다. 도서관은 봉사 지역의 라틴계 주민들에 근거하여 이중 언어와 스페인어 텍스트를 제작해야 한다. 이는 도서관 봉사 대상 주민들 중에서 지배적인 라틴계 집단이 사용하는 특유의 언어(vernacular)를 사용함으로써 가능해진다. 하지만 우리는 비공식적 언어 또는 너무 친숙한(too familiar) 언어의 사용에 대해서도 주의해야 한다. 온라인을 이용하는 히스패닉 소비자의 기대치에 관한 연구는 웹 콘텐츠에서 적절한 형태의 인사말과 정중한 언행이 중요하다는 점을 보여주고 있다. 따라서 가상 커뮤니케이션에서 도서관이 히스패닉 이용자들을 공손하게 대하는 것이 중요하다. 여기에는 정중한 '귀하'(*usted*)라는 표현을 사용하고, 비공식적인 관용구들("어떻게 지내세요?"(¿Qué tal?)과 같은)을 피하고, 스페인어 웹페이지에서도 영어 웹페이지와 동등한 수준의 콘텐츠를 유지하는 것 등이 포함된다(Singh, Baack, Kundu, and Hurtado 2008).

## 문화에 대한 축하와 지역사회와의 연결

문화적 관련성(cultural relevancy)은 라틴계 주민들의 인터넷 사용에 큰 영향을 미친다. 따라서, 웹콘텐츠에 라틴계 주민들과 연결된 문화적 요소들과 상징들을 포함시킨다면 이용자들은 매력적인 경험을 할 수 있을 것이다(Korzenny and Kozenny 2005). 웹 콘텐츠가 히스패닉에 대한 정형화된 이미지를 묘사하는 것보다는 다양한 피부색, 나이, 배경을 가진 라틴계 주민들의 이미지를 포함시켜 라틴계 커뮤니티의 다양성을 반영하는 것이 중요하다. 전자 상거래 시장 조사에 따르면, 라틴계 주민들은 밝고 활기찬 색상들을 선호하는데, 이는 그 색상들이 쾌활함을 의미하기 때문이다(Singh, Baack, Kundu, and Hurtado 2008). 이러한 시각적 선호도는 온라인 환경에서 쉽게 반영시킬 수 있다.

라틴계 주민들은 공동체를 소중하게 생각하며, 라틴계 커뮤니티를 대상으로 하는 전념하는 봉사에 헌신적인 기관들에 참여하는 경향이 있다. 도서관은 스페인어 또는 이중 언어로 된

행사 일정, 아웃리치 활동에 대한 정보, 커뮤니티 협력, (라틴계)이용자가 쓴 추천의 글, 도서관에 많은 지지를 보여주는 지역사회 지도자에 대한 소개 등을 활용하여 온라인 공간에서 라틴계 커뮤니티와의 연결을 강조해야 한다. 또한 도서관은 온라인에서 라틴계 주민들이 다른 사람들과 연결되는 공간을 제공함으로써 가상 커뮤니티의 연결자로서 기능할 수 있다. 이는 소셜 미디어 연결, 도서관 블로그, 스페인어로 된 이용자 서평 등의 형태로 구현될 수 있다.

## 가족 지향성

강력한 가족 지향성은 도서관이 적합한 웹 콘텐츠를 통해 다루어야 하는 문화적 가치들 중 하나이다. 이 맥락에서 '가족' 이라는 용어에는 할아버지, 아주머니, 아저씨, 사촌 등이 포함된다는 점을 인식해야 한다. 도서관은 스페인어/이중 언어로 된 하나의 웹페이지에 모든 연령대를 위한 도서관 정보와 서비스들을 함께 모아둠으로써 가족을 중심에 둔 웹 페이지를 제작할 수 있다. 온라인 정보에 대한 히스패닉의 기대치와 태도에 관한 한 연구에서 표적집단 참가자들은 가족 중심적 웹 콘텐츠의 중요성을 강조하였다.: "어린이, 청소년, 부모를 위한 웹 사이트를 각각 만들지 말고, 가족 전체를 위한 웹 사이트를 만드세요. 모든 가족 구성원을 위한 내용을 담도록 하세요."(Singh, Baack, Kundu, and Hurtado 2008, 168) 영어로 된 웹 콘텐츠 전부를 완전히 스페인어로 제공할 수 없는 경우, 도서관 정보에 대해 접근을 용이하게 하려면 하나의 찾기 쉬운 웹 페이지로 관련 콘텐츠를 집중시키는 것이 훨씬 낫다.

강력한 가족 지향성에 더해, 외국 태생 부모의 어린 자녀들이 가정에서 주요한 웹 검색자의 역할을 담당하며, 어떤 정보가 자신과 부모에게 적합한지 또는 가치 있는지를 결정하는 "인터넷의 게이트키퍼(gatekeepers of the Internet)"로 활동할 수 있다는 것을 인식해야 한다(Singh, Baack, Kundu, and Hurtado 2008, 168). 이런 이유로, 가족에 초점을 두면서 동시에 어린이 친화적인 스페인어/이중 언어 웹페이지의 제작을 고려할 필요가 있다. 가족과 다세대(multigenerational) 프로그램을 강조하고, 존중과 보살핌의 감정을 불러일으킬 수 있는 대가족에 관한 이미지, 특히 조부모에 대한 이미지를 포함시킨 매력적인 온라인 환경을 조성하라.

## 콘텐츠가 핵심이다.

우리 도서관이 구독하는 데이터베이스, 주제 안내자료, 정보자원 리스트 등을 이용하여 양질의 정보를 구하도록 권장하는 일은 도서관 업무에서 항상 우선순위에 속해왔다. 이러한 디지털 콘텐츠는 라틴계 커뮤니티가 선호하는 언어로 그들에게 이용되어야 한다. 스페인어 검색 인터페이스와 기사 번역 기능을 가진 '엡스코호스트 에스파뇰'(EBSCOhost Español)과 '게일'(Gale)의 '인포르메'(Informe)와 같은 데이터베이스 상품들, 그리고 '브리태니커'의 '스패니시 레퍼런스 센터'(Spanish Reference Center)와 같이 이용자가 선호하는 즉시 참고용 정보원 등은 모든 이용자를 위한 평등한 정보 접근을 제공하는데 있어 핵심적인 구성요소이다. 이러한 정보자원들을 구독할 예산이 거의 없는 도서관들의 경우, 무료로 이용할 수 있는 스페인어 웹사이트들로 구성된 광범한 정보자원 리스트를 개발하는 것이 필수적이다. 스페인어 정보자원 리스트는 소비자 보건 정보, 사회복지 기관, 정부 정보, 뉴스 정보원 등에 대한 링크를 포함해야 한다. 이 때, 스페인어로 이 정보원들에 대한 상세한 내용기술을 제공해야 하며, 도서관 홈페이지에서 쉽게 접근할 수 있도록 해야 한다.

역동적이면서 적합한 웹 콘텐츠의 개발은 그 자체로 도서관 정보자원에 대한 의미 있는 접근을 제공하지만, 이러한 웹 콘텐츠가 다른 가상 서비스들에 의해 보완된다면 그 영향력은 더욱 확장될 것이다. 그렇다면 모바일 기술은 기본적인 웹사이트를 넘어 어떻게 히스패닉과 라틴계 이용자들을 사로잡을 수 있는가?

## 모바일 기술

모바일 기술은 히스패닉 주민들 중 일부에게 성공적인 가상 서비스를 제공할 수 있는 열쇠이다. 몇 해 동안 히스패닉계의 엄청난 모바일 기술 사용에 관련된 연구들과 신문 기사들이 급증하였다. 도서관들이 라틴계 주민들을 사로잡기 위해서는 모바일 콘텐츠의 제공 규모를 늘려야 하며, 그 콘텐츠는 히스패닉들의 문화적 선호와 잘 맞아야 한다. 하지만, 모바일 서비스는 히스패닉 주민들 중 일부에게만 전달될 수 있다는 점도 인식해야 한다. 히스패닉 중에서 모바일 콘텐츠 사용자는 주로 나이가 젊고, 미국에서 태어났으며, 영어를 사용할 수 있는 사람들이다. 우리는 히스패닉 주민의 마음에 들도록 맞춤형 모바일 서비스를 제공해야 하는 한편, 히스패닉 주민 중에서 노인, 이민자, 여타 스페인어 사용자와 같은 사람들에게도 다가갈 수 있는 방법 또한 모색해야 한다.

## 히스패닉들은 모바일 이용자들이다. - 그리고 일부는 모바일만 이용하는 사람들이다.

라틴계 주민들, 특히 젊고, 미국에서 태어났으며, 영어를 사용할 수 있는 사람들은 동등한 조건의 비 히스패닉(non-hispanic) 백인과 비교했을 때 휴대전화를 훨씬 더 많이 사용한다. 히스패닉의 51%가 인터넷 접근을 위해 휴대전화를 사용하는데 반해, 비 히스패닉 백인들은 35%만 사용한다(Washington 2011). 그들은 더 많이 통화하고, 더 많이 문자 메시지를 보내며, 문자 메시지 광고에 2배 정도 더 참여하는 것 같다. 그들은 일반 대중들보다 휴대전화의 주요 기능들과 데이터 기능들을 더 많이 사용한다(Chang 2009; Mata 2011). 59%의 히스패닉들은 휴대전화를 필수품으로 고려하는 반면, 비 히스패닉 백인과 흑인들은 50% 이하로 나타났다(Fox and Livingston 2007).

이와 같은 과도한 사용은 많은 라틴계 주민들이 휴대전화를 주요한 또는 유일한 인터넷 접근방법으로 사용하기 때문에 나타나는 현상일 수도 있다(Chang 2009). 라틴계 성인 중 1/3 미만이 가정에 광대역 인터넷을 설치하였고, 6%는 가정에서의 인터넷 연결 대신에 휴대전화를 통해 인터넷에 접근한다고 보고되었다(Fox and Livingston 2007; Livingston 2011). 모바일 기술을 활용하여 라틴계 주민들에게 직접적으로 배포되는 상업적 광고는 매우 성공적이었으며, 급격히 증가하고 있다(Chang 2009). 여러 도서관들은 젊고 영어를 사용하는 라틴계 주민들을 대상으로 매우 흥미롭고 문화적으로 관련성이 있는 모바일 플랫폼을 개발할수 있도록 광고 전문가와 마케팅 전문가들의 연구, 경험, 성공사례들을 참고할 필요가 있다.

## 라틴계 중심의 모바일 앱 개발

지금까지 우리들은 도서관을 위한 모바일 앱(app) 소개에 전념해왔는데, 그렇다면 라틴계 주민들을 사로잡을 모바일 앱들을 어떻게 설계할 수 있는가? 광고회사의 조사에 따르면, 여기에는 두 가지 핵심 요인들이 있다.: 상호작용적인 미디어 기능들과 라틴계 주민들을 분명한 목표로 설정한 문화적 관련성이 있는 콘텐츠.

모바일 데이터를 사용하는 히스패닉 이용자들은 비 히스패닉에 비해 동영상 다운로드를 3배 이상 많이 한다(Ruiz-Velasco 2007). 또한 그들은 음원 스트리밍이나 다운로드, 온라인 게임, 도서와 영화 검색, 동영상(음원) 미리보기(미리듣기) 등을 더 많이 이용한다(Pew Internet 2001). 광고회사들은 도서관이 모방할 수 있는 다양한 방법으로 그들의 선호도를 잘 다루어왔다. '텔레문도'(Telemundo)[21]는 팬들이 동영상으로 시청자 의견을 게시할 수 있도록 허용하였다. 다문화 미디어 회사인 '퍼브리시스 고우프'(Publicis Groupe)는 다운로드가 가능한 벨소리, 배경화면, 음악, 그리고 칵테일 제조법까지도 제공함으로써 이중 언어로 된 데이터 사용량을 증가시켰다(Ruiz-Velasco 2007). '문도 야리스 닷컴'(MundoYaris.com)은 이용자가 자기만의 벨소리를 만들 수 있도록 음악을 합성할 수 있도록 허용하였다(Wentz 2007). 이러한 접근방법들은 더 많은 매체들과 쌍방향적 활동을 웹페이지에 포함시키려는 도서관들의 노력과 매우 일치하는데, 그간 여러 도서관들은 물리적 도서관과 디지털 도서관을 콘텐츠 제작을 위한 공간으로 만들고자 노력하였다. 쌍방향적이고, 매우 흥미롭고, 창의적인 어플리케이션은 우리의 라틴계 이용자들과 도서관을 위해 매우 가치있는(그리고 재미있는!) 일이 될 것이다.

도서관의 콘텐츠는 문화적으로도 히스패닉에 적합해야 한다. 히스패닉 주민들과 이중 언어 콘텐츠의 등장과 같은 외견상의 변화가 그 출발점이 된다. 플로리다 주립대학교(Florida State University)의 교수이자 히스패닉 마케팅 커뮤니케이션 센터장인 펠리페 코르제니(Felipe Korzenny)에 따르면, "특히 히스패닉들은 자신들이 알고 있는 출처로부터 자신들에게 직접 전달되는 메시지에 대해 호기심과 관심을 가진다."(Chang 2009) 하지만, 메시지가 진정으로 영향력을 가지려면, 히스패닉 이용자들이 가지고 있는 더욱 심오한 가치들과 일치하도록 노력해야 한다. '히스패닉 연구소'(the Hispanic Institute)에 따르면, 히스패닉 문화는 "강력하고 광범한 사회적 관계"에 크게 의존한다(Mata 2011). 이는 히스패닉 사이에서 나타나는 모바일 기술의 대중성은 이러한 가치의 표출이며, "휴대전화의 사용은 가까운 관계 사이의 문화적 친밀성(cultural affinity)을 형성하는 것"이라고 요약된다. 도서관들이 히스패닉을 목표로 한 어플리케이션을 성공적으로 만들기 위해서는 사회적 구성요소들(social components)을 포함시켜야 한다. 또한 우리는 모바일 기술의 한계에 대해서도 알아야 한다. 이 기술은 주로 젊고, 미국 태생의 영어사용자들에 국한되며, 심도 있는 업무에는 이상적이지 않다. 따라서 우리는 히스패닉을 위한 스페인어 가상 참고봉사와 같은 다른 유형의 가상적 아웃리치도 고려해야 한다.

## 가상 참고봉사

스페인어 기반의 가상 참고봉사는 소규모이지만 점차 확장되고 있는 서비스이다. 지금까지 이러한 서비스의 효과에 대한 연구는 제한적 수준이지만, 사서들은 자신의 경험에서 생긴

21) 미국의 스페인어 텔레비전 방송 네트워크(위키피디아 참조, 역자 주)

일화적 지식(anecdotal knowledge)을 공유하고 있다(Shapiro 2003). 같은 맥락에서, 우리는 위스콘신(Wisconsin) 주에서 스페인어 채팅 서비스 계획을 수립했던 우리의 경험을 공유하고자 한다. 우리의 경험을 통해 스페인어 가상 참고봉사를 고려하고 있는 다른 사서들이 자신감을 가질 수 있기를 희망한다.

## 가상 참고봉사는 당신이 실현가능한 것이어야 한다.

당신이 속한 도서관이 소규모이고 자원이 부족하더라도, 스페인어 참고봉사를 제공하는 방법들을 찾을 수 있다. 참고봉사에 대해 훈련되어 있고 이중 언어 구사가 능숙한 직원을 찾는 것은 쉬운 일이 아니지만, 극복하기 어려운 일도 아니다. 현재 도서관 인력 중 고작 1.8%만이 라틴계 출신이다(Montiel-Overall and Littletree 2010). 물론, 비 히스패틱 사서들 중 일부는 유창하게 스페인어를 구사하지만, 당신이 속한 도서관에서 그러한 사람들을 발견하기는 여전히 어려울 것이다. 위스콘신 주 안의 많은 소규모 도서관들에는, 스페인어를 사용하는 참고봉사 직원이 전혀 없다. 하지만 우리는 많은 해결책 중 하나를 찾을 수 있었다.

## 함께 일하라.

밀워키 공공도서관(Milwaukee Public Library)에서 우리들은 영어 기반의 가상 참고봉사를 위해 '퀘스천포인트'(QuestionPoint)[22]를 이미 사용하고 있었다. 가상 참고봉사에 스페인어를 추가하기로 결정하였을 때, 우리는 그것을 주(state) 차원에서 추진하기로 하였다. 위스콘신 주가 총괄적으로 일정한 시간을 입력하면, 위스콘신 주 내의 모든 공공도서관들은 24/7 기반 스페인어 채팅에 접근할 수 있다. 이 방법은 스페인어를 구사하는 사서를 확보하고 있고 충분한 직원 근무시간(staff time)을 보유하고 있는 도서관들이 주 전체를 위한 서비스에 더 많은 부담을 나눠가지면서 나머지 소규모 도서관들도 함께 참여할 수 있게 만든다. 미국 내 스페인어 사용자들 중 상당수가 작은 규모의 지역사회에 거주하고 있기 때문에(Davis 2009), 이 방법은 어떤 소규모 도서관이 애초에 거의 불가능한 직원이나 자원에 대한 지원을 받지 않고도 소중한 스페인어 기반 서비스를 제공할 수 있도록 해준다. 당신이 속한 도서관의 재정과 인력자원을 공동으로 활용할 수 있는지를 알아보려면, 주 교육부 주 도서관협회 또는 도서관 협력체 등과 접촉하는 것을 고려하라.

---

22) OCLC가 주도하는 협력기반의 실시간 가상 참고봉사 서비스(역자 주)

### 오프라인을 통해 이용자들을 확보하라.

당신이 가상 참고봉사를 제공하기 위해 몇 가지 방안들을 준비하고 있다면, 그 서비스에 대한 관심을 유발하는 것이 중요하다. 스페인어를 주로 사용하는 라틴계 주민들 중 32%만이 인터넷을 이용하기 때문에(Fox and Livingston 2007), 도서관들은 온라인뿐만 아니라 오프라인상의 이용자들도 확보해야 한다. 성공적인 홍보를 위해서는 지역의 히스패닉 커뮤니티와 강한 연계를 가진 조직, 미디어, 사람들에게 접근해야 한다. 현 시점에서 밀워키 지역의 가상 참고봉사가 아직 광범위한 홍보 단계에 들어선 것은 아니지만, 우리는 지역사회 내에서의 접촉을 위한 브레인스토밍을 시작하였다. 당신이 봉사하는 지역 안에서 스페인어 기반의 시민단체, 교회, 신문, 모임, 지역사회 지도자들은 누구인가?

### 장기적 관점을 가져라.

최종적으로 합리적인 기대치를 설정하라. 스페인어를 주로 사용하는 라틴계 주민들의 인터넷 이용을 방해하는 많은 장애물들 - 예를 들어, 나이, 교육, 접근 등과 같은 - 때문에, 당신의 가상 서비스 이용자는 제한적일 수 있다. 그러나 이 서비스는 여전히 당신이 속한 지역사회에 큰 이익을 가져다 줄 수 있다. 스페인어 기반 참고봉사는 당신의 도서관이 히스패닉 주민들에게 봉사를 제공하는데 필요한 강력한 도구로, 다양한 방법으로 라틴계 이용자들을 도서관에 참여하도록 유도할 수 있다. 어떤 형태로든 도서관 이용을 가로막는 주요 장벽은 적합한 언어로 된 자료와 직원의 부족이기 때문에 더욱 그러하다(Montiel-Overall and Littletree 2010). 라틴계 주민들이 우리가 자신들을 위해 봉사를 제공하고 있다는 사실을 인식하고, 그들이 이러한 서비스에 익숙해지려면 시간이 필요하다.

또한 스페인어로 진행되는 컴퓨터 수업의 인기(Davis 2009)는 스페인어 위주의 인터넷 사용이 부족한 것은 관심이 아니라 지식의 부족 때문일 수도 있음을 시사한다. 현재 우리들은 스페인어를 사용하는 주민들이 기술에 대해 더 많이 교육을 받을 수 있도록 지원하고 스페인어 정보자원들을 확충하고 있기 때문에, 향후 스페인어 가상 참고봉사는 도서관 서비스에 있어 필수 요소가 될 것이다.

## 결론

여러 가상 서비스들은 새롭고 흥미로운 방법으로 도서관과 이용자들이 연결될 수 있는 중요한 기회를 제공한다. 라틴계와 스페인어 사용자의 고유한 요구와 기대치에 대한 인식을 강화한다면, 당신은 이 소외된 주민들에게 말을 건넬 준비가 된 것이며, 더 많은 라틴계와 스페인어 사용자들에게 손을 내밀고 그들에게 의미있고 평등한 도서관 서비스들을 제공하는 책임을 담당할 준비가 된 것이다.

## 참고문헌


Captura Group. 2008. *Hispanic Online Market.* http://capturagroup.com/hispanic-online-market.html (accessed January 15, 2012).

Chang, Rita. 2009. "Mobile Marketers Target Receptive Hispanic Audience." *Advertising Age,* January 26, 18.

Davis, Denise. 2009. "Outreach to Non-English Speakers in U.S. Public Libraries: Summary of a 2007 Study." *Public Libraries,* January-February, 13-19.

Ennis, Sharon, Merarys Ríos-Vargas, and Nora G. Albert. 2011. "The Hispanic Population: 2010." *2011 Census Briefs,* May 2011. http://www.census.gov/prod/cen2010/briefs/c2010br-04.pdf (accessed January 26, 2012).

Fox, Susannah, and Gretchen Livingston. 2007. *Latinos Online,* March 14. http://www.pewinternet.org/Reports/2007/Lationos-Online.aspx (accessed January 26, 2012).

Korzenny, Felipe, and Betty Ann Korzenny. 2005. *Hispanic Marketing: A Cultural Perspective.* Burlington, MA: Elsevier/Butterworth-Heinemann.

Livingston, Gretchen. 2011. *Latinos and Digital Technology,* 2010. Pew Hispanic Center. http://www.pewhispanic.org/2011/02/09/lations-and-digital-technology-2010 (accessed January 26, 2012).

Livingston, Gretchen, Kim Parker, and Susannah Fox. 2009. *Latinos Online*, 2006-2008: *Narrowing the Gap.* Pew Research Center. http://www.pewhispanic.org/2009/12/22/latinos-online-2006-2008-narrowing-the-gap/(accessed January 26, 2012).

Mata, Arnoldo. 2011. "Connected Hispanics and Civic Engagement." The Hispanic Institute.

http://thehispanicinstitute.net/files/u2/nected_Hispanice_and_Civic _Engagement _3_.pdf (accessed January 26, 2012).

Montiel-Overall, Patricia, and Sandra Littletree. 2010. "Knowledge River: A Case Study of a Library and Information Science Program Focusing on Latino and Native American Perspectives." *Library Trends* 59(1—2): 67-87.

Office of Management and Budget. 1997. "Revisions to the Standards for the Classification of Federal Data on Race and Ethnicity." *Federal Register Notice,* October 30. http://www.whitehouse.gov/omb/fedreg_1997standards (accessed January 26, 2012).

Pew Internet. 2001. "50% of Hispanic Adults Now Are Online." Pew Internet and American Life Project, July 25. http://www.pewinternet.org/Press-Releases/2001/50-of-Hispanic-Adults-Now-are-Online.aspx (accessed January 26, 2012).

Ruiz-Velasco, Laura Martinez. 2007. "Mobile Video Booms among Latinos." *Advertising Age*, April 23, S5. http://elibeary.bigchalk.com (accessed January 26, 2012).

Shapiro, Michael. 2003. "Developing Virtual Spanish-Language Resources: Exploring a Best Practices Model for Public Libraries." *Oregon Library Association Quarterly* 9(2): 15-19.

Singh, Nitish, Daniel Baack, Arun Pereira, and Donald Baack. 2008. "Culturally Customizing Websites for U.S. Hispanic Online Consumers." *Journal of Advertising Research,* June, 224-34

Singh, Nitish, Daniel Baack, Sumit Kundu, and Christopher Hurtado. 2008. "U.S. Hispanic Consumer e-Commerce Preferences: Expectations and Attitudes toward Web Content." *Journal of Electronic Commerce Research* 9(2): 162-75.

Washington, Jesse. 2011. "For Minorities, New 'Digital Divide' Seen." USA Today, January 10. http://www.usatoday.com/tech/news/2011-01-10-minorities-online_N.htm (accessed January 26, 2012).

Wentz, Laurel. 2007. "Conill Connects Cultures via Feelings That Resonate." *Advertising Age,* January 8, S9. http://elibrary.bigchalk.com (accessed January 26, 2012)

# 웹 기반 언어 기술들

프란스 알바릴로

웹 기반(web-based) 언어 기술들은 무엇이고, 왜 그 기술들이 사서들에게 중요한가? 이 글에서 나는 이 질문에 대한 답을 찾고자 한다. 이 글의 목적은 영어가 모국어가 아닌 사람들에게 콘텐츠와 이용자 경험을 제공하는 무료 웹 기반 언어 도구들을 사서들이 활용하는 것을 돕는데 있다. 이 도구들과 전략들은 외국인 유학생들에게 봉사를 제공하는 대학도서관들이 이미 사용하였을 수도 있다. 이 도구들과 전략들은 공공도서관 환경에서도 적용될 수 있는데, 특히 도서관이 큰 규모의 다문화 인구들을 대상으로 봉사하는 경우에 그러하다.

이 글의 의도는 포괄적인 개요를 설명하는데 있지 않고, 다문화 사서 업무에 대한 다국어 접근법(multilingual approaches)과 관련하여 도서관계 문헌들 속에서 나타나는 격차(gap)를 완화하데 있다. 나는 다국어 접근법을 모국어가 영어가 아닌 사람들에 대한 서비스를 더욱 증진할 목적으로 언어 도구들을 적용시키고 직원을 배치하는 것으로 규정한다. 영어가 모국어가 아닌 이용자들이 계속해서 증가하고 있다. 오늘날의 정보환경에서 다양한 언어들을 적절하게 취급한다면, 우리는 "소수자들의 가치, 생각, 신념들이 다수자들의 그것과 똑같이 중요시되는 공간"으로 정의되는 심화된 다양성(deep diversity)에 더 다가설 수 있다(Kyrillidou et al. 2009, 7). 나는 도서관학 석사학위 외에 언어학 석사학위도 마쳤기 때문에, 나의 언어, 문화, 그리고 도서관에 관한 관심은 많은 유학생과 이민자들이 있는 교육기관에서의 직업적 경험과 학문적 경험이 융합되어 생겨난 것이다.

## 웹기반 언어 도구들

매우 다양한 온라인 언어 도구들이 이용 가능하다. 나는 언어 학습에 관심있는 개인들, 다른 언어로 된 정보에 접근할 필요가 있는 개인들, 그리고 여러 언어권 커뮤니티들을 도와줄 수 있는 매우 다양한 온라인 정보원을 뜻하는 의미로 "웹 기반 언어 기술들"이라는 용어를 사용하고자 한다. 언어 학습 정보원에는 문법과 사전 관련 웹사이트들이 포함된다. 이 정보원들은 질적 측면에서 다양하며, 대학의 언어학과, 출판사, 문법 마니아, 교사들에 의해 제작된다. 이 글에서는 주로 다른 언어로 된 정보에 접근할 필요가 있는 개인들에 초점을 맞추었기 때문에, 기계 번역기(한 언어를 다른 언어로 번역하는 컴퓨터 프로그램)와 가상 키보드(virtual keyboard) 등과 같은 도구들을 강조하고 있다. 이용할 수 있는 기계 번역기와 가상 키보드들이 많이 있지만, 나는 그 중에서 'i2Type'과 '구글 번역기'(Google Translate)가 가장 우수하다고 믿고 있다. 언어 지원 소프트웨어도 역시 중요하다. 다른 도구들은 프린터들과 운영체제들을 위해 제작된 프린터 드라이버와 "언어 팩"(language pack) 형태로 만들어진다.

## i2Type

i2Type은 이용자들이 여러 언어들을 입력할 수 있도록 도와주는 무료로 배포되는 가상 웹 키보드이다. i2Type는 다음의 방법들로 유용하게 사용된다.: 영어가 아닌 언어들을 사용하는 인터넷 검색하는데 있어 이용자의 능력을 확장시킨다.: '터치 타이핑'(touch-typing)[23)]을 위한 시프트 키(shift key)와 컨트롤 키(control key)이 사용을 포함해 물리적 형태의 키보드 기능과 완벽히 호환된다.: 가장 인상적인 것은 71개의 언어를 사용할 수 있다는 것이다. i2Type는 '파이어폭스'(Firefox) 브라우저의 부가기능(add-on) 또는 '구글 크롬'(Google Chrome) 브라우저의 확장기능(extension)으로 제공되어 브라우저에서 직접 설치된다. i2Type의 제작업체인 '사이웨버스'(Sciweavers LLC)는 자신의 온라인 네트워크와 웹사이트를 통해 과학 논문들을 배포하는 학술 집단이다(Sciweavers 2011). 이 업체가 제공하는 i2Type은 현재 무료로 이용가능하다. 이 업체는 i2Type 외에도 PDF 파일 인증과 이미지 응용프로그램 등을 포함해 다른 도구들도 제공한다.

23) 키보드를 보지 않고 문자를 입력하는 것. 블라인드 터치(blind touch)라고도 한다.(네이버 참조, 역자 주)

## 왜 그것을 사용하는가?

다국어 검색에서 중요한 문제는 훌륭한 키보드 입력방식을 찾는 것이다. 영어가 아닌 언어들은 대체로 강세표시(발음기호) 또는 다른 특별 부호로 표현되어야 하는 다른 문자, 자음, 모음들을 상당수 가지고 있다. 부호 이외에도 일부 언어들은 위에서부터 아래로 또는 왼쪽에서부터 오른쪽으로 읽으며, 우리들이 영어에서 익숙한 라틴어 기반 알파벳 문자들과 전혀 다른 복잡한 문자들을 가지고 있다. 키보드는 특히 이러한 언어들을 지원할 수 있도록 잘 구성되어 있어야 한다. i2Type은 즉각적이고 간단한 해결책을 제시한다. 비록 71개 언어 전부에 대해 모든 기능들을 테스트하지는 않았지만, 나는 프랑스어와 스페인어를 입력하기 위해 이 도구를 테스트하였다. 또한 러시아어, 북경어, 광동어, 한국어, 일본어 등을 구사할 수 있고 이 언어들을 계속 공부해온 나의 언어학 분야 친구들에게 자문을 구하였는데, 그들은 이 주요 언어들을 i2Type으로 입력하는 것이 원활하다고 이야기하였다. 만일 다국어 이용자들에게 봉사를 제공하는 도서관들이 컴퓨터에 i2Type를 설치하였다면, 더 많은 연구와 테스트가 수행되었을 것이다. 지금까지 살펴본 i2Type의 가장 중요한 측면은 기본적인 키보드를 제공하면서도 이용자들이 자신의 언어로 더욱 편안하게 인터넷을 검색할 수 있게 해준다는 것이다.

## 도서관 컴퓨터에서 i2Type 사용하기

가상 키보드의 장점은 최소한의 환경설정으로 즉시 이용 가능하다는 것이다. 파이어폭스 웹브라우저는 시스템 관리자 권한으로 설치할 수 있는 부가기능을 제공한다. 구글 크롬에서는 확장기능을 사용할 수 있다. 웹 브라우저 내에 i2Type을 설치하는 것이 가지는 장점은 이용자가 키보드에 접근하기 위해 웹사이트를 방문할 필요가 없으며, 웹 브라우저에서 바로 키보드를 실행시킬 수 있다는 것이다. 도서관 직원은 이용자에게 이러한 확장기능과 확장기능을 사용하는 방법에 대해 알려줄 필요가 있다.

업무 생산성 향상을 위한 도구인 iType는 가상 키보드와 실제 키보드를 모두 지원하기 때문에 이용자는 자신의 모국어로 터치 타이핑을 하기 위해 도서관의 기존 영어 키보드를 사용할 수 있는데, 모국어의 키보드 배치구조를 화면상에서 보면서 입력할 수 있다. 가상 키보드(웹브라우저나 응용 프로그램을 통해 가상으로 존재하는 키보드)는 대체로 이용자가 마우스(최근에는 터치스크린)를 통해 입력할 것을 요구한다. i2Type은 마우스를 이용한 가상 입력을 허용하는 한편, 컴퓨터의 키보드에 직접 연결하는 것도 가능한데, 실제 컴퓨터의 키보드 자판을 두드리면 가상 키보드의 자판이 곧바로 대응한다. 이는 매우 유용한 기능이다. 왜냐하면 터치 타이핑이 다른 가상 키보드들이 사용하는 마우스로 해당 글자를 지정하여 클릭(point-and-click)하는 입력방법보다 훨씬 더 빠르기 때문이다. i2Type의 또 다른 매우 유용한 기능은 이용자가 직접 문자를 '복사하여 붙이기'(copy and paste)를 할 수 있다는 점이다. 이를 통해 이용자는 '유니코드' (Unicode)[24] 문자 표준을 지원하는 문서작성 프로그램, 도서관 데이터베이스, 구글 번역기, 이메일 프로그램에서 입력 도구로 i2Type을 사용할 수 있다.

## 참고 데스크에서

가상 온라인 키보드를 호출하여 비 영어 문자를 입력하는 능력이 구글 번역기와 같은 강력한 기계 번역기와 결합하면, 물리적 형태의 사전이나 문법책, 숙어집을 참조하는 것을 넘어서는 새로운 방법의 참고 면담을 촉진시킨다. 예를 들면, 가상 키보드는 이용자의 언어로 도서, 영화, 예술 작품의 이름을 쉽게 입력하도록 해준다. 이 기능은 이용자가 그 작품 등의 영어 명칭이나 공식 번역 명칭을 모를 때 매우 유용하다. 그리고 여러 언어로 번역된 문서를 찾을 때에도 유용하다. 이민 관련 자료, 건강 관련 자료, 그리고 여행, 세금, 사업 정보의 경우에는 정말로 그렇다.

## 온라인 채팅

i2Type은 가상 키보드로, 온라인 채팅을 통해 이용자에게 링크(link)를 쉽게 전달할 수 있다. 왜 당신은 이렇게 하기를 원했는가? 우리는 위에서 몇 가지 이유들에 대해 개괄적으로 설명하였지만, 정말 중요한 것은 이 키보드들을 사용하기 이전에는 이용자의 검색이 영어로 된 질의어들로 제한되었다는 점이다. 그들의 모국어로 검색하는 방법을 제공하면, 그들의 웹 콘텐츠 접근 및 웹 콘텐츠 생산 능력이 증가된다. 이용자에게 온라인으로 링크를 전달하는 것은 이용자들이 영어가 아닌 다른 언어를 사용하여 검색할 수 있다는 사실을 인식하게 함으로써 그들

24) 컴퓨터로 데이터 교환을 원활히 하기 위해 만든 세계 문자 코드 체계(네이버 참조, 역자 주)

에게 정보에 접근하는 또 다른 방법을 알려주는 효과가 있다. 나에게 있어, 이와 같이 언어를 이용한 정보 접근과 역량 강화는 새롭고 강력한 아웃리치 수단이라 할 수 있다.

## 구글 번역기

왜 사서들에게 컴퓨터 번역기가 필요한가? 번역기는 정말 얼마나 유용한가? 내가 이 글에서 전달하고자 하는 가장 중요한 포인트는 근본적으로 언어는 정보에 대한 거대한 장벽이 될 수 있다는 것이다. 한 사람이 사용하는 언어가 영어가 아닐 경우, 영어로 검색어들을 구성하여 비 영어 정보를 검색하는 것은 더 어려울 것이다. 인터넷의 콘텐츠들 중 많은 부분이 영어로 되어 있고 아직 비 영어 웹 콘텐츠가 초기 단계에 머물러 있지만, 비 영어 콘텐츠들도 점차 온라인에서 증가하고 있다. 구글 번역기와 같은 기계 번역기들은 온라인상에서 다양한 언어들을 사용하여 업무를 수행하는 환경에서 매우 긴요한 수단을 제공한다.

구글 번역기는 구글이 제공하는 웹기반 번역 도구로, 63개의 다른 언어들 간의 번역을 제공한다. 구글 번역기 블로그에 따르면, 이 번역기는 정보에 대한 언어 장벽을 극복하려는 단순한 목표 하에서 설계되었다(Gilliand 2011). 구글 크롬과 파이어폭스 모두에서 확장기능을 다운받아 이용할 수 있지만, 인터페이스는 크롬에 더 잘 맞춰져있다. 나는 개인적으로 '맥'(Mac), '윈도우'(Windows), 그리고 '우분투'(Ubuntu, 리눅스) 운영체제에서 이들 브라우저의 확장기능을 이용하고 있다. 파이어폭스 확장기능은 구글이 제작한 것이 아니어서 구글 웹 페이지 버전에서 제공되는 자동 언어 탐지 기능이 빠져있다. 이 번역기 외에, 구글은 번역기능에 모바일 기기에서 음성 인터페이스를 사용하는 기능을 추가한 '안드로이드'(Android) 체제의 스마트폰용 어플리케이션을 제작하였다(Chin 2011). 안드로이드 스마트폰과 태블릿들이 점차 가격이 저렴해지고 기술이 더욱 강화되고 있어서, 안드로이드 기기들은 도서관 환경에서 흥미로운 도구가 될 것이다.

구글 번역기는 검색 엔진이 아니며, 당신이 번역하고자 하는 단어들을 자동적으로 검색하지도 않는다. 당신은 구글 번역기 인터페이스에서 "검색" 버튼이 없고 "번역" 버튼이 있다는 것을 알게 될 것이다. 그리고 구글 번역기와 구글 검색 엔진을 연결한 '구글 랭귀지 툴스'(Google Language Tools)라는 검색 인터페이스가 있다.[25] 이 기능은 어떤 질의어를 즉시 다른 언어로

25) 현재 구글 번역기에서 이 기능은 제공되고 있지 않다. 다만, 과거 어떤 블로그에 기록된 내용을 토대로 살펴보면, 구글 랭귀지 툴스는 구글 초기화면에서 제공되었으며 'Search across languages', 'Translate

번역하고, 그 번역된 내용을 검색 질의어로 사용하여 검색한다. 나는 이 기능의 사용을 추천하지 않는데, 한 번에 하나의 키워드 또는 구(phrase)를 검색어로 사용하는 것이 번역내용과 그 결과의 효과를 면밀히 살펴보는 좋은 방법이기 때문이다. 구글 번역기를 사용하면서 검색을 할 때 나는 검색을 추적하는 문서(검색 로그)를 만들고, 검색 결과에 영향을 주는 다른 언어적 요소들도 기록한다. 번역내용을 판단하는데 있어 인간이 기계 번역기보다 훨씬 더 효과적일 때, 번역과 검색을 위해 '구글 랭귀지 툴스'를 사용하면 이러한 중간 단계들을 건너뛸 수 있다.

## 구글 번역기 사용하기

도서관 환경에서 구글 번역기는 검색어 조회(a search term look-up)의 용도로 가장 잘 활용된다. 검색어 이외에, 구글 번역기는 자주 등장하는 용어들, 다른 중요한 문자열(text items)로의 이동과 태그들을 살펴보는 기능을 제공하며, 그것들의 기본적 의미를 분석할 수 있게 해준다. 자주 등장하는 용어들은 관련된 개념들과 주제에 관한 콘텐츠를 의미한다. 물론, 관련된 개념들로부터 관사, 접속사, 대명사들을 추려내기가 어려울 것이다. 자주 등장하는 개별 용어들을 번역하기 위해 구글 번역기를 사용한다면, 어떤 개념이나 주제를 의미하는 용어들 속에서 문법적 기능을 담당하는 용어들을 분리하는데 도움이 될 것이다. 또한 나는 구와 문장 수준에서 맥락을 파악할 수 있도록 이 용어들을 포함하고 있는 문장들을 따로 따로 번역할 것을 제안한다. 기계 번역은 제한적이지만, 우리는 이러한 전략을 통해 실제 의미에 대한 대체적인 분위기를 파악할 수 있다.

한 웹페이지 내에서의 이동 요소들(navigation elements)과 본문 내에 포함된 하이퍼링크, 다운로드할 파일 등을 발견하는 것은 매우 흔한 일이다. 구글 번역기는 이러한 중요한 페이지 구성요소들(page elements)을 파악하는데 도움을 줄 수 있다. 이 기능은 정부 웹사이트, '트위터'(Twitter) 게시글 또는 다른 온라인 소셜 미디어들을 살펴볼 때 유용하다. 사서로서 우리들은 정보를 처리하고 찾기 위해 정보에 대한 기본적 생각만이 필요하다는 것을 명심해야 한다. 블로그 게시물, 신문기사, 웹사이트 이동 요소들에 사용된 태그들은 모두 신속하게 조회될

---

text', 'Translate a web page' 등 총 3개의 번역 도구들을 제공하였다. 구글 번역기에서는 현재 입력한 텍스트, 문서 파일, 웹사이트 번역 등의 기능이 제공되고 있으며, 'Search across languages'는 제공되고 있지 않다. 'Search across languages'는 이 책에서 언급된 것처럼 자신의 언어를 지정하고 그 언어로 된 검색어를 입력하고 나서 그 검색어를 번역할 대상 언어를 지정한 후 'Translate and Search'(번역 및 검색) 버튼을 클릭하면, 번역된 검색어로 검색한 결과들을 보여준다.(역자 주)

수 있다. 당신이 이해하지 못하는 언어로 된 웹사이트가 나타났는가? 이것은 구글 번역기한테 전혀 문제가 되지 않는다.

다문화 환경을 헤쳐 나가는 이러한 새로운 기술들을 사용하기 위해서는 시간과 노력이 필요할 것이다. 사서로서, 나는 사서들이 근무시간 동안 많은 시간을 낼 수 없다는 것을 이해하기 때문에 당신이 정기적으로 특정 언어 사용자 집단을 위해 일하게 되는 시점에 구글 번역기를 능숙하게 사용하는 것이 가장 좋은 방법이라고 추천한다. 목표는 제2의 언어를 유창하게 사용하는 것이라기보다는 제2의 언어를 사용하는 환경에서 근무함에 있어 편해지는 것이며, 이렇게 되어야 정보에 대한 당신의 전문성을 이용자를 돕는데 사용할 수 있다.

## 참고 데스크 또는 온라인 채팅에서의 전략

대면 또는 가상 참고면담에서 구글 번역기나 i2Type을 사용한다면, 부족한 영어 실력 때문에 질문을 명확하게 할 수 없는 이용자와 사서 사이의 의사소통이 향상될 수 있다. (특히, 대학도서관 환경에서) 부족한 영어 실력 이외에 다른 사관으로는 전문용어의 사용, 검색 내용에 대한 정확한 이해, 학술적 커뮤니케이션에 있어 특정 학문분야의 관행에 대한 이용자의 친숙성 등이 포함될 수 있다. 다음에서는 제한된 영어 실력을 가진 사람들과의 참고 면담 과정에서 내가 사용한 전략을 소개하고자 한다.

구글 번역기나 i2Type과 같은 기술들은 연구 질문과 검색어들을 구성할 때 특히 잘 활용된다. 나는 처음에 대학원 과정의 유학생들과 함께 이 도구들을 사용하기 시작했다. 그들은 아라비아어, 한국어, 북경어를 사용하고 도서관에 자주 나타나는 의욕적인 학생들이었다. 그 학생들은 영어를 충분히 구사할 수 있었지만 학술적 영어 사용에 어려움을 느꼈는데, 이 문제는 그들이 도서관 데이터베이스들을 검색할 때 장애가 되었다.

그들과의 참고면담 과정에서 최고의 전략은 이용자에게 구글 번역기에 자신의 모국어로 키워드들을 입력하도록 시키고 그 키워드들이 영어 번역을 살펴보는 것이었다. 이런 과정에서 때로는 문장이 입력되기도 하고, 구절이 입력되기도 할 것이다. 당신은 참고면담을 진행하면서 구 안에 포함된 여러 명사에 초점을 맞추면서 한 차례 정리정돈을 할 수 있다. 명사는 개념을 가장 잘 전달해주며, '디스크립터'(descriptor),[26] '키워드', '주제명표목'(subject heading)으로

26) 용어간의 관계를 정의하는 시소러스에서 표목으로 등장하는 대표어휘(역자 주)

빈번하게 사용된다. 이 상호작용에서 이해해야 할 중요한 것은 우리는 개략적인 번역(rough translation)을 만드는 작업을 하고 있으며, 잘 형성된 질문을 만드는 것보다 의사전달을 위한 의미파악(communicative meaning)이 더 중요하다는 것이다. 이용자가 가장 많이 몰두하는 명사들을 파악하라. 그 명사들은 이용자의 정보요구와 관련있을 가능성이 높다. 동의어들을 찾아보고, 그 동의어들을 그 이용자의 모국어로 다시 재번역하라. 그 이용자가 구나 문장을 입력한다면, 문장을 주어와 동사로 나누어 재구성하라. 이렇게 언어를 더듬어 가는 과정에서 시간이 많이 소요될 수 있다. 다른 언어를 학습하는 사람처럼, 시간이 흐르고 나면 당신은 당신이 봉사하는 이용자 집단의 언어에 대해 더 높은 이해수준에 도달하게 될 것이다.

## NEWSEUM.ORG

'Newseum'은 신문 역사에 관한 박물관으로, 미국 워싱턴 D.C.에서 2008년에 공식 개관하였으며 시설규모는 250,000평방피트의 면적에 14개의 전시 갤러리를 자랑하고 있다(Newseum 2008). 신문은 지역의 관심사에 대한 정보를 소통하기 위한 언어적, 문화적 정보자원이다. 외국의 최신 사건에 대해 관심있는 사람들은 국제 관련 지면의 첫 페이지를 훑어볼 것이다. 이곳의 기본 환경은 미국 지역신문들로 구성되어 있다. 그리고 지리적으로 구역을 나누어 이용자들이 다른 신문들을 볼 수 있게 만든 세계 지도가 제공된다.

지역 신문들은 개인별로 언어를 설정할 수 있는 모든 단말기와 잘 맞는다. 중요한 지역 관심사가 무엇인지를 살펴볼 수 있게 만든다면, 사람들이 자신의 지역 현안과 연결되는 것을 도울 수 있다. 이와 같은 형태의 모국어로 된 여가형 읽을거리(leisure reading)는 그 나라에 관한 블로그들과 그 나라의 언어로 된 뉴스 사이트들을 찾아보기 위해 모국어로 인터넷을 더 많이 검색하도록 유도한다.

## 컴퓨터 단말기에서 언어를 개인별로 설정하기

업무 생산성 향상을 위한 솔루션들에 접근할 준비가 되지 않은 집단들에게 관련 솔루션들을 제공하기 위해서는 직원들의 업무시간을 일부 할애할 필요가 있다. 다국어 사용을 위해 단말기들을 개인별로 설정하는 방법과 관련하여 다음과 같이 몇 가지 제언을 하고자 한다.

- 기본 시작 화면은 영어로 되어 있지만 다른 이용자가 다른 언어로 이용자 환경을 구성할 수 있도록 다중 이용자, 다중 언어 로그인을 지원하라.
- 프린터가 어떤 언어들을 지원하는지 파악하라.
- 문서의 서체(font) 구성방식을 유지하는 PDF 프린터 드라이버를 설치하라.

학술적 환경에서 학생들은 자신들의 비자 상태, 개인적 편지, 구직, 학문적 요구 등을 지원하는 모든 유형의 문서를 출력할 필요가 있다. 다른 언어 환경으로 설정하는 것은 쉬운 일이지만, 실제로 하려면 관리자 패스워드와 무료 언어 서체와 입력기의 다운로드가 필요하다. 맥과 윈도우 같은 대부분의 운영체제들은 다국어를 지원한다. 인터넷 검색엔진들과 데이터베이스 검색 인터페이스(Ebsco와 Gale 등)들도 다양한 언어를 지원한다. 최근 프린터들도 로마자 서체들(roman fonts)이 가지고 있지 않은 언어들을 출력할 수 있도록 유니코드 서체 표준을 지원하고 있다. 사서들이 이러한 기능들을 파악하여 활성화시키고, 어떤 컴퓨터와 프린터가 어떤 언어들을 지원하는지를 잘 아는 것이 중요하다. 나는 이러한 정보요구를 다룰 수 있도록 도서관 안에 특정 공간을 마련하는 것을 추천한다.

## 기초적 언어 조사

당신이 특정한 언어를 사용하는 집단 중에서 도서관을 자주 찾는 이용자들이 있다는 것을 알게 되었다면, 그 언어에 대해 더 많이 알 수 있도록 몇 가지의 기초적 언어 조사를 수행할 필요가 있다. 그 언어의 어순 배열과 맞춤법 등에 대해 안다면, 당신은 위에서 설명한 도구들을 가장 잘 활용할 수 있을 것이다. 영어는 일반적인 어순 배열 패턴을 따르지만, 일부 언어들은 다른 패턴을 따른다. 이는 문장에서 키워드들이 다른 위치에 있을 수 있음을 의미한다. 아래는 프랑스어 형용사구의 단적인 사례들이다.

- 프랑스어 *Marketing vert*는 영어로 "green marketing"와 같이 번역된다.
- 프랑스어 *Consommation durable*은 영어로 "sustainable consumption"와 같이 번역된다.
- 프랑스어 *Développement durable*은 영어로 "sustainable development"와 같이 번역된다.

이러한 프랑스어 주제명 표목의 사례들은 형용사의 위치가 영어와 거꾸로 되어 있음을 보여주고 있다. 이와 같이 기초적 언어 조사는 기초 문법 형식을 명확히 이해하는 것을 도와준다.

업무적으로 관련되어 있는 특정 언어의 기초적 문법에 대해 아는 것에 더해, 여러 언어들, 그 언어들의 분포, 그리고 그 언어들이 사회에서 어떻게 작용하고 있는지에 대한 일반적인 정보를 제공하는 다음의 정보원들을 살펴본다면 도움을 받을 수 있다.

Laurie Bauer and Peter Trudgill. 1998. *Language Myths.* New York: Penquin.

Bernard Comrie. 1996. *The Atlas of Languages: The Origin and Development of Languages throughout the World.* New York: Facts of File.

Matthew S. Dryer and Martin Harpelmath, eds. 2011. *The World Atlas of Language Structures Online.* Munich: Max Planck Digital Library. Available at http://wals.info.

M. Paul Lewis. 2009. *Languages of the World.* 16th ed. Dallas, TX: SIL International. Available at http://www.ethnologue.com/web.asp.

온라인 언어 커뮤니티들은 특정 언어 사용 집단과 문화적으로 관련성이 있는 정보를 포함하고 있어서 관련 도구와 전략들을 찾을 수 있는 좋은 장소이다. 하지만, 사람들이 동일한 언어를 사용한다고 하더라도, 그들이 문화적으로도 반드시 동일한 것은 아니라는 사실을 명심할 필요가 있다. 특히, 프랑스어, 영어, 스페인어, 아라비아어, 북경어와 같은 주요 언어들을 사용하는 사람들의 경우에는 더욱 그러하다. 당신이 속한 도서관에 있는 소수 인종 커뮤니티들의 정보요구에 대해 어떤 추측을 하기 전에, 언어 조사와 더불어 문화적 조사를 실시하도록 하라.

## 결론

우리 이용자들의 다국어 정보요구를 지원하는 것은 심화된 다양성을 위한 환경 조성의 첫걸음이다. 도서관에서 이러한 환경을 조성하는 일은 완전히 새로운 일이다. 여러 기술들은 새로운 가능성을 창출한다. 이 기술들은 현재 제공되고 있는 다양성 관련 서비스들에 대한 몇 가지 실험을 동반할 것이다. 여러 언어 장벽들을 극복하기 위해서 사서들은 기술 외에 문화적으로 관련 있는 온라인 정보원들에 대해 잘 알 수 있도록 노력해야 한다(Cuban 2007, 90-91).

심화된 다양성을 위한 환경 조성을 지원한다면, 우리는 우리 이용자들과 의미 있는 방법으로 연결될 수 있는 기회를 가지게 될 것이다. 예산 감축과 새로운 직원고용의 어려움 속에서 다국어 환경을 조성하는 것은 현재의 도서관 자원에 가치를 더하는 간단한 방법이 된다.

## 참고문헌


Chin, Jeff. 2011. "Start the Conversation with Google Translate for Android." Google Translate Blog. October 13. http://googletranslate.blogspot.com.2011/10/start-conersation-with-google.html.

Cuban, Sondra. 2007. *Serving New Immigrant Communities in the Library.* Westport, CT: Libraries Unlimited.

Gilliland, Jordan. 2011. "Breaking Down Language Barriers with Translated English-Language Results." Google Translate Blog. October 25. http://googletranslate.blogspot.com/2011/10/breaking-down-language-barriers-with.html.

Kyrillidou, Martha, Charles Lowry, Paul Hanges, Juliet Aiken, and Kristina Justh. 2009. "ClimateQUALTM: Organizational Climate and Diversity Assessment." Paper presented at the Association of College and Research Libraries, Seattle, Washington, March. http://www.libqual.org/documents/admin/ACRL_Paper _FINAL_20091.doc.

Newseum. 2008. Newseum Press Kit. April 4. www.newseum.org/press-info/press-materials/press-kit.pdf.

Sciweavers. 2011. "Explore State-of-the-Art in Your Research Field." http://www.sciweavers.org

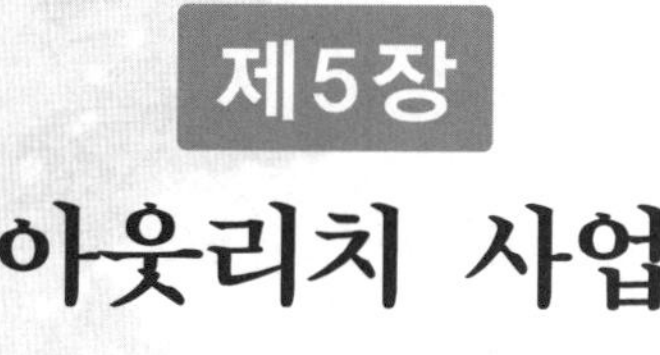

# 제5장

# 아웃리치 사업

## Outreach Initiatives

# “당신이 그것을 만든다면, 그들은 올 것이다.”[1)]

## 가족 문해력 증진 워크숍 제공을 통해 다문화 이용자들을 대학도서관으로 적극 유치하기

라디슬라바 카일로바

미국이 여러 문화들의 ‘용광로’라는 은유적인 통찰력은 이스라엘 쟁윌(Israel Zangwill)의 희곡 ‘용광로’(The Melting Pot, 1908)를 통해 유명해졌는데, 21세기를 맞이한 지금도 계속 유효하다. 2000년과 2009년 사이 미국에 거주하는 외국 출생자들의 수는 31,107,889명 (전체 인구의 11.1%)에서 38,517,234명(전체 인구의 12.5%)으로 증가한 것으로 나타났다(U.S. Census Bureau 2000, 2009). 언어적 다양성도 함께 증가하였는데, 가정에서 영어가 아닌 다른 언어를 사용하는 미국 주민은 2000년에 46,951,595명(전체 인구의 17.9%)에서 2009년에 57,159,470명(20%)으로 증가하였다(U.S. Census Bureau 2000, 2009). 이와 같은 미국 사회의 가속화된 다양성에 대응하기 위해 대학도서관들은 지역사회 다문화 이용자들을 도서관 안으로 적극 유치해야 한다. 지역 내에 증가하는 소수자들을 위한 바람직한 해결책이 있다. 소수자 대상 프로그램을 통해 대학도서관들은 지역 내 잠재적인 문화적, 언어적 장애물을 감소시킬 수 있다. 이런 프로그램을 제공함으로써 소수자 커뮤니티 구성원들은 도서관의 장서, 서비스, 구조와 더욱 친숙해질 수 있고, 나아가 교육기관을 이용하는 과정에서 환대받는 느낌을 받을 수 있다. 가족

---

1) 1989년작 영화 ‘꿈의 구장’(Field Of Dreams)에 등장하는 명대사 “If you build it, he will come”을 변형한 것으로, 영화에서 주인공은 자신의 옥수수 밭에 야구장을 만들면 세상을 떠난 전설의 야구영웅들이 찾아올 것이라는 계시를 들을 후 무모하게 야구장을 만들어 꿈을 이루게 된다.(네이버 참조, 역자 주)

문해력(familiy literacy) 증진 워크숍은 이러한 아웃리치 노력에 필요한 최고의 수단을 제공하는 도서관 프로그램이라고 할 수 있다.

일리노이(Illinois) 주 드캘브(DeKalb)에 위치한 노던 일리노이 대학교(Northern Illinois University, 이하 NIU) 도서관은 지역 내 5세 이하의 어린이를 가진 히스패닉/라틴계 가족들을 위한 가족 문해력 증진 프로그램을 개발하고 실행해왔다. 2010년 여름에 "좋은 첫 걸음을 내딛으며"이라는 이름으로 처음 시작된 이 프로그램은 동일한 2개의 워크숍으로 구성되었으며, 지역의 아홉 가족들이 참여하였다. 무엇보다 중요한 목표는 우리 대학도서관의 어린이용 이중 언어 장서를 히스패닉/라틴계 가족들에게 소개하고, 어린이들에게 독서의 중요성에 대해 설명하는 것이었다. 프로그램 진행자로서, 나는 영어-스페인어 통역자인 레베카 마틴(Rebecca Martin)과 함께 간단하고 효과적인 독서 기법들을 모형화 하였다. 참가한 부모들로부터 받은 100%의 긍정적인 피드백에 기초하여, 이 프로그램은 2011년 가을에 "앞서 시작하기, 앞서 나가기"라는 이름으로 다시 제공되었다. 이전보다 개선된 이 프로그램은 3개의 서로 연결된 90분짜리 수업으로 구성되었는데, 열한 가족이 참여하였다. 이 프로그램의 초점은 연속성을 보장하고, 부모들을 자녀의 새로운 문해력 개발에 직접 참여시키고, 그 부모들에게 즉각적인 피드백을 제공하는데 맞춰졌다. 참여자들은 지역 주민인 자신들도 NIU 도서관을 이용할 수 있다는 뜻밖의 기쁨에 대해 여러 차례 이야기하였고, 나중에 다시 우리 도서관을 방문할 예정이라고 밝혔다. 우리는 가족 문해력 증진 워크숍이 지역사회의 증가하는 다문화 주민들에게 다가서려는 대학도서관을 위한 가치 있는 도구가 될 것이라고 예상하였는데, 그들로부터 받은 피드백을 통해 우리의 예상은 입증되었다.

결과적으로는 매우 성공적이었지만, NIU 도서관이 이 일련의 워크숍들을 개발하고 실행하는 과정에서 장애물들이 없지는 않았다. 다문화 이용자들을 위해 유사한 프로그램들을 도입하고자 하는 다른 대학도서관들에게 도움이 될 수 있도록 계획, 재정, 참가자 모집, 유지, 평가 등에 관해 몇 가지 제언을 아래에서 제시하고자 한다.

## 가족 문해력 증진 워크숍의 계획 : 근거, 목표대상 인구, 내용

다문화 주민들을 위한 도서관 프로그램은 문화적, 언어적 장애물들을 완화시키는데 있어 큰 잠재력을 가지고 있다. 위에서 언급했듯이, 다문화 가정들은 집에서 제1언어(first language)로 반드시 영어를 사용하지는 않는다. 이 요인 하나만 보면 미국의 사회적 다양성을 확장시킨다고 할 수 있지만, 한편으로는 이 요인이 그 가정의 저소득 상황과 결합하여 그 가정의 어린이들이 유년기에 적절한 문해력을 개발하는데 어려움을 초래할 수도 있다(Cassidy et al. 2004, 479). 하이슬로프(Hyslop 2000)가 가정한 것처럼, 저소득 가정의 부모들이 자녀들의 교육을 열심히 돌볼 수는 있겠으나, 대체로 그 부모들은 자녀들의 문해력 향상을 뒷받침하기 위해 필요한 문해력과 재정능력을 가지고 있지 않다. 또한 그 부모들이 최근에 유입된 이민자들이라면, 그들은 미국의 학교교육 체계가 요구하는 사항들을 잘 모를 수 있다. 그들과 학교 사이의 언어 장벽은 이러한 문제들을 심각하게 만들 뿐이다(Hyslop 2000, 1-3). 결과적으로, 읽고 쓰는 방법의 습득은 더 많은 특권을 가지고 있고 주류에 속한 영어 사용 가정의 어린이들보다 저소득 이민자 가정에서 자란 어린이들에게 더 어려운 과제가 될 수 있다.

관련 연구에 따르면, 가족 문해력 증진 워크숍은 서로 다른 사회경제적 배경을 가진 어린이들 사이의 문해력 격차를 감소시키는데 큰 도움을 줄 수 있다. 실례로, 사회적 약자 집단들 내에서 이러한 프로그램에 대한 부모의 참여 여부는 어린이들의 문해력 성취와 강하게 연결되어 있다(Hannon 2003, 102). 따라서 대학도서관이 다문화 가정의 부모들, 특히 경제적으로 어려운 환경에 있는 부모들에게 가족 문해력 증진 프로젝트에 참가할 기회를 적극적으로 제공하는 것은 매우 바람직하다. 이러한 상호작용은 도서관의 독서 및 관련 활동들을 통해 그 가정의 문해력 환경을 강화시키며, 나아가 그 가족들이 도서관을 교육기관으로 인식하도록 만들어 향후 교육적 목적으로 도서관을 이용하면서 편안함을 느끼도록 만든다.

지역사회 내 소수자 집단의 급속한 증가를 파악하기 위해, 간단한 주민 조사(population scan)를 실시한다면 문해력 워크숍을 계획하는 도서관들은 도움을 얻을 수 있다. 이를 위해 도서관들은 최근의 인구 조사 데이터를 참고할 수 있고, 각 도서관들의 현재 이용자 통계를 살펴볼 수 있으며, 지역사회에 관한 새로운 데이터 수집을 위해 간략한 설문조사를 개발할 수도 있다. 예를 들어, 나는 지역 내 히스패닉/라틴계 가족들에 대한 NIU 도서관의 워크숍 진행 여부를 결정하기 전에 1990년과 2000년에 수행된 일리노이 주와 드캘브 지역의 인구 조사 보고서를 분석하였는데, 이 집단은 우리 지역에서 가정에서 제1언어로 영어를 사용하지 않는 집단 중 최대 집단을 형성하고 있었다(U.S. Census Bureau 1992, 2002). 다른 도서관들도 자신의 목표 대상 인구를 선정하기 위해 이와 유사한 전략을 채택할 수 있다.

가족 문해력 증진 워크숍의 내용 개발을 진행할 때, 미리 정해지고 일률적으로 적용되는 형식이 없다는 것을 이해할 필요가 있다. 특정 다문화 주민 집단을 선정한다면, 이는 어떤 장서와 서비스를 강조할 것인가와 관련하여 계획 과정에 일정 정도 영향을 미치게 된다. 또한 퍼셀-게이트(Purcell-Gates 2000)가 논의한 바와 같이, 그 프로그램이 무엇을 강조하는지에 따라 차이가 발생할 수도 있다. 그는 가족 문해력 증진 프로그램들을 교육 제공 방식에 따라 (1) 성인과 어린이에게 직접 제공, (2) 어린이들에 대한 기대이익(anticipated benefits)을 가진 성인들에게 직접 제공, (3) 성인들에 대한 기대이익을 가진 어린이들에게 직접 제공 등과 같이 세 가지 유형으로 구분하였다(Purcell-Gates 2000, 860). 각 도서관들은 향후 실시할 활동들에 대해 기본적 결정을 내리기 위해 이 분류 체계를 사용할 수 있다. NIU 도서관에서는 주요 교육 초점을 부모들에게 맞추었는데, 그 이유는 주로 부모가 가정의 문해력 환경을 만드는 사람들이기 때문이었다. 부모들은 어린이의 문해력 개발과정에서 초기에 부모가 참여하는 것이 중요하다는 내용의 소규모 강의 1개와 어린이 독서에 관한 연령별 지침에 관한 체험형 워크숍 1개와 관련한 핵심 청중이었다. 또한 부모들은 도서관의 참고봉사, 목록 시스템, 영어/스페인어 어린이 장서들에 대한 소개도 제공받았다. 부모들이 강의와 도서관 견학에 참여하는 동안, 어린이들은 자격이 있는 문해력 증진 보조원(literacy assistant)들과 함께 문해력 증진을 위한 다양한 상호작용에 참여하였다. 어린이들은 책을 읽고 토론하였으며, 미술을 통해 읽은 책에 대해 표현하였다. 어린이들은 자신의 부모들과 다시 만난 후에 무릎 위에 앉은 채 진행되는(lap-sit) 체계적인 동화구연에 2회 참여하였고, 각자 읽고 싶은 15권의 책들을 선정해 집으로 가져갈 독서자료 리스트를 작성하였다. 대학도서관들은 목표대상 주민들이 가족 문해력 증진 프로그램을 통해 최대한의 이득을 얻을 수 있도록 필요한 다양한 활동들을 추진할 수 있다.

## 프로그램의 재정 확보 : 세부 예산의 초안 작성 및 보조금 기회의 모색

목표대상 다문화 주민을 선정하고 기본적인 프로그램 개요를 개발한 다음, 이 프로그램을 위한 재정 확보에 관한 특별 계획이 마련되어야 한다. 이런 프로그램은 상대적으로 비용이 더 들어갈 수 있는데, 특히, 도서관이 여러 가지의 참가 기념품들 - 참여 가족들에게 집으로 가져갈 도서, 어린이 돌봄 서비스, 다과, 기타 등 - 을 제공할 경우에 더욱 그러하다. 그러므로 프로그램 진행자는 워크숍 시작 예정일 이전에 세부 예산의 초안을 작성하고, 잠재적 재원을 적극 모색할 필요가 있다. 고려해야 할 중요한 질문들은 다음과 같다.:

- 인력 : 이 프로그램의 진행자는 자신의 시간을 기부하는가? 아니면 보상이 필요한가? 워크숍에 통역자가 필요한가? 어린이 돌봄 서비스 제공을 위해 문해력 증진 보조원이나 보모들이 고용되는가?

• 자료 : 광고 전단지, 등록 용지, 유인물 등에 어느 정도의 예산이 필요한가? 워크숍을 하는 동안 어린이들이 사용할 놀이와 만들기 재료들도 역시 필요할 것이다. 체험형 문해력 증진 활동을 위해 소도구들(인형, 게시판, 자석 등)이 필요한 경우, 그 비용은 어느 정도 소요되는가? 참가 가족들이 집으로 가져갈 수 있는 연령별 어린이 도서를 제공할 계획이 있는가? 문해력 증진과 관련된 시상을 할 계획이 있는가?
• 시설 : 행사 장소(방, 다용도실, 기타)는 도서관에 의해 무료로 제공되는가? 아니면 관련된 비용이 지출되는가? 교통수단은 제공되는가? 다과를 제공할 계획은 있는가?

프로그램 진행자들이 이러한 질문, 그리고 이와 비슷한 질문들에 기초해 예비 예산편성을 마친 다음에는, 이용 가능한 재원을 검토해야 한다. 가장 손쉬운 해결책은 필요한 재원을 대학 자체적으로 확보하는 것이지만, 현재와 같은 재정 긴축 시기에 이 방법은 대부분의 도서관에서 현실화되기 어려울 것이다. 따라서 주로 도서관, 가족 문해력, 다문화 주민 등에 중점을 두고 있는 보조금을 모색할 필요가 있다. 예를 들어, 진행자는 모든 유형의 도서관들이 이용할 수 있는 수많은 보조금들을 정리한 리스트를 제공하는 '도서관 보조금 센터'(Library Grants Center) 사이트, 도서관과 박물관을 위한 연방 차원의 재정 지원 관련 정보를 제공하는 '박물관 및 도서관 서비스 기구'(IMLS)의 보조금 웹페이지, 연방 차원의 학제적인 보조금을 정리한 리스트를 제공하는 'Grants.gov' 사이트 등을 참조할 수 있다. 이와 같은 보조금 관련 정보원들을 탐색하면서, 나는 '일리노이 주 독서위원회'(the Illinois Reading Council)에 대해 알게 되었다. 고맙게도 이 위원회는 자체의 '성인과 가족 문해력 증진 보조금'(Adult and Family Literacy Grant)을 승인하여 NIU 도서관의 워크숍에 대한 재정 후원을 제공하였다. 이와 같이, 적절한 후원기관을 찾고자 노력하는 과정에서 이러한 웹사이트들의 가치는 저평가되어서는 안된다.

## 성공적인 참가자 모집 : 네트워크 형성, 개인적인 호소, 교통수단, 어린이 돌봄 서비스

워크숍을 위한 기금 확보 외에도 잠재적인 어려움들은 또 있다. 여러 도서관들은 프로그램 참가자 모집을 시도할 때, 목표대상 주민들이 도서관에 신뢰를 가지고 있지 않다는 사실에 깜짝 놀라게 될 것이다. 이 문제는 목표대상인 프로그램 수혜자들이 과거부터 지금까지 그 도서관을 이용해본 적이 없을 때, 특히 그러하다. 다문화 이용자들과 관련해 이민 정책 사안들은 많은 영향을 미칠 수 있다. 왜냐하면 일부 잠재적 참여자들은 대학 캠퍼스 경찰이 자신들을 가로막거나 특별한 이유 없이 도서관 입구에서 개인 신분증을 요구할지 모른다고 우려할 수 있기 때문이다. 그러므로 목표대상 주민들을 대상으로 서비스를 제공하고 있는 지역의 단체들과 협력을 모색하는 것은 필수적이다. 그 단체들은 대학도서관을 가치 있는 기관으로 인식하는데 도움을 줄 수 있어 새로 시작하는 도서관 프로그램들을 홍보하는 과정에서 대체 불가능한 역할을 수행할 것이다.

가족 문해력 증진 워크숍에 관한 NIU 도서관의 경험은 이러한 네트워크 형성의 장점을 잘 증명하고 있다. 이 프로그램은 진행자인 필자가 속하지 않은 인구 집단을 목표대상으로 설정하였다. 그로 인해 필자는 드캘브 지역의 히스패닉/라틴계 커뮤니티와 직접 연결되어 있는 지역 내 여러 조직, 단체들과 접촉하였다.: 영어와 스페인어로 미사를 제공하는 성당들, 이중 언어 프로그램을 운영하는 초등학교들, 다문화 구성원이 포함되어 있는 청소년 단체들, 그리고 문해력 증진 센터들. 2010년에는 'smART'라는 이름의 비영리 창의적 교육 집단과 2011년에는 키시와키 대학(Kishwaukee College)의 가족 문해력 증진 프로그램과 같은 훌륭한 파트너를 찾기 전까지 필자는 협력 상대를 찾기 위해 노력하였지만, 여러 번 실패를 경험하였다. 우리들의 협력관계는 매우 생산적이었으며, 두 단체는 이 행사를 위한 홍보와 참가자 모집에 있어 큰 도움을 주었다.

창의적인 협력관계 구축 이외에 대학도서관들이 워크숍 참석률을 높이기 위해 관심 있는 부모들에게 여러 번에 걸쳐 개인적으로 호소하는 것도 중요하다. 일례로, 최근의 한 연구는 부모들이 15주간의 문해력 증진 프로그램에 신청하도록 만들기 위해 광고 전단지와 자동 음성 메시지를 활용한 방법을 동원했으나 결국 원하는 결과를 얻지 못하고 실패한 다음, 잠재적 신청자들을 대상으로 전화통화와 같은 더욱 개인적인 방법을 사용해야 했다고 보고하였다(Cassidy et al. 2004, 483). 이와 유사하게 라틴계/히스패닉 부모들의 교육적 활동에 대한 참여를 저해하는 장애물 극복에 관한 다른 연구에서는 교육자들이 매우 개인적인 의사소통을 진행하고 그 가족들의 문화적 가치를 존중하기 위한 특별한 노력을 기울일 것을 제언하였다(Quezada et al. 2003, 38). NIU 도서관은 2010년 첫 번째 워크숍에 신청한 가족들 중 약 1/3만이 참석한 이후에 이와 유사한 접근방법을 채택하였다. 참가자들과의 토론을 거친 다음, 통역자와 나는 상대적으로 참석률이 낮은 이유는 일부 가족들이 이번 행사를 완전히 잊었거나 자신의 개인적 일정이 변경되었기 때문일 수 있다고 결론지었다. 이러한 눈제의 재발 방시를 위해, 우리는 관심 있는 모든 개인들에게 행사가 개최되기 수일 전에 반드시 공지 전화를 돌리고 있다. 그 후에 개최된 워크숍에는 오기로 등록한 가족들 중 평균 70퍼센트가 참석한 것으로 나타나 이 전략은 상당히 성공적으로 판명되었다.

무료 교통수단과 어린이 돌봄 서비스의 제공 역시 성공적인 참가자 모집에 도움이 되었다. 먼저 교통수단 보유 여부를 살펴보면, 모든 참가자들이 자기 마음대로 사용할 수 있는 개인용 차량을 소유한 것이 아니었다. 일부 사람들은 이전에 우리 대학 캠퍼스에 와본 적이 없어서, 길을 잘 찾는 것도 어려울 수 있다. 좋은 지도를 통해 도움을 받을 수 있지만, 늘 충분한 도움을 주지는 못한다. 그러므로 가능하다면 참가 가족들이 프로그램 장소로 올 수 있도록 교통수단을 제공해야 한다. 하지만 대학에서 이런 용도로 자체 버스 또는 승합차 운영 체계를 확보하고 있지 않다면 이런 서비스는 상당한 비용을 수반할 수 있다. 가끔 협력 단체들이 여기에 도움을 줄 수 있는데, 일례로 NIU 도서관의 파트너 중 하나인 키시와키 대학은 드캘브 중심가에서 우리 대학으로 참가자들을 이동시키기 위해 대학 소유의 차량을 활용하였다. 한편, 프로그램 장소에서 참가 가족들이 무료로 이용할 수 있는 어린이 돌봄 서비스가 제공된다면, 그 가족들은 상당히 고맙게 여길 것이다. 나는 이 프로그램에 참가하는 어린이들에게 최대한의 혜택을 제공하기 위해서는 어린이 돌봄 서비스를 문해력 증진 교육 계획에서 중심 활동으로 만들 것을 추천한다. 즉, 어린이들을 단순하게 구조화되지 않은 놀이에 참여시키는 것이 아니라 문해력 증진 활동에 참여할 수 있도록 해야 한다. NIU 도서관에서 약 90%의 참가 가족들은 무료로 제공되는 문해력 중심의 어린이 돌봄 서비스와 교통수단 서비스의 혜택을 입고 있는데, 그들은 이 서비스들 때문에 이 워크숍에 더욱 참가하고 싶어진다고 말하였다. 따라서 향후 이 프로그램을 운영하고자 할 경우, 원활한 참가자 모집을 위해 네트워크 형성과 개인적인 호소에 더하여 이와 같은 서비스들이 반드시 제공될 수 있도록 모든 노력을 기울여야 할 것이다.

## 존중받는 의사소통 및 문화적 공동체 인식 강화를 통한 유지의 증가

만족할 정도의 참가 가족 수를 모집하기 위한 조치들과 함께, 워크숍 진행자가 참가자들을 계속 유지시키는 전략을 채택하는 것도 중요하다. 유지(retention)는 참가자들이 하나의 수업 이상으로 구성된 워크숍들에 지속적으로 참가하는 것과 어떤 프로그램이 종료된 이후 다시 도서관으로 오는 것을 모두 포함하는 개념으로 생각할 수 있다. 참가자들 사이에 문화적 공동체 인식의 형성과 강화는 참가자 유지 수준에 크게 기여하는데, 이는 공동체 인식의 형성과 강화를 통해 그들이 도서관을 자신들을 지원하는 장소로 인식하게 되기 때문이다. 따라서 진행자들은 이 과정에서 어설픈 일반화를 피하면서, 목표대상 주민들의 문화적 선호를 잘 숙지하는 것이 필요하다. 다른 기관들이 다문화 주민들을 대상으로 제공하는 현재의 프로그램들을 조사하고, 그 기관들이 문화적으로 환영받는 환경을 조성하고 유지하는 과정에서 성공적이었거나 또는 어려움을 겪었던 사례들로부터 배우는 것은 언제나 유용하다. 또한 선정된 주민 집단의 구성원들에게 직접 다가가고, 그들에게 제안사항을 듣는 것도 중요하다. NIU 도서관의 프로그램을 준비하는 과정에서 이러한 접근방법을 사용하면서, 필자는 가족이 히스패닉/라틴계 문화에서 핵심 구성요소라는 것을 일찌감치 깨닫게 되었다. 그 결과, 필자는 각각의 워크숍을 진행하는 과정에서 간단한 다과를 곁들인 소규모의 친목모임을 실시하였다. 관련문헌(Cassidy et al. 2004, 485)에서 언급한 것처럼, 이 방법을 통해 참가자들은 서로를 알게 되고 유대관계를 형성하는데 필요한 시간을 충분히 가질 수 있었다. 이와 같은 유대관계 형성 기법들은 다른 문화적 집단들에 대해서도 마찬가지로 사용될 수 있다.

모든 소수자 대상의 워크숍과 관련해 반드시 명심해야 할 점들은 우선 교정 프로그램(remediation program)과 유사하지 않도록 해야 한다는 점이다. 많은 연구들은 '결핍 모형'(deficiency model)에 기초하여 모국 문화와 너무 이질적인 활동을 강요하려는 프로그램들에 대해 단호히 반대하고 있다(Cassidy et al. 2004, 481). 둘째, 참가 가족들에게 추가적인 문해력 증진 활동을 소개하는 것이 바람직한데, 이는 이 워크숍의 목적이기도 하다. 이 때 중요한 과제는 이 과정에서 협력을 바탕으로 해야하며, 특히 참가자들의 가정에서 이미 자리잡은 활동들을 무시하지 않으면서 추가적인 문해력 훈련들을 하도록 만드는 것이다(Hannon 2003, 105). 예를 들면 새로운 문해력 증진 활동을 소개하는 동안 프로그램 제공자들은 가정에서의 문해력 상호작용에 관한 참가자들의 개인적 이야기들을 발표하게 하면서 연구데이터를 보충적으로 사용할 수 있다. 이러한 상호간의 나눔은 참가자들과 진행자들의 문화적 차이에도 불구하고, 서로가 서로에 대해 배울 수 있도록 만든다. 셋째, 참가자들이 자신의 모국어로 의사소통할 수 있도록 통역자들을 활용할 수 있도록 해야 한다. 우리들은 NIU 도서관의 워크숍에 참가한 가족들이 프로그램에 참여하는 동안, 그리고 가정에서 자신의 어린이들과 문해력 증진 상호작용을 하는 동안 스페인어와 영어를 모두 사용하도록 권장하였다. 또한 우리들은 그들에게 이중 언어로 된 어린이 장서뿐만 아니라 한 언어(monolingual)로 된 장서들도 소개하였다. 참가 부모들의 즉각적인 피드백에서 드러난 것처럼, 우리 도서관의 이러한 활동들은 그들이 환영받고 존중받는 느낌을 가지는데 기여하였다. 어떤 프로그램에서든, 도서관이 제공하는 문화적 지원에 대해 참가자들이 만족하게 되면 그들은 앞으로 도서관을 더 많이 이용하게 될 것이다.

## 향후 개선을 위한 워크숍 평가

개별 수업동안 진행자들은 참가자들로부터 즉각적이고 비공식적인 피드백을 받기도 하지만, 가족 문해력 증진 워크숍의 전체적인 성공을 객관적으로 평가하는 것은 상당히 어려운 과제이다. 프로그램의 긍정적인 산출물들 - 참가자들의 도서관 재방문 비율(return rate)과 가정에서 부모-자녀간 문해력 상호작용의 빈도 증가 등과 같은 - 을 측정하는 것은 대체로 그 가족들과의 장기적인 상호작용을 필요로 하기 때문에 대부분의 도서관 워크숍에서 실시하기란 거의 어렵다. 또한 가정에서 참가자들을 직접 관찰하는 것도 지나친 간섭이 되어 상당히 부적절할 수 있다. 대신, 참가자들로부터 자기보고(self-reports) 형식의 평가를 받는 것이 가장 무난하다고 할 수 있다(Purcell-Gates 2000, 864-65). 하지만 평가자들의 입장에서 실제 제공된 것과 희망했던 기대를 분리시키는 것도 대체로 어려운 일이다. 이와 같은 근본적 한계에도 불구하고, 도서관은 향후 개선을 모색하기 위해 자관의 평가 프로그램에 관한 데이터 수집을 위해 노력해야 한다.

“좋은 첫 걸음을 내딛으며”와 “앞서 시작하기, 앞서 나가기” 워크숍을 진행하면서, 필자는 ‘예/아니오’로 대답하는 질문들을 위주로 하면서 마지막에 개방형 질문 하나를 추가한 간단한 설문지가 매우 좋을 것이라고 결론지었다. ‘예/아니오’ 질문의 예를 들면 아래와 같다.: 참가자는 우리 도서관의 특정 장서/서비스와 더욱 친숙하게 되었는가? 참가자는 향후 이 장서들을 이용할 계획이 있는가? 이 워크숍은 참가자가 자신의 어린이(들)에 대한 독서의 가치를 이해하는데 도움을 주었는가? 이 워크숍은 참가자가 자신의 어린이(들)에 대한 독서의 방법을 결정하는데 도움을 주었는가? 이 프로그램을 통해 참가자는 자신의 어린이(들)과 독서하는데 더 많은 시간을 보낼 계획인가? 마지막의 개방형 질문은 참가자들에게 워크숍에 대한 의견을 쓰도록 권장하는데, 예를 들어 어떤 점이 가장 도움이 되었으며, 어떤 점이 바뀌기를 원하는지에 대해 서술하도록 한다. 평가도구가 학습목표들과 연결되어 구조화되어 있을 경우, 진행자는 평가도구를 통해 프로그램의 전체적 효과를 평가할 수 있다. 질문들이 간결하고 쉽기 때문에, 지금까지는 참가자들이 평가도구를 매우 귀찮게 여기거나 시간이 많이 든다고 생각하지 않고 모두 작성하여 제출하는 편이다. - 영어 외에도 다문화 주민들의 모국어로 평가도구가 만들어져 있다면 특히 더 그러하다. 수집된 데이터를 바탕으로 이후 도서관들은 보조금 지원 단체와 함께 추가적인 보조금을 모색할 수도 있고, 홍보를 통해 새로운 주민들을 목표로 할 수도 있으며, 워크숍의 내용을 수정할 수도 있다.

## 결론

대학도서관들은 계획, 평가, 나아가 장서와 서비스의 개발 과정에서 주로 소속 학생들과 교수진, 직원들에 초점을 맞춰왔다. 지역사회 구성원들도 대학도서관을 활용하도록 허용되지만, 대체로 그들은 대학도서관의 관심사에서 주변부에 머물러왔다. 하지만, 미국 내에 다문화 인구가 지속적으로 증가하는 상황에서 여러 도서관들은 자신의 직접적인 이용자 범위를 넘어서 손을 내밀고, 더 넓은 범위의 지역사회에 참여할 것을 강력하게 요청받고 있다. 특히, 가족 문해력 증진 워크숍이나 교육적 자료에 더 쉽게 접근하도록 유도하는 다른 프로그램들을 통해 지역에서 증가하고 있는 소수 인종들을 대학도서관으로 초대하는 것은 매우 좋은 생각이다. 이러한 프로그램들은 사전 준비를 필요로 하지만, 아주 가치있는 일이다. 이 프로그램들은 참가자들의 가정에서 문해력 증진 상호작용의 빈도를 증가시키고, 그로 인해 다문화가정 어린이들이 유년기에 적절한 문해력 기량을 습득하여 향후 학창시절과 인생 전반에서 성취를 거둘 수 있게 도와주는 잠재력을 가지고 있다. 개인적으로 나는 이 프로그램이 도서관 안의 정보자원을 활용하는 가장 만족스러운 방법들 중 하나라고 생각한다.

## 참고문헌

Cassidy, Jack, Roberto Garcia, Carmen Tejeda-Delgado, Sherrye D. Garrett, Cynthia Martinez-Garcia, and Roel V. Hinojosa. 2004. "A Learner-Centered Family Literacy Project for Latino Parents and Caregivers." *Journal of Adolescent and adult Literacy* 47(6):478—88.

Hannon, Peter. 2003. "Family Literacy Programmes." In *Handbook of Early Childhood Literacy*, edited by Nigel Hall, Joanne Larson, and Jackie Marsh, 99—111. London: Sage.

Hyslop, Nancy. 2000. "Hispanic Parental Involvement in Home Literacy." *ERIC Digest* 158. Report: EDO-CS-00-09. http://www.csa.com.

Purcell-Gates, Victoria. 2000. "Family Literacy." In *Handbook of Reading Research*, edited by Michael L. Kamil, Peter B. Mosenthal, P. David Pearson, and Rebecca Barr.

853—70. London: Erlbaum.

Quezada, Reyes L., Delia M. Dìaz, and Maria Sânchez. 2003. "Involving Latino Parents." *Leadership* 33(1): 32—34, 38.

U.S. Census Bureau. 1992. "Table DP-2. Profile of Selected Social Characteristics for Illinois: 1990." http://www.census.gov/census2000/xls/90smp17.xls.

________. 2000. "Profile of Selected Social Characteristics: 2000." http://factfinder2.census.gov/faces/tableservices/jsf/pages/productview.xhtml?pid=DEC_00_SF4_DP2&prodType=table.

________. 2002. "Illinois: 2000. Table DP-2. Profile of Selected Social Characteristics: 2000." http://www.census.gov/prod/2002pubs/c2kprof00-il.pdf.

________. 2009. "Selected Social Characteristics in the United States: 2009." http://factfinder2.census.gov/faces/tableservices/jsf/pages/productview.xhtml?pid=ACS_09_1YR_CP2&prodType=table.

# 아주사 시립도서관의 지역사회 가족 문해력 증진 프로그램

마리아 파시노

이 글에서 나는 문해력 개발의 중요성에 대해 개괄적으로 살펴보고, 예산이 삭감되는 어려운 시기에 진행된 문해력 향상을 중심에 둔 도서관 프로그램 사례들을 공유하고자 한다. 이 특화된 프로그램들은 어린이부터 노인까지 대상으로 하며, 보조금, 개인적 기부, 그리고 협력관계를 바탕으로 제공되는 자원봉사, 지역의 학교와 다른 지역 기관들과의 협력 등을 통해 시작되었다. 이 글에서 공유되는 정보의 출처는 대중이 이용할 수 있는 도서관 문서, 도서관 직원들과의 대화, 위원회 보고서, 그리고 아주사 시립도서관(Azusa City Library)의 보조금 제안서 등이다.

문해력 향상은 대부분의 국가, 특히 미국에서 지속적인 관심사였다. 우리는 미국인들이 학교 교육의 측면, 특히 식자율(literacy rate)과 문해력 측면에서 다른 서구 민주주의 국가들보다 뒤처지는 것 같다는 소리를 자주 듣는다. 시험 점수는 많은 미국 어린이들의 낮은 문해력 수준을 보여주는 주요 지표가 되고 있다. 이 명백한 문해력 위기는 단지 미국인들만의 관심사는 아니다. 이 문제는 노동시장에 영향력을 주는 다원적 민주주의 국가들(pluralistic democracies)을 관통하는 전 세계적인 관심사이다.

문해력의 확보는 지구상 민주주의 사회에서 살아가는 개인들의 권리이기며, 문해력을 바탕으로 모든 시민들은 정보에 기반을 둔 결정을 내릴 수 있고 민주주의 과정에 참여할 수 있다. 여러 도서관들, 특히 아주사 시립도서관과 같은 공공도서관들은 다양성을 가진 지역사회에서 어린이와 성인들에게 핵심적인 문해력과 관련된 서비스들을 제공함으로써 문해력 확보라는 꿈을 지속시키는데 있어 중요한 역할을 담당한다. 2015년까지 전 세계의 식자율을 50%까지 향상시키려는 노력의 일환으로, 유엔(the United Nations)은 2003년에 '만인을 위한 교육'(education for all)이라는 책무를 담당할 '유엔 문해력 10년'(UN Literacy Decade, 이하 UNLD)을 출범시켰다. 문해력은 자유와 인권의 문제로 고려된다. UNLD에 따르면, 전 세계 성인 5명 중 1명은 읽을 수 없다. 그들 중 다수는 여성이다. 빈곤한 국가들의 인구 중 40%는 문맹이다(United Nations Educational, Scientific and Cultural Organization n.d.).

미국을 포함한 선진국들의 식자율이 상대적으로 높지만, 사실 미국인 중 상당수가 낮은 문해력을 가지고 있다. '전국 성인 읽기 능력평가'(The National Assessment of Adult Literacy) (n.d.)는 미국 인구 중 약 15%는 기초적인 문해력 수준 이하이며, 읽고 쓰기 능력에 큰 어려움을 가지고 있으며, 기능적 문맹자(functionally illiterate)로 정의할 수 있다고 보고하였다 (Literacy Education n.d.). '전국교육통계센터'(the National Center for Education Statistics) (n.d.)에 따르면, 캘리포니아 주 성인 중 약 23%는 기초적 문해력이 부족하다(LA 카운티에서는 그 수가 33%까지 증가한다.). 높은 문맹률은 지역사회와 사회 전반에 큰 영향을 미치는데, 글로벌화 되고 디지털화된 세계에서는 특히 그러하다. 문맹은 높은 실업률, 빈곤, 그리고 노동력의 경쟁력 저하로 이어진다.

'도시 지역 고등학교의 도전: 모든 학생들에 대한 문해력 확보'(*The Urban High School's Challenge: Ensuring Literacy for Every Child*)(DeLeon 2002)에 따르면, 미국 내에서 중상위 계급은 문해력을 통해 혜택을 받아온 반면, 여성과 소수자들은 교육적 접근성과 자원의 측면에서 불평등한 상태로 방치되었다. 이러한 불이익은 높은 중퇴율(dropout rates)로 귀결되는데, 특히 라틴계와 아프리카계 미국인들에서 그러하다. 〈Dateline NBC〉 TV 방송은 미국에 거주하는 성인 중 15% 이상이 기능적 문맹자라고 밝혔다(Brokaw 2003). 이 성인들은 구직 신청서, 투약 지시서, 또는 은행 계좌 거래내역서 등을 읽을 수 없다. 통계 데이터들을 통해 현대 민주주의 국가들이 문맹률을 많이 낮춰왔다는 사실을 알 수 있지만, 아직도 많은 시민들은 기술지향적인(technology-oriented) 글로벌 민주주의 사회가 요구하는 것에 대한 준비를 갖추지 못한 것으로 보인다. 더구나 가족 내에서 기능적 문맹은 악순환되는 빈곤의 문화를 형성하는데, 이는 일부 이민자 주민들에게서 특히 많이 나타난다. 많은 부모들은 자신의 자녀에게 책을 읽어줄 수 없거나 숙제를 도와줄 수 없다. 비록 문해력 개발이 학교 교육의 일부이지만, 공공도서관은 성인 문해력 개발에 책임을 가지고 있는 지역사회의 공공기관이다.

다원적이고 글로벌한 민주주의 사회를 살아가는 21세기 시민이 될 수 있도록 개인들을 준비시키려면 문해력에 대한 재정의를 필요로 하고, 특히 디지털 시대에는 읽고 쓰기를 뛰어넘는 역량의 획득을 필요로 한다. 문해력의 서구적 개념들은 주로 텍스트 기반이며, 상당수 이민자들의 특성인 구술 전통, 관찰 역량, 비서구적 양식의 담론 등을 평가절하하고 배제하는 경향이 있어 왔다. 도서관은 개개인들이 문해력과 일상적 경험을 연결하는 것을 도와주는 소중한 문해력 환경을 구축할 수 있으며, 이를 통해 개개인들이 세상을 이해할 수 있도록 만들 수 있다.

디지털화된 글로벌 사회에 적합한 문해력의 정의는 다음의 사항들을 포함한다. 인쇄와 비인쇄 자료에 대한 해석: 수리 능력, 과학, 경제학에서의 학술적 능력: 양적, 질적 연구 기량: 정보접근과 관리: 컴퓨터와 디지털 기술: 소셜 미디어 상호작용: 비판적 사고: 문화적 인식과 이중 언어 또는 다중 언어 경험을 포함하는 문화간(cross-cultural) 의사소통: 다양한 관점을 통한 관심사의 분석: 세계 속에서의 가족과 공동체에 대한 이해: 특성 개발: 갈등 해결: 그리고 참여 민주주의를 위한 도덕적/윤리적 의사결정 기량(Rafferty 1999).

길스터(Gilster 2005)는 글로벌 민주주의 사회에서 효과적인 커뮤니케이션을 위한 디지털 문해력에 대한 정의에 관해 글을 썼다. 그는 인터넷 이용자들은 총명한 정보 소비자가 될 필요가 있다고 강조하였는데, 이런 정보소비자는 온라인 정보의 유효성과 신뢰성을 평가하기 위해 비판적 사고와 메타인지적(metacognitive) 기량을 활용한다. 21세기의 문해력은 디지털 기술에 대한 능숙성을 필요로 하는데, 여기에는 컴퓨터와 디지털 기기들과 같은 다양한 플랫폼들을 통해 정보에 접근할 수 있는 능력을 포함한다. 경제적으로 풍족하지 않은 지역에서는 일부 시민들이 디지털 기술에 대한 접근이 제한되고 그로 인해 글로벌 인력시장에서 경쟁하는데 필수적인 기량을 가지지 못하는 디지털 격차(digital divide)의 가능성이 존재한다.

'국제독서협회'(International Reading Association 2009)가 발표한 "새로운 문해력들과 21세기 기술들"(New Literacies and Twenty-First-Century Technologies)이라는 입장 성명(position statement)에는 다음과 같이 기술되어 있다.:

> 인터넷과 다른 정보통신기술들(information and communication technologies, 이하 ICTs)은 읽기, 쓰기, 의사소통의 속성을 재정의하고 있다. 이러한 ICTs는 앞으로도 계속 변화하는데, ICTs의 잠재력을 성공적으로 활용하기 위해서는 새로운 문해력들이 지속적으로 필요하다. 새로운 ICTs가 미래에도 계속해서 많이 등장하겠지만, 현재 우리 학생들의 삶에서 일반적인 ICTs에는 검색엔진, 웹페이지, 이메일, 인스턴트 메신저, 블로그, 팟캐스트, 전자책, 위키 백과사전, 유투브, 동영상, 기타 여러 가지들이 포함된다. 새로운 ICTs는 계속 등장하고 진화하기 때문에, 각각의 ICT마다 새로운 문해력과 그를 위한 연습을 필요로 한다.(1)

아주사 시립도서관과 같은 도서관들은 다양한 커뮤니티들의 '허브'(hub)를 담당하여, 정보를 찾고 다양한 문해력 활동들에 참여하고자 하는 가족과 다른 커뮤니티 구성원들을 한 곳으로 불러 모으는 역할을 수행한다. 공공도서관들은 민주주의 사회에서 문해력의 희망을 제공한다.

아주사 시립도서관은 약 46,360명의 인구(라틴계 67.6%, 백인계 20%, 아프리카계 미국인 3.2%, 아시아계 7.1% 등)를 대상으로 봉사를 제공한다. 인구의 50%가 스페인어를 사용한다(Los Angeles Almanac n.d.). 도서관 통계에 따르며, 아주사는 인근 지역에서 소득이 가장 적은 커뮤니티 중의 하나인데, 인구의 15% 이상이 빈곤선 이하에서 생활하고 있고, 약 14%가 실직상태이다. 지역 학교의 2-5학년 학생 대부분은 소외계층으로 분류된다. 이들 어린이 중 약 10%는 집이 없다. 라틴계 커뮤니티 구성원들이 다수를 점하고 있는 상황에서, 이중언어 동화구연(*cuentos bilingues*)과 영화의 밤과 같은 일부 도서관 서비스들은 스페인어와 영어 등 이중 언어로 제공된다.

## 프로그램

아주사 시립도서관의 어린이와 청소년 문해력 프로그램들은 다음과 같다.

- Azusa Reads, Azusa Writes, Azusa Counts, and Azusa Calculates 프로그램: 지역 대학생들에 의한 유치원~초중고학생 대상의 방과 후 개인교습 서비스
- 책을 보고 멍멍멍: 어린이가 특별히 훈련된 개에게 이야기를 읽어주기
- 책과 영화: 소설, 자서전, 또는 다른 도서에 기반을 둔 영화들을 상영
- 어린이와 성인 대상의 이동도서관 서비스
- 이중언어 도화구연: 만들기와 함께 하는 이중언어 동화구연
- Family Fun series (어린이 공연자, 인형놀이, 미술과 공예) '아주사 멕시코계 미국인 청소년/학부모연합'(United Mexican American Youth and Parents of Azusa, 이하 UMAYPA)의 후원으로 진행
- 가족의 장소(Family Place): 영유아와 그 부모/가족가 함께 참여: 영어로 진행
- 달밤의 이야기와 만들기: 어린이들이 잠옷을 입고 참석
- 영화의 밤: 영어와 스페인어로 진행
- 나와 함께 읽어요: 부모와 유아가 함께 하는 이중 언어 동화구연

• 미술, 공예와 함께하는 영어 동화구연
• 여름 독서 프로그램: 큰 어린이들이 아기들을 돌보면서 진행

성인을 위한 문해력 프로그램들은 다음과 같다.

• 미술과 공예와 함께 하는 문화 행사
• 학교를 포함해 지역사회를 찾아가는 이동도서관
• 캐년 시티 북 클럽[2] (Canyon City Book Club): 지역사회 구성원들이 관련된 소설, 비소설, 때로는 지방의 역사에 대한 책을 읽고 토론한다.
• 도서관에서의 점심식사: 아주사 시민들이 도시 주민들에게 영향을 주는 주제에 대해 토론에 참가할 수 있는 기회를 제공한다.
• 컴퓨터, 인터넷 이용, 다른 디지털 기술 등에 대한 기술 사용지도

'캐년 시티 재단'(Canyon City Foundation)이 후원하는 다른 성인 문해력 프로그램과 서비스들은 특히 중장년(베이비 붐 세대와 노인)을 대상으로 설계되었는데, 여기에 포함되는 프로그램들은 다음과 같다.

• 'Meals On Wheels'[3]와 협력을 통해 도서 배달
• 도시 내 노인복지회관을 방문하는 이동도서관
• 베이비 붐 세대를 위한 기술 익히기 프로그램

아주사 시립도서관은 지역사회와 긴밀한 관계를 형성하고 있고, 지역사회 기관들과 다양한 협력관계를 구축해왔다. 아주사 퍼시픽 대학교(Azusa Pacific University, 이하 APU: 유치원~초중고 학생 개인교습): 아주사 통합 교육청(Azusa Unified School District, 이하 AUSD: 학생들의 학업 능력 향상을 위해 도서관 문해력 증진 서비스들에 대한 홍보): 풋힐 가족 복지관(Foothill Family Services: 영양과 어린이 행복에 관한 수업 및 부모와 유아가 함께 하는 이중언어 동화구연 '나와 함께 읽어요' 제공), 아주사 건강센터(Azusa Wellness Center: 가족들에게 영양과 운동에 관한 건강정보 제공), 그리고 UMAYPA('Family Fun series'를 후원하고 지역사

2) 아주사는 LA카운티 소속의 작은 도시로, 샌 가브리엘 캐년(San Gabriel Canyon)의 입구에 위치하여 별칭이 캐년 시티(Canyon City)이다.(위키피디아 참조, 역자 주)
3) 미국 전역을 대상으로 식사 배달 봉사단체로 세계적으로도 널리 알려져 있다.(구글 참조, 역자 주)

회 전체적으로 문화와 정보 관련 행사들을 진행)

다음은 엄선된 문해력 프로그램들에 관한 세부사항들로, 이 프로그램들은 각종 보조금, 지역 기관들과 개인 후원자들의 기금 지원으로 진행되었다.

### Azusa Reads, Azusa Writes, Azusa Counts, and Azusa Calculates 프로그램

이 프로그램은 방과 후 프로그램이다. AUSD와 지역의 대학교인 APU와 우리 도서관 사이의 협력관계는 10년 이상 지속되고 있다. 학부 학생인 자원봉사자들은 AUSD 산하 유치원생부터 초중고 학생들(K-12)을 대상으로 월요일부터 목요일까지 방과 후 개인교습 봉사를 제공한다. 이 프로그램은 학생들의 숙제와 문해력 역량을 지원하는 기회로 활용된다. 지역 내 35개 학교의 약 250명의 학생들이 이 프로그램의 혜택을 받고 있다. 이 프로그램은 호혜적 협력으로 진행되는데, 자원봉사 대학생들은 이 프로그램을 통해 지역사회 봉사시간을 채울 수 있다. 매 학년도 말 우리 도서관은 이 대학생들에게 감사를 표시하는 자리를 마련한다. 여기에는 도서관 직원들, 시장, 시의회 의원들, 대학교 직원들, 교육청 직원들, K-12 학생들, 학부모들, 그 외 지역사회 구성원들이 참석한다. K-12 학생들과 부모들은 이 개인교습 봉사가 참여 학생들의 학업 성취에 있어 중요한 부분으로 여기고 있다.

### 성인 문해력 프로그램

'캘리포니아 도서관 문해력 증진 서비스'(California Library Literacy Services, 이하 CLLS)가 기금을 지원하는 '성인 문해력 증진 서비스'(the Adult Literacy Services, 이하 ALS) 프로그램의 목적은 문해력 수준이 낮고 사회에서 효과적으로 역할을 수행하는데 필요한 역량이 부족한 영어 사용 성인들을 대상으로 문해력 증진 서비스를 제공하는 것이다. 자원봉사자 교사들은 영어를 사용하는 성인들이며, 문해력 전문가들로부터 훈련을 받고 교육 및 학습 자료를 지원받는다. ALS 프로그램에서의 교육은 교사와 학습자간 관계 형성을 위해 일대일로 진행된다. 자원봉사자들이 성인 학습자들에게 수업을 제공하는데 있어 자신의 역할을 이해하는 것은 중요한 일이다. 성인 학습자들은 최소 16세 이상인 사람들이다. 그들은 스스로 문해력 증진 서비스들을 찾았고, 문해력 증진 서비스에 참여하기 위한 자격 획득 과정을 완료하였고, 문해력 증진 목표를 세웠고, 개인 교습 수업에 참여하였다. 대부분의 학습자들은 직무 개발을 위해, 자녀의 학교에서 더 많은 활동에 참여하기 위해, 또는 지역사회와 사회 전반에 깊숙이 관여하기 위해 문해력 증진 서비스를 찾았다. 교사와 학습자들은 최소 주 1회, 최소 90분 이상 정기적으로 만난다. 또한 성인 학습자들은 자신과 자신의 가족에게 도움이 될 만한 지역사회 정보자원과 서비스들에 대해 소개받는다. ALS 프로그램의 참가자들은 학습자와 자원봉사자 교사 모두 매우 긍정적인 경험이었다고 밝히고 있다. 캘리포니아 주립도서관(California State Library)의 ALS 프로그램 웹사이트(http://libraryliteracy.org/about/als/index.html)에는 여러 다른 도서관의 프로그램에 참가한 사람들의 보람있는 이야기들이 담긴 동영상들을 많이 볼 수 있다.

## 이동도서관

우리 도서관의 이동도서관(Bookmobile Service, library on wheels)은 2008년 승합차(van) 구입 및 순회도서관 용도로의 개조를 위해 캐넌 시티 재단으로부터 보조금을 지원받았다. 이동도서관이 정류장에 정차하는 동안, 이용자들은 도서관 카드를 발급받고 도서들을 대출할 수 있다. 또한 이동도서관에서 어린이들을 위한 동화구연도 진행된다. 이동도서관은 도서관이 없는 학교, 공원, 노인회관 등과 같이 매일 예정된 정류장들을 방문하면서 도시 전체를 돌아다닌다. 또 다른 캐넌 시티 재단의 보조금으로 우리 도서관은 더 많은 노인회관들에 정류장을 마련하였으며, 이로 인해 더 많은 노인들이 도서관 서비스를 이용할 수 있게 되었다. 대부분의 이동도서관 이용자들은 운전기사에게 자신들에게도 도서관 서비스를 제공해줘서 너무 감사하다는 이야기를 전하고 있는데, 이들 대부분은 우리 도서관으로 찾아오는 것이 불가능한 사람들이었다.

## 가족의 장소

'가족의 장소'(Family Place)는 캘리포니아 주립도서관 내 '가족의 장소 도서관'(Family Place Libraries)으로부터 보조금을 지원받은 공공도서관들을 위한 프로그램이다. 이 프로그램은 영유아의 문해력 개발 과정에 가족들의 참여를 장려하기 위해 특별히 고안되었다. 1996년에 설립된 가족의 장소 도서관 프로그램의 목적은 출생 이후부터 어린이와 가족의 건강한 발달, 부모와 지역사회의 참여, 평생학습 등을 증진함에 있어 도서관 내부에서 어린이 봉사의 역할을 강화시키고, 그 결과로 공공도서관을 지역사회의 문해력 증진 센터로 만드는데 있다. 가족의 장소 도서관의 핵심 구성요소에는 영어, 유아, 부모 그리고 서비스 제공자들을 위한 적합한 장서, 부모-자녀 워크숍, 지역사회 단체 및 공공기관들과의 연합체제 구축, 발달상황에 맞는 적절한 프로그램, 가족 지원에 대해 훈련받은 도서관 직원, 새롭고 비전통적인 도서관 이용자들에 대한 아웃리치 등이 포함된다. 가족의 장소 도서관을 위한 장서에는 장난감, 도서, 음악, 멀티미디어, 어린이 발달과 자녀 양육 워크숍을 위한 다양한 정보자원 등이 포함된다. 도서관 공간은 영아들에게 연령대별 도서관 서비스를 제공할 수 있도록 적합한 가구와 자료를 수용하고, 가족과 지역사회 자원 및 서비스 기관들과 연결시키고, 비전통적 도서관 이용자들에게 다가설 수 있도록 재설계되었다. 이러한 가족과 커뮤니티 사이의 연계는 어린이들에 대한 양육과 어린이들의 학교 교육 준비에 도움이 된다. 어린이와 가족에 대한 서비스를 책임지는 공공도서관 사서들의 네트워크중 일부인 가족의 장소 도서관은 다음의 영역에 대한 광범한 정보자원들을 제공한다.: 자녀양육과 어린이 보호; 유아기 발달 및 문해력, 교육; 건강, 안전, 영양; 유아들을 위한 도서와 장난감들; 서지류; 인구 통계; 독서 자원 등(Family Place Libraries n.d.).

아주사 시립도서관은 이미 아주사 안팎의 가족들에게 있어 소문난 만남의 장소이다. 아주사 시립도서관은 개인 교습, 독서 프로그램, 그리고 많은 동화구연 프로그램을 제공하면서 1년 내내 지역사회를 위한 중심지가 되고 있다. 우리 도서관은 도서관을 지역사회 전체 가족을 위한 도서관이라는 생각을 가지고 있는 이중 언어/스페인어 단일 언어를 사용하는 주민들이 다수를 차지하는 지역사회의 특징을 반영하는 프로그램과 장서를 만들어왔다. 우리 도서관은 이미 많은 가족들이 널리 이용하고 있기 때문에, 우리는 학교, 부모, 지역사회 운동가들도 관심을 가지고 있는 영유아기 때부터 학습과 문해력에 연결하는 혁신적 프로그램이 아주사 지역에서 좋은 평가를 받고 널리 이용될 것이라 확신한다. 영유아기부터 학습과 문해력에 대해 가족 전체가 관여하는 것은 최근 수년간 아주사 지역 학교들을 괴롭혀온 학업 성취도 저하에 대응하는 효과적인 방법이다. 부모와 보육관계자들이 자녀들의 첫 교육자가 될 수 있도록 지원하는 것은 유아기 문해력 증진을 위한 우리의 전략적 계획과 잘 부합한다. 그리고 가족의 장소 프로그램은 우리 도서관이 아주사 지역의 가족들에게 학습 환경에 필요한 도구들을 제공하고 발달에 적합한 도서와 장난감들을 미리 준비하도록 도와주기 때문에, 우리의 전략적 계획과 잘 부합한다. 이로 인해 우리 도서관은 학교교육 준비를 위한 토대를 구축할 수 있다.

가족의 장소 연수원(the Family Place training institute)은 교육은 출생과 동시에 시작한다는 사실을 강조하며, 유아기 발달에서 놀이의 중요성을 인식하는데 도움을 준다. 이용 가능한 많은 도서, 학습교구, 이용자 공간 등이 구비된 어린이 친화적 환경 속에 영유아와 그 부모들을 참여시킨다면 영유아기 교육 증진을 위한 통합적 접근이 보장된다. 우리가 2010년 보조금 신청에 대해 이야기한 것처럼, 문해력, 지식, 문화적 인식 등은 우리 지역주민들이 내일의 노동 인력이 되는데 있어 필요한 핵심적인 도구이다. 가족의 장소 보조금은 자녀양육 워크숍에 필요한 가구, 장난감, 도서, 자료 등을 구입하는데 사용되었다. '타겟'(Target)[4]에서 제공한 보조금은 문해력 프로그램을 위해 영유아기 문해력 주제의 도구상자들(영유아용 소프트커버 도서, 장난감, 손가락 인형, 다른 동화구연 소도구 등)을 만드는데 사용되었다. 부모들은 가족의 장소 부모 워크숍에 참석한 이후 이 도구상자를 대출하여 집으로 가져갈 수 있다.

### 기술 익히기 프로그램

'기술 익히기 프로그램'(The Taming Technology Program)은 캘리포니아 주립도서관이 주 전체를 대상으로 진행하며 50대 이상의 개인들, 특히 최근에 은퇴했거나 은퇴를 앞둔 사람들에 중점을 둔 기술 습득 프로그램인 "50세 이후 인생 변신"(Transforming Life after Fifty)에서 지원되는 보조금과 다른 보조금으로부터 큰 지원을 받았다. 이 프로그램에는 컴퓨터에 대한 접근, 기초 컴퓨터 교육, 아이폰(iPhone), 아이팟(iPod), 아이패드(iPad) 등과 같은 디지털 기술과 장비들에 대한 소개, 인터넷 탐색 등이 포함된다. 이 프로그램은 베이비 붐 세대에게 다양한 디지털 기술 중에서 일부 기초적인 교육을 제공한다.

## 기금 확보

아주사 시립도서관의 문해력 증진 프로그램들을 위한 기금 중 상당 부분은 캘리포니아 주립도서관(http://www.library.ca.gov)의 CLLS(http://libraryliteracy.org), 캐년 시티 재단(http://www.canyoncityfoundation.org), 우리 지역의 타겟(Target) 지점(http://sites.target.com/site/en/company/page.jsp?contentID=WCMP0403176) 등에서 제공되었다('게이츠 재단'(Gates Foundation)의 보조금은 인터넷 접근을 위해 광대역 인터넷 서비스 확장을 위해 사용되었다.). 문해력 증진을 위한 다른 기금 재원은 도서관 친구들(Friends of the Library), 지역의 기업체들, 다른 지역 단체들(로터리 클럽과 여성 클럽 등과 같은), 그리고 개인적 기부 등에 의해 마련되었다.

---

4) Target은 미국의 대형할인점으로, 학교, 도서관, 비영리단체 등을 대상으로 유아기 독서 활동을 위한 보조금을 제공하고 있다.(역자 주)

## 결론

이 글에서 기술된 아주사 시립도서관의 문해력 증진 프로그램들은 심각한 예산 삭감의 시기에서도 공공도서관이 문해력 증진 서비스들을 지역의 모든 주민들(영유아, 어린이, 청소년, 성인, 그리고 퇴직 예정자와 노인 등)에게로 확대함으로써 다양성을 가진 지역사회에 계속해서 좋은 영향을 줄 수 있다는 사실을 잘 보여준다. 이 프로그램들은 캘리포니아 주립도서관, 캐년 시티 재단, 도서관 친구들, 다른 지역사회 기관들이 제공한 보조금 덕분에, 그리고 지역사회 구성원들의 자원봉사와 지속적인 기금 지원 덕분에 성공적으로 진행되었다. 이러한 문해력 증진 사업들은 아래의 자원들과 접촉함으로써 수행될 수 있다.

- 지역/광역/국가적 범위의 재단들이 제공하는 보조금
- 지역의 초중고 학교, 대학, 기업체, 기타 단체들과의 협력
- 지역사회 구성원들의 자원봉사

공공도서관들은 다원적이고 민주적인 사회에서 시민들을 위한 문해력 증진의 책임을 이행하고 있다. 최근 'LA 타임즈' 기사는 우리에게 도서관에 대한 중요한 요구를 상기시켰다.: "인터넷 시대임에도 여러 도서관들은 사회에서 필수적인 봉사를 수행한다. 각종 도서관들은 공공재이며 시민에 대한 책임성을 가진다. 도서관은 우리의 과거에 그랬던 것처럼, 우리의 미래에서도 존재할 것이다."(Lopez 2011)

끝으로, 나는 이 글의 집필에 필요한 정보를 제공해준 아주사 시립도서관장인 낸시 존슨(Nancy Johnson)과 문해력 증진 프로그램들을 운영하고 있는 모든 직원들에게 감사를 표한다.

## 참고문헌

Brokaw, T. 2003. "Tom Brokaw Reports on Adult Illiteracy in the United States." *Dateline NBC,* August8.

DeLeon, A. G. 2002. *The Urban High School's Challenge: Ensuring Literacy for Every Child.* New York: Carnegie.

Family Place Libraries. n.d. http://www.familyplacelibraries.org (accessed January 3, 2012).

Gilster, P. 2005. "Digital Literacy." In *Jossey-Bass Reader on Technology and Learning,* 215-28. San Francisco: Jossey-Bass.

International Reading Association (IRA). 2009. "New Literacies and Twenty-First-Century Technologies." http://www.reading.org (accessed January 3, 2012).

Literacy Education—Teaching Literacy. n.d http://www.caliteracy.org (accessed January 3, 2012).

Lopez, S. 2011. "Librarian's Binding Words." *Los Angeles Times,* November 11. http://articles.latimes.com/2011/nov/09/local/la-me-1109-lopez-libraries-20111108.

Los Angeles Almanac. n.d. "City of Azusa." http://www.laalmanac.com/cities/ci06.htm.

National Assessment of Adult Literacy (NAAL). n.d. http://nces.ed.gov/naal/kf_demographics.asp#3 (accessed January 3, 2012).

National Center for Education Statistics (NCES). n.d. http://nces.ed.gov/naal/estimates/StateEstimates.aspx (accessed January 3, 2012).

Rafferty, C. D. 1999. "Literacy in the Information Age." *Educational Leadership* 57: 22-25.

United Nations Educational, Scientific, and Cultural Organization (UNESCO). n.d. http://www.unesco.org/new/en/ (accessed January 3, 2012).

# 구술사 안내

마크 도넬리

"구술사"(Oral history)는 구술사 증언을 기록하고 보존하는 방법이자 그 과정의 결과물이라 할 수 있다. 구술사는 면담자가 피면담자(또는 발화자)를 대상으로 제작한 1인칭 진술의 음성 녹음 또는 영상 녹화에서 시작된다. 면담자와 피면담자 모두는 과거에 대한 이해에 기여하는 영구적 기록(permanent record)을 생산하려는 의도를 가진 사람들이다. 구술 기록인 구술사는 이 과정을 통해 생산되어 다른 이용자, 연구자, 대중이 다양한 형태로 이용할 수 있도록 보존되고, 제작된다. 구술 증언과 해석에 대한 비판적 접근(critical approach)은 구술사 이용에서 필수적이다.

구술사는 그 내용과 범위에서 다른 형태의 면담과 구분된다. 구술사 면담은 개인적 경험과 성찰에 대한 깊이 있는 진술을 추구하는데, 발화자가 자신이 하고 싶은 만큼 완전하게 자신의 이야기를 하도록 충분한 시간을 제공한다.

구술사 면담의 내용은 단지 당대의 사건에 대한 해설(commentary)과는 대조적으로 과거에 대한 성찰에 근거한다. 구술 역사가(oral historian)들은 발화자들에게 구술사가 가지는 속성과 목적, 그리고 특히, 해당 발화자와의 면담이 가지는 속성과 목적에 대해 알려준다. 구술 역사가들은 발화자가 자발적으로 면담에 동의하는 것을 보장하며, 발화자가 언제라도 면담을 철회하거나 특정 질문에 대해 거절할 수 있음을 이해한다. 발화자는 동의서 양식에 서명하거나 면담에 앞서 구술 동의에 대한 진술을 녹음하는 것으로 동의 의사를 표시한다. 모든 면담은 동의된 조건 안에서 언급된 목적에 부합하는 방식으로 수행된다.

## 베이사이드와 오존 파크 프로젝트

이 부분의 내용은 뉴욕시(New York City)에 위치한 '퀸즈 도서관'(Queens Library)의 특수 봉사과의 아웃리치 담당사서로서 필자가 수행한 업무에 기초하고 있다. 세대 간 프로젝트(intergenerational project)들은 퀸즈 지역 내 베이사이드(Bayside)(2006- 2007년)와 오존 공원(Ozone Park) (2008-2009년) 지역에서 수행되었으며, 모두 '가톨릭 자선 봉사회'(Catholic Charities Services) 분회인 '베이사이드 노인회관'(the Bayside Senior Center)과 '오존공원 노인회관'(the Ozone Park Senior Center)을 이용하는 노인들의 기억을 지역 내 공립/사립학교와의 협력을 통해 수집하고 기록하였다.

이 구술사 프로젝트를 소개하는 이유는 사서들과 다양한 조직의 지도자들이 자신이 속한 지역 내에서 구술사 프로젝트를 개발하고, 수행하고, 완료하는 방법을 이해하는데 도움을 주기 위해서이다. 제시된 단계들은 베이사이드와 오존 파크의 프로젝트를 진행한 경험에서 비롯되었다. 이 단계들 중 일부에서는 시행착오가 있었다. 우리와 파트너들은 베이사이드 프로젝트에서의 경험을 통해 배웠고, 그를 바탕으로 개선작업을 실시하였다. 한 사례로, 우리는 위치(location)의 중요성에 대해 배웠다. - 학생들과 노인들이 면담 수행을 위해 이동을 쉽게 할 수 있도록 학교와 노인회관은 서로 가까이 있어야 한다. 베이사이드 노인회관은 학생들이 면담을 위해 출발하는 '마리 퀴리 중학교'(Marie Curie Middle School)(M.S. 158)와 약 1마일(1.6km) 정도 떨어져 있었다. 오존 파크 프로젝트를 하면서, 우리는 노인회관으로부터 단 한 블록 떨어져 위치한 가톨릭계 초등학교인 '세인트 메리 게이트 오브 헤븐'(St. Mary Gate of Heaven)을 주목하였다. 또한 우리는 면담을 위해 문서로 인쇄된 질문/대답(Q&A) 양식을 사용하는 것이 더 적합하다는 것을 알게 되었다. 그리고 우리는 오존 파크 프로젝트에서는 영상 녹화를 추가하였다.

베이사이드 프로젝트에서 대부분의 면담자 학생들은 최근 베이사이드 내 최대 인구집단인 아시아계 미국인이었다. 피면담자 노인들은 섞여 있었다. - 2명은 '홀로코스트'에서 생존한 독일계 유대인 여성이었다. 나머지는 아일랜드계, 이탈리아계, 아시아계 사람들이었다. 8명의 노인들 중 2명은 남자였는데, 이는 퀸즈 지역의 여러 노인센터들의 상황과 비교했을 때 상대적으로 작은 수였다. 베이사이드 프로젝트에서 가장 감동적인 순간들 중 하나는 2명의 유대인 여성들이 소녀였던 1930년대 후반 제2차 세계대전 발발 직전 유대인 어린이들을 배와 기차로 안전하게 대피시키는 구출 작전인 '킨더트랜스포트'(Kindertransport)를 거쳐 나치 독일에서 탈출한 이야기를 각자 들려주었을 때였다. 이 엄청난 역사를 직접 듣게 되다니!

우리가 접한 조금 가벼운 개인적인 이야기를 들자면, 피면담자인 중국계 미국인 존(John)은 우리에게 10대 시절 퀸즈 지역에서 신문배달을 하였던 이야기와 중국에서 성장기를 보낸 이야기를 들려주었다. 아일랜드계 미국인 메리(Mary)는 1939-1940년 퀸즈에서 개최된 '뉴욕 세계박람회'(New York World's Fair)에 방문했던 이야기와 이후 1964-1965년 같은 장소에서 개최된 세계박람회에 그녀의 자녀들을 데리고 방문했던 기쁨에 대해 말해주었다.

오존 파크 프로젝트에 참가한 모든 노인들은 이탈리아계였고, 모두 여성이었다. 애초 참가 동의를 했던 3명의 남성 노인들은 프로젝트 시작 전에 참가 의사를 철회하였다(베이사이드와 오존 파크 프로젝트에 참여한 노인들은 자발적이었다. 면담자 학생들도 교사들이 선발하였지만 역시 자발적으로 참여하였다.). 가톨릭 초등학교에서 온 면담자 학생들은 남아시아계(주로 인도와 방글라데시)였다. 그 학생들의 조부모들은 19세기 후반과 20세기 초반 이탈리아계 이민자들이 많이 정착해있던 이 지역에 거주하였다. 이 학생들이 자신들과 다른 문화적 배경을 가진 사람들과 상호작용을 하고 질문을 하는 모습을 지켜보는 일은 매우 흥미로웠다. 2명의 노인들은 성인일 때 이탈리아에서 이주하였는데, 1990년대 후반에 이주하여 영어를 거의 사용하지 못하는 한 여성의 경우, 그녀의 가까운 친구가 학생의 질문들을 통역하였다. 사전에 피면담 여성들과 그들의 상호관계에 대해 잘 아는 오존 파크 노인회관의 책임자가 이와 같이 조정해주었다.

구술사에 관한 우리의 경험에 덧붙여, 나는 이 글의 끝에 당신이 관련 프로젝트를 수행할 경우에 도움이 될 수 있도록 정보원 리스트를 첨부하였다. 자신의 삶에 대한 한 노인의 이야기를 듣는 것은 매우 감동적이다. 이런 이야기는 우리보다 앞서 살았던 사람들이 우리의 삶에 어떻게 영향을 주었는지를 잘 이해할 수 있도록 도와준다. 어떤 사건들이 그들에게 영향을 주었으며, 그들은 어떤 사건들이 일어나도록 영향을 미쳤는가? 이런 질문들은 우리가 우리 자신의 가족사를 탐구하는데 영감을 줄 수 있다. 다음은 필자의 이야기 중 일부이다.:

> 소년시설 나는 친할머니, 부모님, 그리고 다른 친척들로부터 옛 이야기를 듣는 것에 항상 관심이 있었다(내 외할머니는 내가 5살 때, 친할아버지는 내가 아기였을 때 돌아가셨다.). 그들은 엄청난 사건들 - 예를 들면, 대공황이나 2차 세계대전 등-을 겪으면서 살아오셨다. 나는 나의 가족사와 그와 관련된 모든 것에 대한 호기심을 가졌다.
>
> 어떤 이야기들은 나에게 쉽사리 다가오지 않았다. 부모님 모두는 뉴욕 맨해튼 동부의 가난한 집 출신이었는데, 특히 내 외가는 더 열악했다. 외할아버지는 어머니가 12살 되던 해에 돌아가셨고, 큰 이모는 웨이트리스로 일하기 위해 고등학교를 그만두었다. 큰 이모와 어머니는 아침 6시까지 '이스트 강'(the East River) 옆의 한

공장에 출근해 나무 조각들로 상자를 조립해야 했다. 그분들은 나무 조각들을 집으로 가져와 아파트 난방을 위해 배불뚝이 난로에 집어넣었다.

아버지는 제2차 세계대전 당시 태평양에 있던 육군 항공대(the Army Air Forces)의 'B24' 폭격기에 탑승하는 사수(gunner)이자 무전병이었다. 나의 형과 내가 커가는 동안, 아버지는 전투의 참혹한 경험에 대해 절대 이야기하지 않았지만, 군대시절의 여행과 전우애에 대해서만은 이야기해주었다. 나는 아버지의 수집품 서류철에 있는 사진, 편지, 메달 등을 살펴보는 것을 좋아했었다. 어머니는 내가 성인이 되었을 때에야 비로소 결혼 초기에 아버지가 한밤중에 전쟁에 관한 악몽으로 소리치며 깨어났던 것에 대해 이야기해주었다. 아버지가 그 이야기를 털어놓았던 한 지인도 나에게 그 이야기를 전해주었다. 아버지는 매번 전투에 참가하기 전 항공기지의 가톨릭 미사에 가곤 했으며, 영성체(Holy Communion)를 받았다고 나에게 말해주었다. 아버지는 일본의 비행기를 격추시킬 때마다 그 비행사를 위한 기도를 올렸다고 한다. 아버지는 50번의 임무 비행을 마치고 1945년 21살 생일에 전역하였다.

제2차 세계대전 당시 어머니는 뉴욕시의 '리게트 앤드 메이어스 담배회사'(Liggett & Myers Tobacco Company) 공장에서 일하면서 집안을 도왔다. 어머니의 일은 해외의 미군들에게 무료로 담배상자들을 보내는 것이었다.

이 이야기는 지금은 돌아가신 부모님이 살아 계실 때의 이야기이고, 부모님의 형제자매들과 그 세대의 다른 친척들도 지금은 모두 돌아가셨다. 필자는 지금까지 우리 가족의 이야기들을 공식적인 연대기로 기록하지 않았다. 필자는 필자의 형과 사촌들에게 이야기하였고, 우리는 그 이야기들을 기억하고 있다. 그리고 그들의 자녀들도 이 이야기들의 일부를 들어왔다. 하지만, 이 이야기들을 실제로 기록하여 보존할 수 있다면 어떨까? 그렇게 된다면 이 이야기들은 우리 직계 가족들을 넘어 더 넓은 범위까지 영향을 미칠 수 있을 것이다.

필자는 엘러너 루즈벨트와 프랭클린 루즈벨트(Eleanor and Franklin Roosevelt)[5]를 모두 만난 노인들을 알고 있다. 그 중 어떤 이는 제2차 세계대전 당시 '벌지 전투'(the Battle of the Bulge)[6]에 참전하였고, 어떤 이는 인도에서 미국 적십자(the American Red Cross) 봉사활동을 수행하였고, 어떤 이는 나치 점령기 시절에 벨기에(Belgium)에서 살아남았다.

당신도 이야기가 크건 작건 간에 관계없이 어떤 이야기를 가진 가족이나 친구들이 있을 것이다. 이러한 기억들을 보존하는 것은 한 국가, 나아가 전 세계의 구성원으로서 우리의 집단적 역사에서 중요한 의미를 가진다.

---

5) 미국 32대 대통령 프랭클린 루즈벨트와 그의 부인(역자 주)

6) 1944년 12월 16일에 시작해 1945년 1월 27일 종료된 연합국과 독일군의 치열한 전투(네이버 참조, 역자 주)

## 시작하기

만일 당신이 당신의 도서관에서 어떤 프로젝트를 시작하는데 관심이 있다면, 당신은 그 프로젝트에 관심을 가진 사람들이 필요하다. 당신의 도서관에서 당신과 친숙한 학생, 성인, 노인들과 네트워크를 형성하라. 그들은 당신을 학교나 노인회관과 같은 기관/단체와 연결시킬 수 있다. 당신은 이처럼 일반 개인들과 풀뿌리 수준에서 이 일을 할 수도 있다. 하지만, 기관/단체들에 접근하기로 결정하였다면, 이 사람들을 토대로 활용해야 한다. 학생들에게 그들이 다니는 학교가 어디인지를 질문하라. 도서관의 청소년 담당 사서와 함께 일하는 청소년들에 대해 확인해보라. 노인들에게 그들이 속한 집단이 어디인지를 질문하라. 일부 다문화 커뮤니티에서는 통역이 필요한 경우가 있으므로, 통역자로 봉사해줄 사람을 확보하라.

### 제안되는 단계들

- 협력관계를 맺을 노인 관련 단체와 학교 그룹 또는 청소년 클럽을 파악하라. 여기에는 노인회관, 양로원 또는 요양시설, 병원, 공립/사립학교 등이 포함될 수 있다. 그 외에도 지역 역사협회, 대학, 정부기관(마을, 시, 군), 예술가협회, 종교 및 시민단체, 예비군 모임 등도 고려할 수 있다.
- 협력기관의 책임자들을 파악하라.
- 이 프로젝트를 위한 의견을 교환한 후 자발적으로 참여하게 하라.
- 참가자들에게 시작 회의 자리에 오래된 사진이나 좋아하는 사진을 가지고 오게 하라.
- 학교나 청소년 클럽, 노인회관의 책임자들이 참여하도록 하라.
- 당신이 피면담자들의 개인적 이야기들을 기록할 최종 출판물(문서, 음성, 영상, 또는 이들의 결합)을 어떤 형태로 할지를 결정하라.
- 자원과 장비들을 파악하라.
- 집행 가능한 자체 예산과 사용 가능한 외부 기금을 결정하라.
- 면담 일정을 조정하라. 날씨가 좋지 않은 경우를 대비해 다른 일정도 고려하라.
- 결과물 생산 일정을 설정하라. 여분의 시간을 확보하라.
- 인쇄물 또는 영상매체의 제작을 축하하는 뒤풀이 행사를 개최하라.
- 당신이 생산한 인쇄물 또는 영상매체에 대해 목록을 작성하고 소속 도서관에 참고봉사와 대출용 복본을 확보하라.

## 면담 과정

- 면담과정에서 참가자들의 자발적 의사와 열의가 중요하다. 모든 관계자들은 듣고 배우고자 하는 열의가 있어야 한다.
- "…….에 대해 설명해 주십시오." 또는 "……에 대해 저에게 말씀해 주십시오."와 같이 질문하라.
- 한 단어로 된 대답(one-word answer)을 들었다면, 추가적인 다른 질문을 하라.
- 피면담자들에게 압력을 주지 말라. 자신이 원하지 않는 것에 대해 대답하거나 공개할 필요가 없다는 점을 그들에게 알리도록 하라. 면담과정과 관련해서 어떤 것도 참가자들에게 위협으로 느껴져서는 안 된다. 참가자들이 면담을 통해 이야기하는 것이 큰 기여를 하는 것이라고 느낄 수 있도록 도와야 한다. 그들은 살아있는 역사이다.
- 참가자들이 자신들이 말하고자 하는 내용과 관련된 과거의 기념품들을 가지고 오는 것을 권장하라.: 사진, 편지, 문서 또는 야구 글러브, 인형, 아끼는 의복 등과 같은 물건 등.
- 질문에 대답할 때 누군가가 감정적으로 압도될(overwhelmed) 가능성에 대비하라. 그런 사람들에게 자신만의 시간을 가질 수 있도록 허용하라. 필요하다면, 면담을 중단하라. 어떤 주제가 지나치게 감정적이라면, 다른 주제로 옮기도록 하라. 또한 사람들이 당신이 질문한 것을 넘어 자신의 이야기를 전개시키는 것에 대해 편안하게 느낄 수 있도록 하라.

## 간단한 질문들

- 선생님은 어디에서 태어나셨고, 어디에서 자라셨습니까? 어떤 중요한 사건들을 포함해서 선생님의 어린 시절에 대해 이야기해 주십시오. 선생님 가족의 생애에 대해 이야기해주십시오.
- 선생님이 받은 교육은 어떠하였는지 이야기해 주십시오.
- 선생님의 인생에서 중요한 사람(들)과 왜 그 사람(들)이 선생님에게 중요한지에 대해 저희에게 말씀해 주십시오.
- 선생님이 가정의 안과 바깥에서 하시는 일에 대해 말씀해 주십시오.
- 선생님은 가정을 꾸리셨습니까? 여기에 대해 말씀해 주십시오.
- 선생님의 인생에서 중요한 국가적, 국제적 사건들은 어떤 것들이 있었습니까? 이 사건들은 선생님에게 어떤 영향을 미쳤습니까?

- 선생님의 인생에서 오늘날의 선생님을 만드는데 있어, 가장 중요한 시기는 언제입니까? 여기에 대해 설명해 주십시오.
- 과거에 대한 추억으로 가지고 있는 물건이 있다면, 그것은 어떤 것입니까?
- 선생님의 일생에서 선생님이 목격한 사회의 주요한 변화들은 어떤 것들입니까? 그 변화들은 선생님에게 어떤 영향을 미쳤습니까?
- 젊은 시절에는 무엇에 관여하셨습니까? 그리고 중년 시절에는 무엇에 관여하셨습니까?
- 현재 어떤 종류의 활동에 참여하고 계십니까? 하고 싶은데, 할 수 없는 무언가가 있는지요? 하고자 노력하는 무언가가 있습니까?
- 선생님이 성장할 때와 선생님의 자녀들이 성장할 때 또는 선생님의 손자녀들이 성장할 때 각각의 차이점들이 있는지요? 차이점들이 있다면, 긍정적입니까? 부정적입니까? 또는 양쪽 모두입니까? 여기에 대해 말씀해 주십시오.
- 선생님이 성장하던 시절에 관해 오늘날의 자녀들에게 어떤 말씀을 하고 싶습니까?
- 오늘날 사회에 대해 어떤 것이 선생님의 마음에 드십니까? 그리고 어떤 것이 마음에 들지 않습니까?
- 지금 젊은 사람으로 돌아간다면 어떤 기분일까요? 오늘날의 젊은 세대에게 하고 싶은 조언은 무엇입니까?

## 프로젝트 노트들

우리들이 베이사이드 프로젝트를 진행했을 때, 우스운 이야기 하나가 나왔다. 이탈리아계 미국인 플로라(Flora)는 자신을 면담하는 학생들에게 자신은 1930년대 뉴욕에서 라디오와 함께 자랐지만, TV는 없었다고 이야기하였다. 학생들은 이를 플로라의 부모님이 TV를 구입할 경제적 능력이 없다고 해석했고, 그렇게 기술하였다. 학생들은 1940년대 후반 제2차 세계대전 직후까지 판매용 TV가 존재하지 않았다는 것을 몰랐던 것이다. 이 프로젝트 담당자들의 모임 이후, 우리들은 학생들이 20세기의 주요 역사적 사건들과 발명들에 대한 연대표(timeline) 예비수업을 받았어야 했음을 깨달았다. 우리가 오존 파크 프로젝트를 진행할 때, 나는 학생 면담자들을 담당하는 교사들과 이 문제에 대해 논의하였다. 사회교과 교사는 학생들이 면담을 수행하는 겨울이 오기 전인 가을에 학생들과 연대표를 검토하였다. 그 교사는 자신이 사용하고 있는 역사 교과서의 연대표를 나에게 보여주었고, 나에게 필요하다면 복사하라고 교과서를 빌려주었다. 나는 20세기에 대한 개괄적 검토가 학생들이 오존 파크 프로젝트의 면담을 준비하는데 도움이 될 것이라고 생각하였다. 결과적으로 우리는 앞에서 언급했던 TV 사례와 같은 놀라운 사태는 벌어지지 않았다.

나는 오존 파크 프로젝트와 관련된 후속 행사에 대해 언급하고자 한다.: 우리는 2009년 6월 오존 파크 노인회관에서 영상 시사를 진행하였다. 그 다음 학년도에는 로버트 고다드 고등학교(Robert H. Goddard High School)에서 전교생을 대상으로 30분짜리 비디오/DVD를 상영하였다. 이 프로젝트에서 면담에 참여한 4명의 여성들은 상영 후 질의응답 시간을 위해 그날 자리에 함께 하였다. 이 아이디어는 이 영상물의 제작을 감독한 이 고등학교의 미디어 및 커뮤니케이션 예술 교사인 자넷 패쉬(Janet Fash)로부터 나왔다. 그녀는 전교생이 영상물을 보고 노인 참가자들과 상호작용할 수 있는 기회를 가진다면, 더 좋을 것이라고 생각했다. 이후 영상 촬영을 담당했던 한 학생에게 프로젝트에 참여한 소감에 대해 말할 기회가 주어졌다. 그리고 전교생이 피면담자 여성 노인들의 어린 시절 사진을 보고 난 직후 지금은 70대 후반과 80대가 된 이 노인들을 직접 만나면서 또 다른 감동이 만들어졌다.

그리고 퀸즈 도서관의 기록물 디지털화 작업의 책임자인 존 히슬롭(John Hyslop)은 도서관 소장자료 중에서 디지털로 변환시킨 역사적인 사진과 지도들을 활용해 오존 파크의 역사에 관한 프리젠테이션을 실시하였다. 나는 그 사진들 중 일부를 면담 기록의 출판물에 활용하였고, 영상물에 활용할 수 있도록 자넷 패쉬에게 제공하였다. 그 덕분에 지역사회의 역사 전반에 걸친 훨씬 더 많은 사진들을 볼 수 있게 되었다.

나는 디지털로 변환된 베이사이드와 오존 파크 지역의 역사적 사진들로 구축된 데이터베이스를 검색하는 것을 굉장히 즐겼다. 1905년 눈오는 겨울날, 기차역을 출발해 동쪽으로 향하는 '롱 아일랜드 철도'(Long Island Railroad)의 한 기차를 찍은 사진은 아주 농촌같은 장면이었다. 피면담자들이 1949년 2월에 찍은 베이사이드의 35번가와 '벨 대로'(Bell Boulevard)의 남서쪽 모퉁이 사진에는 나무가 늘어선 거리와 가게 위에 커다란 코카콜라 간판을 단 작은 모퉁이 가게가 보였다. 오늘날 그 나무들은 사라져버렸고, 모퉁이에는 '던킨 도너츠'(Dunkin' Donuts) 매장을 가진 '걸프'(Gulf) 주유소가 들어서있다.

그 시대의 오존 파크 사진들을 데이터베이스에서 살펴보면서, 나는 우연히 1910년 세인트 메리 게이트 오브 헤븐 초등학교의 행진 음악단(marching band) 사진을 발견했다. 사진 속에는 모두 남자인 단원들이 유니폼을 맞춰 입고, 학교 이름이 적힌 커다란 큰 북을 정면에 두고 양쪽으로 도열해 있었다. 나는 말과 마부가 있는 1916년의 우유 배달 마차 사진을 보았다. 그 마차 측면에는 "수로 농장"(Aqueduct Farms)이라는 글귀가 있었다. 수십 년이 지난 후 '수로'라는 이름은 경마를 위한 경주로(Raceway)로 변경되었다. 오늘날 그 자리에는 카지노가 들어서 있다. 나는 이전에 첨탑이 있었던 20세기 초의 세인트 메리 게이트 오브 헤븐 성당의 사진과 같은 시기에 비포장도로였던 오존 파크 지역의 브로드웨이(Broadway) 사진도 보았다.

필자가 발굴한 모든 보물들이 여기에 있다. 필자는 당신이 속한 지역사회에도 이와 비슷한 보석들이 발굴되기를 기다리고 있다고 확신한다. 필자는 당신이 이 여정을 출발하기를 권한다. 사진 등의 자료는 면담한 사람들의 입을 통해 당신이 발견할 살아 있는 역사를 보완해 줄 것이다.

필자는 'PBS' 방송국의 찰리 로즈(Charlie Rose)와 인터뷰를 했던 지금은 고인이 된 아일랜드계 작가 프랭크 맥코트(Frank McCourt)를 기억한다. 호평받은 회고록 '안젤라의 재'(*Angela's Ashes*)를 쓴 이 작가는 로즈에게 모든 사람은 하나의 이야기라고 말했다. 우리는 구술사를 통해 사람들이 자신의 이야기를 말하는 것을 도울 수 있다.

# 참고자료

## 문헌

Best, L. 2007. *Genealogy for the First Time: Research Your Family History*. New York: Sterling.

Donald, R. 2003. *Doing Oral History: A Practical Guide*. New York: Oxford University Press.

Frommer, H. 2008. *Remembering Yankee Stadium: An Oral and Narrative History of the House That Ruth Built*. New York: Abrams.

Larson, M. C., ed. 2008. *Heros among Us: Firsthand Accounts of Combat from America's Most Decorated Warriors in Iraq and Afghanistan*. New York: New American Library.

Queens Library, Ozone Park Senior Center, St. Mary Gate of Heaven School, and Robert H. Goddard High School of Communications, Ozone Park, New York. 2009. *Ozone Park Oral History Project*. New York: Queens Library.

Sommer, B. W., and M. K. Quinlan. 2009. *The Oral History Manual*. 2nd ed. Lanham,

MD: AltaMira Press.

Williams, H. R., ed. 2004. *Weren't No Good Times: Personal Accounts of Slavery in Alabama.* Winston-Salem, NC: John F. Blair.

## 조직

The American Memory Historical Collections from the Library of Congress

The Institute for Oral History at Baylor University, Waco, Texas

The Oral History Association

Smithsonian Center for Folklife and Cultural Heritage

The Southern Oral History Program of the University of North Carolina, Chapel Hill

StoryCorps (stories archived at the Library of Congress and broadcast weekly on National Public Radio)

The University of Santa Cruz, California, Library

The Veterans History Project of the American Folklife Center of the Library of Congress

# 국가 보건 사업 진행과정에서 다문화 이용자들에게 도서관 정보자원을 권장하는 교육자로서의 사서

라벤트라 단과, 웬디 우

## 국제 컨퍼런스에서의 국립의학도서관 정보자원 교육을 위한 보건 전문가들과의 협력

국립의학도서관(the National Library of Medicine, 이하 NLM)의 핵심적 활동은 세계적 차원에서 보건 리터러시(health literacy)를 증진시키고, 보건 관리 결과(health outcome)를 향상시키며, 보건 불평등(health disparity)을 완화시킬 수 있는 신뢰성 있는 정보 서비스를 제공하는 것이다(National Library of Medicine 2006). 더욱 정확히 말하면, "보건 리터러시는 개인들이 적절한 보건 관련 의사결정을 내리기 위해 필요한 기본적 보건 정보와 보건 서비스들을 획득하고, 처리하며, 이해할 수 있는 정도를 말한다. 하지만, 보건 리터러시는 개인 차원을 넘어선다. 보건 리터러시는 보건 정보 및 보건 의료 제공자(health care provider)들의 능력, 선호, 기대에 의해서도 크게 좌우된다."(Nielsen-Bohlman, Panzer and Kindig 2004). 이와 비슷하게, '*Healthy People 2020*'는 보건 불평등을 "사회적, 경제적, 그리고 환경적 불이익과 긴밀하게 연결된 특정한 형태의 보건 차이(health difference)"라고 정의하면서, "보건 불평등은 다시 역으로 자신이 속한 인종 또는 민족 집단에 기초하여 보건에 대한 더 큰 장애물들을 구조적으로 경험하는 사람들에게 영향을 미친다."고 밝히고 있다(United States Department of Health and Human Services 2012).

여러 해 동안 사서들은 도서관 이용을 장려하고 정보자원에 대한 접근을 증진시키고자 보건의료 제공자들과 지역사회 이용자들과 부가가치적인 협력관계를 만들어왔다. 인터넷과 구글이 환자-의료진간의 역학관계를 변화시켜온 것과 같이, 사서들은 임상적 의사결정(clinical decision)을 위해 오로지 구글만을 이용하는 것이 가지는 한계에 대해 보건의료 제공자들을 교육시키고, 수많은 웹사이트들 속에서 신뢰성 있는 보건 정보를 찾는 방법에 대해 소비자들을 교육시키는 과정에서 계속 중요한 역할을 수행하고 있다(Giustini 2005; Waksman 2012). 여러 국가적 보건 사업들에 효과적으로 참여하기 위해, 사서들은 (1) 보건의료 제공자들과 소비자들에게 도처에 존재하는(ubiquitous) 보건 정보원에 대한 인식을 증진시키고 (2) 국내외의 소외된 계층을 위한 소비자 중심적 프로그램들을 진행하고 (3) 소수자 계층들이 경험하는 보건 불평등을 완화하기 위한 다양한 접근방법들을 모색해야 한다. 이 글에서는 NLM의 보건 정보원에 대한 이용을 증진시키고 보건의료 제공자들과 소비자들의 도서관 이용을 권장하기 위해 활용되었던 두 가지의 독특한 경험에 대해 기술하고자 한다. 그 중 하나는 보건의료 전문가들을 위한 국제적 컨퍼런스에 참여하여 보건정보 연구 관련 교육훈련과 지원 활동을 수행한 엄선된 사서들에 대한 내용이다. 다른 하나는 다문화 보건의료 소비자들을 위한 웹사이트 개발과 강의식 강좌들을 준비하는 내용이다.

NLM의 웹 포털은 선진 생의학 연구, 교육훈련, 그리고 글로벌 보건 사업을 지원하는 풍부하고 엄선된 보건 정보들을 제공한다. 이 웹 포털의 플랫폼은 생의학 문헌, 분자생물학 검색 도구, 의학 용어, 약품과 질병에 대한 정보, 임상 실험, 환경 보건과 독성학, 보건 서비스, 공공보건, 전자책, 기타 등에 대한 접근을 제공한다. NLM의 소비자 보건 웹사이트인 'MedlinePlus'는 보건과 건강관리, 건강상태와 질병, 약품과 보조식품, 상호작용적 온라인 자습 프로그램 속에 포함된 치료 및 수술 절차, 수술과 해부 동영상 등에 대한 광범한 정보를 포함하고 있으며, 환자들은 이러한 정보를 다국어로 볼 수 있다. 'Tox Town'[7]과 같은 상호작용적 정보원을 통해, 소비자들은 가정용품들에 포함되어 있는 잠재적으로 독성을 가진 화학약품들에 관한 정보와 대부분의 거주지역과 산업지역에 존재하는 다양한 환경적 보건 관심사 또는 위기들에 대한 정보를 찾을 수 있다.

알려진 바에 의하면, 연구와 환자보호에 관한 정보를 찾기 위해 보건의료 전문가들은 정말로 'PubMed' (http://www.ncbi.nlm.nih.gov/pubmed)의 기본 검색 기능만을 사용한다고 한다. 이와 같은 일화적 증거는 이 바쁜 전문가들이 (1) 소비자 보건 포털, 전문 데이터베이스들, 새롭게 개발된 검색 도구들과 같은 NLM의 다양한 정보원들과 (2) 확장된 검색결과 리스트

7) NLM이 제작한 일상에서 접촉하게 되는 독성물질과 환경, 보건에 관한 상호작용적 웹사이트(역자 주)

속에서 임상적 의사결정 지원 정보를 찾아내는 가장 효율적인 방법에 대해 모를 수 있다는 것을 의미한다.

'국가 의학도서관 네트워크 광역 중서부 지부'(National Network of Libraries of Medicine Greater Midwest Region, 이하 GMR)는 북미방사선학회(Radiological Society of North America, 이하 RSNA) 연례 컨퍼런스에 NLM의 보건 정보원들을 홍보하기 위해 다른 사서들과 함께 우리 저자들 중 한 명을 선발하였다. RSNA 컨퍼런스는 북미 최대의 의학 관련 국제회의로, 약 6만 명의 보건의료 전문가와 관련 판매업체 서비스 제공자들이 참석한다. 이 컨퍼런스는 사서들이 자신들의 전문성을 활용하여 국가적 보건 사업의 진척을 지원할 수 있는 좋은 기회이다. 한 주 동안 사서들은 GMR의 '정보과학 부스'(Informatics Booth)를 운영하였다. 사서들은 간단한 대화와 시연, 상호작용에 기반한 재교육(continuing education) 수업들을 계획하고 진행하였다. 더 자세히 말하면, 보건의료 전문가들은 'PubMed'의 고급 기능과 신규 기능들, 효과적인 검색 전략 수립 방법, 학술적 인용 관리 기법 등에 대해 교육을 받았다.

작년에 개최된 컨퍼런스 데이터에 따르면, 외국에서 온 참가자들은 교육 수업 동안 의사소통과 언어 장벽을 경험하였기에 새로운 정보 검색 기법에 대한 실습에 소극적으로 참여하는 것으로 나타났다. 그 결과를 토대로, 이중 언어 능력을 갖춘 사서들이 기회가 있을 때마다 외국에서 온 참가자들과 그들의 모국어로 적극 대화를 시도하였다. 사서들은 수업 참가자들에게 추가적인 질문이나 개인적인 상담이 필요하다면, 부스를 방문할 것을 권하였다. 사서들은 NLM의 기초적 정보를 참가자들의 모국어(예: 중국어)로 번역함과 아울러 의사소통이나 시연과정에서 천천히 진행하도록 유의하였다. 이중 언어를 구사하는 사서들은 이 행사동안 가치있는 서비스를 제공하였다.

컨퍼런스에 대한 평가에 의하면, 참가자들은 효율적인 검색 전략들에 대해 배웠고, 자신들의 연구와 임상적 의사결정 노력을 도와줄 새로운 검색 도구들과 향상된 기능들을 알게 되었다. 평가 자료에 따르면, 여러 번의 시연과 수업은 환자 치료 정보와 학술 연구를 파악하는데 적절하였다고 한다. 참가자들은 컨퍼런스에서 그들이 배운 새로운 검색 도구와 기능들을 바탕으로 자신의 보건정보 추구 전략을 변경할 계획이라고 밝혔다. 또한 여러 참가자들은 차후에도 워크숍을 실시할 것을 건의하였고, 동료들에게 NLM 보건정보 재교육 수업과 서비스를 기꺼이 추천할 의사가 있다고 밝혔다.

## 다문화 이용자들의 보건 불평등 완화를 위한 도서관 프로젝트

다문화 이용자들이 경험하는 보건 불평등의 해소는 지속적으로 주요 보건 관심사가 되고 있는데, '전국 주의회 컨퍼런스'(National Conference of State Legislatures 2012) 웹사이트에는 다음과 같이 기술되어 있다.

> 인종적, 민족적, 그리고 사회경제적인 보건 불평등을 발생시키는 많은 요인들이 있는데, 여기에는 보호에 대한 부적절한 접근, 질이 낮은 보호, 지역사회의 특성들(빈곤, 폭력 등), 그리고 개인적 행태 등이 포함된다. 이러한 요인들은 대체로 소외된 인종적, 민족적 소수자 집단, 경제적 곤궁을 경험하고 있는 개인, 장애인, 그리고 의료 측면에서 소외된 지역사회에 살고 있는 개인들과 관련되어 있다. 결과적으로, 도시와 농촌 지역에 살고 있는 개인들 모두는 보건 불평등을 경험할 수 있다. 미국 내에서 보건 불평등을 완화시키려는 지속적 노력에도 불구하고, 보건과 보건의료 모두에서 인종적, 민족적 불평등은 계속되고 있다.

소비자 보건 정보를 제공할 책무를 가진 여러 도서관들은 이용자들이 정보에 기반을 둔 보건의료 의사결정을 내릴 수 있도록 지원하는 중추적 역할을 수행할 수 있다. 예를 들면, 웨인주립대학교(Wayne State University) 쉬프만 의학도서관(Shiffman Medical Library)의 '지역사회 보건 정보 서비스'(Community Health Informtion Services, 이하 CHIS)는 지역사회 구성원들에게 다음과 같은 서비스와 프로그램들을 제공하였다.: (1) 맞춤형 소비자 보건 정보 꾸러미 (2) 참고봉사 및 연구지원 서비스 (3) 강의식 도서관 워크숍 (4) '보건에 관한 지역사회 대화'(*Community Conversations on Health*) 시리즈를 통한 주제가 있는 프로그램 및 전시회. 이러한 서비스와 프로그램들을 통해 쉬프만 의학도서관의 주목도(visibility)와 이용자의 도서관 정보자원 이용이 상당히 증가되었다.

다문화 이용자들을 목표대상으로 한 도서관의 특별한 프로젝트는 바로 아프리카계 미국인에 관한 보건 불평등 정보를 전문으로 하는 웹사이트 개발이다. 이 프로젝트의 기본적 목표는 정보에 기반을 둔 보건의료 의사결정을 내리는데 있어, 보건정보가 어떻게 적용될 수 있는지를 입증하는 것이다. 이 웹사이트는 강의식 도서관 워크숍과 서로 보완관계에 있는데, 이 워크숍은 참가자들에게 정보를 찾는 방법과 이용하는 방법을 가르친다. 이 워크숍의 수업들은 협력관계에 있는 한 공공도서관에서도 진행되었는데, 이 공공도서관은 이용자들에게 CHIS의 다른 서비스들에 대해서도 소개하고 있다. 그리고 '아프리카계 미국인 보건 불평등 정보'(*African*

*American Health Disparities Information, http://www.lib.wayne.edu/sites/aah/*)라는 이름의 웹사이트는 아프리카계 미국인들에게 영향을 미치는 주요한 보건 불평등에 대해 주목하고 있다. 이 웹사이트의 내용은 건강한 생활방식으로의 개조를 강조하는 정보를 포함하고 있다. CHIS(http://www.lib.wayne.edu/sites/chis/)는 다문화 이용자들을 위해 맞춤형 프로그램과 보건 정보 서비스들을 제공하는 모범적인 지역사회 서비스라고 할 수 있다.

## 결론

'*The 2011 Horizon Report*'는 다음과 같은 말로 기술이 전문직의 역동성을 어떻게 계속 변화시키고 있는지를 정확히 담아내고 있다.: "인터넷을 통해 쉽게 접근할 수 있는 자원(resources)과 관계(relationships)의 풍부함은 이해 형성(sense-making), 지도(coaching), 자격 취득(credentialing) 등에 있어 교육자로서의 우리의 역할을 다시 돌아볼 것을 요구하고 있다."(Johnson et al. 2011, 3) 사서들이 다문화 이용자들을 목표대상으로 한 여러 봉사 관련 사업에 참여할 수 있는 기회는 풍부하다. 이 글에서 제시된 간단한 사례들은 다문화 이용자들이 도서관의 정보자원과 서비스를 더 많이 이용하도록 만들기 위해 사용된 방법들이다. 이러한 목표 달성을 위해 지역, 광역권, 국가 차원의 파트너들과 협력한다면 도서관의 성공 기회는 더 많아질 것이다. 정보 전문가이자 교육자로서 등장할 준비가 되어 있는 사서들은 이 모델들을 자신들의 활동 과정을 계획하는 근거로 활용할 수 있다. 사서들은 선정된 이용자 집단들을 위해 다음의 서비스 또는 전략들을 어떻게 확장할 것인지 또는 어떻게 맞춤형으로 변경할 것인지를 검토하면서 활동을 시작할 필요가 있다.: (1) 온라인 정보자원의 생산 및 홍보 (2) 전문가 컨퍼런스에서 교육 및 연구지원의 제공 (3) 지역사회 행사에 참여 및 관련 정보자원의 강조 (4) 서비스 제공 과정에서 이용자의 모국어로 의사소통 (5) 최종적으로 이용자들의 요구를 충족하기 위해 사서직 내/외부에서 활용된 모범 사례에 대한 학습 및 이용자들의 행태(학습, 업무, 여가 등)에 관한 사서들의 지식 확장

# 참고문헌


Giustini, Dean. 2005. "How Google Is Changing Medicine." *British Medical Journal* 331 (7531): 1487–88.

Johnson, L., R. Smith, H. Willis, A. Levine, and K. Haywood. 2011. *The 2011 Horizon Report.* Austin, TX: New Media Consortium.

National Conference of State Legislatures. 2012. *Disparities in Health.* http://www.ncsl.org/issues-research/health/health-disparities-overview.aspx (accessed March 15, 2012).

National Library of Medicine (NLM). 2006. *Charting a Course for the 21st Century — NLM's Long Range Plan 2006-2016.* http://www.nlm.nih.gov/pubs/plan/lrp06/report/default.html (accessed March 12, 2012).

Nielsen-Bohlman, Lynn, Allison M. Panzer, and David A. Kindig, eds. 2004. *Health Literacy: A Prescription to End Confusion.* Washington, DC: National Academies Press.

United States Department of Health and Human Services. 2012. *Healthy People 2020.* http://healthypeople.gov/2020 (accessed March 15, 2012).

Waksman, Ron. 2012. "Google Medicine." *Cardiovascular Revascularization Medicine* 13(1): 1–2.

# 프로그램, 안내표지, 그리고 부엌의 싱크

## 다문화 이용자들을 학교도서관으로 불러 모으기

크리스 보먼, 레베카 마컴 파커

학교도서관으로 다문화 이용자를 불러 모으는 것은 어려운 과제가 될 수 있다. - 언어적, 문화적, 교육적 차이 등은 잠재적 이용자들과 도서관 직원 모두에게 난관이 될 수 있다. 다문화 이용자들을 불러 모으는데 있어 제일 중요한 것은 신뢰(trust)와 관계(relationship)이다. 이용자들은 환대받는 느낌을 받아야 하고, 질문하는데 불편함이 없어야 하고, 소속감을 느낄 수 있어야 한다. 관습, 관례, 언어, 신중한 의사소통 기법(통역자를 통해 의사소통을 할 경우, 비영어 사용자와 계속해서 시선을 마주치는 것과 같은) 등의 직원 능력 개발에 최선을 다한다면, 당신이 다가서고자 하는 커뮤니티는 당신의 도서관을 작업하고 책을 읽고 여가를 즐기기에 훌륭한 장소라고 생각하게 될 것이다.

좋은 안내표지는 도서관을 처음 방문하는 이용자들이 도서관 안으로 편하게 들어올 수 있게 만들며, 질문하기 꺼려하는 이용자들에게도 도움을 준다. 목표 대상인 문화권의 사람들이 참여하고 그들이 좋아하는 프로그램은 이용자들을 불러 모을 것이고, 그들이 도서관 이용자가 되는 것에 대해 당신의 도서관이 많은 관심을 가지고 있음을 보여줄 것이다. 다문화 이용자들에게 봉사하는데 적합한 프로그램들과 신중하게 제작된 안내표지는 도서관에 들어올 용기가 부족한 사람들을 도서관으로 불러 모을 수 있다. 두 가지 모두는 이용자들에게 도서관이 그들의 요구와 관심을 중요하게 고려한다는 것을 입증하며, 그로 인해 그 이용자들의 도서관 이용은 증진될 것이다.

## 훌륭한 관계의 시작

다문화 이용자들에 대한 우리의 경험은 15년 전 라틴계 인구가 65% 이상인 한 학교 도서관에서 시작되었다. 우리 학교의 학생 대부분은 저소득 가정 출신이었다. 우리 학교는 재건축되었는데, 이는 직원들과 학생들에게 새로운 경험이었다. 우리는 우리의 길을 찾았다. 재건축한 지 3년도 되지 않아 우리는 우리 학교 공동체가 이뤄낸 성공 덕분에 '미주리 주(州) 골드스타상'(Missouri's Gold Star Award)을 수상하였다.

중요한 첫 번째 단계는 라틴계 부모와 학생들에게 지원을 요청하는 것이고, 또한 그들에게 봉사를 제공하고 있는 다른 단체들과 협력하는 것이었다. 이 학생, 부모, 단체들은 위원회를 결성하고 다른 사람들에게 도움을 요청하기를 원했다. 우리들은 초기 프로그램에 대한 브레인스토밍을 실시하였고, 그들에게 우리의 생각에 대한 의견제시를 요청하였다. 우리의 가장 가치 있는 협력관계는 우리 학교에 투자를 아끼지 않은 한 열정적인 학부모 자원봉사자와 연결된 것이다. 그녀의 열정은 전염성이 강했다! 그녀는 다른 학부모들에게 우리의 프로그램을 홍보하는데 탁월하였다. - 책임자인 그녀에게 자원봉사자 발굴은 쉬운 일이었다. 이러한 초기 모임을 통해 우리는 지역사회에서 오랫동안 사용된 별 문제없는 영어 용어인 '히스패닉'(*Hispanic*)이라는 용어의 사용도 바로잡았다. 대신에 이 위원회는 동일한 뜻을 가진 스페인어 용어인 '라틴계'(*Latino*)라는 말을 선호하였는데, 이 용어는 우리 지역의 라틴계 커뮤니티에서 훨씬 더 잘 받아들여졌다.[8)]

우리들이 해결했어야 하는 초기의 문제 중 하나는 우리 학부모들 사이에 차이점이 많다는 것이었다. 스페인어를 사용한다는 공통점은 있지만, 우리 학생들은 멕시코, 중앙아메리카, 남아메리카 출신들이다. 우리는 국가 사이에 많은 차이가 존재한다는 사실을 이해해야 했다. 같은 영어를 사용한다는 이유로 미국인과 영국인을 같은 문화적 범주로 묶을 수 있는가? 다음으로, 우리는 통역에 도움을 줄 사람을 확보하였다. 좋은 통역자라면 서로 다른 라틴 국가들의 용어 차이에 친숙해야 하고, 일반적으로 사용되는 용어들이 올바르지 않을 수 있다는 것을 알아야 한다. 스페인어로 '*Librería*'는 우리 학부모들이 도서관을 의미하는 말로 자주 사용했지만, 우리는 이 용어가 원래는 "서점"(bookstore)을 의미하는 단어라는 것을 알게 되었다. 우리의 훌륭한 통역자가 도서관의 정확한 스페인어 용어는 '*biblioteca*'라고 말해준 덕분에, 우리 모두는 이 용어를 배워서 사용할 수 있게 되었다.

---

8) 그 외에도 히스패닉은 식민지 종주국 스페인을 의미하는 Hispania에서 유래했기에 본인 또는 그 선조가 중남미 출신자임을 의미하는 라티노를 선호하는 것으로 보인다.(역자 주)

## 다중 언어 의사소통은 결정적이다.

위원회 구성원들과 직원들은 모든 도서관 문서들을 영어와 스페인어로 인쇄하여 배포하는 것이 매우 중요하다고 의견을 모았다. 우리는 '도서관 서약서'(library contract)부터 시작하였다. 한 면은 영어(표 28.1)로, 다른 면은 스페인어로 작성되어 있다. 우리 학교의 통역자는 스페인어 번역을 담당해주었고, 우리는 이중 언어 구사가 가능한 학부모들에게서 검증을 받았다. 이 학부모들은 검증 과정에서 내용의 추가, 삭제, 수정 작업을 도와주었다.

학부모와 직원들은 우리 도서관 서약서의 내용에 행동에 대한 기대와 도서관의 도서 관리지침이 결합되는 것을 선호하였다. 우리는 우리가 기대하는 바가 무엇인지를 학생들이 기억할 수 있도록 커다란 광고문들을 게시하였고, 이는 도서관에서의 훈육 문제발생 건수를 거의 없앨 정도로 도움이 되었다. 이중 언어가 가능한 학부모와 학생들, 그리고 스페인어를 사용하는 학부모와 학생들은 도서관 서약서의 스페인어 번역에 대해 고마워했고, 학생들은 그들의 부

〈표 28.1〉 도서관 서약(영어)

**교실(Room):** ________

도서관 서약서

나는 도서관에서:

- 내 이야기를 들을 필요가 있는 사람에게만 말하겠다.
- 지시사항을 잘 듣고 따르겠다.
- 다른 사람들을 존중하겠다.
- 모든 도서관 자료, 가구, 장비를 아끼겠다.

나는 학교도서관의 책을 이용하면서:

- 책을 주의 깊게 다루어 다른 사람들도 책을 즐길 수 있도록 하겠다.
- 내가 발견한 어떤 책이라도, 그것이 내가 빌린 것이 아니더라도 반납하겠다.
- 도서관의 도서에 대해 책임감을 가지겠다.

나는 나에게 기대하는 바를 이해하며, 내 행동에 대한 결과에 책임진다.

________________________________, 학생

나는 나의 자녀가 이 서약을 지키도록 도울 것이며, 연체도서가 있는지 물어볼 것이며, 도서를 분실하였다면 변상할 것이다.

________________________________, 부모

모가 영어 면을 읽고 서명할 수 있다는 것을 매년 나에게 자랑스럽게 말하였다. 이중 언어 문서의 배포는 이제 우리 학교의 표준이 되었다. 학부모와 학생들은 모든 사람이 읽을 수 있도록 정보를 쉽게 제공해준 것에 대해 감사하게 생각하였다.

## 개선된 안내표시

우리는 도서관의 영어 안내표지들을 검토하였고, 위원회에 다른 안내표지를 추가할 것이 있는지 문의하였다. 우리는 영어 안내표지 몇 개를 추가하고 나서, 스페인어로 번역한 후 새 스페인어 안내표지를 게시하였다. 우리는 모든 안내표지에 대해 변색되지 않는 도화지를 사용하였고 코팅(laminating)하였다. - 이는 매우 효과적이고 저렴하였다. 처음에 우리는 문자와 숫자를 잘라내어 활용하였지만, '마이크로소프트 워드'(Microsoft Word)를 쓰면 안내표지가 더 빠르게 만들 수 있고, 다양한 글씨체와 크기를 활용할 수 있다는 것을 알게 되었다. 우리는 도서관 자료의 주제와 유형마다 색상을 다르게 선택하였다. 예를 들면, 비소설 안내표지는 파란색, 소설은 노란색, 참고자료는 빨간색, 잡지는 보라색, 쉬우면서 모든 사람이 읽을 수 있는(easy/everyone) 소설은 초록색이다. 우리는 이용자들이 원하는 자료를 쉽게 찾을 수 있도록 도서관 내 여러 곳(출입구, 대출 데스크, 폭이 넓은 서가 통로 등)에 색상표를 부착하였다.

## 매력적인 도서관 분위기

우리 도서관을 이용자를 환영하는 따뜻한 분위기로 만드는 것 또한 중요한 문제였다. 우리 도서관은 원래 황량하였고, 다른 좌석이나 방석은 제공되지 않았다. 우리는 게시판에 색을 칠하기 위해 게시판을 뒤로 빼두었고, 칙칙한 부분을 알록달록한 포장지로 감쌌다. 우리는 방석, '빈백'(beanbags),[9] 전등, 장식 물품 등을 구하기 위해 중고품 차고 세일(garage sales), 중고품 판매장, 일반 가게들을 샅샅이 돌아다녔다. 우리는 특히 우리 학생들의 출신국가에서 들어온 장식품들을 찾았다. 우리들은 부끄러움 없이 자료 기증을 요청하였으며, 기증자에게는 공개적으로 감사를 표시하였다. 우리는 동일한 이용자들을 대상으로 봉사하고 있는 단체들에게 우리가 사용하지 않는 것들을 기증하면서, 그들이 사용하지 않는 것들을 기증하도록 요청하였

---

9) 커다란 부대 같은 천안에 작은 플라스틱 조각 등을 채워 의자처럼 쓰는 것(네이버 참조, 역자 주)

다. 학생들과 학부모들은 우리 도서관의 새로운 따뜻한 분위기를 사랑하였고, 그 때문에 우리들은 업무시간 내내 분주할 수밖에 없었다. 우리는 음악 교과과정을 지원하기 위해 클래식 음악을 재생하기 시작했는데, 그 이후 스페인어 사용 국가의 전통음악도 추가하였다.

## 관계 형성하기

당시 우리는 학생과 그 가족들을 위해 '칠리 도그'(chili dog)[10]를 제공하는 독서 행사(Read-In)를 개최하면서 한 해를 시작하기로 하였다. 하지만, 안타깝게도 관련 업무 일정이 계획보다 꽤 늦어져서 통지문이 마감 예정일까지 제작되지 못하였다. 우리 통역자가 아픈 바람에 통지문 제작에 도움도 받지 못했다. 하는 수 없이, 우리는 한 학기동안 들었던 스페인어 수업에서 얻은 지식과 무료 번역 웹사이트에 의지하여 어떻게든 해결해보려고 애를 썼다. 통지문이 발송된 다음날 아침, 재미있어 하는 학부모들의 "꾸짖음"(barking)을 통해, 우리는 우리가 뭔가를 잘못 번역했을 수 있다고 생각하였다. 실제로 그랬다. "칠리 도그"(chili dog)에 대한 우리의 스페인어 번역은 칠리 스튜를 몸에 바른 실제 짖는 개를 의미하였다. 재미있어 하는 학생들은 장난삼아 길 잃은 애완동물에 대해 질문하기 시작했다. 다행히도 학부모와 학생들은 우리의 실수를 정말로 재미있어 했고, 이로 인해 우리들 사이에는 강한 동지애(camaraderie)가 만들어졌다. 비록 우리의 번역은 엉망이었지만, 우리의 노력은 긍정적 인상을 남겼다. 그 실수는 권할 것이 못되지만, 우리들과 학부모들 사이에 정말로 강력한 관계를 형성하는데 도움을 주었다. 그리고 아무도 칠리 도그가 제공되는 독서 행사를 잊지 않았다. - 오히려 우리를 보고 짖을 수 있는 또 다른 기회였다. 15년 이상 지난 후에 우리는 우리 뒤에서 짖는 소리를 듣게 될 것이고, 돌아보면 예전에 학생이었거나 학부모였던 사람의 웃는 얼굴을 보게 될 것이다.

10) 빵과 소시지 사이에 칠리 콘 카르네(Chili Con Carne)를 끼워 넣은 핫도그를 말한다. 칠리 콘 카르네는 스튜의 일종으로 칠리고추, 고기, 강낭콩 등이 재료로 사용된다.(네이버 참조, 역자 주)

## 우리 프로그램의 성장

우리는 우리 학생과 학부모의 역량을 보여줄 프로그램들과 문화적 전통, 이야기, 역사에 관해 가르쳐주는 프로그램들에 대한 브레인스토밍을 실시하였다. 우리는 "In the Pink"라는 제목의 도서관 소식지 발간을 시작하였다(이 이름을 정한 이유는 우리 도서관이 분홍색이었고, 그 외에 학생들에게 영어 숙어[11]를 가르칠 좋은 방법이기도 했다.). 이 소식지는 항상 영어와 스페인어 등 이중 언어로 발행되었고, 도서관 소식 외에 어린이가 있는 가정을 위한 독서 정보도 제공하였다. 학생들은 집으로 가면서 도서관에 여러 소식들을 제공하기 시작했고, 그로 인해 자신의 이름이 알려지는 것도 좋아했다(도서관에서 채택한 모든 제안은 항상 제안자의 이름과 함께 공개적으로 소개되었다.). 우리의 독서 친구들(reading buddies)은 자신의 독서 내용과 독서 과정에 대한 소식을 전해주었다. 우리는 공공도서관과 협력하여 그 도서관의 프로그램 정보를 우리 소식지에 게재하였다. 우리는 소식지에 도서관의 신간도서 정보를 포함시켜 모든 사람들에게 신간도서에 대해 알게 하였다.

도서관 안내표지는 학교 안내표지의 변화로 이어졌고, 학부모들은 아주 긍정적인 반응을 보내주었다. 우리는 모든 학교 모임에서 통역자들이 준비되어 있다고 학부모들에게 적극적으로 홍보하였고, 학교 모임을 계획하고 운영하는 학부모 직원들을 채용하였다. 우리는 시작단계에서부터 통역과 질의응답을 포함한다면 모임시간이 2배 이상의 시간이 소요될 수 있으며, 따라서 가장 중요한 안건들만 모임에서 다루어져야 한다는 것을 깨닫게 되었다. 4시간 이상 걸리는 모임은 학부모들의 진을 빠지게 할 수 있기 때문에 우리는 논의 주제를 줄였고, 모든 사람들이 이 변화에 대해 고마워하였다. 첫 모임에서는 우리가 기대했던 것만큼 많은 사람들이 참석하지는 않았다. 학부모들을 대상으로 그 이유를 조사했더니, 많은 사람들이 아이를 맡길 형편이 되지 않아 일부는 참석하고 싶어도 그렇게 하지 못했다는 것을 알게 되었다. 그래서 모임 참가를 돕고자 아이 돌봄 서비스를 제공하였더니 참석자가 크게 증가하였고, 그 덕분에 아이 돌봄 서비스는 학부모 모임의 영원한 일부분이 되었다. 음식 제공은 학부모들을 참석하게 만드는 훌륭한 방법이었으며, 식사시간 동안 격식 없이 대화하는 과정에서 우리는 몇 차례 최고의 토론을 경험하기도 했다.

---

11) 숙어로 "건강이 좋은"이라는 뜻을 의미한다.(역자 주)

## 직원 개발은 모든 사람에게 이롭다.

직원으로서, 우리들은 고객들을 더 잘 이해할 수 있도록 직원 개발 방안을 계속 모색하였다. 학부모들은 우리를 위해 자기들의 특산물을 요리하고 싶어 하였다. 우리는 이 둘을 결합시켜, 저녁을 먹으면서 고객들의 문화적 신념과 관점들에 대해 이야기를 들을 수 있는 기회를 만들었다. 눈으로는 진수성찬을 바라보면서, 귀로는 한 고상한 손님이 모든 일에 대해 다 참견하며 말하는 것을 듣느라 조금은 질렸지만, 나는 정보와 맛있는 음식을 제공하기 위해 많은 시간을 들인 이 학부모들에게 최고의 경의를 표하기 위해 앞으로 무엇을 해야 할지를 알 수 있어서 매우 기뻤다. 그것은 바로 행사 이틀 전부터 적게 먹어야 한다는 것이었다!

비록 지역의 커뮤니티 칼리지에서 한 학기동안 들은 스페인어 수업이 도움이 되긴 하였지만, 우리는 스페인어에 대해 더 많은 것을 배우고 싶었다. 여러 프로그램들과 그 비용에 대해 조사한 후, 우리는 가장 좋은 스페인어 프로그램들은 너무 비싼 반면에 정작 우리가 필요한 도서관과 학교에서 사용되는 전문 어휘들에 대해서는 충족시키지 못한다는 것을 알게 되었다. 우리 지역은 꽤 큰 지역으로 원어민 강사가 가르치는 스페인어 프로그램들이 여럿 있었기 때문에, 우리는 관심 있는 교사나 사서들에게 비용을 받지 않고 우리의 요구에 맞춘 스페인어 수업을 개설하고자 지역에서 활동하는 원어민 강사들에 대한 강사료 명목의 기금을 요청하였다. 이 수업은 정말 훌륭하였다. 우리는 학부모들과 난처한 상황에서 의논하는 것을 도와주는 표현과 특정 어휘, 그리고 영어를 전혀 할 줄 모르는 신입생들을 돕는 방법들을 배웠다. 그리고 말하기와 쓰기에 대한 이해가 전혀 없는 상태에서 새로운 학교에 들어오는 것이 무엇을 의미하는지를 원어민 강사들로부터 들을 수 있었던 것도 또 다른 장점이었다. 또한 우리는 학생들의 모국의 학교 문화와 학습에 관한 신념은 어떠한지에 대해서도 배울 수 있었다. 이러한 훌륭한 안목으로 인해, 우리는 새로 들어온 학생과 학부모들을 대하는 방법과 우리 도서관의 프로그램과 구조를 다루는 방법을 진정으로 변화시키고 새롭게 만들었다. 우리 강사는 우리와 역할 놀이까지도 함께 진행하였다. 그녀는 어떤 화난 또는 흥분된 부모처럼 빠른 속도로 이야기하였는데, 이는 우리의 스페인어 실력 향상에 도움을 주었다.

## 의사소통 라인을 만들어라.

우리는 라틴계 학부모들이 영어를 배우는데 매우 관심이 있음을 알게 되었고, 우리 학교도서관에서 학부모들에게 영어수업을 실시할 영어 학습 지도의 경험이 있는 외부 그룹들을 찾아내었다. 우리 학부모들은 이 수업을 매우 좋아했다. 비록 많은 학부모들이 교육을 많이 받지 못했지만, 참석한 학부모들은 자신들이 편하게 생각하는 장소에서 진행되는 수업을 듣기 위해 오는 것을 좋아하였다. 이 영어 수업은 모국어가 영어인 학부모 그룹의 흐뭇한 요청으로 이어졌다.: 혹시 스페인어 수업을 해줄 수 있나요? 이 학부모들은 간절히 다른 학부모들과 서로 의사소통하고 싶어 했다. 나는 학교에서의 대화는 영어로 진행되어야 한다고 주장하는 학부모를 결코 본 적이 없었으며, 나는 우리의 모든 학부모들이 어떤 언어로든 서로 의사소통을 하고 싶어 하는 모습을 사랑하였다.

### 비전통적 해결책

그 시점에서 우리는 우리가 달성한 것들을 정리하고, 향후 진행 단계들을 계획하였다. 우리는 학부모위원회와 관심 있는 지역사회 구성원들의 도움이 과거에는 전혀 꿈꾸지 못했던 이상적인 방향으로 우리를 이끌고 있음을 깨닫게 되었다. 두 번째 단계의 시작 지점에서, 우리는 도서관 장서를 재구성하는 것을 고려하였다. 우리는 간단한 이중 언어 도서들을 조금 소장하고 있었지만, 이 도서들로는 봉사할 수 없는 요구들이 많이 있었다. 우리 이용자들은 다양한 요구를 가지고 있었다. 일부 사람들은 스페인어를 사용하는 친척과 스페인어로 된 미국 대중도서를 읽기를 원했고, 스페인어를 사용하는 일부 학부모와 학생 조부모는 자신들이 어린 시절부터 애독하던 스페인어 도서들을 자신의 자녀들과 공유하고 싶어 했으며, 이중 언어를 구사하는 일부 학부모들은 미국에서 태어난 자녀들이 스페인어와 영어를 완벽히 익힐 수 있도록 자녀들과 함께 독서하기를 원했으며, 학생 중 일부는 그들이 영어를 배우는 수준만큼 스페인어 수준을 유지하기를 원했다. 미국 도서의 스페인어 번역본을 구입하는 것은 그 시점에서는 훨씬 쉬운 일이었는데, 스페인어로 된 비버리 클리어리(Beverly Cleary)[12)]의 책들, 해리 포터(Harry Potter) 시리즈들, 그 밖에 많은 인기 도서들을 구할 수 있었다. 반면에 스페인 전통 문학과 대중적인 스페인어 문학도서의 구입은 어려운 일이었다. 학부모들과 지역사회는 몇 가지 도서를 구입해줄 것을 요구하였는데, 이 책 중 상당수는 절판되었거나 우리가 익숙하지 않은 선집

---

12) 미국의 유명한 아동문학가로, 아동 도서계의 노벨상으로 불리는 뉴베리상을 여러 차례 수상하였다.(네이버 참조, 역자 주)

(anthology)으로만 구입할 수 있었다. 이 문제는 우리 학군 내 다른 학교들도 겪고 있는 문제였는데, 다행히도 우리 학군 소속이면서 스페인어가 모국어인 한 사서가 우리들을 위해 여러 도서들을 평가하고, 계획하고, 주문하기 위해 한 국제 어린이도서전에 기꺼이 다녀오기로 하였다. 자신이 경험하지 못한 부문에서 마구잡이로 어떻게든 되겠지 라는 생각으로 업무를 하는 대신에 전문가들로부터 도움을 받을 수 있다는 것은 언제나 굉장한 일이다! 마침내 책들이 도착했을 때 우리 모두는 흥분하지 않을 수 없었다. - 지역사회의 성인들은 오래된 인기 있는 책들과 새로 관심을 가지는 책들을 접할 수 있게 되었다. 우리는 이 책들에 대한 많은 관심을 확인하고 나서, 학생들과 그 학생들의 팀원(일부는 가족, 이웃, 다른 관심 있는 어른들이었다.)들이 새롭게 들어온 이 책들에 대한 서평을 공유하는 프로젝트를 만들었다. 이 서평들은 스페인어를 새로 학습하는 사람들이 무엇을 읽을지 결정하는데 도움을 주었다.

이용자들이 자료를 더 쉽게 찾을 수 있는 방법을 모색하기 위해, 우리는 학생들을 대상으로 신착 자료들을 조직하는 방법에 대한 설문조사를 실시하였다. 그 결과, 우리는 도서관을 재조직하기로 결정하였다. 우리는 새로 들어온 장서가 기존 자료에 추가되는 자료로 생각되지 않기를 원하였고, 우리 학생들이 이해할 수 있는 조직 방식을 희망하였다. 우리는 미국 도서의 스페인어 번역본과 영어 원본을 일반 소설 구역에 배가하였고, 원래 스페인어로 발행된 스페인어 도서들을 위한 별도의 구역을 만들어 오렌지색 표시를 부착하였다. 우리는 새로 들어온 도서들을 홍보하기 위해 전시대도 만들었다. 재조직으로 인해 추가적인 장점이 생겨났는데, 우리 도서관의 공간구획이 더 효율적으로 변경되었고, 그로 인해 자료배치가 더 쉬워졌다.

## 기억해야 할 중요한 생각들

안타깝게도 예산의 한계로 인해 우리 도서관의 사서 지위가 시간제로 변경되었다. 그나마 다행인 것은 기금이 많이 삭감되지 않아, 훌륭하고 특징적인 정보자원들을 계속해서 제공할 수 있게 된 것이다. 하지만 2년 후, 지역사회의 시위에도 불구하고, 우리 학교는 학군 전체적인 학생 수 감소로 인해 폐쇄되었다. 감사하게도 폐교되지 않고 살아남은 여러 학교의 사서들은 우리 도서관의 장서를 자신의 학교로 가져갈 수 있었고, 그로 인해 다른 라틴계 학생들이 이 자료들을 읽을 수 있었다.

그 기간동안 우리는 한 다문화 학교의 사서로서 지켜야할 규칙들을 배울 수 있었다.

- 다른 문화에 대해 당신이 알고 있는 것의 대부분은 정확하지 않다고 전제하라. 당신이 전통적인 미국의 초중고와 대학 환경에서 다른 문화에 대해 배웠다면 특히 그러하다. 우리는 "히스패닉"(Hispanic)이라는 용어의 대한 사용에 대해 부닥쳤고, 고맙게도 한 용감한 사람이 우리를 바로 잡아주었다!
- 당신이 의사소통을 하고 있는 사람들과 계속 시선을 마주쳐라. 특히, 당신이 통역자를 거쳐 의사소통을 하고 있다면 더욱 그러하다.
- 항상 질문하라! 당신이 이해하지 못하는 것에 대해 질문하라. 왜냐하면 당신이 그 개념을 이해하게 되면, 당신은 그것을 다른 상황에서도 쉽게 적용시킬 수 있다.
- 당신이 목표로 하는 커뮤니티를 위해, 그 커뮤니티가 만든 지역사회 프로그램에 참가하라. 그러면 당신은 당신의 지식을 계속 확장시킬 수 있다.
- 당신의 학생들이 수행하고 있는 학교 내외의 프로그램들에 참가하라. 이는 당신의 가족인 학생들에 대해 더 잘 알 수 있는 훌륭한 방법이다.
- 당신이 봉사하고자 하는 문화권의 언어에 대해 조금이라도 배워라. 이는 당신이 불러모으고 계속 유지하기를 원하는 이용자들에게 당신의 도서관이 관심을 가지고 있음을 보여줄 수 있다.
- 당신이 실수한다는 것을 알아야 하고, 남들에게 비웃음을 당할 준비를 하고, 사과할 준비를 하라. 그리고 실수들로부터 배우도록 하라. 훌륭한 유머감각은 당신을 잘 이끌 수 있다.
- 도움을 요청하는데 주저하지 말라. 우리 모두는 전문가가 되고 싶어 하며, 대부분은 우쭐해하며 도움을 주고 싶어 한다.
- 항상 도움을 받고 자원을 확보할 수 있는 새로운 방안들을 모색하라.
- 당신의 업무와 번역 내용에 대해 재확인하라.
- 미리 계획을 세우고 실수와 문제를 해결할 충분한 시간을 확보하라.
- 학생과 학부모들에게 의견과 제안이 있는지 물어보라. 당신의 최고의 아이디어와 가장 성공적인 계획들은 가끔씩 그 사람들의 아이디어에서 나온다.
- 필요하다면 방향을 변경할 수 있도록 대비하라. 계획대로만 따르려고 하지 말라. 그러면 더 좋은 것이 나타나도 그것이 보이지 않는다.

열린 생각과 열린 마음이 있다면, 당신의 도서관은 새로운 다문화 이용자들을 끌어 들이는데 있어 많은 어려움을 경험하지 않으면서 모두를 환영하는 성공적인 도서관으로 변모할 수 있을 것이다. 과감히 시작하려는 의지가 있는 사서와 도서관 직원들에게는 많은 혜택이 있을 것이다.

# 제6장

# 프로그램과 행사

Programming and Events

# 다문화 전시물, 설치물, 장식물을 통한 대학도서관의 인식 제고

판타지아 쏜, 킴벌리 윌리엄스

도서관은 다문화 관련 관심사나 기념일을 소개하는 전시물(exhibits) 또는 진열물(displays)들을 제작하기 위해 대학 캠퍼스 내 다른 부서와 협력할 수 있다. 때로는 전시물들로 논쟁이 발생될 수 있지만 도서관은 캠퍼스 내에서 중립적 위치에 있는 건물 중 하나이다. 즉, 도서관은 모든 학생과 직원들이 자신의 전통 문화의 여러 측면들에 대해 자유롭게 전시할 수 있는 공간이다. 이 글에서는 학생과 직원들이 다문화 전시물을 전시하기 위해 도서관 공간을 사용하도록 권장하면서 얻어지는 장점 그리고 이러한 전시회를 개최하기 위해 도서관과 다문화 담당 부서가 협력하는 방안에 대해 논의하고자 한다.

## 버드 도서관의 전시물

시러큐스 대학교(Syracuse University) 도서관의 '러닝 커먼스'(Learning Commons)는 이용자 주도 및 이용자 중심 공간으로 정의되는데, 이 모델은 다양한 방법으로 증명하고 있다. 섬유 조각, 섬유 예술 및 건축학과(Fiber Sculpture and Fiber Arts and Architecture courses)는 종종 수업과제를 러닝 커먼스의 3층 주변에 전시한다. 혁신적이고 창의적인 미술품은 도서관 이용자들에게 기쁨을 주는 한편, 학생 예술가들은 도서관을 전시 공간으로 사용하는 것을 감사하게 생각하는데, 이는 그들의 강의실이나 학과 전시공간보다 더 많은 청중에게 보여줄 수 있기 때문이다. 도서관에서의 예술과 전시는 많은 그룹들이 자기 스스로를 표현하거나, 한 해의 특정 시기(예: 중국 새해, 흑인 역사의 달)를 교내의 축하하거나, 특정 인종적 관심사(예: 지역이나 국가적인 아시아계 증오 범죄)에 대한 관심을 유도하기 위해 도서관 공간을 활용하도록 자극한다.

지난 2년간 '중국인 학생 및 교수 연합회'(the Chinese Student and Scholar Association, 이하 CSSA)는 화려하고 관심을 끌만한 물건들로 러닝 커먼스의 1층을 장식하였다. 2011년에 CSSA와 우리 도서관, 그리고 인류학 과목 '민속 공예, 축제, 및 공공 전시'(Folk Arts, Festival, and Public Display)는 '십이지신'(zodiacs), 중국 홍등, 매듭으로 된 '소원 나무'(knot wishing tree)와 같은 물건으로 러닝 커먼스의 1층을 장식하였다. 많은 장식들과 대부분의 전시는 시러큐스 대학교 러닝 커먼스의 '플리커'(Flickr)[1] 계정(제한없이 누구나 볼 수 있음)에 사진으로 저장되어 왔다.

2010년 이후부터는 흑인 역사의 달을 기념하여 2월 한 달 동안 전시물 하나가 전시되었다. 우리가 아프리카계 미국인들의 역사와 삶을 축하하는 방법들 중 하나는 아프리카계 미국인이 쓴 아프리카계 미국인들에 관한 도서들을 전시하는 것이다. 도서관 직원들은 전시물들과 신간 도서 프로젝트들을 위해 조직적으로 협력해야 한다. 러닝 커먼스의 직원들은 목록에서 도서들을 검색하고 서가에서 도서들을 찾아낸다. 그 후 '정보접근 및 자원공유 부서'(the Access Services and Sharing Department)는 소장처 정보를 변경하고 새로운 책장 위에 도서들을 배치한다. 대출 데스크 근처에 책상을 두고 다문화 업무 부서가 후원하는 행사들을 홍보하는 전단지들과 이용자들이 이용할 수 있는 컬러로 된 흑인 역사의 달 달력 등을 비치한다. 대출 데스크 옆에 전시물을 두기 때문에 많은 이용자들은 자연스럽게 전시된 자료를 보고 이용할 수 있다.

학생 그룹들과 직원들은 자기 문화의 여러 측면들을 전시할 수 있는 공간으로 도서관을 활용할 수 있도록 도와주는 것에 대해 감사히 생각하고 있다. 전시된 물품들은 출신 문화권, 학과, 전공, 사회경제적 배경 등에서 다양하고 광범한 이용자들이 관람하게 된다. 러닝 커먼스의 책임자인 레슬리 피스(Lesley Pease)는 2012년 3월 5일 이메일을 통해 우리 도서관이 학생들과 직원들이 소중하게 생각하는 무언가를 알릴 수 있는 방법을 제공하는 협력자로 인식되기를 바란다고 밝혔다. 그녀는 또한 여러 전시물, 설치물, 장식물들이 교육의 도구, 영감의 원천, 의식 고취자(consciousness-raiser), 향후 탐구의 발판, 장벽을 허무는 수단, 다른 사람의 전시

1) 인터넷 사진 공유 사이트(역자 주)

아이디어 고취, 그리고 사람들에게 러닝 커먼스는 무언가를 시도해보는 열린 공간으로 인식되는 수단으로 기여한다고 느끼고 있다. 이와 같이 지원을 아끼지 않는 러닝 커먼스 관장은 많은 전시 아이디어들이 실현되는데 있어 중추적인 역할을 수행해왔다.

## 논란이 있는 전시물들

2010년 4월에 우리 도서관은 다문화 담당부서와 협력하여 '아시아계 증오 범죄 반대'(Anti-Asian Hate Cirmes) 전시물을 만들었다. 이 전시물은 아시아계 미국인이 직면하는 '마이크로 어그레션'(microaggregation)[2]과 폭력적 증오 범죄에 대한 인식을 제고하고자 직원, 교수, 학생들에 의해 계획되었다. 아시아와 태평양 지역 출신의 미국인들은 "모범생 소수인종(Model Minority)"으로 인식되는데, 이 용어는 우수하지 않은 다른 소수집단들에 비해 여러 면에서 우수한 소수집단 출신 사람들을 의미한다. 그로 인해 아시아와 태평양 지역출신의 미국인들을 대상으로 그들의 인종/민족성과 직접 관련된 폭력적 범죄가 자행될 때 이 범죄들은 묵살되고 증오 범죄로 간주되지 않는다. 예를 들어, 1997년 시러큐스에 있는 '데니스'(Denny's) 식당의 직원은 시러큐스 대학교의 아시아계 학생들 무리에 대해 인종/민족성을 이유로 음식 제공을 거부했다. 올해로 이 사건이 생긴 지 15년이 되었는데, 현재 시러큐스 대학교 재학생을 포함한 많은 사람들은 이 사건에 대해 잘 알지 못하고 있다. 아시아계 증오 범죄 반대 전시물은 이 사건과 아시아계-태평양계 미국인들을 대상으로 자행된 다른 증오 범죄들을 조명하였다. 이 전시물은 도서관 내 러닝 커먼스의 지하층에서 한 달간 설치되었다. 개회식에서 한 아시아계 미국인 활동가가 연설을 하고 다른 사람들은 아시아계 미국인에게 자행된 증오 범죄들과 관련한 자신의 이야기와 경험을 남들과 공유하였다. 이 전시물은 직원, 학생, 교수, 그리고 다른 도서관의 이용자들에게 "모범생 소수인종"에 관해 근거 없는 이야기(myth)가 존재하고 있음을 보여주었다.

일부 도서관에서는 학생들 사이의 대화를 유도하고 매우 민감한 사안에 대해 대중들을 교육시킬 목적으로 논쟁적 주제에 관해 전시를 개최한다. 2005년 그웬돌린 리스(Gwendolyn J. Reece 2005)가 쓴 "다문화주의와 도서관 전시물들: 논란이 되는 표현의 장소"(Multiculturalism and Library Exhibits: Sites of Contested Representation)라는 기사에 따르면, 2003년에 아메리칸 대학교 도서관(the American University Library)은 "성지의 슬픔과 희망: 팔레스타인과

2) 다른 인종, 민족, 문화권, 성별 등의 배경을 가진 사람들에 대한 비신체적 공격으로, 보통 일상적이고 사소한 인종 차별을 의미함.(네이버 참조, 역자 주)

팔레스타인 사람들"이라 명명된 전시물을 설치하였다. 그 도서관의 전시회 팀과 '팔레스타인에서의 정의를 위한 학생들'(Students for Justice in Palestine)이 공동으로 후원한 이 전시물의 목적은 도서관 이용자들에게 팔레스타인 지역의 정치적 투쟁에 관해 알리는 것이었다. 이 전시물은 여러 사진, 지도, 문화적 물품, 도서 등을 전시하였다.

관람자들이 자신의 의견을 기록하기 위한 공책도 전시물 옆에 비치되었다. 많은 이용자들이 이러한 논쟁적 주제를 위해 장소를 제공해준 그 도서관의 노력에 대해 찬사를 보냈지만, 많은 사람들은 화를 냈고 수많은 부정적인 내용들을 기록하였으며 심지어 일부는 그 도서관이 인종차별주의를 조장한다고 비난하였다. 의견 공책은 이용자들에게 익명성을 제공하여 그와 같은 논쟁적 전시물에 대한 자신의 솔직한 의견과 반응을 남길 수 있도록 하는 독창적인 방법이었다.

1995년 12월에 조지 워싱턴 대학교(George Washington University)의 미국학(American Studies) 교수 존 마이클 블랙(John Michael Vlach)은 "큰 집으로의 회귀: 농장의 문화적 풍경"(Back to the Big House: The Cultural Landscape of the Plantation)이라는 전시물을 제작하고 이 전시물을 미국의회도서관(LC)에서 전시하기로 계약을 맺었다. 그 전시물은 아프리카계 미국인 직원들의 항의로 설치 후 3시간 30분 만에 철거되었다. 고든 플랙(Gordon Flagg 1996)이 "직원들의 시위에 굴복한 LC, 노예 전시를 철거"라는 기사에서 밝힌 바에 따르면, 그 전시물은 1년 동안 4곳의 지역을 순회하면서 아무런 불평을 듣지 않고서 전시되었다. LC에서 철거된 이후 이 전시물은 잠시 동안 워싱턴 D.C.에 있는 마틴 루터 킹 주니어 도서관(Martin Luther King Jr. Library)에 설치되었다. "워싱턴 D.C.의 도서관, LC에서 철거된 전시물 가져와"("D.C. Lib. Picks Up Closed LC Exhibit." 1996)라는 제목의 후속 기사는 많은 사람들을 분노하게 한 논란이 된 그 전시물의 철거와 이동의 여파에 대해 간단히 언급하였다. 이와 유사하게 2011년 봄 시러큐스 대학교에서 우리는 아시아계 증오 범죄에 반대하는 논란이 있는 전시물을 만들었다. 때로는 도서관들이 논쟁을 불러일으키는 자료들의 출처가 되는데, 비록 시러큐스 대학교 도서관이 미국의회도서관 수준의 논란을 경험하지는 못했지만, 여기에서 우리는 도서관은 논쟁의 장소라는 생각을 강조하고 싶다.

"성지의 슬픔과 희망: 팔레스타인과 팔레스타인 사람들", "큰 집으로의 회귀", 그리고 "아시아계 증오 범죄 반대"와 같은 전시물들은 논쟁적 사안들을 다루고 있기 때문에, 세심한 방법으로 다루어져야 한다. 리스의 기사는 도서관이 전시물의 내용을 잘 인식하고 그 내용을 지지하도록 만들기 위해 전시자들이 추진한 경로에 대해 기술하고 있다. 도서관이 스스로 논쟁의 공간이 되었다는 것을 인식한 경우, 이 문제를 해소하기 위한 방법들이 존재한다. 팔레스타인 전시물 사례에서 논쟁적인 내용을 변경하는 관례가 만들어졌다. 그 전시물의 내용을 수정한 결과, 이용자들은 전시물에 대해 깨달음을 가질 수 있었고 분노를 표시하지 않았다. 전시물을 만드는 동안 내용과 이미지들이 잘못 이해된 것인지, 부적절하지는 않은지에 대해 알아보기 위해 다문화 담당 부서 등과 같이 다른 관련 부서들을 참여시키는 것도 좋은 방법이다.

## 전시회 협력을 위한 향후 계획

흑인 역사의 달이나 '아시아-태평양계 미국인 문화유산의 달'(Asian Pacific American Heritage Month)과 같이 축하의 달(celebratory month)을 위한 전시물을 만드는 것은 도서관에서 다문화 전시회를 시작하는 좋은 방법이다. 러닝 커먼스는 '라틴계 문화유산의 달'(Latino Heritage Month)과 '미국 원주민 문화유산의 달'을 위한 전시물을 제작할 계획을 세우고 있다. 러닝 커먼스로 접수된 전시물 제안서들은 '도서관 전시 위원회'(library exhibitions committee)로 제출된다. 이 위원회는 제안서 검토과정에서 신속히 대응하고 의사소통을 진행하며 전문적이고 매력적인 전시물들을 제작하기 위해 필요한 여타의 지원을 책임진다.

## 결론

도서관과 다른 부서와의 협력이 매끄럽게 이루어지겠지만 항상 전시물 제작에 관해 대화하고, 열린 생각을 유지하고 양측이 타협해야 한다. 어떤 전시물이 논쟁을 불러일으킬 경우, 전시 위원회, 도서관, 그리고 대학의 지지를 확보하는 적절한 절차를 따르는 것이 필수적이다. 이러한 것들이 잘 진행된다면, 모든 사람들이 혜택을 보게 되며 도서관은 단지 수동적인 학습과 연구 장소가 아니라 행동주의(activism)를 위한 장소로 인식될 것이다.

# 참고문헌

"D.C. Lib. Picks Up Closed LC Exhibit." 1996. *Library Journal* 121(2): 15. http://search.ebscohost.com/login.aspx?direct=true&db=lxh&AN=9602017724&site

=ehost-live.

Flagg, Gordon. 1996. "Bowing to Staff Protests, LC Removes Slavery Exhibition." *American Libraries* 27(2): 10. http://search.ebscohost.com/login.aspx?direct=true&db=llf&AN=502850072&site=ehost-live.

Reece, Gwendolyn J. 2005. "Multiculturalism and Library Exhibits: Sites of Contested Representation." *Journal of Academic Librarianship* 31(4): 366—72. doi:10.1016/j.acalib.2005.04.006

# 격차 메우기

## 루이지애나의 인종적 격차에 대한 탐구

데릭 모즐리, 에이프릴 그레이

라파예트(Lafayette)에 있는 루이지애나 대학교(the University of Louisiana)의 '어네스트 게인즈 센터'(the Ernest J. Gaines Center, 이하 게인즈 센터)는 어네스트 게인즈[3]와 그의 작품에 관련된 학술 연구를 위한 국제적 중심이다. 이디스 갈런드 뒤프레 도서관(Edith Garland Dupré Library)의 일부인 게인즈 센터는 라파예트 소재 루이지애나 대학교의 명예 전속작가(writer-in-residence emeritus)의 작품을 영광스럽게 소장하고 있으며, 게인즈의 문서들과 육필 원고들에 대해 연구하는 연구자와 학생들을 위한 공간을 제공한다. 게인즈 센터는 '아프리카계 미국인 문화유산 센터'(African American heritage center) 중의 하나이며, 다양성과 다문화주의와 관련된 지역사회 활동을 위한 허브 역할을 수행한다. 우리 센터의 프로그램들은 공유된 과거에 대한 논의와 성찰을 위해 모든 인종들을 한곳에 모으는 신뢰할 수 있고 열린 환경을 추구해왔다.

1933년에 루이지애나 주 뉴 로즈(New Roads) 근처의 한 농장에서 태어난 게인즈는 미국 남부 농촌지역에 살았던 아프리카계 미국인의 경험에 기초하여 그의 수상작 소설들을 집필하였다. 게인즈의 문학작품에는 '미스 제인 피트먼의 자서전'(*The Autobiography of Miss Jane Pittman*), '죽기 직전의 수업'(*A Lesson Before Dying*) 등이 포함되는데, 둘 다 나중에 영화로 제작되어 상을 받았다. 그는 관대하게도 자신의 초기 문서들과 육필 원고들, 그리고 다수의 물

3) 2014년 현재 81세인 게인즈는 아프리카계 미국인 작가이며, 이 대학에서 오랫동안 창의적 글쓰기 수업을 가르쳤다.(위키피디아 참조, 역자 주)

품들을 이디스 갈런드 뒤프레 도서관에 기증함으로써 게인즈 센터 장서의 근간을 만들었다. 게인즈 센터의 사명은 게인즈의 삶과 작품에 관한 연구와 학문을 육성하는 것이다. 이에 게인즈 센터는 남서부 루이지애나에서 게인즈가 겪었던 경험에 관한 많은 행사들을 주최해왔고, 인종차별, 고정 관념, 각종 차별 등과 같은 사회적으로 치열한 주제들을 역사적 맥락과 현재의 맥락에서 탐색해왔다.

## 프로그램의 유형

게인즈 센터는 다양한 배경을 가진 많은 초청강연을 주최하고 있다. 강연자들은 현대사회에서 인종과 인종의 영향에 대한 고유한 관점들을 가지고 있다. 게인즈 센터는 학문 공동체에 의미있는 다문화 행사 시리즈를 제공하고자, 문학, 영화, 사회 속에서 인종에 관한 다양한 관심사를 주제로 국제적으로 저명한 인사와 학자들을 초청하여 강연과 낭독회를 주최하고 있다. 우리는 초청강연 뿐만 아니라 영화 상영, 집단 토의, 미술 전시회, 음악회 등과 같이 다양하고 흥미로운 프로그램들을 함께 제공하고 있다.

## 주제가 있는 행사들

우리 센터의 최근 초청강연자 중 한 사람은 가나(Ghana) 쿠마시(Kumasi)에 있는 콰메 은크루마 대학교(Kwame Nkrumah University)의 부교수이자 '풀브라이트 학자'(Fulbright scholar)인 빌헬미나 돈코 박사(Dr. Wilhelmina J. Donkoh)였다. 그녀는 가나의 노예제도와 '노예관광'(slave tourism)에 대한 주제로 초청 강연을 실시하였다. 이 강연을 준비하며, 게인즈 센터는 역사 및 지리학과와 협력하여 가나의 노예의 성(slave castle)들과 노예관광 산업에 대한 다큐멘터리 영화를 상영하였다. '돌아올 수 없는 문을 통해'(*Through the Door of No Return*)라는 영화는 돈코 박사의 강연 주제에 대한 배경 정보를 제공하였다. 우리는 학생들과 지역사회 구성원들이 가나의 노예 관광 산업에 대해 질문하고 논의하기 전에 노예 관광 산업이 무엇인지에 대해 이해하기를 희망하였다.

강연에서 돈코 박사는 70여명의 청중들에게 그녀의 연구에 대해 발표하였고, 객석과의 질의응답 시간을 가졌다. 1시간이 넘도록 다양한 청중들은 노예무역과 노예관광 산업에 대해 사려

깊고 정중한 토론에 참여하였다. 다양한 인종적, 민족적 배경을 가진 청중들은 참혹한 역사로부터 이익을 취하는 국가의 도덕성에 대해, 그리고 어떻게 이런 유형의 관광이 가능하게 되었는지, 전 세계의 사람들이 이 관광에 대해 어떻게 알게 되었는지 등에 대해 질문하였다.

다큐멘터리 영화, 강연, 토론 프로그램들은 게인즈 센터에서 인기가 높으며, 항상 많은 학생들과 지역사회 구성원들이 참석하였다. 우리는 가나에서의 노예관광에 관한 이 프로그램은 성공적이었다고 판단하고 있으며, 다른 도서관에서도 실시될 수 있을 것이라고 생각한다. 토론 시간에 제시된 한 질문은 만일 아프리카계 미국인 관광객들이 공동의 유산(common heritage) 때문에, 또는 노예 관광 산업에 가져다 줄 돈 때문에 아프리카 대륙을 방문한다면, 그들이 아프리카에서 받아들여질 것인지에 대해 깊이 생각하게 했다. 혼혈 배경을 가진 한 학생은 가나에서 자신은 어떤 민족성(ethnicity)으로 이해되는지에 대해 질문하였다. 이 질문은 인종 문화와 역사적 측면에서 누가 흑인으로 간주되는지에 대한 토론으로 이어졌다. 다른 도서관들은 토론 참가자들을 참여시키는 하나의 방법으로 인종을 활용할 수 있다. 문화적 차이에 대한 탐색을 활용한 많은 성공사례들이 있기 때문에, 여러 도서관들은 이와 관련된 다양한 주제와 프로그램을 통해 새로운 관점들을 적극적으로 모색할 필요가 있다.

## 저자 낭독회

협력은 인종적 격차(racial divide)에 대한 토론에 다양한 배경을 가진 청중들을 불러 모으는 가장 좋은 방법이다. 게인즈 센터는 '창의적 글쓰기 프로그램'(the Creative Writing Program)과 강력한 협력관계를 형성하였다. 우리는 그들과 협력하여 민족적으로 다양한 저자들을 초청한 낭독회 시리즈를 주최하였다. 이 낭독회는 많은 청중들을 불러 모아 다양한 배경을 가진 여러 사람들의 문학작품들을 우리 학생들과 지역사회 주민들에게 소개하는 계기가 되었다. 또한 이 낭독회는 게인즈 센터가 문학과 문화 속에 등장하는 인종에 대한 토론의 장이 될 수 있음을 가르쳐 주었다. 자신의 문학 작품에서 자신의 인종적 경험을 강조한 소설가 릴리 호앙(Lily Hoang)과 남아프리카 '계관 시인'(Poet Laureate) 케오라페츠 크고시칠레(Keorapetse Kgositsile)는 게인즈 센터에 초청되어 청중들과 자신의 작품에 대해 공유하였다.

## 소셜 미디어

게인즈 센터는 루이지애나와 미국 남부의 인종적 격차에 관한 대화를 개최하면서 소셜 미디어를 활용하였다. 어네스트 게인즈의 기록물 장서와 작품들은 노예제와 시민권 운동에 관한 풍부하고 세부적으로 묘사된 사진들을 가지고 있어, 노예제와 인종간 '분리'(segregation)를 주제로 하는 아웃리치에 있어 엄청난 잠재력을 가지고 있었다. 게인즈 센터는 행사 홍보를 위한 웹사이트, 페이스북 페이지, 트위터 계정을 가지고 있다. 이 온라인 미디어들은 학생들과 지역사회 구성원들이 게인즈 센터가 제공하는 프로그램에 참여하는데 도움을 준다. 게인즈의 작품 속에서 가져온 의미 있는 인용문들을 페이스북과 트위터에 게시함으로써, 우리들은 온라인 이용자들을 토론에 참여시킬 수 있었다.

## 영화의 밤

게인즈 센터는 역사학과와 협력하여 아프리카계 미국인들의 경험에 관한 월별 영화상영 시리즈를 진행하고 있다. 작년에 우리들은 '아미스타드'(*Armistad*), '컬러 퍼플'(*The Color Purple*), 디즈니사의 '공주와 개구리'(*Disney's The Princess And The Frog*), 어네스트 게인즈의 '미스 제인 피트먼의 자서전'(*The Autobiography of Miss Jane Pittman*), 미니 시리즈 '뿌리'(Roots) 등을 상영하였다. 영화상영에는 우리 대학 구성원들과 일반 대중들이 초청되었다. 영화는 관련 주제를 탐색하는 훌륭한 도구가 되었고, 영화상영을 통해 많은 사람들이 게인즈 센터를 방문하여 이용 가능한 연구 기회에 관해 알아보았다. 영화가 끝난 후, 사회자는 청중들과 토론을 진행하였다. 우리는 교수, 학생, 직원들에게 사회자로써 토론을 이끌도록 요청하였다. 다양한 사람들에게 사회자를 맡기는 것은 생생하고 미래지향적인 토론을 만드는데 도움을 준다. 예를 들어, 한 학생이 토론을 이끌 경우, 그 학생은 최근 관심사에 대해 이야기하고, 그 주제들을 자신이 최근에 본 영화와 연관시키는 경향이 있다. 사회자들은 보통 그 영화 또는 그 영화를 둘러싼 주제에 열정을 가지고 있다. 그 영화 또는 영화의 원작이 되는 도서에 대해 학술 논문을 집필했던 교수들은 자신들의 특정 관심에 대한 토론을 진행하도록 요청받는다. 해당 주제를 배경으로 한 영화나 인물에 대해 권위를 가지고 있다면, 토론에 긍정적 영향을 미칠 수 있다. 그리고 영화가 비록 아프리카계 미국인에 관련된 주제이더라도 청중들은 매우 다양할 수 있다.

가장 사람들이 많이 찾고 훌륭한 토론이 이어진 영화의 밤(movie night)은 디즈니의 '공주와 개구리'가 상영되었을 때였다. 이 영화가 한 아프리카계 미국인 소녀에 관한 디즈니사의 첫 번째 영화이고 이야기의 배경이 주로 루이지애나였기 때문에, 많은 학생과 교수들이 영화상영에 참가하였다. 토론 사회를 맡은 학생은 이 영화 속의 인종적 고정관념들에 대한 활발한 토론에 초점을 맞추었다. 영화 속 고정관념들은 단지 아프리카계 미국인에 관한 것 외에도 '루이지애나 케이준'(the Lousiana Cajun)[4]과 '크리올'(Creole)[5] 문화에 관한 것들도 있었다. 청중들은 미국 문화 전반에서 여성에 대한 '성'(gender) 고정관념과 성 역할에 대해서도 토론하였다. 토론 참가자들은 다양한 문화적 배경을 가진 사람들이었고, 이로 인해 캠퍼스 내 다른 학생들 사이의 고정관념에 대한 긴 토론으로 이어졌다. 우리는 영화의 밤 프로그램이 영화와 문화 속의 인종적 양상에 대한 의미 있는 대화를 유도하기 위해 다른 여러 도서관들이 활용할 수 있다고 생각한다.

보통 토론 참가자들은 인종에 대해 곤란한 질문들을 하며, 청중들은 숨김없이 그리고 솔직하게 반응한다. 사회자들은 토론 주제들을 끄집어내고, 역사적으로 그리고 현재의 아프리카계 미국인들에 대한 묘사에 관해 청중들이 적극적으로 토론에 참여하기를 원한다. 이 영화상영 시리즈에서 가장 논쟁적인 영화는 알렉스 헤일리 원작의 TV 미니시리즈 '뿌리'였다. 흑인 역사의 달 동안 한 주에 한 회차를 상영하는 방식으로 게인즈 센터에서 전체 시리즈가 상영되었다. 비록 청중 수는 적었지만, 그들은 이 미니시리즈 상영과 주제 토론에 매주 적극적으로 참여하였다. 많은 학생들은 이 대단한 미니시리즈를 보거나 들어본 적이 없었다. 학생들이 이 작품을 볼 수 있다는 사실은 게인즈 센터와 역사학과의 입장에서는 중요한 것이었다. 영화상영 시리즈는 지역사회를 참여시키고 인종적 사안을 탐색하는 매우 쉬우면서도 경제적인 방법이 될 수 있다. 각 영화상영에는 보통 10명에서 35명 정도의 사람들이 참여하였다. 게인즈 센터는 스낵과 음료수를 제공하였다. 지역의 한 피자 가게는 6개의 라지 사이즈 피자를 매달 기증하였다. 이는 지역의 한 업체에 게인즈 센터를 지원하면서 동시에 그 업체를 광고할 수 있는 기회를 제공한 것이다. 영화 상영에 피자가 제공되면서, 더 많은 학생들이 참여하고 있다.

4) 과거 캐나다 아카디아 지역에 살다가 미국으로 강제 이주된 프랑스인들의 후손들로, 프랑스어 고어의 한 형태인 케이준어를 사용하는 미국 루이지애나 사람(네이버 참조, 역자 주)
5) 미국의 프랑스계 이민자와 흑인 사이에서 태어난 혼혈아 또는 그 혼혈 문화(네이버 참조, 역자 주)

## 결론

어네스트 게인즈 센터는 자체적으로 행사를 개최할 뿐만 아니라 대학 캠퍼스와 지역사회의 다른 단체들이 우리 프로그램의 목적에 맞는 행사를 개최하도록 허용하고 있다. 이는 새로운 방문자들을 게인즈 센터로 이끌고 오며, 게인즈 센터를 구전 홍보하는 효과를 가지고 있다. 다양한 배경을 가진 관심 있는 사람들을 도서관의 다문화 프로그램에 참가시키는 많은 방법들이 존재한다. 도서관들은 새로운 사고를 해야 하며, 그를 바탕으로 인종 간 격차에 관한 대화와 토론에 적극 참여해야 한다.

# 7시의 커피

## 한 공공도서관의 문화간 프로그램

다이애나 레논

## 프로그램 아이디어와 목적

'7시의 커피'(Café a las Siete/Coffe at Seven)는 다른 문화들 사이에 이해를 증진하고 긍정적인 지역사회 관계를 구축하기 위한 스페인어-영어 이중 언어 행사 시리즈이다. 각 프로그램들을 통해 모국어가 스페인어인 사람들과 영어인 사람들 모두가 참여할 수 있고, 교육적이고 문화적인 음악과 미술 작품 감상을 교류하고 공유할 수 있다. 라틴계 이용자들은 라틴계 문화를 강조하거나 뉴욕 주 웨스트체스터 카운티(Westchester County)에 거주하는 다른 라틴계 주민들의 재능과 작품을 강조하는 흥미롭고 재미있는 지역사회 행사들이 개최될 때마다 우리 도서관으로 모여들었다. 행사에 이어지는 대화와 상호작용은 그린버(Greenburgh) 거주자들 사이의 친밀성을 증진시키고, 새 이민자들과 라틴계 문화를 배우고 싶은 사람들을 포함한 모든 지역 주민들을 환영하는 환경을 제공한다.

2년 동안 진행되고 있고, 지금은 3년차가 계획된 '7시의 커피'는 4주 이상 6주까지 주단위로 진행되며, 라틴 아메리카의 문화 예술에 초점을 맞추고 있다. 아르헨티나 출신의 기타리스트와 도미니카계 연주가는 도서관 이용자들에게 즐거움을 제공하였다. 한 멕시코 여성은 전통적인 종이꽃 제작법 워크숍을 이끌어주었다. 그리고 한 페루 여성은 자신의 할머니로부터 배운 구슬 공예 기법들을 다양한 배경을 가진 사람들에게 가르쳐주었다. 한 에콰도르 출신의 부주방장은 사람들에게 라틴의 "맛"을 보여주며, 굉장한 요리 시연을 보여주었다. 이사벨 아옌데(Isabel Allende)의 소설 '바다 아래의 섬'(*Island Beneath the Sea*)은 독서토론 모임 중 많은 사람들이 참석한 사례였다. 에콰도르, 페루, 칠레 출신자들로 구성된 지역의 한 그룹의 활기찬 콘서트는 많은 사람들의 갈채를 받으며, 매해 '7시의 커피' 시리즈의 마지막을 장식하였다. 그들의 음악은 특별한 축제 분위기를 만들며, 이용자들과 직원들이 커피와 후식을 즐기면서 춤추게 만들었다.

우리는 당초 이 프로젝트를 1회성 시리즈로 계획하고 준비하였다. 하지만 현재 2년간의 운영 경험을 가지고 있고, 3년차를 위한 계획과 재원을 확보하고 있다. 앞으로 우리는 훌륭하고 인기 있는 프로그램들을 세심하게 준비하고 제공하여 이 행사를 연례행사로 만들고자 한다.

## 성공의 단계들

### 요구의 파악

우리 도서관을 방문하는 서로 다른 민족 집단들 사이에 뚜렷한 관심 사안이나 부정적인 감정은 없었지만, 우리는 그 집단들 사이에 상호작용이 거의 없다는 것을 알게 되었다. 특히, 라틴계는 우리 도서관이 제공하는 프로그램이나 서비스들로부터 혜택을 보지 못하는 것 같았다. 우리는 (1) 다양한 민족 집단들을 함께 모으기 위해 (2) 더 많은 라틴계 주민들을 우리 도서관으로 오도록 만들기 위해 어떤 단계들을 준비해야 하는지 검토하였다. 그 결과, 우리는 다양한 사람들을 도서관으로 오도록 만드는 풍부한 문화 프로그램들을 개발하는 한편, 라틴계 고유의 문화예술 유산을 보여줌으로써 라틴계 주민들에게 우리 도서관을 알리는 것이 필요하다고 결론지었다. 우리는 이러한 목적의 프로그램을 '7시의 커피'라고 이름 지었는데, 이는 각 프로그램이 저녁 7시에 시작하고 가벼운 음식과 커피를 제공하기 때문이었다. 사실 이 이름은 한 카페를 위한 아이디어였지만, 우리 프로그램에 가장 적합한 것 같았다. 이 이름은 오락을 제공하는 편안한 모임 공간과 새로운 친구들과 옛 친구들을 만날 수 있는 기회를 잘 표현한다. 이러한 사항들을 염두에 두고 우리는 재정, 예술가 섭외, 홍보 등의 실무적 준비를 시작하였다.

## 재원 마련

'7시의 커피' 프로젝트는 뉴욕 주 예술위원회(New York State Council on the Arts)의 '탈집중화 프로그램'(the Decentralization Program)의 기금을 일부 지원받는 '아트 웨스트체스터'(ArtWestchester)의 '아츠 얼라이브'(ArtsAlive)로부터 2010년과 2011년에 보조금을 받았다. 우리는 아츠 얼라이브 소식지의 구독, 웹사이트(http://www.artswestchester.org) 방문, 그들의 보조금 정보 관련 회의 참가 등을 통해 보조금 신청 기회에 대해 알 수 있었다. 이 보조금의 전제조건으로 우리 도서관이 대응 자금을 제공해야 한다고 규정하고 있었기 때문에, 우리 도서관의 성인 대상 프로그램 예산에서 대응 자금을 지출하였다. 프로그램 첫 해 동안, 우리 도서관과 아츠 얼라이브는 각각 1,200달러를 제공하였다. 둘째 해에는 각각 1,600달러를 제공하였다. 셋째 해인 2012년에는 각각 1,000달러를 제공하였는데, 이는 양측 조직의 예산이 큰 폭으로 감축되었기 때문이다. 이로 인해 우리들은 프로그램을 6주에서 4주로 축소할 수밖에 없지만 계속 훌륭한 프로그램을 제공할 계획이다. 이것이 가능한 이유는 우리들이 지역 예술가와 음악가들과 지금까지 성공적인 우호관계를 구축했기 때문인데, 그들은 감축된 비용으로 공연하는데 있어 상당히 관대하게 협조하였다.

우리가 요청했던 또 다른 중요한 재원은 '그린버 도서관의 친구들'(the Friends of the Greenburgh Library)이었다. 그들은 너그럽게도 다과를 위한 비용을 제공하였다. 그 외에 지역 식당들은 매년 음식을 기부하였다. 우리 프로그램의 목적과 그 내용에 대해 설명을 들은 이후 그 식당들은 우리 프로그램에서 무료 광고를 해주는 대가로 음식물을 기꺼이 기부하였다. 우리가 그들과 오랜 시간동안 관계를 맺어왔기 때문에 음식물 기부 요청을 편하게 할 수 있었는데, 특히 우리가 '7시의 커피' 분위기와 문화유산 프로그램들이 지역사회에 제공하는 전체적 혜택에 대해 알려주었을 때 더욱 그러하였다. 그리고 운 좋게도 스페인에서 온 은퇴한 주방장이 우리 도서관 위원회의 위원으로 있었는데, 그는 매년 마지막 프로그램에 자원봉사로 맛있는 타파스(tapas)를 요리해주었다.

## 공연자들

첫 해의 프로그램에 참여할 예술가들을 발굴하기 위해 우리는 웨스트체스트의 아츠 얼라이브 공연자 데이터베이스를 검색하고, 라틴계 커뮤니티와 함께 일하는 지역 내 사서들과 이야기를 나누었다. 데이터베이스 검색과 추천을 통해 우리는 접촉할 음악가와 예술가들을 선정하였다. 모든 공연자들은 라틴계 주민들을 우리 도서관으로 오도록 유도하고 지역 라틴계 예술가들의 재능을 선보이는 것이 중요하다는 점을 인식하였다. 우리는 지역사회에서 자신의 영향력을 인식하고, 자신의 라틴계 배경을 기꺼이 받아들이며, 자신의 예술적 재능을 공유함으로써 라틴계 문화유산이 알려지기를 바라는 음악가들을 선정하였다. 각 예술가들은 우리 도서관과 도서관 프로그램에 대해 그들이 지지하고 있음을 보여주기 위해 줄어든 출연료를 기꺼이 수용하였다. 출연료 축소를 수용해 준 것에 대해 우리는 그들의 공연에서 공개적으로 감사를 표시하였다. 그들의 직업적 네트워크들 덕분에 그들의 공연을 보기 위해 많은 사람들이(그 중 다수는 처음으로) 도서관 안으로 모여들었고 우리는 이 새로운 도서관 방문자들에게 도서관을 홍보할 수 있었다.

우리는 영화, 독서토론, 가족 건강의 밤, 요리 프로그램 등을 격주로 진행하면서 그 사이에 격주로 음악 공연 시리즈를 진행하기로 결정하였다. 다양한 프로그램들이 제공되었고, 이용자들은 프로그램 일부 또는 전부에 참여할 수 있었기 때문에, 더 많은 사람들이 함께할 수 있었다.

### 홍보

이 프로그램을 홍보하는데 있어 중요한 점은 영어와 스페인어로 모든 전단지, 포스터, 안내문구(웹사이트, LCD 화면)들이 제작되었다는 것이다. 전단지들은 한쪽에는 스페인어, 다른 한쪽에는 영어로 제작되었다. 포스터들은 언어별로 다른 글자체를 사용하였다. 스페인어는 문법적으로 정확해야 하고, 특정 국가 내에서 사용하는 구어체 언어(colloquial language)여서는 안 된다는 점이 중요한데, 이는 라틴계 인구에는 여러 많은 나라의 출신자들이 포함되기 때문이다. 모든 도서관은 스페인어로 제공되는 정보를 적절히 구성하거나 번역할 수 있는 사람과 지속적 관계를 구축해야 한다. 우리는 다행히도 직원 중에 스페인어 구사가 가능한 직원이 있었다. 다른 도서관들은 정확한 스페인어를 쓰는 고등학교 스페인어 교사들이나 다른 사람들과의 접촉을 통해 도움을 받을 수 있을 것이다.

이 프로그램의 성공을 위한 또 다른 기여는 우리 도서관의 홍보 보조원이 제작한 다채로운 색상의 상징적인 로고라고 할 수 있다. 붉은 색상의 배경에 스페인풍의 클래식 기타 그림과 검은 글씨로 '7시의 커피'라고 써진 로고는 사람들의 시선을 사로잡고 관심을 유발하였으며, 매년 이 프로그램을 더욱 친숙하게 만들어왔다. 이 로고는 포스터, 전단지, 프로그램 책자, 도서관의 LCD 화면 등에 사용되었고, 시리즈가 지속되는 기간 동안 우리 도서관 웹사이트에도 눈에 띄게 게시되었다. 각 프로그램이 끝난 이후 한 사서는 지역 아마추어 사진가가 그 프로그램의 모습을 찍은 사진들을 사용해 포스터들을 제작하였으며, 프로그램의 분위기를 지속시키기 위해 그 포스터들을 도서관 주위에 게시하였다.

프로그램이 진행된 첫 해에, 이중 언어로 인쇄된 초대장은 이용자, 지역사회 구성원, 직업상 아는 사람, 이 프로젝트를 위해 특별히 만든 메일링 리스트에 포함된 다른 도서관 직원들에게 발송되었다. 두 번째 해에는 예산의 한계로 인해 인쇄된 초대장을 보내지 못하였다. 그래서 이 시리즈 홍보를 위해 더 많은 노력을 기울였다. 도서관 직원과 자원봉사자들은 지역 전체에, 특히 라틴계 주민들이 자주 찾는 장소에 전단지를 배포하였다. 또한 전단지는 우리 도서관 전체에서도 쉽게 얻을 수 있도록 하였다.

매해 보도자료는 지역 내 이중 언어/영어/스페인어 신문과 라디오 방송국들을 대상으로 이중 언어로 제작, 발송되었다. 지역의 한 온라인 신문은 이 시리즈에 대한 기사를 게재하였는데, 이 기사는 사람들이 이 프로그램들을 즐기기 위해 우리 도서관으로 오도록 만드는데 기여를 하였다. 프로그램이 진행된 두 해 동안 우리 도서관은 페이스북 페이지나 트위터 계정을 만들지 않았다. 그 다음 해인 지금 이 소셜 네트워킹 도구들을 활용하여 계속 커져가는 청중들에게 이 시리즈에 대한 소식을 전할 예정이다. 전통적 홍보 방식과 새로운 홍보 방식을 모두 사용함으로써 다양한 연령, 민족, 언어적 배경을 가진 청중들에게 홍보가 가능해지고, 더 빠르게 소식을 전파할 수 있고, 더 크게 영향을 미칠 수 있다.

사실, '7시의 커피' 성공의 주요 요인은 바로 이용자들 사이의 강력한 구전 네트워크의 개발이었다. 구전 홍보에 탄력을 받게 되자, 프로그램 참가자들이 증가하였고 우리 도서관이 좋은 프로그램들을 제공한다는 소문이 지역사회 전체로 퍼져나갔다. 이것은 운에 의한 것이 아니었음을 주목해야 한다. 모든 도서관 직원들과 핵심적 이용자들의 합심된 노력이 이번 성공의 열쇠였다. 직원들은 이용자들이 자료를 대출하고, 참고질문을 하고, 컴퓨터 수업을 받고, 일상적 대화를 하는 동안 모든 기회를 이용해 포스터, 전단지, 웹사이트 정보를 보여주면서 이용자들에게 '7시의 커피'에 대해 이야기하였다. 또한 직원들은 직원들과 잘 아는 라틴계 이용자들에게 구전 홍보와 함께 친구와 지인들을 초대해 줄 것을 요청하였다. 이들 중 일부는 자신의 교회, 단체, 직장에서 '7시의 커피'에 대한 소식을 전하고 전단지를 게시하였다. 또한 사서들은 개인적 지인들과 업무관련 지인들에게 인터넷과 '주간 일정 알림'(weekly reminders)을 통해 전단지를 발송하고, 우리 도서관의 프로그램 시리즈에 관심을 가질만한 사람들에게 전달시켜줄 것을 요청하였다. 거듭되는 알림은 중요한 광고 수단으로 활약하였는데, 이는 매주 프로그램에 참가하는 도서관 업무관련 지인들의 수가 분명히 증가한 것을 통해 확인할 수 있다.

## 지역사회 협력관계

새로운 이용자들에게 다가가면서 동시에 라틴 문화의 상대적으로 덜 알려진 측면들을 이용자들에게 알리려는 노력의 일환으로 우리 도서관은 '웨스트체스터 카운티 체임버 뮤직 소사이어티'(the Westchester County Chamber Music Society)와 협력하였는데, 이 단체의 회원들은 매우 재능 있으며 존경받는 음악인들이다. 그들의 프로그램인 "라틴의 멋과 함께 하는 클래식 음악"(Classical Music with a Latin Flair)은 청중들로부터 매우 좋은 평가를 받았다. 사람들은 이 프로그램을 통해 마누엘 데 파야(Manuel de Falla), 이사크 알베니스(Isaac Albeniz)와 같은 스페인 작곡가들의 클래식 음악을 처음 경험하였다. 클래식 음악 팬들과 라틴 음악을 좋아하는 사람들 모두 특별한 교감 속에서 자신들의 음악 사랑을 공유하였다.

우리는 이 음악단체와 '연주하고 싸워라'(*tocar y luchar / To Play and Fight*)라는 영화를 상영하면서도 협력하였다. 이 영화는 지방의 음악 수업에서부터 해외 공연까지 몇 명의 단원들을 따라다니면서 '베네수엘라 청소년 오케스트라'(the Venezuelan Youth Orchestra)의 성장을 기록한 것이다(이 오케스트라는 지금은 '시몬 볼리바르 심포니 오케스트라'(Orquesta Sinfónica Simón Bolívar / Simón Bolívar Symphony Orchestra)로 알려져 있다.). 많은 참석자들은 이러한 프로그램이 있는지를 몰랐으며 우리 도서관에서 이런 유형의 오락적이고 교육적인 영화를 상영하는 것은 매우 중요하다고 말하였다.

우리 도서관은 지역의 프로와 아마추어 사진 애호가들의 모임인 '웨스트체스터 사진협회'(the Westchester Photographic Society)와도 상호이익협정(a mutually beneficial arrangement)을 체결하고 협력 관계를 형성하였다. 사진가들은 우리 도서관의 특별하고 흥미로운 사물, 인물, 장소들에 대한 촬영을 즐기는 한편, 우리 도서관과 참여 예술가들, 그리고 아츠 웨스트체스터가 홍보 목적으로 그들의 훌륭한 사진들을 사용하는 것에 대해 허락하였다. 실제로 그들의 작품 중 일부는 우리 도서관과 웨스트체스터 카운티 내 다른 도서관들에서 열린 사진 전시회에서 전시되었다. 그들이 촬영한 사진들은 도서관 행사에 이용자의 참여를 독려하기 위한 여러 포스터에 사용되었고 영어와 스페인어로 제작된 포스터들은 도서관 곳곳에 잘 보이도록 게시되었다. 웨스트체스터 사진협회의 프로 정신과 관대함 덕분에 사진협회 회원들은 훌륭한 예술가들을 대상으로 사진을 찍고 그들의 기교를 연습할 독특한 환경을 경험할 수 있는 기회를 가지게 되었고, 우리 도서관은 '7시의 커피' 시리즈에 사진협회 회원들의 독창적인 감수성을 덧입힐 수 있는 기회를 가지게 되었다.

지역의 다양한 식당들도 '7시의 커피' 시리즈의 성공에 기여하였는데, 아르헨티나 식당, 카리브해 제과점, 식품 판매점 등이 음식을 기부하였다. 우리 도서관의 정기적인 이용자들 중 일부는 자신들의 모국 음식들을 가지고 왔고, 전직 도서관 위원이자 은퇴한 주방장은 매년 마지막 프로그램을 위한 타파스를 제공하는 것 외에도 한 프로그램을 위해 '스페인식 또르띠야'(*tortilla espñola*)를 요리해주었다. 프로그램 참가자들의 또 다른 중심 활동으로 음식을 활용한다면 이용자들을 도서관으로 불러 모으고, 참여자들 사이에 즐거움과 동료애를 공유할 수 있는 기회를 얻을 수 있을 것이다.

2011년 프로그램들 중 하나는 음식에 초점을 두었는데, 이 프로그램에서 한 에콰도르인 부주방장은 색깔이 곱고 맛이 좋은 살사 소스를 만들어 주었다. 그는 노래를 부르며 기타와 류트(lute)[6] 계통의 안데스 지방의 작은 현악기인 '차랑고'(*charango*)를 연주하였다. 참석자들은 한 프로그램 안에서 음식에 대해 배우고, 맛있게 먹으며, 다함께 세레나데를 부르면서 정말 즐거워했다! 프로그램 참가자들은 음식을 만들고 차리는 것을 도와야 하기 때문에 이 프로그램은 가족 같은 행사(a family-like affair)로 바뀌었다. 살사 소스를 위한 조리법은 복사물로 제공되었고 광범위한 요리책 전시는 초보자와 고급 요리사들이 라틴 음식 준비를 시도하도록 용기를 북돋워주었다.

우리는 이 특별한 프로그램에 대해 매우 긍정적인 피드백을 받았다. 그리고 참가자들은 라틴 음식 요리에 관한 더 많은 프로그램을 제공해달라고 요청하기 시작하였다. 그 결과, 우리의 전직 도서관 위원이자 은퇴한 주방장은 요리 기법과 스페인 요리에 대한 프로그램 시리즈를 해보겠다고 제안하였고, 지금은 '쉐프 또마스와의 대화'(Conversation with Chef Tomás)라는 이름의 시리즈로 4개월째 진행되고 있다. 다른 사람과 새로운 프로그램들을 만들 수 있고, 신속하게 아이디어들을 성과로 만드는 것이 바로 우리 도서관 프로그램의 전체적인 성공에 있어 핵심 요소이다.

'7시의 커피' 시리즈의 또 다른 중요한 파생물은 우리 도서관의 스페인어-영어 대화 모임의 탄생인데, 이 모임은 상호간의 언어를 배우기 위해 매주 진행된다. 첫 해의 프로그램들 중 2개는 대화에 초점이 맞춰졌고, 우리들은 한참동안 언어 공부 모임이 탄생하기를 희망해왔는데, 실제 이 모임의 동력은 '7시의 커피'을 즐겨왔던 이용자들로부터 나왔다. 그들은 대화모임이 비용이 들지 않고 도서관 직원들이 적게 일하면서 연중 계속되기를 희망했는데, 지금 이 모임은 1년 넘게 매주 만나고 있다. 스페인어 또는 영어가 모국어인 사람들은 각 언어로 대화능력을 연습함으로써 서로를 도우며 북돋우고 있다. 그 결과, 우호관계가 형성되고 우리 도서

6) 연주 방법이 기타와 비슷한 초기 현악기(네이버 참조, 역자 주)

관과 '7시의 커피' 시리즈의 목적인 한층 심화된 문화적 이해가 만들어지고 있다. 또한 이 열광적인 언어 학습자 모임은 '7시의 커피' 시리즈의 핵심 홍보요원이 되었으며, 현재 그들의 가족과 친구들과 함께 모든 수업들을 매우 즐기고 있다. 그들은 우리 도서관이 있음으로 인해 자신의 삶에서 즐거움을 찾을 수 있고, 우리 도서관은 그들이 우리 도서관 건물과 지역사회에 있음으로 인해 더욱 풍성해지고 있다.

## 프로그램과 공연자들

앞에서 언급했듯이, 음악가들은 원래 친절했고 또한 우리가 우리 프로그램의 목적과 재정적 어려움에 대해 명확하게 설명했기 때문에, 음악가들은 그들의 줄어든 공연료를 받아들였다. 심지어 한 음악가는 우리 도서관에서 공연하기 위해 매우 뛰어나고 널리 알려진 기타리스트인 자신의 아르헨티나 동료를 초청하여 엄청난 환호를 받았다. 이와 같은 관대함을 불러오는 우호관계를 한 차원 높이 발전시키는 것은 도서관에 자신의 재능을 기부할 좋은 공연자들을 발굴하는 과정에서 필수적이다. 당신이 속한 라틴계 커뮤니티의 핵심 구성원들을 파악하고 지속적으로 네트워크를 유지한다면 도서관의 프로그램을 즐겁고 성공적으로 만들어주는 상호 지원적 환경 구축에 도움을 얻을 수 있을 것이다. 우리는 '7시의 커피' 시리즈가 진행되는 1~2개월만이 아니라 연중 계속해서 우리의 예술가들과 연락하고 있다. 우리는 그들의 메일링 리스트에 가입하고 그들과 소셜 네트워크로 연결되어 있으며 그들이 다른 지역에서 벌이는 공연, 쇼, 수업 등에도 가능한 자주 참가한다. 이러한 상호 존중을 통해 우리는 매년 우리 도서관의 프로그램에 참여할 좋은 음악가와 예술가들을 발굴할 수 있다는 확신을 가지게 된다. 실제로 그들 중 많은 사람들이 내년도 프로그램에 참여할 수 있는지 문의하고 있다.

해마다 새로운 프로그램들의 제공과 청중의 선호 사이에서 균형을 찾는 것이 중요하다. 아래에 기술되는 3년간 진행된 '7시의 커피'의 개요는 이 프로그램들이 새 이용자들을 끌어들이고 흥미를 지속시키는 한편, 이용자들이 선호하는 프로그램을 다시 제공하면서 청중들의 만족을 유지시키면서 어떻게 변화해왔는지를 보여줄 것이다. 2010년 시리즈는 8개의 행사들로 구성되었다. 영화 '연주하고 싸워라', 웨스트체스터 카운티 체임버 뮤직 소사이어티 소속 5명의 음악가들의 "라틴의 멋과 함께 하는 클래식 음악", 아르헨티나인 기타리스트 페드로 바에즈(Pedro Baez)가 출연한 탱고 콘서트, 이중 언어가 가능한 2명의 보건 전문가가 진행한 가족 건강의 밤과 이중 언어가 가능한 우리 도서관 사서가 진행한 이중 언어 동화구연과 노래: 지역 예술가 오렐리아 페르난데즈 마루레(Aurelia Fernández Marure)와 함께 한 "멕시코 종이 예술의 밤”, 스페인어를 사용하는 도서관 직원이 진행한 영어-스페인어 대화(2회 진행), 페루, 에콰도르, 칠레 출신 7명으로 구성된 그룹 ‘루나호르코’(Runahurco)가 출연한 안데스 음악의 밤.

2011년에 우리들은 요리 프로그램을 시작하였는데, 그 기간 동안 청중들은 2번의 살사 소스의 제조를 거들었고, 부주방장 헤수스 츄퀴타이페(Jesús Chuquitaipe)는 이 요리 프로그램에 음악의 손길을 더하였다. 그 다음에는 페드로 바에즈가 또 다른 아르헨티나 출신 기타리스트 페데리코 디아즈(Federico Díaz)와 함께 작년에 이어 다시 등장해 많은 청중들의 마음을 사로잡았다. 그 후 우리는 이사벨 아옌데의 ‘바다 아래의 섬’에 대한 토론(영어)을 주최하였는데, 이 소설책의 복본들은 토론이 있기 1개월 전에 우리 도서관에서 이용할 수 있었다. 다음으로, 상당히 자리잡은 음악 그룹인 ‘더 리카르도 고트르 트리오’(the Ricardo Gautreau Trio)가 처음으로 우리 도서관에 방문했는데, 매우 큰 호응을 받았다. 지역 예술가인 블랑카 메디나(Blanca Medina)는 자신의 구슬공예를 선보였고, 다양한 연령의 사람들에게 전통적 기법으로 예쁜 장신구를 만드는 방법을 가르쳤다. 2011년 시리즈는 ‘지라타나카’(Jilatanaka, 남아메리카 아이마라(Aymara)[7] 언어로 형제를 뜻함)로 개명한 그룹 루나호르코가 다시 방문하여 대단한 공연을 벌여 청중들의 큰 호응을 얻으며 화려하게 마무리하였다.

2012년 프로그램은 웨스트체스터 기반의 아르헨티나 출신 음악가인 페드로 바에즈의 기타 공연으로 시작할 계획인데, 그는 자신의 공연에서 함께 할 또 다른 라틴계 기타리스트를 선정할 예정이다. 미국 독자들에게 잘 알려지지 않은 한 라틴계 작가의 소설(곧 결정할 예정)에 대한 독서 토론이 두 번째 프로그램이 될 것이다. 다음으로는 전직 도서관 위원이자 은퇴한 주방장인 또마스 사에즈(Tomás Saez)가 스페인식 타파스에 초점을 둔 요리 프로그램을 진행할 예정이다. 2012년 시리즈의 마지막 프로그램에는 모두 남아메리카 출신인 7명의 재능있는 지역 음악인들로 구성되어 있는 매우 인기있는 안데스 밴드 지라타나카가 또 다시 출현할 예정이다. 예산감축으로 인해 프로그램 수를 얼마로 해야 할지 그리고 어떤 예술인들을 다시 초청할지에 대해 어려운 결정을 내려야 하겠지만, 도서관 이용자들과 지역주민들이 이 프로그램들을 매우 좋아하고 있음을 명심할 필요가 있다. 이와 같은 거듭되는 균형 잡기와 지속적인 우호관계와 교류의 증진은 도서관 프로그램에서 매우 중요한 부분들이다.

2010년에 만들어진 강력한 기반은 많은 도서관들이 직면하고 있는 도서관의 예산 및 직원 감축이라는 큰 난관에 부딪혔을 때조차도 우리 도서관이 ‘7시의 커피’ 시리즈를 정기적으로 계속하여 제공할 수 있도록 해줄 것이다. 여러 도서관들이 현재의 경제적, 정치적 환경에서 난관을 겪고 있지만, 우리는 계속해서 우리의 라틴계 이용자들에게 우리 도서관의 서비스와 장

7) 볼리비아와 페루의 인디오를 의미함(네이버 참조, 역자 주)

서, 여타 프로그램들을 알려 나갈 것이다. 그리고 그들의 문화유산을 인정하고 존중하는 문화적으로, 교육적으로, 오락적으로 풍성한 프로그램들을 제공함으로써 향후 더 많은 라틴계 주민들이 우리 도서관 공동체 속으로 들어오도록 만들 것이다.

처음 이 프로젝트를 구상했을 때 우리는 1회성 시리즈로 계획하였다. 하지만 2년의 성공적 진행 그리고 최근 3년차 진행을 위한 아츠 얼라이브 보조금 지급의 확정을 토대로 우리는 이 프로그램을 매년 계속 제공할 수 있을 것으로 확신한다. 다양한 민족적 배경을 가진 사람들을 환영해온 우리 도서관은 상호이익과 예술 육성을 위한 환경조성이라는 우리의 목표에 지속적으로 신뢰를 보내온 관대한 사람들과 네트워크를 형성해왔다. 우리가 시작한 다른 문화들 사이의 대화가 더욱 발전될 수 있도록 우리는 이 시리즈들을 계속해 나갈 것이다. 향후 우리 도서관의 프로그램들은 문화적으로, 교육적으로 풍성할 것이며 우리 지역 내의 영어 사용 커뮤니티와 스페인어 사용 커뮤니티 사이의 전달자로써 계속 그 역할을 수행할 것이다.

## 읽을거리

Alire, C., and J. Ayala. 2007. *Serving Latino Communities: A How-to-Do-It Manual for Librarians.* 2nd ed. New York: Neal-Schuman.

Byrd, S. M. 2005. *¡Bienvenidos! Welcome! A Handy Resource Guide for Marketing Your Library to Latinos.* Chicago: American Library Association.

# 그렇다면 당신은 당신이 쓸 수 있다고 생각합니까?

## 창의성을 고무하는 프로그램

에이프릴 그레이, 데릭 모즐리

어떻게 하면 다양한 집단의 참가자들을 1개월간의 프로그램을 위해 도서관으로 오도록 만들 수 있을까? 아마도 모든 사람들에게 보편적으로 끌릴 수 있는 주제를 선택해야 할 것이다. 모든 도서관들은 문자 언어(the written word)를 공유하는 일에 관계되어 있으며, 소설을 쓰는 것은 모든 문화권에서 존중받는다. 우리는 라파예트(Lafayette)에 소재한 루이지애나 대학교(the University of Louisiana, 이하 UL 라파예트)와 주변 지역사회가 창의적 글쓰기를 축하하고 저술 작업, 우호 관계, 공동체의 발전 등을 증진시키는 한 국제적인 프로그램에 참여하기를 희망하였다. 이를 위해 우리는 'NaNoWriMo' 기간 동안 미래의 소설가들에게 어네스트 게인즈 센터(the Ernest J. Gaines Center)의 문을 열어주었다.

### NaNoWriMo가 무엇인가?

'전국 소설 쓰기의 달'(National Novel-Writing Month, NaNoWriMo, 이하 나노라이모)은 'The Office of Letters and Light'(http://www.nanowrimo.org)가 운영하는 1개월간의 글쓰기 프로그램이다. 이 프로그램의 목적은 11월 한 달 동안 5만 단어로 된 소설을 쓰는 것이다. 세계 곳곳의 참가자들은 이 프로그램 동안 자신만의 방식으로 목표인 5만 단어까지 열정적으로 글을 쓰면서 창의적 글쓰기를 축하하는데 참여한다. 모든 문화와 배경의 사람들은 스토리텔링(storytelling)을 통해 자신들의 창의성을 공유하는데 관심을 가지고 있다. 도서관, 학교, 독립 서점(independent bookshop)들은 참가자들이 앉아서 자신의 소설을 쓸 수 있는 공간을 제공하는 글쓰기 모임(write-in session)[8]을 주최함으로써 나노라이모에 참여할 수 있다. 참가자들은 자신의 소설을 혼자 작업할 수도 있고 다른 집단에 참여하여 질문이나 도움을 요청하면서 작업할 수도 있다. 책상과 의자는 당신의 도서관에서 작가들을 환영하는데 필요한 모든 것이다. 사람들이 노트북 컴퓨터를 사용할 수 있도록 전원을 제공한다면 유용할 것이다.

## 당신의 도서관은 왜 참여해야 하는가?

도서관은 다양한 문화적 배경을 가진 사람들이 도서관에서 제공하는 것을 알 수 있도록 도서관 공간 안으로 오도록 만들고 문해력을 증진시킬 수 있는 기회를 최대한 모색해야 한다. 이 프로그램의 참가자 대부분은 독서와 글쓰기를 사랑한다. 글쓰기를 위한 매력적인 환경을 제공한다면 당신은 당신의 도서관을 위한 훌륭한 홍보 기회를 만들 수 있다. 이 프로그램에 참여하는 대신에 당신은 당신의 도서관 안에서 서로 친구가 되고, 무언가에 대해 글을 쓰고, 공동체 의식을 만들어 주는 열성적 독서자 모임을 만들 수도 있다. 당신의 도서관이 해야 할 가장 중요한 일은 각계각층의 다양한 사람들이 참여하는 훌륭한 프로그램을 위해 필요한 시간과 공간을 제공하는 것이다.

## 어네스트 게인즈 센터

어네스트 게인즈 센터는 UL 라파예트의 이디스 갈런드 뒤프레 도서관(Edith Garland Dupré Library, 이하 뒤프레 도서관) 내부에 있다. 게인즈 센터는 어네스트 게인즈와 그의 작품에 관한 학술연구에 초점을 두고 있다. 게인즈 센터는 UL 라파예트의 명예 전속작가의 작품을 영광스럽게 소장하고 있으며, 게인즈의 문서들과 육필 원고들에 대해 연구하는 연구자와 학생들을 위한 공간을 제공한다. 어네스트 게인즈는 관대하게도 자신의 초기 문서들과 육필 원고들, 그리고

---

8) NaNoWriMo 활동의 일환으로, 지역별로 참가자들이 카페, 도서관 등에서 같이 모여 각자 자신의 글을 쓰는 활동을 의미함.(역자 주)

다수의 물품들 기증함으로써 게인즈 센터 장서의 근간을 만들었다. 많은 문화권에서는 게인즈의 소설에서 묘사된 인간이 처한 환경에 관심을 가지고 있다. 이 책들은 17개의 언어로 번역되어 전 세계의 많은 독자들에게 감동을 주었다. 게인즈 센터의 실내장식은 많은 수상작 장서들, 사진들, 어네스트 게인즈의 타자기 등을 포함하고 있다. 학습용 책상들, 안락한 독서 의자들, 그리고 긴 소파가 있는 휴게실 공간은 학생들에게 매력적인 공간이며, 이 위대한 아프리카계 미국인 작가의 업적을 전체적으로 조망할 수 있도록 만들어준다.

나노라이모 동안 창의적 글쓰기를 축하하기 위해 뒤프레 도서관은 11월에 매주 목요일 오후 4시부터 6시까지 게인즈 센터에서 글쓰기 모임을 주최했다. 게인즈 센터는 모든 작가들에게 개방되었고 많은 작가들이 자신의 소설을 쓸 수 있었다. 우리는 3가지의 다른 홍보 방법을 통해 학생, 교직원, 지역주민들을 초청하였다. 첫째, 우리는 전단지를 캠퍼스 곳곳 그리고 주변 커피숍들에 부착하였다. 전단지는 나노라이모 로고와 웹사이트 정보와 함께 우리 센터의 글쓰기 모임 일시와 장소를 강조하였다. 둘째, 우리는 학생 신문인 '더 버밀리온'(*The Vermilion*)과 지역 신문인 '디 어드버타이저'(*The Advertiser*)에 글쓰기 모임에 관해 투고하였다. 마지막으로 우리는 나노라이모 프로그램 홍보를 위해 온라인 공간을 활용하였다. UL 라파예트, 뒤프레 도서관, 게인즈 센터 등의 홈페이지에 이 프로그램에 대한 정보를 게시하였고, 페이스북 친구들에게 이 프로그램을 홍보하기 위해 게인즈 센터의 페이스북 페이지에도 관련 정보를 게시하였다. 이 글은 다시 뒤프레 도서관과 UL 라파예트의 페이스북 페이지에도 공유되었다. 글쓰기 모임에 관한 홍보용 정보는 나노라이모 웹사이트에 게시되었고 나노라이모가 지정한 지역 자원봉사자인 연락담당자와 전자 게시판에서 의견을 교환하였다.

## 창의적 글쓰기 장소

게인즈 센터는 작가들이 와서 자신의 소설을 쓸 수 있는 창의적 공간을 제공하였다. 안락한 좌석은 학생, 교수, 지역주민들이 중간에 휴식을 취하고 서로 어울리며 자신의 창의적 글쓰기 과정에 대해 대화하는 분위기를 조성하였고, 서로의 생각에 대한 반응을 살필 수 있는 기회를 제공하였다. 긴 전력선과 전력 연결 장치를 제공하여 참가자들이 자신의 노트북 컴퓨터를 사용하도록 하였으나 일부는 자신의 소설을 책상에 앉아서 손으로 쓰기(longhand)를 선택하였다. 긴 소파는 30일간 5만 단어로 글쓰기가 시작된 직후부터 안락함을 원하는 한 소설가가 항상 먼저 자리를 잡았다. 우리 도서관의 친구들 모임은 커피와 간식을 제공하였다. 커피 휴식시간은 참가자들이 다른 참가자들과 자신의 진행과정에 대해 이야기하는 중요한 시간이었다. 각종 사전, 시소러스, 연필, 지우개 등을 한 커피 테이블 위에 두고 참가자들이 글쓰기 모임 동안 자유롭게 쓰도록 하였다. 당신은 글쓰기 모임 동안에 소규모 글쓰기 공간을 제공하거나 스모가스보드(smorgasbord)[9]을 제공할 수 있을 것이다.

## 당신의 글쓰기 모임을 홍보하라

성공적인 나노라이모 모임을 만들기 위해 당신이 반드시 해야 하는 가장 중요한 일은 최대한 많이 홍보하는 것이다. 참가자들이 들어오기만 하면 그들은 스스로 즐길 것이다. 지역의 공공도서관, 대학의 관련 학과들 그리고 지역사회 여러 단체들과의 협력은 당신의 글쓰기 모임에 대한 소식을 전파하고 다양한 배경을 가진 참가자들에게 당신의 행사를 홍보하는데 있어 매우 중요하다. 창의적 글쓰기 담당 교수들과 다른 영문학 교수들에게 전단지를 제공하는 것도 참가자 수를 늘리는데 도움이 되었다. 홍보 대상이 될 만한 캠퍼스 내 학생 단체들로는 학생 신문사, 글쓰기 동아리, '작가들의 블록'(Writer's Bloc),[10] 캠퍼스 내 문학잡지 '더 사우스웨스턴 리뷰'(*The Southwestern Review*) 등이 포함되었다. 우리는 그들에게 다가오는 글쓰기 모임에 관한 안내문을 발송하여 캠퍼스 전체에 나노라이모에 대한 분위기 조성하고자 하였다. 우리는 지역사회 단체들과도 접촉하여 이 프로그램에 대해 홍보하였다. '아카디아나 작가 조합'(The Writer's Guild of Acadiana)[11]과 남서부 루이지애나 지역의 '바이우랜드 이야기작가 조합'(Bayouland Storytellers Guild of Southwest Louisiana)[12] 등을 대상으로 홍보를 진행했는데, 아카디아나 작가인 쉐어 코엔(Cheré Dastugue Coen)은 그녀의 페이스북 페이지와 '루이지애나 책 소식'(Louisiana Book News) 블로그에 게인즈 센터의 글쓰기 모임을 홍보해주었다.

---

9) 스칸디나비아에서 전래된 말로, 일종의 뷔페식 식사를 의미함(네이버 참조, 역자 주)
10) 집단 창작활동을 하는 작가들의 동아리(역자 주)
11) 루이지애나 주는 과거 프랑스 식민지였던 캐나다 남동부의 아카디아 지역(Nova Scotia 주 전부와 New Brunswick 주의 일부)에 살다가 미국으로 강제 이주된 프랑스인들이 정착한 지역으로, 루이지애나 주의 남서부 지역을 아카디아나(Acadiana) 또는 프랜치 루이지애나(French Louisiana)로 부름.(위키피디아 참조, 역자 주)
12) 바이우랜드는 미시시피강 하류 루이지애나 남부지역의 늪지대를 의미함.(네이버 참조, 역자 주)

## 향후 발전방안

향후 우리들은 글쓰기 대회(a writing contest)를 포함하는 방향으로 UL 라파예트에서의 나노라이모 프로그램을 확장하고자 한다. 가능한 시나리오는 11월 30일까지 제출된 모든 완성된 소설들을 대상으로 심사를 실시하는 것이다. 이 대회가 실시되기 전에 몇 가지 업무 관련 문제들이 해결되어야 한다. 우리가 저자가 언제 소설을 시작했는지를 어떻게 기록할 수 있는가? 한 대학교가 후원하는 대회에 누가 참여할 수 있는가? 이러한 문제들을 비롯해 더 많은 문제들이 대회 실행 이전에 검토되어야 한다.

나노라이모를 확장하는 또 다른 방법은 지역의 작가들이 창의적 글쓰기에 대해 토론하고, 글쓰기 모임에 참여하고, 학생, 교수, 지역주민 참가자들과 나란히 작업하기 위해 게인즈 센터로 방문하도록 초청하는 것이다. 영문학과의 창의적 글쓰기 프로그램 소속 교수들은 소설의 개요를 만들고, 줄거리 전개의 기본을 가르치고, 1개월 내에 소설을 마무리하기 위해 필요한 다른 지원들을 제공하는 방법을 통해 나노라이모 참가자들을 지원할 수 있는 이상적인 사람들이다. 문제는 참가자들이 목표 단어 수만큼 글을 쓰기 위해 이곳에 있어야 한다는 것, 참가자들이 글쓰기 과정에 대해 배울 시간이 없다는 것, 그리고 글쓰기 강좌 대신에 재미를 위해 이곳에 오는 참가자들에게는 별다른 이득이 없을 수 있다는 것이다.

향후 우리들은 라파예트에 소재한 사우스 루이지애나 커뮤니티 칼리지(South Louisiana Community College)의 도서관과 글쓰기 모임 수를 늘리기 위해 협력하고자 한다. 글쓰기 모임이 증가한다면 참가자들에게 자신의 소설을 쓰는 기회가 더 많이 제공되어 지역사회에 더 많은 작가들이 등장할 것이다. 두 도서관은 과거 각자의 글쓰기 모임을 홍보하기 위해 나노라이모 전자 게시판에 독자적으로 정보를 제시하였을 뿐 함께 홍보하기 위해 노력하지 않았다. 향후 두 도서관 사이의 협력은 두 도서관 모두에 도움을 줄 것이고 나노라이모 글쓰기 프로그램에 대한 홍보 기회를 더 많이 만들 수 있을 것이다.

우리 도서관의 나노라이모 프로그램을 확장하기 위한 마지막 아이디어는 소설 쓰는 달을 마무리하고 많은 소설가들의 성취를 축하하는 행사를 개최하는 것이다. 뒤풀이 행사(wrap-up party)의 해결과제는 이 프로그램의 종료 시점인데, 추수감사절[13] 휴가 직후 주일과 기말고사 직전 주일 사이에 걸치게 된다. 대학도서관들은 뒤풀이 행사를 공공도서관과 협력해서 주최할 수도 있는데, 이 행사는 자기 소설 중 일부를 읽으면서 참가자들과 공유하는 좋은 시간이 될 것이다.

---

13) 미국의 경우, 11월의 넷째 목요일(역자 주)

## 결론

나노라이모는 창의적 글쓰기에 애정을 가지고 있는 다양한 배경의 사람들이 당신의 도서관으로 와서 참여하는 검증된 프로그램이다. 글쓰기가 모든 문화권에서 보편적으로 인기가 있기 때문에 이 프로그램을 통해 다양한 지역주민들을 함께 모을 수 있다. 이 프로그램은 모든 연령, 성별, 인종에게 보편적인 매력을 가지고 있다. 당신은 지역주민들이 다른 작가들의 이야기를 듣기 위해 찾아오고, 참가자들이 글 쓰는 과정에서 서로 격려하는 모습을 보게 될 것이다. 우리는 게인즈 센터의 글쓰기 모임에서 다양한 배경을 가진 참가자들을 보았다. 우리는 이것이 여러 문화권에서 글쓰기와 창의적인 스토리텔링이 매력적으로 인식되고 있기 때문이며, 전통적 방식과 온라인 소셜 미디어를 통한 홍보 때문이라고 믿고 있다. 당신이 소설 작가들에게 한 번의 글쓰기 모임만을 제공하든지 아니면 주별 모임을 위한 공간을 제공하든지 간에 그들은 창의적 글쓰기에 관심있는 다른 사람들과의 만남을 통해 그리고 30일간 5만 단어의 소설을 쓰는 모든 사람들이 서로에게 보내는 격려를 통해 많은 것을 얻을 수 있다.

# 샬럿 멕크렌버그 도서관의 영어 대화 클럽들

스테이시 팔코위츠

가용 자원이 부족하고 예산이 감축된 이러한 시기에, 미국 전역의 사서들은 비전통적인 이용자들에게 도서관의 자원들을 소개하기 위해 창의적이고 비용효과적인 방법을 모색하고 있다. 영어 대화 클럽은 참가자들이 자신의 영어 말하기와 듣기 능력을 연습할 수 있도록 격식이 없고, 재미있으며, 안심할 수 있는 학습 공간을 제공한다. 또한 영어 대화 클럽은 계속해서 다양성이 증가되고 있는 지역사회에서 다른 문화들에 대한 이해를 도모하는 한편, 소외 계층에게 필수적인 서비스를 제공한다. 지역의 여러 교회, 라틴계 사람이 소유한 여러 기업체, 비 영어 사용자들을 위한 여러 비영리 단체, 아파트 단지 등과 접촉하여 당신이 속한 도서관의 프로그램을 홍보한다면 당신의 도서관 시스템은 도서관 이용자, 자원봉사자, 지지자라는 새로운 공급원들을 얻게 될 것이다.

영어 학습자들은 커뮤니티 칼리지, 교회, 비영리 단체 등을 포함한 다양한 장소에서 ESL 수업을 듣는다. 그러나 이 수업들은 읽기, 쓰기, 문법에 초점이 맞춰진 경향이 있다. 학생들은 보통 집에서 하기 어려운 영어 말하기 연습이 필요하다고 계속 말하고 있다. 그들은 어디에서 영어 말하기 연습을 위한 편안하고 자유로운 환경을 찾을 수 있는가? 그들이 누구이든지간에, 모든 사람을 위해 평등한 정보 접근을 제공하는데 전념하는 기관인 공공도서관보다 더 적합한 곳이 있겠는가?

## 목표

참가자들이 영어 말하기와 듣기 능력을 연습할 수 있는 격식이 없고, 재미있으며, 안심할 수 있는 학습 공간을 제공하기 위해, 샬럿 멕크렌버그 도서관(Charlotte Mecklenburg Library)은 영어 대화 클럽을 만들기로 결정하였다. 우리의 목표는 강의를 하는 것이 아니라 참가자들 사이에 대화를 촉진시키고, 참가자들이 말하기와 듣기에 적극적으로 참여하도록 권장하는 것이다. 또한 우리는 우리 지역에 존재하는 많은 출신국가와 문화에 대해 토론하고, 학습하며, 존중할 것을 권장한다. 우리는 전통적으로 공공도서관과 공공도서관의 자원들을 잘 이용하지 않았던 사람들이 도서관 서비스를 더 많이 이용하기를 희망한다. 나아가 우리는 평생 동안 도서관의 후원자와 지지자가 될 사람들과의 관계를 발전시켜 나가도록 애쓰고 있다.

## 개요

- 우리는 매주 1회, 1시간 30분간의 모임을 여러 곳의 도서관에서 개최한다.
- 전형적 학습 활동 이외에 많은 나라의 음식들을 나눠먹는 '팟럭'(potluck)[14] 점심과 같은 문화 행사들도 개최한다.
- 2008년 1월에 시작한 이후 200명 이상의 회원들이 가입하고, 참여하였다.
- 보통 10명에서 20명의 회원들이 참여한다. 평균 출석자는 14명이다.
- 멕시코, 쿠바, 푸에르토리코, 콜롬비아, 페루, 볼리비아, 베네수엘라, 아르헨티나, 니카라과, 브라질, 튀니지, 이란, 아르메니아, 베트남, 일본, 한국, 중국을 포함한 20개국 이상의 출신자들이 참여해왔다.
- 참가자들은 자신이 모임에서 공유하고 싶은 주제들을 가지고 오도록 요청받는다. 참가자들은 자신의 이야기를 하면서 자주 신문기사, 가족사진, 기념품 등에 대해 공유한다. 이 활동은 모임에서 편안함을 크게 증가시키고, 유대감 형성에 크게 효과적인 것으로 입증되었다.

14) 여러 사람들이 각자 음식을 조금씩 가져 와서 나눠 먹는 식사(네이버 참조, 역자 주)

## 모임 계획 및 발표

우리는 토론 주제를 위한 지침, 요령, 아이디어 등을 제공하기 위해 다양한 온라인 및 인쇄 정보자원들을 이용하였다. 인기 있는 주제는 시사, 지역 학교, 공휴일, 영화, 스포츠, 관용구 등이었다. 토론 아이디어를 위해 가장 좋은 웹사이트들 중 일부를 소개하자면 〈표 33-1〉과 같다.

〈표 33-1〉 토론 아이디어를 위해 가장 좋은 웹사이트들

| |
|---|
| East Side Literacy Talk Time Topics |
| http://www.eastsideliteracy.org/tutorsupport/ESL/ESLTalk-Time.htm |
| ESL Speaking Activities |
| http://www.eslgo.com/resources/sa.html |
| Easy Conversations for ESL Beginners |
| http://www.eslfast.com/easydialogs/index.html |
| Dave's ESL Cafe |
| http://www.eslcae.com |
| Conversation Questions for the ESL/EFL Classroom |
| http://iteslj.org/questions |
| ESL Gold |
| http://www.eslgold.com/speaking/topics_conversation.html |
| Compelling Conversations |
| http://compellingconversations.com/blog/ESL/conversations-class |
| ESL Conversations @ Your Library |
| http://eslconversationclubs.blogspot.com |

## 홍보

우리는 도서관 웹사이트, 도서관 내에 부착된 전단지 등을 포함한 여러 방법을 쓰면서 영어 대화 클럽에 대해 홍보하였다. 지역의 스페인어 신문과 라디오 등을 포함한 지역 매체에

짧은 광고(blurb)를 실시하였고, '크레이그리스트'(Craigslist)[15]와 페이스북 같은 소셜 미디어 사이트에도 영어 대화 클럽을 게시하였다. 우리는 영어 대화 모임과 다른 도서관 자원들을 홍보하기 위해 지역의 커뮤니티 칼리지, 비영리 기관, 교회 등 ESL 수업을 제공하는 지역사회 모임들도 방문하였다. 우리는 개인적 지인과 업무 관련 지인들에게 이메일로 홍보하였으며, 지역의 외국인 커뮤니티의 핵심 인물들을 파악한 후 관련 정보를 공유하였다. 물론, 구전 홍보는 대체로 모두에게 가장 효과적인 방법이었다.

## 관리 / 평가

우리는 이름, 연락처, 출신국가/언어, 영어 말하기 수준(초급, 중급, 고급), 관심사항 등의 기초정보를 수집하기 위해 접수 양식을 사용하였고 이 양식을 통해 수집된 정보를 가지고 회원들을 관리하기 위해 스프레드시트를 사용하였다. 스프레드시트는 통계 데이터 유지를 위한 유용한 도구이다. 우리는 사전에 지정한 기간 전과 후에 참가자들의 문해력 수준(literacy level)이 얼마나 달라졌는지를 측정하기 위해 사전-사후 설문지를 제작하였다.

## 과제

- 아이 돌봄 서비스와 공간 부족. 많은 참가자들은 어린 자녀들이 있기 때문에 활용 가능한 직원이나 자원봉사자들을 동원해 같은 시간대에 어린이를 위한 프로그램을 준비한다면 유용할 것이다.
- 프로그램 날짜. 특정 커뮤니티를 위해 가장 좋은 시간을 찾는 것보다 모두를 위한 날짜와 시간을 찾는 것이 더 중요하다. 우리의 경우, 주중 아침시간이 가장 좋았다.
- 다양한 능력 수준 차이. 이 문제에 직면한다면(충분한 참가자들이 있을 경우) 분반을 나누고 수업 진행 과정에서 당신을 도울 수 있는 고급 수준의 회원들을 더 많이 모집하도록 하라.
- 평가의 어려움. 수업의 결과를 측정하기는 어렵지만 우리는 접수양식에서 참가자가 밝힌 자신의 영어 말하기 수준과 이후 추가 설문지에 기초하여 그 차이를 조사하고 있다.

---

15) 미국의 지역 단위 생활정보 사이트로, 2012년 현재 전 세계 80여 개국에 서비스되고 있는 온라인 벼룩시장(네이버 참조, 역자 주)

## 장점과 기회

영어 대화 클럽은

- 도서관 이용자, 자원봉사자, 지지자라는 새로운 공급원들을 개발한다.
- 참가자들이 자원봉사자가 될 경우, 추가적인 프로그램 자원을 제공한다.
- 계속해서 다양성이 강화되는 우리 지역사회에서 다른 문화들에 대한 이해를 도모한다.
- 점차 증가하는 소외계층에 대해 새로운 서비스를 제공한다.
- 도서관 이용을 증가시킨다.
- 모든 사람들에게 독서와 학습에서 개인적인 성공 기회를 제공하고자 하는 우리 도서관의 비전과 맥락을 같이 한다.

## 자원봉사자들의 활용

2010년 심각한 예산 감축 이후 인력 감축이 발생하였는데, 샬럿 멕크렌버그 도서관의 직원 중 거의 절반이 감축되었다. 일부 분관들은 문을 닫았다. 모든 도서관들은 운영시간을 축소하였다. 이로 인해 남은 직원들은 가치 있는 도서관 서비스를 계속 제공하기 위해 유연하고 창의적으로 변모하였다. 지역사회의 엄청난 참여 덕분에 우리 도서관은 기록적으로 많은 자원봉사자들을 모집할 수 있었는데, 이들은 우리 도서관이 효과적인 도서관 서비스를 제공하는데 큰 도움을 주었다. 우리 도서관의 대화 모임도 예외가 아니었다. 빌 미리어리스(Bill Mirrielees)는 자원봉사자 중 한 사람이었다. 2009년 이후 우리 도서관의 영어 대화 모임 중 하나에 헌신적으로 참여하고 있었는데, 영어가 모국어인 그는 다른 문화들에 대한 관심으로 인해 영어 대화 모임에 적극 참여하게 되었다. 모임을 담당하는 직원이 전근을 갔을 때 빌은 고맙게도 그 모임을 위해 자신이 자원봉사자로서 진행자 역할을 하겠다고 제안을 하였다. 그는 지금까지 계속해서 그 역할을 수행하고 있으며 다른 분관에서 두 번째 모임도 시작하였다.

에콰도르가 모국인 또 다른 참가자는 7개월 동안 적극적으로 모임에 참가하였다. 그녀는 모임 내에서 항상 활발하였고 조용한 참가자들이 마음을 열어 참여하도록 노력하였다. 그녀는 우리 도서관의 정기적인 이용자였으며 우리 도서관의 기초 스페인어 수업 시리즈에도 자원봉사로 수업을 진행하였는데, 이 수업은 이용자들에게 엄청나게 인기가 있었다.

## 교훈

- 이 모임은 초중급(high-beginner)에서 중상급(high-intermediate) 수준의 모임으로 스스로 변화하였다. 그에 따라 초급(the very beginning)과 상급(the very advanced) 수준의 사람들은 이 모임이 아닌 다른 대안들을 모색하고 이 모임을 통해 혜택을 적게 받는 경향이 있었다. 적어도 비슷한 언어 수준별로 모임을 나누는 것이 바람직하다.
- 아이 돌봄이라는 난제는 잠재적인 성인들의 참가(특히 여름시기)를 가로막았다. 모임의 참가자들이 눈에 띄게 줄어든다면 휴식기를 고려하는 것이 바람직할 수 있다.
- 유연성은 중요하다. 모임시간 중 일부는 체계적으로 진행될 필요가 있지만 다른 시간은 격식을 최소화할 필요가 있다. 나는 매번 모임에서 일부 시간은 계획된 체계적인 활동을 하면서도 나머지 시간은 그날 모임의 분위기에 따라 흐름을 맡기도록 권하고 싶다.
- 회원들은 점심식사와 같이 음식관련 활동에 참여하는 것을 좋아한다. 이 활동은 그들에게 그들의 모국 음식을 통해 자신과 자신의 모국 그리고 자신의 문화에 관해 공유할 수 있는 또 다른 기회를 제공한다.
- 어색함을 없애는 말과 행동 그리고 관용 어구는 대 성공작이다. 시작 후 10분 동안 이들을 활용한 결과, 사람들에게 이야기를 하도록 권하는데 많은 도움이 되었다.
- 당신이 봉사하는 지역사회에 맞도록 낮이나 저녁 또는 주말 모임을 제공하라.

## 도서관 이용의 증가

당신의 도서관에서 영어 대화 모임을 주최하는 것은 새로운 이용자들을 도서관으로 유도하는 좋은 방편이다. 모임 회원들에게 반드시 당신이 속한 도서관의 프로그램, 자료, 서비스 등에 대해 소개하고, 도서관 이용증이 없는 사람들에게는 이용증 신청을 하도록 권하라. 우리 도서관 참가자들은 다양한 ESL 자료들, 특히 CD와 DVD, 그리고 문법, 관용어구, 시민권 관련 도서들과 사전들을 많이 활용하였다. 우리 도서관의 독자 개발 장서(Reader Development collection)도 지금까지 대성공을 거두고 있는데, 이는 여기에 토플(TOEFL) 관련 도서들과 어린이를 위한 이중 언어 자료들이 있기 때문이다.

## 결론

우리는 정보에 대한 자유로운 접근을 위한 초석(cornerstone)이라는 도서관의 가치를 지키려는 우리의 사명을 계속 수행하고 있다. 도서관의 자료, 서비스, 프로그램 등에 대한 이용이 부분적으로나마 영향을 미친 결과, 모든 개인들은 기회로 가득한 풍족한 생활을 추구할 수 있고 정보에 기초를 둔 결정을 내릴 수 있다는 점을 잘 알기에 우리는 인종이나 민족적 배경에 관계없이 지역사회의 모든 개인들에게 문호를 개방한다. 이 과정에서 우리는 도서관의 지지 기반을 확대할 수 있으며 그로 인해 향후 자신의 인생에서 도서관이 끼친 영향을 기억하고 도서관을 우리 사회의 핵심 기관으로 높이 평가해 줄 특별한 이용자들을 확보할 수 있다.

# 제7장 참고봉사

Reference Services

# 시각적 신호가 없는 상태에서 적극적으로 듣기

## ESL 학습자들을 위한 전화 참고봉사 요령

에린 브로던, 에리카 버넷

상대방에 있는 학생이 누구든지 상관없이 전화를 통한 대화는 고유한 어려움을 가지고 있다. 시각적 신호(visual cues)가 제공되지 않고 학생이 무엇을 보는지 볼 수 없기 때문에 오해와 혼란이 일어날 가능성이 증가한다. 영어가 모국어가 아닌 학생의 경우, 성공적으로 일을 처리하기 위한 상호작용은 훨씬 더 어려워진다. 당신은 그 학생이 무엇을 요구하는지 이해하고 있는가? 그 학생은 당신이 말하는 것을 이해하는가?

사서만이 전화상의 혼란을 경험하는 유일한 원조 전문가(helping professional)[1] 또는 서비스 제공자는 아니다. 지구상의 전화 상담원이 있는 모든 산업분야는 이와 똑같은 어려움과 문제에 부딪힌다. 고객 서비스 분야의 여러 문헌에는 언어 장벽이 있을 때, 당신이 전화상의 상호작용을 증진시킬 수 있는 통찰력 있는 방법들이 등장한다. "전화박사"(the Telephone Doctor)라고 알려진 낸시 프리드만(Nancy Friedman 2000)은 영어 능력이 부족한 사람들과 일하는 경우에 대해 5가지의 일반적 조언을 제공한다.

---

1) 의료, 사회복지, 심리, 교육 등 다양한 분야에서 사회의 다른 사람들을 돕는 전문직업을 "helping profession" 또는 "help profession"이라고 하며, 이러한 직업을 가진 사람들을 "helping professional"이라고 한다. 이 표현들에 대한 한국어 번역은 "돕는 전문직/전문가", "원조 전문직/전문가", "전문 원조직"(helping profession), "도움을 주는 전문가"(helping professional) 등으로 다양하였다. 이 책에서는 원조 전문직/전문가라는 표현을 채택하였다.(역자 주)

1. "이해하는 척 하지 말라." 명확해질 수 있도록 질문하고, 당신이 무엇을 빠뜨렸을 때 그것을 인정하라.
2. "서두르지 말라." 상대방에게 생각하고 말할 시간을 제공하라. 말을 끊지 말고 상대방이 이야기를 마치고 난 뒤에 말하라.
3. "소리치지 말라." 목소리를 높이는 것은 의사소통에서 장애가 있을 때 나타나는 일반적 습관이지만, 목소리를 높이지 않도록 노력하라.
4. "무례해지지 말라." 반복 또는 정보의 명확화를 위해서 당신의 요구를 말로 표현하는 방법에 유의하라. "죄송합니다만, 당신이 방금 이야기한 것을 못 들었습니다." 또는 "제 전화기의 연결 상태가 좋지 않습니다. 다시 말씀해주시겠습니까?"는 "당신의 말을 이해하지 못하겠습니다."보다 낫다.
5. "업무 보조도구(job aid)[2]를 가지도록 하라." 프리드만은 전화 통화자들이 가장 많이 사용하는 언어로 된 일반적인 문구의 업무 보조도구를 권장하지만, 다른 보조도구들도 도움이 될 수 있다.

이 조언들은 원래 고객 서비스 전화상담원을 위해 마련되었지만, 전화 참고봉사에 관계된 사서들에게도 적합하다고 할 수 있다. 이 조언들은 이해하기 쉽고, 현재의 참고 면담 업무에 잘 맞는 것 같지만, 일관되게 실행하기 어려울 수 있다. 당신의 전화 상호작용이 성공하기 위해서는 대체로 무형의 특성들이 더 중요하다.: "사람들 사이의 의미는 언어 표현(verbiage)뿐만 아니라 음색(voice quality)을 통해서도 만들어진다."(Forey and Lockwood 2010, 121) 전화 통화를 하는 동안, 전화 통화의 모범사례를 따르기 위해 의식적으로 노력하는 것이 중요하다. 당신의 감정 상태에 관계없이 대화를 시작할 때는 웃음을 지으며 말하고, 통화하는 내내 그렇게 하도록 노력하라. 실제 얼굴에 짓는 미소(physical smile)는 당신의 음색을 따뜻하게 할 것이고, 솟아나는 모든 부정적 감정들을 완화시킬 수 있다.

물론, 참고봉사 전화통화는 일반적 고객 서비스와 같다고 할 수 없다. 도서관 이용자들은 고유한 요구와 특징들을 가지고 있고, 사서들은 빈번하게 전화상으로 이용지도를 제공한다. 일부 도서관 이용자들이 특유의 외국 말투가 있다는 이유만으로 위에서 언급한 전화상담원 대상의 조언을 그대로 따라 한다면, 사서는 그 이용자들이 자신의 학문적 성취를 위해 필요한 역량을 개발하는데 도움을 줄 수 없다. 즉, 이 말은 사서로서 해야 할 특별한 조언들이 있음을 의미한다. 다음의 요령들은 학생들이 진정 필요한 것이 무엇인지 알 수 있도록 당신을 도와줄

2) 업무 내용을 간략히 정리한 체크리스트 등을 말한다.(네이버 참조, 역자 주)

수 있으며, 학생들의 학문적 성취를 위해 필요한 정보자원들을 학생들에게 제공하는 것을 도와줄 수 있다.

- 학생이 말하게 하라. 이는 단순히 당신이 학생을 채근해서는 안 된다는 것을 의미하지는 않는다. 한 학생이 특유의 강한 외국 말투를 가지고 있다면, 당신은 그 학생이 말하는 모든 단어를 이해하지 못할 수도 있다. 하지만, 그 학생은 당신이 매일 듣게 되는 질문들과 매우 비슷한 질문을 할 가능성이 크다. 가끔씩 마음을 편하게 가지고, 그 학생이 말하도록 놔두는 것이 도움이 될 수 있다. 그러면 당신은 모든 단어를 이해하지 않고도 질문의 요지를 파악할 수 있다. 그 다음에는 당신이 생각하는 그 학생의 질문내용을 간단히 정리하여 그 학생에게 다시 전달하라.
- 특유의 외국 말투가 반드시 영어 이해 부족을 의미하지는 않는다. 성인 영어 학습자들은 대체로 강한 외국 말투를 가지고 있지만 영어를 자유자재로 구사한다. 이는 어떤 학문적 환경에서 그들이 자기 전공분야의 전문용어와 매우 친숙하다는 것을 의미할 수도 있다. 그들이 말하는 영어의 문장 구조와 난이도를 살펴본다면, 그들이 단지 외국 말투를 가진 것인지 아니면 실제로 영어 지식이 부족한 것인지를 파악하는데 도움이 될 것이다. 이점을 분명히 한다면, 당신이 전화 상대방의 말을 이해하지 못하거나 지나치게 거들먹거리면서 말하는 것을 막을 수 있다.
- 당신도 특유의 말투를 가지고 있다는 사실을 잊지 말라. 당신이 당신과 같은 지역 출신의 도서관 이용자들과 대화한다면, 당신이 얼마나 강한 특유의 말투를 가지고 있는지를 깨닫지 못할 수 있다. 당신만의 지역 사투리, 관용구의 사용, "음"(ums)과 "아"(ahs)와 같은 군더더기 말(filler)을 줄이도록 노력하라. 영어를 사용하는 외국인들은 TV나 영화에서 그들이 듣게 되는 부드러운 말투에 친숙한 경향이 있다. 당신이 그것을 따라한다면, 그들이 당신의 말을 알아듣는 것이 좀 더 쉬워질 것이다.
- 가능하다면, 그들이 쳐다보는 것을 같이 쳐다보라. 한 학생이 출판이나 도서관의 전문용어에 대해 잘 모르거나 학술 문헌에 나오는 기술적 용어의 발음에 대해 걱정하고 있다면, 그 학생은 당신도 같은 용어를 쳐다보는 것으로도 걱정을 덜 수 있다. 만일 교과목이 온라인 과목이라면, 교과목 자료실이나 과제에 접근해보라. 만일 질문이 데이터베이스나 다른 온라인 정보자원에 관한 것이라면, 학생에게 그 정보자원에 접근하는 방법을 당신에게 알려달라고 요청하라. 그냥 이렇게 말하라. "나도 X에 관해 볼 수 있다면 도움이 되겠습니다."

- 가능하다면, 이메일을 활용해 추가질문을 보내도록 하라. 대체로 외국어에서 읽기 능력은 말하는 능력에 비해 앞서므로 당신이 한 것에 대해 문서화하여 보낸다면 학생들은 그것을 다시 읽을 수 있고, 모르는 단어들을 찾아볼 수 있고, 친구에게 물어볼 수 있다. 화면 저장(screenshot) 파일을 첨부한다면, 그들은 필요할 때 다시 참고할 수 있는 개인적인 업무 보조도구를 가지게 된다. 만약 동영상 튜토리얼을 보낸다면 자막이나 대본(transcript)을 포함시키도록 노력하라. 이렇게 하면 학생들은 동영상을 일시정지 시키고 어려운 어휘들을 찾아볼 수 있게 된다.
- 지나치게 예의바른(super-polite) 학생에 대해 주의하라! "감사합니다."를 지나치게 사용한다면, 이는 실제로 이해하지 못했다는 사실을 숨기기 위한 것일지도 모른다. 그 학생은 참고 사서가 제공하는 기본적 수준의 서비스가 무엇인지 모를 수 있고, 참고 사서인 당신이 그 학생을 위해 많은 노력이나 시간을 제공할 수 있음을 모를 수도 있다. 다른 학생들은 자신이 이해하지 못한 것에 대해 당황하여 그것을 숨기기 위해 감사의 표현을 이용할 수도 있다. 당신이 하고자 하는 바를 정확하게 말하도록 하라. 그들은 당신이 자신들에게 전체 검색에 대해 알려줄 수 있고, 그들이 필요한 기사를 출력할 때까지 당신이 기꺼이 전화를 들고 기다려줄 수 있다는 것을 모를 수 있다. 그리고 만일 당신이 말한 것에 대해 그들이 잘 이해하지 못한다고 생각한다면, 다시 설명하거나 그들에게 몇 가지의 보충적인 정보를 전달하도록 하라.

만일 의사소통의 격차를 좁힐 수 없다면 당신은 무엇을 해야 하는가? 의사소통 격차가 발생하는 두 가지의 일반적인 이유는 너무 커서 극복하기 어려운 개인 간의 관계 단절과 언어 장벽이다. 이러한 문제들을 완벽히 해소할 수 없겠지만 당신은 이를 보완할 수 있는 몇 가지 전술을 써볼 수 있다.

좌절감(frustration)이 너무 커서 당신이 더 이상 진정한 대화를 할 수 없다면, 전화를 끊을 수 있다. 만일 학생이 하기 원하는 것에 대해 좋은 생각을 가지고 있다면, 글로 된 문서를 보내도록 하라. 학생이 도서관을 방문할 수 있다면 만나서 직접 대화하는 것이 더 좋을 수 있다. 때로는 당신이 도움을 줄 수 없다는 것을 받아들이고 다른 사서가 그 학생을 돕는 것은 어떠한지에 대해 제안하라.

문제가 기본적 의사소통 중 하나라면 같은 문헌을 같이 살펴보는 것이 때로는 최선의 방법이 될 수 있다. 그들이 하고 있는 과제에 대해 살펴보거나 그들이 찾으려 하는 참고문헌들을 살펴보라. 학생들이 말로 표현했을 때 당신이 알아내려고 무던히 애썼던 단어들이나 문구들이 발견될 것이다. 컴퓨터 화면공유 도구들, 메일로 전송된 자료들, 대면 약속 등은 구두 표현에 대한 문자 기반의 보완재가 될 수 있다.

끝으로, 당신은 당신이 완벽하지 않을 수 있다는 사실을 받아들여야 한다. 때때로 어떤 전화 통화는 좋지 않은 방향으로만 흘러갈 수 있다. 영어 학습자들은 영어가 모국어인 사람들이 가지고 있는 모든 단점들을 가지고 있을 수 있다.: 그들은 참을성이 없거나 화가 나거나, 당황하거나 겁먹을 수 있다. (당신 역시도 그럴 수 있다!) 이 모든 것은 당신이 통화 상대방의 특유의 말투를 알아듣고 그 사람이 당신의 말을 이해하는데 어려움을 가중시킬 수 있다. 비록 사서들이 가끔씩 어려운 참고봉사 전화통화를 할 때도 있지만 지금 우리는 가장 큰 절망(the most grief)을 가져올 수 있는 특유의 말투와 관련된 참고봉사 전화통화를 하고 있다. 따라서 최선을 다하고 당신이 하는 어떤 실수에서 배우도록 노력하라. 그리고 무엇보다 우리 모두는 인간임을 기억하라.

당신의 도서관에서 다른 참고봉사 사서들과 함께 외국인들과의 전화 참고봉사에 관한 워크숍을 개최하는 것도 도움이 될 수 있다. 녹음된 통화내용을 듣거나 위에서 언급한 전략들을 사용하기 위한 모의 참고봉사 전화통화를 실시한다면, 당신은 다음 번 전화통화에서 의사소통이 잘 되지 않더라도 자신감을 가질 수 있을 것이다. 심한 외국 말투를 가진 학생들과의 전화통화는 당신의 도서관에서 드물게 일어날 수도 있겠지만 앞으로 이러한 전략들과 친숙해질 필요가 있다. 이 전략들 중 일부를 처음으로 적용할 때 당신은 부자연스러움을 느낄 것이다. 만일 당신이 빠르게 말하거나 지역의 학생들과 공감대 형성을 위해 당신이 가진 말투를 사용해왔다면 전화상에서 당신을 다른 인물(persona)로 바꾸기는 매우 어려울 것이다. 만일 영어가 모국어인 사람들과 전화 참고봉사를 하는 도중에 전화 통화 기량을 적극적으로 연습한다면 도움이 될 것이다.

이러한 전략들은 외국어를 사용하는 사람들과의 전화 통화에만 적용할 수 있는 것은 아니다. 의사소통 장벽은 두 명의 개인 간에도 생길 수 있다. 도서관 환경에서는 영어가 모국어인 사람들조차도 완전히 새롭고 당황스러운 어휘나 대화에 부딪힐 수 있다. 또한 영어가 모국어인 사람들도 당신과 친숙하지 않은 특유의 말투를 가지고 있다. 이러한 모범 사례들을 따른다면 당신은 통화상대가 어느 나라 출신이든지에 관계없이 전화를 통한 참고봉사를 발전시킬 수 있다.

# 참고문헌

Forey, Gail, and Jane Lockwood, eds. 2010. *Globalization, Communication, and the Workingplace: Talking across the World.* New York: Continuum.

Friedman, Nancy. 2000. *Telephone Skills from A to Z: The Telephone Doctor Phone Book.* Menlo Park, CA: Crisp Learning.

# 문화적으로 적합한 참고면담

## 다양성 시대에 참고 업무를 확장하는 방법

에린 브로던, 에리카 버넷

다른 분야의 원조 전문직(help professions) 구성원들처럼, 사서들은 다양한 배경을 가진 사람들의 요구에 대해 봉사를 제공할 책무를 가지고 있다. 아마도 공공도서관들은 난민과 소수자 인구들에게 봉사를 제공한다는 정형화된 생각을 할지 모른다. 하지만, 기업들이 점차 글로벌화 되면서, 기업체에 소속된 사서들은 더 넓은 범위의 다문화 이용자들에게 봉사를 제공하고 있다. 그리고 대학교에 등록된 외국 유학생들이 더 많아지면서, 모든 사서들은 앞으로 더 많은 문화적 역량을 보여주어야 한다.

문화적 역량은 치료전문가, 상담사, 심리학자들 사이에서 새롭고, 진화하는 실천 목표를 뜻한다. 문화적 역량을 배양하는 교과과정은 학생 측면에서 집중적인 자기 성찰(self-reflection)을 필요로 한다. 학생은 자기 인식과 감수성을 개발해야 하고, 고객의 차이(client differences)를 다루는 역량을 입증해야 한다. 주목할 것은, 상담 순환 주기(counseling cycle)가 참고 면담과 매우 흡사하다는 점이다. 상담사는 규정된 방식으로 공감대를 형성하고, 상황을 분석하며, 요구들을 다룬 후 해당 활동을 종료한다. 이를 보면 사서들의 참고 면담에서도 문화적 민감성 역량들이 필요함을 알 수 있다.

문화적으로 민감한 참고면담은 어떻게 구현되는가? 이에 대한 대답은 모든 도서관학과 대학원(library school) 교과과정에서 찾을 수 있어야 한다. 많은 학술 논문이나 기사들이 문화적 인식의 필요성에 대해 다루고 있지만, 의학이나 행동과학 분야의 원조 전문직과 같이 체계화(codification)된 수준에서 문화적 역량을 이해하고 있는 논문이나 기사는 그 중 일부에 지나지 않는다. 심리학 분야나 고객을 대면하는 대부분의 원조 전문직들은 학생들이 문화적 역량 배양을 핵심 내용으로 하는 과목들을 이수할 것을 요구하고 있다.

명확한 실무 지침이 없는 상태에서, 사서들은 문화적으로 역량있는 참고면담에 필요한 주요 구성요소를 자기 마음대로 설정하도록 내버려져 있다. 그러나 세 가지 구성요소들은 논리적으로 연결된다.: 문화적으로 민감한 장서, 우리가 가진 한계에 대한 이해와 발전 요구, 그리고 다름(otherness)에 대한 인식론.

## 문화적으로 민감한 장서

사서들은 문화적 다양성을 뒷받침하는 장서의 확보를 통해 문화적 다양성을 가진 참고봉사에 필요한 비옥한 토양을 구축해야 한다. 우리는 문화적 배경이 다양하면 정보추구에 대한 접근방법도 다양하다는 사실을 기본 지식으로써 잘 알고 있어야 한다. 도서관 장서에 더 많은 정보자원을 포함시키고 그 장서들에 대해 잘 파악한다면, 우리는 다양한 배경을 가진 학생들을 배제시키지 않고 그들에게 도움을 줄 수 있다. 앞으로 우리는 단순한 이해를 넘어 효과적인 상호작용으로 나아가야 한다.

대학도서관에서는 두 개의 관련된 영향력 있는 집단들이 도서관으로 하여금 더 폭넓은 장서를 구축하도록 압박하고 있다. 먼저 교수들은 학생들의 학업에서 개인적 열정, 관련성, 리더십 등을 더 강조하는 경향이 있는데, 이는 학생들이 자신의 경험과 자신의 조사 주제에 관한 커뮤니티를 살펴볼 것을 권장한다. 한편, 더 다양한 배경을 가진 학생들이 학위과정 프로그램에 입학하면서, 학생들은 자기 커뮤니티 내에 사회적 변화가 필요하다는 열망을 자신의 학문 영역으로 가져오고 있다. 이러한 경향은 학생들이 속한 여러 커뮤니티들이 과거에 학문적으로 주목을 받지 못한 경우, 관련 장서 부족으로 인해 도서관장서 측면에서 마찰을 일으킨다.

다양한 문화적 배경을 가진 이용자들과 상담할 때, 학술적 문헌들은 지배적 문화의 가치들을 반영하는 경향이 있다는 사실을 인식하는 것이 중요하다. 사회학 학술 이론들은 정도의 차이가 있겠지만 모두 문화와 연결된다. 연구 초점과 연구비 지원은 어떤 주제 영역에서 불균형을 만들 수 있다. 여러 연구 논문들은 다양성을 가진 집단들을 문화적으로 자리 잡은 모습이 아니라 문화적으로 결함이 있는 모습으로 묘사할 수도 있다.

도서관장서와 관련해:

- 다른 문화권들에 초점을 맞춘 도서관 소장 자료들에 대한 지식을 구축하라. 당신이 그 출판물의 언어를 사용하지 못하더라도, 당신의 학생들은 사용할 수 있을 것이다. ALA의 '*Policy Manual: Section 60, Diversity*'는 다문화 인구들의 요구를 다루기 위해 예산은 평등하게 할당되어야 한다고 언급하고 있다.
- 다문화 사서직 단체들과 연결하라.
- 당신의 도서관이 특정 언어를 사용하는 큰 규모의 어떤 인구 집단에게 봉사해야 한다면, 그들의 언어로 된 교육 자료들을 제공하라.
- 장서가 지나치게 부족한 영역들을 계속 기록하라. 그러면 다문화 장서 또는 국제 장서를 구축해야 할 영역이 어디인지 알아내는데 도움을 받을 수 있다.
- 학생들의 인구학적 정보를 살펴보라. 어떤 학문분야 내에 한 지역 출신의 많은 학생들이 있다는 것을 알게 되었다면, 그 영역에서 당신이 구상한 장서를 구축할 수 있다.

## 우리가 가진 한계에 대한 이해와 발전 요구

또 다른 난관은 다문화 인구 내부의 엄청난 다양성이다. 다문화 인구라는 이 광범한 용어는 미국 내에 거주하는 기존 주민들부터 최근의 이민자들, 그리고 현재 미국 내 교육기관에 재학 중이지만 향후 자신의 모국으로 돌아갈 계획인 유학생들까지 다 포함한다. 이 인구집단들 사이에 존재하는 엄청난 다양성을 탐색하는 것은 복잡할 수 있다. 사서들은 매년 발전 계획 속에 다양한 배경을 가진 모든 도서관 이용자들과 관련된 개선 목표를 포함시켜야 한다.

사서들이 문화권별 고유한 성향들(exclusive tendencies)에 대한 인식을 유지한다면, 다문화 이용자들을 지원하는 역량을 주도적으로 증진시킬 수 있다. 사서들은 특정 인구집단에 초점을 둔 주요 참고 자료, 저널, 기타 출판물들에 대해 쉽게 접근할 수 있도록 만들어야 하며, 이렇게 된다면 이용자와 학생들은 개인적 흥미에서부터 실현가능한 조사 주제로 신속히 이동할 수 있다. 이와 같은 쉬운 접근은 주제 안내 자료에 의해 달성 가능하다. 사서들이 안내 자료를 제작해 이용자들을 도우려고 할 경우, 다문화 주제들에 관련해서도 유사한 도움을 제공해야 한다. 예를 들어, 사서들이 시사 관련 안내 자료를 제작한다면, 세계 여러 지역의 시사정보를 다루는 자료들이 포함될 필요가 있다. 사서들이 인터넷 정보원에 대한 링크들을 수집한다면, 국제적 또는 외국의 단체들과 정부들에 대한 링크가 포함되어야 한다는 것을 잊어서는 안 된다.

다문화 민감성과 인식을 넘어, 사서들은 다양한 문화적 배경을 가진 사람들의 다양한 학습 양식과 의사소통 양식들을 알아야 할 필요가 있다. 이와 같은 양식의 차이에 기초해 우리의 참고면담 습관을 조정할 필요가 있다. 상담사, 치료사, 다른 원조 전문직들을 위한 다문화 교과서와 참고도서들을 읽는다면 이에 관한 많은 지식을 얻을 수 있다.

## 다름에 대한 인식론

사서들은 외집단들(outgroups), 즉 문화적 또는 사회적 이유들로 인해 도서관 이용과정에서 편안함을 느끼지 못하는 이용자들에 대한 서비스 향상에 관심을 키워왔다. 사서들이 항상 사회 심리학적 용어들(예를 들어 "외집단들")을 사용해 무언가를 설명하는 것은 아니지만, 이제 사서들도 그럴 필요가 있다. 다문화 집단들의 고유한 요구에 대한 봉사에 관련된 윤리는 앞에서 언급한 심리학, 상담, 사회복지 등의 많은 원조 전문직에서 최근 강조되고 있는 사안이다. 우리 도서관학/문헌정보학 교육과정에서 이 윤리에 대한 교육이 부족하다면, 우리는 더 나은 다문화 참고봉사 실무를 위해 유관분야에서 도움을 받을 수 있다.

관련 교과과정 및 기준들은 단지 '차별 회피'(*avoid discrimination*) 만으로는 충분하지 않으며, 모든 직원 구성원들이 다문화 '역량'(*competence*)을 확보하도록 노력할 필요가 있음을 분명히 천명하고 있다. 사서직 관련 문헌과 기준들도 도서관이 다양성 관련 업무를 책임질 1명의 사서를 두는 것으로는 충분하지 않다는 것을 명확히 밝히고 있다(예를 들면, Mestre 2010). 사회에 다양한 가치와 다양한 주민이 존재한다는 최소한의 인식만으로는 충분하지 않다.

민족적으로 다양한 배경을 가진 도서관 방문자들은 특히 도서관에서 "타자"(other)라고 느낄 수 있다. 이러한 문제의 해결에 도움이 되는 많은 방법들로는 도서관 건물과 공간을 더욱 매력적으로 만들고, 전략적으로 특정 인구들을 대상으로 진행하는 홍보 등이 포함된다. 하지만, 우리의 서비스의 핵심 - 참고 면담과 참고 장서들 - 에 대해서도 약간의 변화를 가할 필요가 있다. 이를 통해 다양한 민족적 또는 국가적 배경을 가진 사람들에게 더욱 편안함을 주며, 더욱 적합한 도서관을 만들 수 있다.

집단간의 차이를 인정하는 것은 경멸하는(pejorative) 것으로 보이거나 고정관념에 근거한 것으로 보일 수 있기 때문에 민감한 문제가 될 수 있다. 여타 전문직에서는 '문화적 보편성'(cultural universality)과 '문화적 상대주의' (cultural relativism) 사이에 관한 논쟁이 지속되고 있다. 문화적 보편성의 관점에서 바라보면 "좋은 사서직은 좋은 사서직일 뿐이다." 즉, 한 사서의 접근방식이 학생에 따라 달라져서는 안된다는 공평한 접근방식을 의미한다. 참고면담은 이용대상자에 관계없이 동일한 방법을 따른다. 반면, 문화적 상대주의의 관점에서 바라보면 모든 규범, 가치, 태도가 문화와 밀접히 관련된다. 이 관점에서 좋은 사서는 그 학생의 문화에 적합하도록 자신의 접근방식을 변경시킨다. 이러한 논쟁에도 불구하고, 우리들이 상황을 개선시키기 위해 할 수 있는 여러 가지 일들이 있다.

우선, 다양한 배경을 가진 외국 출신 이용자들이 도서관으로 왔을 때 직면하는 몇 개의 장벽들을 인식하는 것이 중요하다.

1. 외국 문화의 배경을 가진 이용자들은 사서의 역할과 그들이 제공하는 서비스에 친숙하지 않을 수 있다. 사서들은 무엇을 하는 사람인가? 그들은 어떤 종류의 서비스를 제공할 수 있는가? 만일 이용자들이 서로 다른 나라에서 왔을 경우, 적합하다고 생각하는 사서의 서비스 수준에 관해 차이가 있을 수 있다.
2. 표절과 인용에 대한 다른 개념이 학생들을 혼란스럽게 할 수 있다. 학문적 정직성 정책(Academic honesty policy)들은 공동연구(collaboration)를 진행하는 동안 독립적 연구 수행을 의미하는 '개별주의'(individualism)를 강조하는 경향이 있는데, 이는 '집단주의'(collectivism)에 가치를 두고 있는 문화들과 충돌할 수 있다.
3. 그들은 새롭거나 다른 언어, 특유의 말투, 또는 사회적 규범들에 맞서 애쓰고 있다. 따라서 그들을 마주했을 때, 친절과 참을성이 필요하다.
4. 그들은 사서로부터 거의 도움을 받을 수 없거나 또는 자신의 관심 영역에 정보자원들이 별로 없는 부적합한 환경을 예상할 수도 있다. 서비스 또는 장서에 대한 어떠한 의심이나 냉소적 반응을 사서 자신의 문제로 받아들이지 말라. 부정적 감정들이 반영되면 오로지 당신의 효율성만 떨어뜨릴 뿐이다.
5. 그들은 도서관 내에서 경험하는 어려움들이 실제로는 그들의 문화적 배경과 관계없이 모든 학생들이 다 경험하는 어려움이라는 사실을 깨닫지 못할 수 있다. 성취도가 높은 학생들과 낮은 학생들 모두 혼란을 받아들이기를 두려워한다.

이와 같은 문제들을 완화시키기 위해 사서들이 취할 수 있는 몇 가지 간단한 해결책들을 제시하면 다음과 같다. 이와 다른 해결책들은 더 많은 시간과 비용을 필요로 하지만 역시 노력할만한 가치가 있을 것이다.

참고봉사와 같이 이용자와 직접 상호작용하는 동안에는 :

- 한 이용자를 위해 당신이 할 수 있는 범위를 명확히 제시하는 것을 두려워하지 말라. 그리고 이용자들은 언제 도움을 요청할 수 있는지를 모를 수 있기 때문에, 사전에 주도적으로 도움을 제공하라.
- 이용자가 추가 질문을 하기 위해 다시 방문하도록 권장하라. 서비스의 시간과 방식에 대해 강조하라.
- 자신의 질문이 특이하거나 너무 기초적인 것이 아니라는 것을 이용자가 알도록 하라. "우리는 늘 이런 질문을 받아요."와 같은 대답은 이용자들의 불안함을 조금 덜어줄 수 있다. 학기당 들어오는 참고 질의의 수를 제공한다면 질문하기 위한 용기를 북돋을 수 있다.
- 인내심을 가지도록 하라. 언어장벽으로 인해 적절한 도움을 제공하는 과정에서 더 많은 시간이 필요 할 수 있다. 문서화된 안내자료나 이용교육 자료 등과 같이 추가적인 도움을 제공하라. 그러면 이용자들은 자기 스스로 또는 친구의 도움을 받아 나중에 다시 이용할 수 있다.
- 학생들이 찾는 주제에 관해 이용가능한 정보자원이 많지 않을 수 있다는 한계를 받아들여라. 주제를 변경하거나 조정하는 방법으로 그 학생들을 돕도록 하라. 예를 들어, 학생들이 관심 있는 국가에 대한 연구자료가 많지 않을 수 있는데, 이 경우, 당신은 지역 범위를 넓혀서 더 많은 정보를 찾아줄 수 있다. 검색어의 범위를 확장하는 기술은 교육 시간을 의미 있게 만들 수 있다.
- 그 이용자에게 있어 그 주제와 관련해 가장 중요한 것이 무엇인지를 알아내도록 노력하라. 외국 출신 학생들은 같이 공부하는 학생들이 무엇을 하는지에 대해 많은 관심을 가지고 있기 때문에, 그 학생들은 당신이 외국 출신 학생들이 자신의 최종 조사 주제를 변경하는 것을 도울 필요가 있는지를 파악하는데 도움을 준다.
- 그 주제에 대한 강한 흥미를 표현하라. 이용자들로 하여금 그들이 '왜'(*why*) 그 주제를 조사하려고 하는지를 이야기하도록 허용하라. 말로 표현한 호감(verbal approval)은 큰 효과를 가진다.

대학 구성원들이 더욱 문화적으로 다양해지고 있기 때문에, 학생들의 요구와 관심도 다양해질 것이다. 이러한 학생들이 정보자원들을 다루면서 편안함을 느끼게 만들고, 학생들과 필요한 정보자원들을 연결시키는 것은 대학도서관 사서의 역량에 달려 있다. - 점차 글로벌화 되는 기업체에 속한 도서관들과 다양성이 있는 공공도서관들도 마찬가지다.

무엇보다, 도서관학과 대학원 교육과정에서 변화가 요구된다. 다른 원조 전문직들처럼 문화적 역량이 중심이 될 필요가 있다. 단순히 문화적 인식을 표현하고 효과적으로 봉사를 제공하는 것으로는 충분하지 않으므로, 우리들은 도서관학과 대학원 교육과정의 필수적인 구성요소로써 다문화 이용자들에 관련된 구체적인 기량들의 집합(skillset)을 분명히 제시해야 한다.

## 참고문헌

American Library Association. *Policy Manual: Section 60, Diversity.* http://www.ala.org/aboutala/governance/policymanual/updatepolicymanual.

Mestre, Lori S. 2010. "Librarians Working with Diverse Populations: What Impact Does Cultural Competency Training Have on Their Efforts?" Journal of Academic Librarianship 36(6): 479-88.

제36절

# 멍청해 보일 수 있는 모험

마이클 부오노

바쁜 어느 날, 나는 참고 데스크에서 앉아서 어떤 사람들이 아는 영어를 얼기설기 엮어서 자신들의 요구를 설명하는 것을 인내심을 가지고 듣고 있었다. 그들의 말을 듣고 있다는 사실을 그들에게 전하기 위해, 나는 도서관학과에서 배운 모든 것을 다 동원했다. 나는 머리를 끄덕이고, 미소를 짓고, 동의를 표시하였다. 그 다음, 할 수 있는 최선을 다해 그들을 돕고자 영어와 스페인어를 섞어 대충 꿰맞추면서 대답을 하였고, 그 과정에서 이탈리아계인 나는 손동작(hand gesture)들도 사용하였다. 나는 최선을 다해 그들을 도와주려고 했는데 그 과정에서 손동작 사건이 벌어진 것이다.[3] 그 직후 나는 심심한 사과를 전하였고, 그들의 입장에서 나 자신을 바라보았다.

나는 간단한 메시지를 전달하려고 많은 정성을 기울여 노력하는 내 자신을 발견했다. 나는 바보같고, 외톨이 같았으며, 현미경 아래에 있는 것처럼 느껴졌다. 그리고 사람들이 나를 노려보는 것 같았다. 하지만 그 순간, 관계가 형성되어 있었다. 언어 장벽을 잊고 있던 그 순간, 우리는 함께 무엇인가를 알아내고자 노력하는 두 사람이 되었던 것이다. 그 과정은 흘러지나갈 수 있지만, 당신이 그러한 관계 형성에 성공한 순간은 좋은 기억으로 남게 된다. 이와 같은 관계 형성은 내가 또 다른 문화, 연령대, 또는 다른 특정 소수자 집단에 속하는 어떤 사람에게 진정으로 다가서려고 노력할 때 이루어진다.

---

3) 이탈리아계 사람들은 '이탈리안 제스처'(Italian gesture)라는 용어가 있을 정도로 대화할 때 손동작을 많이 사용하는 것으로 유명하다. 하지만 손동작은 문화마다 달라서 어떤 문화에서는 통용되는 손동작이 다른 문화에서는 모욕적인 것이 될 수도 있는데, 저자의 에피소드는 이와 관련된 것으로 보인다.(역자 주)

## 좋은 고객 서비스에 더 주의를 기울여라

좋은 고객 서비스는 접하기 쉽지 않다. 특히 소수자 집단과 영어를 사용하지 않는 사람들은 더욱 쉽지 않다. 쉬운 의사소통을 가로막는 문화적 장벽들은 경험 있는 사서들조차도 자주 당황하게 만든다. 사람들이 당황하게 되면, 좋은 고객 서비스라는 신조는 무너지게 된다. 이러한 문화 장벽들 중에서 특히 언어 장벽이 가장 뛰어넘기 어렵다. 따라서 언어 장벽이 있는 경우에는 고객 서비스의 다른 요소들이 더욱 중요해진다. 시선을 마주하고, 미소를 지으며, 고개를 끄덕이며, 비언어적 표시(indicator)를 사용하라. 미소 짓는 것은 연습할 수 있다. 당신이 당황함을 느낄 때마다 떠올릴 수 있도록 마음속에 체크리스트를 만드는 것이 중요하다. 왜냐하면 당신은 또 다시 당황함을 느끼게 될 것이고, 그것은 당연한 것이기 때문이다.

당황스러운 상황에서 고객 서비스의 강력한 기준을 유지하는데 필요한 두 가지 핵심사항은 다음과 같다. 첫째, 항상 긍정적 태도를 유지하라. 긍정적 태도는 긴장된 상황에 맞서는 갑옷(armor)과 같다. 매일 하루 종일 이렇게 하기는 어렵다. 실제 스트레스가 많은 상황에서 이렇게 유지하는 것은 어려울 수 있다. 하지만 긍정적 태도를 유지하기 어려울 때조차도 미소를 지어라. 미소는 무기(weapon)와 같다. 관련 문헌에 따르면, 미소는 한 인물에 대해 많은 것을 말해주며, 사람들은 당신이 이를 몇 개 드러낼 때 정말로 집중한다고 한다. 당신이 미소를 지을 때 어떤 근육들을 사용하는지 생각날 수 있도록, 그리고 당신의 인생에서 당황스러운 상황에 직면했을 때 미소 지을 수 있도록 거울을 보고 연습하라. 미소 짓는 것이 단순한 것만큼 마음속 평정상태가 깨졌을 때는 그것을 가장 먼저 잊어버리게 된다.

둘째, 그들의 요구는 당신의 요구보다 더 중요하다. 단순하게 들리겠지만, 인간들은 당황한 상태에서 방어적 태도를 보이는 경향이 있다. 우리가 방어적 태도를 보이게 되면, 방법을 바꾸기 어려워진다. 우리의 사고방식도 "우리 대 그들"로 변경되어 참고봉사 상호작용을 망칠 수 있다. 곤란한 고객 서비스 상황에 직면했을 때, 나는 스스로에게 조용히 '이것은 권력 투쟁이 아니다.'라고 상기시킨다. 이렇게 하면 나는 긍정적인 태도를 유지할 수 있고, 가장 힘든 상황에서조차도 냉철하게 생각을 유지할 수 있다.

## 질문하라

추측하는 것보다는 질문하는 것이 항상 바람직하다. 다른 언어를 사용하고, 특유의 심한 외국 말투를 가지고 있고, 자신의 문화에 고유한 용어들을 사용하는 사람들이 말하는 내용을 정확하게 이해하기는 어려울 것이다. 그리고 어떤 자료를 요청할 때, 그들은 다른 관련 없는 자료와 쉽게 혼동하는 경향이 있다. 도서관학과 대학원들은 우리에게 이용자 요청의 핵심에 접근하기 위해 참고면담을 활용하라고 가르쳐왔다. 참고면담이라는 동일한 전술들을 사용하면 이용자 요청을 이해하는데 혼란을 주는 문화적 장벽들을 헤쳐 나가는데 유용하지만, 질문을 하는 것이 참고면담보다 더 큰 역할을 한다. 정감어린 가벼운 농담(banter)은 이용자에 대한 당신의 고정관념들을 제거하고 그들을 이해하는데 도움을 준다. 이것은 어느 정도의 문화적 감수성을 가지고 있는 상태에서 진행되어야 하지만, 일반적으로 사람들은 자신에 대해 말하는 것을 좋아한다. 당신에 대해 추측하게 하지 말고, 당신이 무언가를 설명할 기회를 만드는 것이 더 낫다. 당신은 실례를 하거나 멍청해 보일 각오를 하면서 업무를 수행한다. 하지만, 지적으로 보이면서 차가워 보이는 것보다는 차라리 바보같이 보이면서 보살펴줄 것처럼 보이는 것이 더 낫다.

## 이용자들을 그들의 자료가 있는 곳으로 안내하라

모든 이용자들을 그들의 자료가 있는 곳으로 안내하라. 이렇게 한다면, 긍정적인 이용자 상호작용을 경험할 많은 기회들이 생겨난다. 또한 당신은 평소 열악한 고객 서비스를 받아왔던 사람들이 특별하게 대우받는다고 느낄 수 있는 기회를 제공받게 된다. 이용자들을 그들의 자료가 있는 곳으로 안내하려면, 일부 사람들에게 위협을 주는 책상에서 벗어나야 한다. 이렇게 한다면, 당신에게 중요한 것은 그 사람들의 요구이지 전화와 컴퓨터가 아니라는 점을 그들에게 보여줄 수 있다. 또한 비 영어사용자들에게 이 전략을 적용할 경우, 당신은 그들이 올바른 자료를 찾는지를 눈으로 확인할 수 있게 된다. 만일 그 이용자들이 원한다기만 한다면, 이 시간은 가벼운 농담을 나누고 공감대를 형성하는 훌륭한 시간이 될 수 있다.

## 당신이 모르는 언어를 사용하라.

비 영어 사용자들을 상대할 때, 당신이 알고 있는 그들의 언어를 약간 사용할 수 있다면 더 좋을 것이다. 내가 그랬던 것처럼, 당신도 알고 있는 이런 저런 말들을 조금씩 대충 꿰맞추면서 문장을 만들어 바보같이 말하더라도, 시도해보는 것이 중요하다. 이렇게 한다면, 당신은 이미 많은 것을 성취한 것이다. 당신은 관계 형성을 위한 기초를 다지는 중이다. 이와 같은 분투의 시간을 거친다면, 그들과의 관계 형성은 자연스럽게 이루어질 수 있다.

이러한 관계 형성이 가능한 두 가지 이유가 있다. 첫째는 당신이 대화하고 있는 사람은 당신이 배우려고 노력하는 모습을 보는 중이다. 비 영어사용자인 그들은 아마도 그런 노력하는 모습에 감정이입이 될 수 있다. 둘째는 존중이다. 당신은 동등한 조건으로 그들을 맞이하려고 노력함으로써 그들을 존중하는 모습을 보여주고 있다. 그렇다. 당신은 그들의 언어를 엉망으로 사용하거나 의도하지 않은 비난을 받을 수도 있다. 하지만, 당신이 차분함을 유지하고 겸손함을 보여준다면, 그들에 대한 당신의 커다란 존중을 전할 수 있다. 그들은 당신 앞에 서서 신경쓰지 말라고, 괜찮다고 당신에게 말할 것이다. 이는 그들이 당신의 입장을 이해한다는 것과 당신이 서로에 대한 이해를 위한 토대를 만들었다는 것을 의미한다.

## 핵심 문구 리스트를 보유하라.

당신이 흔히 듣거나 말하게 될 단어와 문구들을 기록한 당신만의 리스트를 만들도록 하라. 나는 사서인 윌 살라스(Will Salas)가 진행한 6번의 수업으로 구성된 스페인어 강좌를 수강하였는데, 그는 흔히 사용되는 용어와 문구들이 적힌 한 장의 유인물을 나누어주었다. 그 유인물은 훌륭한 정보원이었다. 하지만, 나는 몇 가지 이유로 나만의 리스트를 만들기 시작하였다. 첫째, 배치의 문제였다. 나는 내가 더 자주 사용하는 문구들을 맨 위에 놓았다. 둘째, 내용의 문제였다. 나는 그가 준 유인물에 있는 일부 문구들은 사용하지만, 다른 문구들은 사용하지 않았고, 이미 일부 문구들을 추가해야했다. 이런 작업을 위해 당신이 스페인어를 알아야 할 필요는 없다. 이미 다른 사서들이 자주 사용되는 비 영어 문구들을 정리한 자신들만의 리스트를 만들어놓았기 때문이다.

## 필요한 경우에 한해, 번역 사이트를 이용하라.

구글 번역기, '바벨 피쉬'(BabelFish)[4] 또는 다른 번역 사이트를 이용하는 것을 두려워하지 말라. 번역 사이트들은 항상 잘 번역하는 것이 아니므로 완벽한 해결책은 될 수 없다. 그렇

4) http://www.babelfish.com(역자 주)

지만, 누군가가 복잡한 질문을 할 때, 번역 사이트들이 가끔씩 도움을 주기도 한다. 당신의 외국어 핵심문구 리스트에는 “질문을 여기에 적어주시겠습니까?”라는 문구를 반드시 포함시키도록 하라.

## 가능하다면 어린이들을 통역자로 활용하는 것을 피하라.

비 영어사용자 부모를 위해 그들의 아이들에게 통역을 요청하는 것은 이해할만하다. 이 방법은 때때로 한 사람의 어려운 상황을 훨씬 쉽게 풀어주기도 한다. 어린이들이 그들의 부모를 위해 통역자로 활용될 수 있지만, 어린이들이 그 일을 좋아한다고 생각해서는 안된다. 가능하다면 어린이들을 통역자로 활용하는 것을 피하라. 다른 사람을 대신해 통역을 맡아 계속 질문을 받다보면 성가실 수 있다. 또한 그 부모들도 어느 정도 불편한 마음을 가질 수 있고, 자신의 아이에게 통역을 맡기는 것에 부끄러움을 느낄 수 있다.

## 아이들에게 감사하라. 하지만 부모에게 대답하라.

가끔은 통역자로 어린이들을 활용하는 것을 피할 수 없는 상황이 있다. 때때로 당신이 제대로 이해할 수 없는 언어의 뉘앙스가 존재한다. 이 경우, 부모가 자신의 요구를 아이에게 설명할 때 부모와 시선을 마주치는 것이 중요하며, 아이가 부모의 요구를 당신에게 설명할 때 아이와 시선을 마주치는 것이 중요하다. 요청에 답할 때는 부모에게 더 많이 시선을 맞추면서, 아이와 부모 모두와 주기적으로 시선을 마주치는 것도 역시 중요하다. 참고봉사 활동을 종료하기 전에 아이에게 감사를 표시하고, 그 언어를 사용하지 못하는 당신의 능력에 대해 미안함을 표시하는 것을 잊지 말라.

## 이 모든 것은 존중으로 귀결된다.

나는 당신에게 지역에서 가장 널리 사용되는 비 영어 언어를 배워보라고 권유하고 싶지만, 이 글은 외국어 학습에 관한 것이 아니다. 이 글은 존중에 관한 것이다. 비록 나는 영어 이외의 다른 언어를 구사할 수 없지만, 나는 소수자 이용자들과 맺은 나의 관계들을 향상시키기 위해 노력하고 있다는 점은 분명히 말할 수 있다. 나의 스페인어 능력은 내가 공부한 것과 우리 도서관에서 진행한 6번의 수업으로 구성된 스페인어 강좌를 통해 배운 것에서 절반쯤 기억하는 동사들을 뒤죽박죽 뒤섞은 형편없는 수준이지만, 내가 그런 스페인어를 사용할 때 사람들의 얼굴은 환해진다. 나는 그들을 돕기 위해 나 자신의 권위 있는 이미지가 손상되더라도, 기꺼이 멍청하게 보일 용의가 있다. 그들의 언어를 사용하는 것이 그들을 행복하게 만드는 것이 아니라 그들이 존중받고 있다는 사실이 그들을 행복하게 만든다. 그들의 언어, 그들의 피부색, 또는 그들의 나이가 당신과 같거나 혹은 다르거나에 상관없이 존중이 제일 중요하다.

## 제37절

# 다양한 배경을 가진 이용자들을 위한 계보학 참고봉사

웬델 콕스, 제임스 제프리

계보학(genealogy)은 미국 내에서 가장 대중적인 취미 중 하나이며, 매일 선대에 관한 정보를 찾으려는 수많은 조사자들을 매일 공공도서관, 대학도서관, 사립도서관, 그리고 기록관으로 불러 모은다. 하지만 오늘날 도서관학/문헌정보학 대학원 과정에서 제공되는 계보학 참고봉사 교육은 거의 없으며, 계보학 참고봉사를 담당하는 사서들을 위한 문서로 된 안내자료도 많지 않다. 계보학 참고봉사를 제공하는 사서들 대부분은 자신의 개인적 연구 또는 이용자들과의 경험 축적을 통해 자신의 지식을 확장하고 있다. 사서직 자체도 점차 다양성이 확대되고 있지만, 우리 이용자들은 사서직 전체 또는 참고봉사 담당 사서들보다 더 큰 다양성을 가지고 있다. 교육의 부족, 자료의 부족 그리고 우리 자체적 경험의 한계 등으로 인해 선대의 삶과 경험들을 밝힐 수 있는 정보자원과 도구들로부터 도움을 받고자 하는 이용자들과 우리 사서직들 사이에 거리가 만들어지고 있다. 또한 이상하게도 사람들 사이에 널리 퍼져있는 잘못된 인식, 즉, 선조들이 유럽이 아닌 다른 지역에서 온 사람들은 관련 정보를 찾는데 어려움을 겪을 것이라는 그릇된 인식이 이러한 어려움을 가중시키고 있다. 사서들로 이 잘못된 인식에 사로잡혀 있다. 그리고 이미 우리 도서관[5]과 같은 도서관들을 여러 곳 방문한 사람들을 포함한 조사자들도 마찬가지인데, 그들은 도서관에 와서 자신의 잘못된 확신을 이야기하고 있다. 이 잘못된 확신은 그러한 확신으로 인해 도서관을 방문한 적이 없는 잠재적 조사자들도 가지고 있다. 그리

---

5) 저자들은 공공도서관 내 계보 담당 부서가 존재할 정도로 계보 관련 자료가 많은 콜로라도 주의 덴버 공공도서관에서 근무하고 있다.(역자 주)

고 사서들이 조사자들에게 잘못된 확신을 이야기한 경우도 있었는데, 그 사서들은 조사자들이 도움을 받도록 우리 도서관으로 보내면서도 조사자들이 필연적으로 실망하게 될 것이라는 확신을 가지고 있었다.

다음에서 우리는 잘못 판단된, - 솔직히 말하면, 치명적이고 파괴적인 - 이러한 확신에 대해 다룰 것이며, 다양한 계보가 존재하는 지역사회에서 봉사를 제공하는 사람들을 위한 지침을 제공하고자 한다. 우리는 계보학 참고봉사를 제공할 때 명심해야 할, 이용자들과 관련있는 기본 원칙들을 제공하고자 한다. 대부분의 경우, 이 원칙들은 가족의 기원(family origin)에 상관없이 누구에게나 적용될 수 있으며, 이러한 유사성은 그 자체로 제일의, 가장 중요한, 앞에서 이끌어주는 원칙이다.: 계보학 조사과정은 거의 모든 이용자들에게 비슷하게 적용된다. 그러므로 이 글은 다양한 국가적 기원 또는 민족적 정체성을 가진 사람들에게 적합한 자료를 광범위하게 기술하는 것이 아니라 조사과정에 관계된 기본 지침서 성격이라고 할 수 있다. 사실, 오늘날 도서관 이용자들의 문화적 다양성이 심화된 상황에서, 광범위한 분량의 관련 자료를 제공하려는 시도는 바람직하지 않을 것이다. 우리가 특정 정보자원들을 제시한다면, 그것은 그 정보자원들이 특정 커뮤니티에 특별히 적합하기 때문이라기보다는 정보자원들의 집합체들(aggregations)이기 때문이다.

## 하나의 퍼즐

가족의 기원과 상관없이, 모든 계보학 조사자들은 자신의 첫 단계 또는 그 다음 단계를 조사 대상인 특정 개인에서부터 시작한다. 조사 시작단계에서 일반 조사자들이 이러한 경향을 보이는 반면에, 더 많은 경험을 가진 조사자들은 대체로 조사자가 더 자세히 알고 싶어 하는 특정 개인보다 더 윗세대의 사람으로 시작한다. 이것이 하나의 퍼즐(the puzzle of one)이다. 계보학 조사는 한 번에 한 개인에 대해 조사하며, 그 사람에 대해 알려진 것, 알려지지 않은 것, 찾아진 지식 등에 대한 검토를 통해 계속 나아간다. 우리에게 찾아오는 조사자들은 두 가지 유형이다.: (1) 관심은 있지만, 조사를 거의 진행하지 못한 사람, (2) 조사가 완수되었지만, 문제를 모르거나 다음 단계를 모르는 사람. 이러한 경우에, 계보학 참고봉사는 참고면담으로 시작한다. 누군가가 방향과 조언을 구하려고 찾아올 때마다 기본적 참고면담은 필수적인데, 우리와 개인적으로 잘 아는 조사자라도 실시해야 한다. 모든 참고 사서들은 조사자들을 다독이거나 그들의 – 또는 사서의 – 좌절을 막거나 또는 그들에게 지원을 제공하는 방법을 몰랐기 때문에 바쁘다는 핑계로 참고면담을 게을리 하고 이용자들을 서둘러 자료가 있는 쪽으로 보냈던 경험이 있을 것이다. 이제 우리는 과거의 잘못된 경험과 달리 느긋해져야 하고, 대화를 시작해야 하고, 하나의 퍼즐에 도달해야 한다. 조사 대상은 누구인가? 이 사람에 대해 조사자는 무엇을 조사하기를 원하는가? 조사자가 알고 있는 것은 무엇인가? 조사자가 알고 싶은 것은 무엇인가?

조사자들은 우리를 윗세대들로 이끌고 간다. 모계인지, 부계인지, 어떤 계통을 따라 조사할지는 조사자의 권한이다. 조사자가 특정 계통을 계속 추적할 관심이 없거나 의지가 없는 경우, 또는 어떤 범위를 벗어난 친척들을 계속 추적할 관심이 없거나 의지가 없는 경우도 조사자의 몫이 된다. 다시 말하면, 가족을 구성하는 범위는 사람들마다 차이가 있으며, 참고 사서는 모든 조사자들이 혈연적 친척들(biological relations)에 대한 계보학에 관심이 있거나, 우리가 간주하는 친척관계 범위와 같거나, 또는 특정 가족 구성원들에게 동등한 중요도를 부여하는 것은 아니라는 사실을 잘 알고 있어야 한다. 실제로 우리는 애완동물을 동격의 가족 구성원으로 포함시킨 경우를 알고 있으며, 그런 친척관계의 효력(power)은 노소를 불문하고 함께 존중받고 예우 받을 가치가 있다. 계보학에서 동물들을 특이한 대상으로 생각하는 사람들은 자신의 오류를 깨달을 수 있도록 세심히 기록된 순종 말들의 혈통표(pedigree)와 말들이 불러일으킨 열정과 물질적 관심(material interests)을 떠올릴 필요가 있다.

우리는 조사 초기에 모든 조사자들에게 그들의 가족이나 오랜 친구들, 교회 등 신앙 공동체의 충실한 신도들과 같이 그들 가족과 친한 사람들에게서 나온 정보를 먼저 수집하라고 말한다. 이러한 노력은 단지 정보를 수집하는 것 이상의 역할을 한다. 정보 수집은 보통 가족 내에서 이전 세대들의 출생, 정체성, 경험과 영향력 등에 관한 대화로 시작된다. 이런 대화는 대체로 향후의 조사 범위와 방향을 결정짓는 중요한 역할을 하지만, 때로는 고통스러울 수 있음을 알 필요가 있다. 사서는 이런 대화를 계속 지속할 수 있도록 적절히 격려하는 조치들을 취할 수 있고, 이런 대화는 위로와 반성 그리고 과거에 대해 말하려는 의지 등에 영향을 받아 수년간 계속되고 이어짐과 끊어짐을 반복할 수도 있음을 주목해야 한다. 개인적 경험과 직업적 경험을 통해 우리들은 한 가족 구성원이 전쟁, 죽음, 가난, 배우자와 자녀들과 관련된 다른 어려움 등에 대한 경험을 공유하는 것을 거절하거나 오로지 손자와 손녀들, 조카들 또는 자신의 이야기를 예의와 존중으로 경청해준 전혀 모르는 사람들 하고만 자신들의 삶에 대해 자발적으로, 숨김없이 공유하고자 하는 다양한 사례들을 볼 수 있었다. 이런 대화는 대체로 가족애를 다지고 우정을 튼튼히 하는데 기여하며, 사람들에게 공유된 경험과 공동의 과거가 주는 위로를 제공한다.

## 질문에 맞는 자료를 찾아라.

기억으로부터, 그리고 가족 구성원들 또는 가족과 관련 있는 사람들로부터 정보를 수집한 조사자들은 기억이나 지금 손에 쥐고 있는 기록들을 넘어 나아가기 위해 결국은 사서에게 의지할 것이다. 인간 경험에 관한 기록과 정보의 세계를 확인하고, 탐색하고, 이용하려는 노력이 여기에서 시작된다. 우리는 이러한 자료들에 대해 의도적으로 광범하게 기술하고자 하는데, 이는 계보학 조사에서 이용 가능한 자료의 범위가 엄청나기 때문이다. 이 자료들 중 일부는 친숙하고, 더욱 관련 있는 자료일 수 있다. 나머지 다른 자료들은 숙련된 조사자들조차도 대부분 놀라는 자료일 것이다.

우리는 사학자들로부터 개념을 차용하여 1차 자료(primary sources)와 2차 자료(secondary sources)를 구분한다. 1차 자료는 인구조사 일정표, 결혼 증명서, 교구 등록부(parish register) 등과 같은 문서, 기록 또는 그들이 기록한 사건에 대해 즉각적인 전승(traditions) 등이 포함된다. 여기서 주목할 것은 계보학 조사에 대체로 매우 귀중하고 가치 있는 정보를 제공하지만 계보학 조사자들에게 도움을 줄 목적으로 만들어지지 않는 자료들과 1차 자료는 구분된다는 점이다. 이러한 정보원들은 거의 대부분 세속적 권력 또는 종교적 권력에 의해 만들어졌고, 이 자료에 관한 질문은 대부분 특정 수준의 정부 또는 신앙 공동체와 그곳의 기록물들에서 나온 정보를 언제, 어디서 찾을 수 있는지에 관한 것들이다.

2차 자료는 대체로 시간 또는 공간에서 거리를 두고 어떤 주제에 주목하며 과거의 사건, 경험, 개인들에 대해 이야기하거나 조사하거나 분석한 자료들이다. 여기에는 계보학 조사자들이 다양한 형태로 만든 출판물들이 해당하는데, 특정 개인들과 그들의 후손에 대한 이야기, 조사에 대한 안내서 또는 1차 자료 이용을 위한 색인이나 안내자료 등이 포함된다. 이 문헌들은 매우 귀중한 가치가 있기 때문에, 조사자들은 이 문헌들을 조사 초기에 접해야 하며, 자주 이용해야 하며, 다음 단계나 자료에 관한 질문이 생길 때마다 살펴봐야 한다.

또한 우리는 2차 자료의 범위를 사학자, 인류학자, 사회학자, 지리학자 그리고 인간 경험에 관한 다른 학생들이 쓴 학술 자료까지 확장한다. 이와 관련해 우리는 사서들과 계보학 조사자들에게 자신의 조사에 관련된 다양한 정보를 제공하고, 다양성을 이해하는데 크나큰 도움을 줄 수 있는 여러 분야들에서 나온 학술 자료들을 가볍게 보지 말 것을 강력히 주장한다. 이런 학술 자료들은 관련된 자료에 대한 맥락과 통찰력을 제공하며, 조사자들과 사서들에게는 다른 장소와 시간에 대한 무시, 추측 또는 오해들을 점검할 수 있는 기회를 제공한다. 대체로 가장 풍성한 좋은 계보학적 조사는 1차 자료와 2차 자료 사이의 대화(conversation)이며, 이를 통해 조사자들은 이전 세대들의 삶에 대한 실마리를 발견하고, 소규모 지역사회, 지역, 국민 그리고 국가의 구체적인 삶의 윤곽과 경험들에 대한 통찰력과 맥락을 발견할 수 있다.

제시된 하나의 퍼즐이 있는 상태에서, 조사자는 이전 세대들에 대한 정보를 얻을 수 있는 곳으로 가야한다. 특정 인물과 장소에 대한 조사 안내서들은 풍부한 편이며, 대체로 사서들은 도서관 목록이나 'WorldCat'을 통해 조사자의 요구에 적합한 핸드북, 안내서, 조사 매뉴얼 등을 신속하게 파악할 수 있으며, 흥미 있는 내용이 포함된 정기간행물 또는 소식지를 제시할 수 있다. 이런 안내서들에 대한 탐색은 나중에 조사자와 사서들에게 도움을 주기 때문에, 우리는 조사자들이 특정 조사 주제에 관련된 조사 안내서들과 친숙해지기를 권한다. 계보학 조사를 위해 수년간 몰두해왔지만, 지금껏 자신의 조사 영역에 대해 문의하기 위해 한 번도 참고봉사를 이용하지 않은 계보학자들이 여전히 많다는 사실로 인해 우리는 계속해서 놀라고 있다. 그들의 특정 퍼즐은 시간에 따라 계속 변하며, 새로운 참고자료들은 계속 나타나기 때문에, 사서들은 신규 조사자뿐만 아니라 숙련된 조사자들에게도 이런 자료들을 파악하고, 이용하고, 자주 참고하도록 권장해야 한다.

중요한 가치를 가진 자료들을 한쪽으로 치워둔 채, 종교적 또는 민족적 정체성 등의 이유로 조사자의 이전 세대들과 관련된 것으로 추측되는 자료들을 찾고자 하는 유혹이 있을 수 있다. 우리 사서들은 콜로라도 주 남부와 뉴 멕시코(New Mexico) 주 북부 사이에 있는 샌 루이스 계곡(the San Luis Valley)의 히스패닉 커뮤니티들과 연결되어 있는 조사자들을 이용하기 어려운 교회 기록들로 안내한 경험이 있다. 사실. 이처럼 오래 전에 설립된 커뮤니티를 위한 핵심적인 첫 번째 자료는 1848년에 종료된 멕시코와의 전쟁 이후 미국 통치권 체제가 확립된 시기까지 거슬러 올라가는 미국 연방 인구조사와 이 인구조사의 10년 단위 통계 조사표이다. 인구조사 기록들은 자신의 윗세대들이 1940년 이후 또는 그 이전에 미국에서 살았던 많은 조사자들을 위해 중추적인 역할을 수행할 것이다. 이와 비슷하게, 자신의 윗세대들이 세계 곳곳에서 살았던 조사자들은 그들이 이용할 수 있는 관련된 국가, 주 또는 지역 단위의 인구조사 자료들로 안내되어야 한다.

당시의 사정이나 정치적 상황이 조사자 이전 세대의 인구조사 명부 등록(enumeration)을 가능하도록 또는 불가능하도록 했을 수 있기 때문에, 다른 조사자들은 인구통계를 통해 이전 세대들을 찾지 못할 수 있다. 예를 들면, 노예로 잡혀온 조상들이 있는 조사자들은 1870년 이전의 미국 연방 인구조사에서 그들의 초기 세대가 노예 신분 속으로 사라져 버리고 초기 세대의 이름이 삭제된 것에 대해 실망할 수도 있다. 이 경우, 사서들은 조사자들을 다른 기록들과 새로운 영역의 조사 과제들 쪽으로 방향을 돌리면 된다. 원주민들과 연결된 조사자들의 경우,

'자국 내 종속 국민들'(domestic dependent nations : 1832년 우스터 대 조지아 주 사건(*Worcester v. Georgia*)에 대한 미국 대법원장 존 마셜(John Marshall)의 판결문 문구로 사용)의 일원이라는 미국 원주민 대부분의 독특한 정치적 상황으로 인해, 이전 세대들이 어떤 부족 커뮤니티와 떨어져 산 경우에만 초기의 인구조사 명부 등록이 된 이전 세대를 찾을 수 있다. 역으로, 부족민들의 통제와 배치로 인해 광범한 기록들이 생산되었다. 이른바 '보호구역 내 인디언 인구조사'(Indian census of reservations)들은 쉽게 이용할 수 있으며, 색인이 작성되어 있고, 대체로 매년 수치가 반영되었다. 이러한 기록들을 몇 시간 살펴보면, 이용자는 몇 세대의 선대가 살았던 보호구역에 대한 유대감을 형성하게 되고, 연방 당국들이 보유하고 있는 막대한 1차 자료들과 다양한 조사 분야에서 생산된 풍부한 분량의 2차 자료로 향한 문을 열게 된다.

## 디지털화와 온라인 정보자원

디지털화와 온라인 정보자원은 계보학 조사에 대변혁을 가져왔고, 개인적 구독이나 도서관 구독 또는 오픈 액세스(open access) 데이터베이스 등을 통해 이용할 수 있는 디지털 기록물들은 이전에 불가능했던 접근과 검색을 가능하게 하였다. 영리 기업들은 자료에 대한 수요를 창출하고 충족시키는데 관심을 가지고 있는데, 이는 정보자원의 지속적 성장에 좋은 징조이다. 비록 영리기업과 다른 동기에서 시작되었지만, 비슷한 결과를 가져오는 것으로 '말일 성도 예수 그리스도교회'(the Church of Jesus Christ of Latter-Day Saints, 이하 LDS)의 사례를 들 수 있다. LDS는 전 세계의 계보학 조사자들과 관련된 자료들을 적극적으로 보존하고 디지털화하고 있다. LDS의 전 세계적 선교, LDS 신자 수의 증가, 그리고 계보학 조사에 관한 신학적 동기부여의 증가 등을 고려하면, 관련 정보자원들이 놀라운 비율로 계속 증가하는 이유는 충분히 설명된다.

디지털화가 온라인 접근에 대한 기대를 불러 일으켰지만, 역설적으로 너무 많은 자료들을 온라인에서 이용할 수 있기 때문에 사서와 조사자들이 관련성 있는 디지털 콘텐츠를 찾기가 어려운 경향이 있다. 숙련된 조사자들은 구독 계약이나 오픈 액세스 정보자원을 새로이 추가하는데 뒤처지지 않으려고 재빨리 움직이고 있다. 신규 조사자들은 인구조사와 몇 가지 자주 이용되는 자료들을 넘어서 다른 자료들을 안내받았을 때, 놀라움을 나타낸다. 접근과 인식(awareness)은 같을 수 없으므로, 사서들은 발견한 것들을 일상적으로 다른 사서 및 조사자들과 공유하고, 능숙하고 적극적인 조사자들에게 최근에 온라인에서 찾은 것이 무엇인지 물어보도록 함께 노력해야 한다. 우리들의 경우, 조사자들로부터 새로운 정보자원에 대해 배울 때가 많다. 새로운 데이터베이스와 새로운 조사 영역을 활용하는 조사자들은 스스로가 특별한 정보원이 되는 경향이 있고, 사서들과 동료 계보학 조사자들에게 자신의 경험과 통찰력에 대해 설명할 수 있다. 이는 세계 여러 곳에서 나온 정보자원들과 관련해서 특히 그러하다. 오늘 마주친 어떤 먼 나라에서의 온 열정적인 조사자는 앞으로 당신의 도서관에서 제공될 계보학 관련 특별 프로그램의 강사로 활용할 수 있다.

모든 레코드가 디지털화되고, 비용여부를 떠나 온라인에서 모두 이용될 수 있다고 믿는 것은 당연히 잘못된 것이다. 사서들은 조사자들이 오직 인쇄 또는 마이크로 형태로만 이용할 수 있는 자료들도 조사하도록 권장해야 한다. 많은 데이터베이스들이 특정 기록물 장서의 일부만 반영하고 있다는 점은 훨씬 더 모르고 있기 때문에, 사서와 조사자들은 특정 데이터베이스들의 한계(특히 기간, 장소, 특정 종교 또는 민족 공동체 등이 기록물에 포함되는지 또는 배제되는지에 관한 한계)를 이해할 수 있도록 데이터베이스에 대한 설명과 유의사항을 잘 읽어야 한다. 많은 경우에서, 사서들과 조사자들은 조사자, 국립 기록관, 도서관들이 제작하였거나 계보학 관련 위키 사이트들과 여러 온라인 카페에 게시된 기록들에 대한 안내 자료를 참고함으로써, 어떤 디지털 정보자원의 등장을 예측하거나 정보자원의 강점과 약점을 더 잘 이해할 수 있다. 또한 이전에 몇몇 도서관에서만 이용할 수 있었던 인쇄된 안내 책자들중 상당수도 지금은 디지털 도서로 제작되어 온라인에서 이용할 수 있다. 우리는 우리 도서관 소장 장서에 대한 조사 요청도 온라인을 통해 비용이나 지체 없이 이용할 수 있는 '구글 북스'(Google Books)나 다른 온전한 텍스트 자료(complete text)로 안내하면서 조사자들과 사서들의 모든 요청에 응답하였다.

## 민족 정체성에 관한 과제물

최근 몇 년 동안, 우리는 민족성에 관한 과제물을 작성해야 하는 학생들과 많이 만났는데, 그 과제물은 대체로 학생의 가족과 가족의 기원에 대한 조사를 필수요건으로 하고 있었다. 중학생, 고등학생, 대학생들까지 이런 과제물 작성을 위해 모두 우리에게 찾아왔다. 최고의 과제물들은 대부분 자기 정체성, 지역사회 그리고 미국인으로서 경험하는 민족성과 인종에 관한 중요한 질문들을 탐색하는 기회를 제공하는 과제물이었다. 반면, 최저의 과제물들은 대부분 그 학생보다 앞선 3대, 4대 또는 5대 또는 그 이상의 세대까지 임의대로 조사하도록 만들어, 학생과 사서 모두를 당황시키며 좌절, 분노, 심지어 눈물까지 흘리게 만드는 과제물이었다. 우리는 그와 같은 과제를 내 준 교육자들이 스스로 비슷한 노력을 해봤는지 궁금하였다. 왜냐하면 그 과제물을 수행하기가 불가능하다는 사실은 쉽게 증명되기 때문이다. 교육자들이 계보 조사에 관한 과제물을 내주는 것을 중단해서는 안 되지만, 그들은 먼저 학생들이 조사해야 하는 내용, 조사에 포함되는 과정, 그리고 성공적인 과제물을 만들기 위해 사서와 긴밀히 협력하는 것의 가치 등에 대해 이해해야 한다.

우리의 경험에서 볼 때, 이러한 과제물들 중 최고의 과제물은 학생들이 임의대로 몇 세대를 누적시킨 과제물의 생산, 학생보다 12세대 또는 그 이상 앞선 첫 이민자 조상의 파악, 또는 편향적이거나 궁극적으로 의미 없거나 또는 불가능한 인물에 대한 조사 등이 아니라 자기 성찰과 조사과정에 초점을 맞춘 과제물이다. 우리는 교육자들이 실질적인 조사를 권장하기 위해 그와 같은 필수요건을 설정하고 싶은 심정은 이해하지만, 과제의 본질에 대한 우려는 현대 교실 속의 문화적 다양성을 인식하기에 충분하도록 관련성이 높으면서도 유연성을 갖춘 필수요건, 그리고 학생들이 조사를 통해 얻게 될 다양한 경험 등으로 인해 해소될 수 있다. 우리는 특히 조사 일지를 사용할 것을 권장하는데, 일지를 작성하면서 학생들은 조사과정과 이용한 자료에 대해 기술할 수 있고, 이러한 일지를 계속 작성하면서 중심 요소를 발견하고 연구과정에 대한 자기 성찰을 할 수 있다. 우리가 교육자들과 노력을 함께 한 가장 성공적인 경험들은 감동적인 조사 보고서들로 생산되었고, 이 보고서들은 우리 도서관 장서에 포함되어 다른 조사자들과 공유되었으며, 영감(inspiration)을 찾는 다른 교육자, 학생, 조사자들에게 성공적 사례로 자랑스럽게 제공되었다.

## 그냥 놔두기, 연결하기, 돌려주기

사서들은 계보학 조사자와 사서들 모두의 이익을 위해 온라인에서 활동하는 수많은 관심 그룹들(interest groups)들과 수많은 지역, 주, 국가, 국제 규모의 계보학 단체들에 참가할 필요가 있다. 우리는 이 단체들에 참여하면서 많은 개별 조사자들이 정성과 보살핌으로 계보학 커뮤니티와 네트워크들을 구축하였음을 기억할 필요가 있다. 다른 참고봉사 영역처럼, 조사자들을 위한 지원과 조사 수행 사이에 적정선(fine line)이 존재한다. 사서 직무가 다른 업무를 하기 위해 부문에서 채용된 것이 아니라면, 당신은 개인적인 조사자가 아니다. 당신의 목적은 조사자들과 관련된 정보를 연결시키는 것이지, 자료들을 검토하고, 상세하게 그 자료들을 이해하고, 조사자가 찾지 못한 핵심적 친척관계를 찾아내는 업무를 떠맡는 것이 아니다. 사서 중 누구도 계보학 조사를 대신할 의무를 가지고 있지 않다. 그리고 근본적으로 역사적 조사는 쉽지 않으며, 조사자들이 자신들의 과거에 대한 조사를 위해 시간과 노력을 투자해야 하는 현실을 단순화시킬 방법은 어디에도 없다. 사서들은 단순화될 수 없는 상황을 단순화시키기 위해 수렁에 빠질 필요가 없다. 즉, 그냥 놔둘 때를 깨닫고, 조사자들로 하여금 자신의 독자성이 가지는 힘과 즐거움을 알 수 있도록 그냥 둬야한다. 그들 스스로 새로운 발견을 할 수 있도록 우리들이 그들의 역량을 강화시키지 못한다면, 우리는 조사자들에게 도움을 주지 못하게 된다. 또한 조사자들의 노력으로 획득되고 공유되는 통찰력을 통해 우리들과 다른 조사자들이 혜택을 얻을 기회가 사라지게 된다.

끝으로 우리는 당신이 속한 도서관에서 계보학 커뮤니티를 성장시키고 계보학 조사자들을 보살필 특별한 기회를 만들기를 요청한다. 당신과 조사자들이 서로 간에 만든 연결 관계는 계보학 조사를 위한 도서관 최고의 자산이 될 것이다. 보편적이고 윤리적인 방식으로 비슷한 관심사를 가진 조사자들과 연결하고, 항상 조사자들의 사생활과 시간을 존중하며, 그로 인해 계보학에 대한 관심과 전문지식 그리고 계보학 커뮤니티가 어떻게 번성하는지 그 모습을 지켜보라. 모임 공간을 제공하고, 계보학 커뮤니티에 관심 있는 자원봉사자 프로젝트들을 진행하고, 공동의 일치된 활동과 지지를 모색하기 위해 다양한 관심그룹들의 대표들이 함께 모이도록 하라. 열심히 노력하는 계보학자들은 자신의 시간, 열정, 그리고 생각들을 남들과 쉽게 공유한다. 오늘의 초보 계보학 조사자는 익숙하지 않는 지역과 그곳의 사람들에 대해 당신에게 질문을 하지만, 나중에 그 조사자는 당신의 협력자, 선생님, 수많은 다른 사람들이 뒤따르는 정보원이 될 수 있다.

국문색인

영문색인

# 편집자·기고자 소개

**니사 덴슬리(Nyssa Densley)** 애리조나 주 투산에 위치한 피마카운티 공공도서관에서 청소년 및 성인 서비스 사서로 일하고 있으며, 특히 난민과 이민자 서비스에 초점을 두고 있다. 이 책의 출판시점에 덴슬리는 유타 주의 솔트레이크 카운티 도서관 시스템의 분관 보조 책임자로 채용되었다. 덴슬리는 애리조나 주립대학교에서 문헌정보학 석사학위를 취득하였으며, 현재 미국도서관협회 회원으로 활동하고 있다. 덴슬리는 다문화 프로그램 계획에 관해 도서관 분야 컨퍼런스에서 발표하였다. 덴슬리는 애리조나 도서관협회의 2010년 컨퍼런스에서 공동 발표를 수행했는데, 이 발표로 협회장상을 수상하였다.

**니콜 이바(Nicole Eva)** 경영학 학사를 취득하고 2008년 웨스턴 온타리오 대학교에서 문헌정보학 석사학위를 취득한 이후 캐나다 앨버타 주 레스브리지에 위치한 레스브리지 대학교 도서관에서 사서로 근무하고 있다. 현재 이바는 이 도서관에서 학생참여팀 팀장이자 경영학부, 경제학과, 종교학과 담당 연락사서로 일하고 있으며, 참고 사서 업무와 정보 리터러시 수업을 담당하고 있다.

**니키 로 비앙코(Nicky Lo Bianco)** 오스트레일리아 멜번에 위치한 빅토리아 주립도서관에서 마이랭귀지(myLanguage) 책임자로 일하고 있다. 비앙코는 지역주민 모두에게 도서관 서비스가 제공될 수 있는 아웃리치 서비스에 대해 특별한 관심을 가지고 있다. 2003년에 오스트레일리아 수도 준주 공공도서관들과 업무를 진행하면서 비앙코는 준주 내 다문화 서비스 전반에 걸쳐 평가를 실시한 결과, 공공도서관의 다문화 서비스 제공과 다문화 커뮤니티의 도서관 이용에서 큰 진전을 가져왔다.

**다니엘 콜버트-루이스(Danielle M. Colbert-Lewis)** 더램에 위치한 노스캐롤라이나 센트럴 대학교의 제임스 쉐퍼드 기념 도서관에서 참고봉사 사서로 근무하고 있다. 버지니아 대학교에서 인류학 학사를, 피츠버그대학교에서 문헌정보학 석사를, 버지니아 공과대학에서 교육 리더십과 정책학 분야의 교육학 석사를 취득하였다. 참고사서로서, 콜버트-루이스는 다양한 배경을 가진 학생, 교수, 직원을 위해 도서관 이용교육 수업을 진행하고 있다. 그녀는 현재 소외계층 출신의 신규사서를 위한 멘토링과 사서직과 고등교육에서의 법률적 이슈에 많은 관심을 가지고 있다.

**다이애나 레논(Diana J. Lennon)** 뉴욕 주 엘름스포드에 위치한 그린버 공공도서관에서 라틴계 커뮤니티를 대상으로 다양한 서비스와 프로그램을 제공하고 있다. 레논은 롱아일랜드 대학교의 문헌정보학 석사과정에 재학 중이며, 미국도서관협회의 2010년 미리암 혼백 학술상과 2010년 뉴욕 주 도서관협회 공공도서관분과 컨퍼런스 학술상을 수상하였다. 레논의 어린이와 청소년 도서에 대한 서평은 스페인에서 간행된 〈Partes de Un Todo〉에 수록되었다. 레논은 밴더빌트 대학교에서 스페인어 문학 전공으로 석사학위를 취득하였다.

**데릭 모즐리(Derek Mosley)** 루이지애나 대학교(라파예트)에 있는 게인즈 센터에서 아키비스트이자 부관장으로 근무하고 있다. 모즐리는 조지아 주 애틀란타에 위치한 모어하우스 칼리지에서 역사학을 전공으로, 아프리카계 미국인학을 부전공으로 문학 학사학위를 취득하였고, 보스턴에 위치한 시몬스 칼리지의 문헌정보학 대학원에서 기록관리 석사학위를 취득하였다. 석사과정 동안 모즐리는 터프츠 대학교 도서관(디지털 장서와 기록물)과 하버드 대학교 아놀드 수목원에서 인턴으로 활동하였다.

**도나 워커(Donna Walker)** 콜로라도 주 아라파호 카운티에 있는 아라파호 도서관에서 분관 관리자로 근무하고 있다. 워커는 5개의 분관과 어린이/가족 봉사 및 아웃리치 부서 전체를 감독하고 있다. 2011년 〈Library Journal〉은 그녀를 소외계층 대상 서비스의 영향력 있는 인물로 선정하였다. 워커는 2010년 이동도서관 및 아웃리치서비스 협의회(ABOS) / 농촌 도서관 및 소규모 도서관 협의회(ARSL)와 2012년 공공도서관협의회 연례회의에서 이동도서관 서비스 혁신에 대해 발표하였다. 워커는 덴버대학교에서 영문학 학사학위를, 워싱턴 주립대학교에서 도서관학석사 학위를 취득하였다.

**라디슬라바 카일로바(Ladislava Khailova)** 박사학위를 취득하고 현재 일리노이 주 드캘브에 위치한 노던 일리노이 대학교에서 부교수이자 대학도서관에서 인문/사회과학 주제 전문사서 및 장애학생 봉사 업무 조정자로 근무하고 있다. 카일로바는 장애, 인종, 민족성, 젠더의 관점에서 사회적 타자를 형성하는 역사적, 문화적 요소들에 대한 연구에 관심을 가지고 있다. 카일로바는 21세기 미국 문학의 다양한 장르에 대한 논문과 도서관과 교실에서 미국장애인법의 실천에 관한 논문들을 투고하고 있다.

**라벤트라 단과(LaVentra E. Danquah)** 미시건 주 디트로이트에 위치한 웨인 주립대학교에서 문헌정보학 석사학위를 취득하였으며, 현재 웨인 주립대학교의 쉬프만 의학도서관에서 사서로 근무하고 있다. 단과는 〈Medical Reference Services Quarterly〉, 〈Journal of Consumer Health on the Internet〉, 〈MLA Forum〉 등의 동료 심사 저널에 투고하고 있으며, 〈Journal of the National Medical Association〉의 심사자로 활동하고 있다. 단과의 최근 논문인 "Achievements of Selected Twenty-First-Century African American Health Sciences Librarians"는 단행본 〈The Twenty-First-Century Black Librarian in America : Issues and Challenges〉(2012)에 수록되었다, 단과는 소비자 보건정보의 옹호자이며, 전문직 회의에서 자주 발언하고 있다.

**레베카 마컴 파커(Rebecca Marcum Parker)** 센트럴 미주리 대학교에서 학사학위(도서관학 교육)와 문학 석사학위(문학)를 취득하였다. 파커는 3년간 농촌지역 이동도서관 사서로, 14년간 미주리 주 캔자스시티 교육청에서 학교도서관 사서로 근무하였다. 파커는 미드웨스트 홀로코스트 교육 센터의 아이작 페더만 강사 그룹, 광역 캔자스시티 사서교사협회의 회원으로 활동하고 있다. 파커는 〈Library Management Tips That Work〉(2011)와 〈How to Thrive as a Solo Librarian〉(2012) 등의 단행본에 공동저자로 참여하였다.

**마리아 파시노(Maria A. Pacino)** 교육학박사이며 캘리포니아 주 아주사에 위치한 아주사 퍼시픽 대학교에서 학교도서관 전공의 주임교수로 근무하고 있다. 그 이전에 파시노는 교육학과 학과장을 역임하였고, 석사과정과 박사과정 대학원 수업을 강의하였다. 파시노의 연구는 다양성, 문해력, 기술 등을 주제로 하고 있다. 파시노는 전국 규모 학술회의와 국제학술회의에서 발표를 해왔으며, 단행본 〈Reflections on Equity, Diversity, and Schooling〉(2008) 등 여러 연구성과들을 출판하였다. 파시노는 아주사 시립 도서관의 이사이기도 하다.

**마이클 부오노(Michael Buono)** 뉴욕 주 서포크 카운티에서 청소년/성인 참고봉사 사서로 일하고 있다. 부오노는 2012년 뉴욕 시립대학교 퀸즈 캠퍼스에서 문헌정보학 석사와 청소년 서비스 자격증을 취득하였다. 부오노는 2곳의 큰 부도심지역의 도서관에서 근무하였으며, 여러 사서직 단체의 회원으로 적극 활동하고 있다. 부오노는 2012-2014년 청소년도서관서비스협회(YALSA)의 회원관리 및 홍보위원회와 계속교육위원회에 참여하고 있다. 부오노는 우리가 청소년을 지지한다면, 청소년이 우리 모두를 지지할 것이라고 믿고 있다. 그의 웹사이트는 www.nichaelpbuono.com 이다.

**마크 도넬리(Mark Donnelly)** 2000년부터 2011년까지 뉴욕시의 퀸즈 도서관에서 선임 아웃리치 사서였다. 도넬리는 롱아일랜드 대학교에서 도서관학 석사를 취득하였고, 뉴욕 시립대학교의 브룩클린 칼리지에서 미술학 석사를 취득하였다. 또한 도넬리는 시, 희곡, 단편소설을 쓰는 작가로 많은 작품들을 출판하였으며, 미국 극작가협회와 아일랜드계 미국인 작가 및 예술가협회의 회원이기도 하다.

**메릴 레너드(Meryle A. Leonard)** 노스캐롤라이나 주 샬럿 멕크렌버그 도서관의 아웃리치 책임자로 근무하고 있으며, 20개 분관을 위한 통합적 아웃리치 서비스의 제공을 위한 설계, 개발, 평가 등을 총괄 조정하고 있다. 레너드는 2009년 미국도서관협회 간행 도서 〈Libraries as Commuity Partners: An Outreach Handbook〉에서 2개의 장을 기고하였다. 레너드가 속한 도서관은 2006년 전국 박물관 및 도서관 서비스 우수상, 존 콜튼 데이나 도서관 PR상, 2008년 모라 상 등을 수상하였다. 샬럿 멕크렌버그 도서관의 아웃리치를 위한 노력은 전체 도서관차원에서 적극적으로 수행된다.

**바바라 스트라이플링(Barbara Stripling)** 시러큐스 대학교 정보학 대학원에서 실무 분야 조교수로 근무하고 있다. 스트라이플링은 2012년 1월까지는 뉴욕시의 1,500개 학교 도서관 서비스 총괄책임자였다. 뉴욕 이전에는 스트라이플링은 콜로라도, 노스캐롤라이나, 아칸소, 테네시 등의 주에서 교사, 사서교사, 도서관 보조금 책임자, 이용자교육 책임자 등으로 활동하였다. 그녀는 수많은 도서와 기사의 저자와 편집자를 역임하기도 했으며, 2013-2014년 미국도서관협회 회장 선출자이기도 하다.

**베키 디마티니(Becky DeMartini)** 2001년 브리검 영 대학교를 졸업하고 2005년 하와이대학교(마노아)에서 문헌정보학 석사학위를 취득하였다. 2006년 브리검 영 대학교의 죠셉 스미스 도서관에서 참고봉사 기술 사서로 근무를 시작한 디마티니는 도서관 웹사이트를 개발하고 운영하고 있으며, 모든 전자 정보원에 대한 접근 관리를 책임지고 있다. 또한 디마티니는 다양한 수업과 워크숍에서 강의하고 있으며, 도서관의 마케팅 활동에도 참여하고 있다. 디마티니는 하와이 주 도서관협회 회장으로 봉사하고 있다.

**샤오롱 샤오(Xiaorong Shao)** 박사학위를 소지하고 있으며, 노스 캐롤라이나 주 분에 위치한 애팔라치안 주립대학교 벨크 도서관 / 인포메이션 커먼스에서 정보 리터러시 업무를 담당하고 있다. 샤오의 주요 업무는 도서관 이용교육, 개인 연구 상담, 참고봉사, 그리고 외국인 유학생과 연구자를 위한 아웃리치 서비스 등이다. 샤오는 지난 5년간 국제 관련 사서직 업무, 외국인 이용자들을 위한 도서관 서비스, 기타 학술 분야에서 10개의 연구성과를 발표하였다. 샤오는 미국과 외국의 대학에서 온 연구자와 학생들과 협력하고 있다.

**션 콜버트-루이스 시니어(Sean C. D. Colbert-Lewis Sr.)** 더램에 위치한 노스 캐롤라이나 센트럴 대학교에서 역사학과 조교수이자 역사학과의 중등 사회 교사 인증 프로그램 책임자로 근무하고 있다. 콜버트-루이스는 버지니아 공과대학에서 역사학 학사와 석사를, 버지니아 대학교에서 교육학 석사와 박사(PhD)를 취득하였다. 2011년 교사자격증을 취득한 그는 사서, 교장, 경찰서장, 교사, 대학교수 등을 대상으로 그들의 직업에서 다문화 교육을 수행하는 방법에 대해 다양한 연구와 워크숍을 개최하는 등 폭넓은 경험을 가지고 있다.

**스테이시 팔코위츠(Staci Falkowitz)** 노스 캐롤라이나 주 샬럿에 위치한 샬럿 멕크렌버그 도서관의 스칼레이바크 분관의 분관장으로 근무하고 있다. 노스 캐롤라이나 주립대학교(그린스보로)에서 문헌정보학 석사를 취득하였으며, 재학 중에는 학과 학생회장을 역임하였다. 팔코위츠는 미국도서관협회, 공공도서관협회, 전국 라틴계와 스페인어 사용자를 위한 도서관 정보봉사 협회(REFORMA), 국제적인 문헌정보학 연구 모임인 〈Beta Phi Mu〉의 회원으로 활동하고 있다. 또한 팔코위츠는 문해력 증진상 심사위원, 기초 교육과 문해력 정보자원 위원회 등 미국도서관협회, 공공도서관협회 등의 여러 위원회에 참여하고 있다.

**신시아 휴스톤(Cynthia Huston)** 보울링 그린에 위치한 웨스턴 켄터키 대학교에서 도서관 미디어 교육 전공 부교수로 근무하고 있다. 휴스톤은 클라리온 대학교에서 문헌정보학 석사 학위를, 카본데일에 위치한 서던 일리노이 대학교에서 교과과정 및 교육을 전공으로 박사 학위를 취득하였다. 휴스톤은 편목, 어린이 자료, 정보 봉사 등의 강의를 담당하고 있다. 휴스톤의 연구 관심사는 광범한 디지털 정보원의 탐색, 이중 언어 어린이자료, 국제 비교 사서직 연구, 켄터키 주 학교도서관의 현황 등에 걸쳐 있다.

**아마우리 세라노(Amauri Serrano)** 노스 캐롤라이나 주 분에 위치한 애팔라치안 주립대학교에서 인문학 자료실에서 영어, 역사, 예술/디자인, 영화/무용 분야의 장서 선정과 관리 업무를 담당하는 사서로 근무하고 있다. 세라노는 이탈리아에서 ESL 강의를 하였고, 미국에서 이탈리아어를 강의하였다. 세라노는 미국도서관협회, 미국대학도서관협회, 현대언어학회 등의 회원으로 활동하고 있다. 세라노는 일리노이 주립대학교(어바나-샴페인)에서 학사학위(역사와 이탈리아어), 문헌정보학 석사학위, 문학 석사학위(이탈리아 문학) 등을 취득하였다.

**애쉴리 안사(Ashley Ansah)** 아이오아 주의 디모인 공공도서관 시스템의 분관 두 곳의 청소년 전문가로, 아이오아 주립대학교에서 인류학 및 국제학 분야 석사학위를 취득하였다. 안사는 필라델피아에 위치한 드렉셀 대학교에서 문헌정보학 석사학위를 취득하였다. 안사는 거의 10년 동안 다양한 나라와 연령대의 영어학습자들과 함께 일해 왔다.

**앨런 초(Allan Cho)** 캐나다 밴쿠버에 위치한 브리티시 컬럼비아 대학교(UBC)의 Irving K. Barber 학습센터에서 프로그램 봉사 사서로 근무하고 있다. 여기에서 초는 지역사회 참여사업, 예술 및 문화 프로그램 계획, 최신 기술 활용 등에 참여하고 있다. 초는 이 센터에서 근무하기 이전에 공공도서관과 보건 관련 도서관에서 근무하였으며, UBC 도서관 내 인문사회과학 자료실에서 참고봉사 사서로 근무하였다. 초는 디지털 인문학 분야에서 최신 기술과 관련해 투고하고 있다.

**에리카 버넷(Erika Bennet)** 문헌정보학 석사학위와 이학 석사학위를 취득하였으며, 카펠라 대학교에서 정보 리터러시와 이용자교육 담당사서와 교육 및 경영대학 연락담당 사서로 근무하고 있다. 카펠라 대학교는 온라인 대학으로 주로 석사학위를 제공하고 있으며, 성인 학생과 비전통적인 학생들을 위해 봉사하고 있다. 카펠라 대학교는 매우 다양성이 있는 학생들이 재학 중인데, 50% 이상이 유색인종이다. 버넷은 LOEX(Library Orientation Exchange)와 미국대학도서관협회의 가상, 원격 캠퍼스 도서관 서비스와 도서관 기술 컨퍼런스에서 발표하였다. 그녀는 또한 〈the Journal of Library Administration〉에 투고하고 있으며, 여러 도서의 공동 저자로 활동하고 있다.

**에린 브로던(Erin Brothen)** 문헌정보학 석사를 취득하였고, 미네소타 주 미네아폴리스에 위치한 월든 대학교에서 다양한 배경을 가진 비전통적인 학생들을 대상으로 참고봉사와 이용자 교육을 담당한 교육 사서로 일하고 있다. 월든 대학교는 온라인 기반 대학으로 전 세계에서 등록한 학부생과 석사 및 박사과정의 대학원생에게 교육을 제공하고 있다. 브로던은 성인 학생들을 위한 참고봉사와 정보 리터러시 교육에 큰 관심을 가지고 있다. 브로던은 최근 제14회 원격 캠퍼스 도서관 서비스 컨퍼런스와 미국대학도서관협회의 2011년 가상 컨퍼런스에서 발표하였다.

**에이다 콘(Ada Con)** 캐나다 브리티시 컬럼비아 주 애버츠퍼드에 위치한 프레이저 밸리 지역 도서관에서 도서관 프로그램 진행자로 근무하고 있다. 브리티시 컬럼비아 대학교에서 석사학위를 취득한 콘은 참고사서, 지역 담당자, 테리 폭스 도서관 관리자, 다양성 서비스 및 프로그램 진행자 등 다양한 업무를 수행해왔다. 콘은 도서관 시스템 전체에서 다국어 장서 구축, 다문화 서비스, 프로그램 개발 등에 전념하고 있다. 콘은 오랫동안 브리티시 컬럼비아 주 도서관협회의 다양성 및 다문화 서비스 위원회에서 위원으로 봉사하고 있다.

**에이미 휴즈(Amy Hughes)** 이학 석사학위와 도서관학 석사학위를 취득하였으며, 웨스트 버지니아 주 페어몬트에 위치한 페어몬트 주립대학교에서 사서이자 조교수로 근무하였다. 휴즈는 현재 플래그스태프에 위치한 노던 애리조나 대학교의 클라인 도서관에서 학술 프로그램 사서로 근무하고 있으며, 사회과학대학과 사범대학을 대상으로 정보봉사와 교과목 지원을 제공하고 있다. 휴즈는 농촌 주민과 미국 원주민 부족 커뮤니티를 위한 정보자원과 정보봉사, 특히 원격교육에 많은 관심을 가지고 있다.

**에이프릴 그레이(April Grey)** 루이지애나 대학교(라파예트)에서 목록 책임자로 근무하고 있다. 그레이는 뉴욕 주 노스 토나완다가 고향이며, 뉴욕 주립대학교(버팔로)에서 도서관학 석사학위를 취득하고 이후 코츠 인포메이션 서비스와 인그램 콘텐트 그룹, 뉴욕 주 버팔로에 있는 메달 칼리지에서 목록 업무를 담당하였다. 그레이는 문학 학사학위(심리학)와 교육학 석사학위도 취득하였다. 그레이는 루이지애나 주 도서관협회 문해력 증진상 위원회, 미국도서관협회 산하 도서관 장서 및 테크니컬 서비스 협회(ALCTS)의 편목 및 분류 분과의 계속 교육훈련 자료 위원회에서 활동하고 있다.

**엘리스 그레이브스(Alice Graves)** 플로리다 주 템파의 한 직업 전문대학에서 혼자 근무하고 있다. 사우스 플로리다 대학교에서 문헌정보학 석사학위를 취득하였다. 그레이브스는 미국도서관협회, 미국대학도서관협회, 플로리다 주 도서관협회, 국제적인 문헌정보학 연구모임인 〈Beta Phi Mu〉 등에서 회원으로 활동하고 있다. 사서가 되기 전, 그레이브스는 대학에서 영어 교과목을 강의하였고, 인쇄와 웹을 통해 여러 작품을 발표한 작가로도 활동하였다.

**엘리자베스 크라머(Elizabeth Cramer)** 노스 캐롤라이나 주 분에 위치한 애팔라치안 주립대학교에서 외국 언어와 문학 분야의 선임 목록사서와 장서개발 사서로 근무하고 있다. 크라머는 이 대학에서 프랑스어를 강의하고 있으며, 외국인 학생과 연구자들, 그리고 외국에서 공부하고 있는 국내 학생들이 도서관의 장서와 서비스 이용을 증진시키기 위해 동료들과 협력하고 있다. 크라머는 미국도서관협회 국제관계 라운드테이블에서 활동하고 있다. 크라머는 켄트 주립대학교에서 도서관학석사를, 애팔라치안 주립대학교에서 문학석사(프랑스어)를 취득하였고, 애팔라치안 주립대학교에서 교육적 리더십 분야에서 박사학위를 취득하였다.

**오드리 바바코프(Audrey Barbakoff)** 워싱턴 주의 베인브릿지 아일랜드에 위치한 킷샙 지역도서관에서 성인 봉사 사서로 근무하고 있다. 바바코프는 그 이전에 밀워키 공공도서관에서 히스패닉과 라틴계 가족들을 위한 서비스와 프로그램을 계획하고 실행하였다. 현재 그녀는 미국도서관협회 다문화위원회에서 인턴으로 일하고 있다. 바바코프는 〈American Libraries〉, 〈Public Libraries〉, 〈Library Philosophy and Practice〉, 〈In the Library with the Lead Pipe〉 등에 공공도서관 사서직에 관해 글을 쓰고 있다. 바바코프는 2010년 워싱턴 주립대학교 정보학 대학원에서 문헌정보학 석사학위를 취득하였다.

**오리아나 아세베도(Oriana Acevedo)** 오스트레일리아 시드니에 위치한 뉴 사우스 웨일즈 주립도서관의 다문화 서비스 자문을 담당하고 있다. 아세베도의 역할은 다문화 도서관 서비스에 대한 자문, 다문화 이슈에 대한 연구 진행, 공공도서관 직원들을 위한 교육 및 훈련 프로그램 실행 등이다. 또한 아세베도는 다문화 서비스의 합리화 및 증진을 위해 주 내의 공공도서관들과 주립도서관 사이의 협정에 따른 다문화 자료 공동 구입 및 공동 목록 프로그램 전반을 책임지고 있다.

**웬델 콕스(J. Wendel Cox)** 콜로라도 주의 덴버 공공도서관에서 서양 역사 및 계보학 부서의 선임 특수장서 사서로 근무하고 있다. 콕스는 위스콘신 주립대학교(밀워키)에서 문헌정보학 석사를, 미네소타 주립대학교에서 미국사 전공으로 박사학위를 취득하였다. 콕스는 미네소타 주립대학교, 애리조나 주립대학교, 미네소타 주립대학교(모리스), 켄터키 주립대학교 등에서 강의를 수행하고 직원으로 근무하였다.

**웬디 우(Wendy G. Wu)** 1996년부터 미시건 주 디트로이트에 위치한 웨인 주립대학교의 쉬프만 의학도서관에서 이용자 서비스 사서로 근무하고 있다. 우는 의학도서관협회(Medical Library Association)와 광역 디트로이트 의학도서관 그룹(Metropolitan Detroit Medical Library Group) 회원이다. 우는 〈Bulletin of the Medical Library Association〉, 〈Medical Reference Services Quarterly〉, 〈Informed Librarian Online〉, 〈Journal of Electronic Resources in Medical Libraries〉, 〈Internet Reference Services Quarterly〉, 〈Health Care on the Internet〉 등에 논문을 게재하고 있으며, 사서직 컨퍼런스에서 논문을 발표해 왔다. 우는 1999년 의학도서관협회 사서직 연구기금과 1989년 세계보건기구의 연구기금 수상자로 선정되었다.

**제임스 제프리(James K. Jeffrey)** 콜로라도 주의 덴버 공공도서관에서 서양 역사 및 계보학 부서에서 계보학 특수장서 사서로 근무하고 있다. 제프리는 마셜 대학교에서 문학 학사학위(역사학)를 취득하였고, 마셜 대학교에서 역사학과 지리학 석사학위를, 덴버 대학교에서 기록학 및 지역사 석사학위를, 덴버에 위치한 아일리프 신학대학원에서 교회사 석사학위를, 캔자스 주에 위치한 엠포리아 주립대학교에서 정보학 석사학위를 취득하였다. 제프리는 2004년 전미 계보학 협회에서 시상한 윌리엄 필비 우수 계보학 사서상을 수상하였다.

**조이스 누타(Joycy Nutta)** 플로리다 주 올랜도에 위치한 센트럴 플로리다 대학교 교수/학습/리더십 학부에서 부교수로 근무하고 있다. 누타는 사우스 플로리다 대학교에서 제2언어 습득을 전공하고 1988년부터 플로리다 주에서 ESL 강의를 해왔다. 누타는 제2언어 습득 및 교육 기술에 관해 박사학위를 취득하였다. 누타는 이 분야에서 많은 논문을 투고하였으며, 오렌지 카운티 도서관 시스템에서 새로운 ESL 프로그램을 운영하고 있는 한 박사과정 수료생과 함께 공동 작업을 하고 있다.

**조이스 마틴(Joyce Martin)** 애리조나 주립대학교 도서관의 기록물 및 특수 장서과에 소속된 라브리올라 국립 미국 원주민 데이터 센터의 큐레이터로 근무하고 있다. 마틴은 1997년 애리조나 주립대학교에서 인류학과 박물관학으로 석사학위를, 2007년 애리조나 대학교에서 문헌정보학 석사학위를 취득하였으며, 미국 대학의 우등생 클럽인 파이 베타 카파의 회원이다. 마틴은 라브리올라 센터 뉴스레터를 편집하고 있으며, 애리조나 주 도서관협회와 사우스 웨스턴 아키비스트 협회의 회원으로 활동하고 있다.

**조이아 아담-팔레바이(Zoia Adam-Falevai)** 하와이 주 브리검 영 대학교 조셉 스미스 도서관의 참고봉사 보조 직원이며, 하와이 주 브리검 영 대학교에서 태평양 제도학 분야로 학사 학위를 취득하였다. 아담-팔레바이는 2006년 카렌 피콕의 지도하에 하와이 대학교 해밀턴 도서관 특수 장서과에서 인턴으로 근무하였다. 아담-팔레바이는 하와이 주 도서관협회의 회원이며 하와이 대학교의 문헌정보학 대학원에 재학 중이며, 2013년에 졸업할 예정이다.

**줄리 벤투라(Julie Ventura)** 캔자스 주 엠포리아 주립대학교에서 도서관학석사를 취득하였다. 벤투라는 2002년부터 플로리다 주 올랜도에 있는 오렌지카운티 도서관 시스템에서 근무하고 있으며, 현재는 오렌지카운티 도서관 시스템 내 사우스 크릭 도서관의 분관 책임자로 근무하고 있다. 벤투라는 지금 올랜도에 거주하는 히스패닉 주민 대상들에게 도서와 각종 매체 관련 서비스 향상, 고객 인식 증진, 새로운 서비스 설계 등을 목표로 하는 3년간의 프로젝트(미 의회 승인, 총액 50만 달러)의 책임자로 일하고 있다.

**쥬디 앙헬레스쿠(Judy Anghelescu)** 네브래스카 주 오마하 공공도서관의 성인 장서 관리자이다. 앙헬레스쿠는 텍사스 여자대학교에서 도서관학 석사학위를 받았다. 앙헬레스쿠는 다양한 도서관에서 근무한 경험을 가지고 있는데 영국에서 국방부 소속 초등학교와 고등학교 도서관 및 공공도서관에서 근무하였으며, 네브래스카 주의 소도시에 있는 공공도서관에서 근무하였다. 앙헬레스쿠는 플로리다 주의 한 공공도서관에서 개최된 문해력 증진 프로그램에 참가한 이후 소외 계층에 대한 도서관 서비스 증진에 관심을 가지게 되었다.

**카리사 초시에(Carissa Tsosie)** 애리조나 나바호족 출신의 여성이다. 초시에는 노던 애리조나 대학교에서 인류학과 역사학 학사학위를, 애리조나 대학교에서 도서관학 석사학위를 취득하였다. 초시에는 현재 노던 애리조나 대학교 역사학과 대학원에 재학 중이며, 이 대학의 클라인 도서관에서 사서로 근무하고 있다. 초시에는 미국 원주민 학생들이 고등교육에서 성취를 거둘 수 있도록 이 대학 내 미국 원주민 대학생 서비스 사무실과 미국 원주민 위원회와 협력하고 있으며, 미국 원주민 영화제를 개최하고 있다.

**캐롤 스몰우드(Carol Smallwood)** 웨스턴 미시건 대학교에서 도서관학 석사를, 이스턴 미시건 대학교에서 문학 석사(역사학)를 취득하였다. 스몰우드는 ALA 선집인 〈Writing and Publishing: The Librarian's Handbook〉, 〈Librarians as Community Partners: An

Outreach Handbook〉, 〈Pre- and Post-Retirement Tips for Librarians〉 등의 편집에 참여하였다. 또한 도서관학 이외의 분야에서도 〈Lily's Odyssey〉, 〈Women Writing on Family: Tips on Writing, Teaching, and Publishing〉, 〈Compartments: Poems on Nature, Femininity, and Other Realms〉(2011년 Pushcart상 후보작) 등을 발표하였다. 스몰우드는 학교도서관, 공공도서관, 대학도서관, 전문도서관에서 근무하였으며, 관리자와 자문역을 수행하기도 하였다.

**켈리 로즈 맥브라이드(Kelly Rhodes McBride)** 노스 캐롤라이나 주 분에 위치한 애팔라치안 주립대학교 벨크 도서관 / 인포메이션 커먼스에서 정보 리터러시 업무를 책임지고 있는 사서로 근무하고 있다. 맥브라이드의 주요 업무는 도서관의 정보 리터러시와 도서관 이용 교육 프로그램의 개발과 평가이다. 맥브라이드는 미국도서관협회, 노스 캐롤라이나 주 도서관협회, 조지아 주 정보 리터러시 국제 컨퍼런스 등에서 정보 리터러시, 도서관 이용 교육 등을 주제로 논문 투고와 주제 발표를 진행하였다.

**크리스 보먼(Kris Baughman)** 컬럼비아 소재의 미주리 대학교에서 도서관학 석사학위를 취득하였다. 보먼은 중학교와 고등학교에서 교사로 일하였으며, 미주리 주 캔자스시티 소재의 록허스트 대학교 도서관에서 대출업무 책임자로 일하였다. 그 이후 미주리 주 레이타운의 C-2 학군에서 미디어 전문가로 근무하였다. 보먼은 미주리 사서교사협회와 광역 캔자스시티 사서교사협회의 회원이며, 캔자스시티 지역 초등학교 3학년 학생들을 위한 독서상 프로그램 운영위원회의 전직 위원장이다. 보먼은 〈Library Management Tips That Work〉(2011)의 공동 기고자 중 한 명이다.

**크리스티나 고메즈(Kristina Gomez)** 위스콘신 주립대학교 문헌정보학과에서 도서관학 석사학위를 취득하였으며, 다이앤 맥카피 홉킨스 다양성 상을 수상하였다. 고메즈는 위스콘신 주 밀워키 공공도서관에서 참고봉사 사서로 근무하고 있으며, 위스콘신 거주자들을 위해 스페인어 가상 참고봉사 서비스의 개발과 운영을 지원하고 있다. 고메즈는 미국도서관협회, 위스콘신 주 도서관협회, 전국 라틴계와 스페인어 사용자를 위한 도서관 정보봉사 협회 등의 회원으로 활동하고 있다. 고메즈는 2011년 미국도서관협회로부터 떠오르는 리더로 선정되었고, 〈Public Libraries〉에 기사가 게재되었다.

**킴 벡넬(Kim Becnel)** 노스 캐롤라이나 주 분에 위치한 애팔라치안 주립대학교 도서관학과 조교수이며, 사우스 캐롤라이나 주 컬럼비아에 위치한 사우스 캐롤라이나 주립대학교에서 도서관학 석사와 문학 박사를 취득하였다. 벡넬은 루이지애나 주와 노스 캐롤라이나 주에서 공공도서관 사서로 근무한 경험을 바탕으로 현재 공공도서관 운영, 청소년 봉사, 어린이 문학 등의 분야에서 교육과 연구를 진행하고 있다. 벡넬은 최근 〈Middle Management in Academic and Public Libraries〉(2011), 〈Library Management Tips That Work〉(2011), 〈Diversity in Youth Literature: Opening Doors through Reading〉 (2012) 등을 공동 집필하였으며, 공공도서관에 관해 활발히 저술하고 있다.

**킴벌리 윌리엄스(Kimberly Williams)** 2005년부터 뉴욕 주 시러큐스에 위치한 시러큐스 대학교의 다문화부서에서 부책임자로 일하고 있다. 윌리엄스는 2005년 웨스트 버지니아 주에 있는 찰스턴 대학교에서 인적자원 관리 분야에서 석사학위를 취득하였고, 시러큐스 대학교에서 커뮤니케이션과 수사학 분야에서 두 번째 석사학위를 취득하였다. 윌리엄스는 여러 사업을 진행하면서 시러큐스 대학교의 버드 도서관과 연락업무를 담당해왔다.

**테레사 보리유(Theresa Beaulieu)** 애리조나 대학교에서 문헌정보학 석사학위를 취득하였으며, 2009년부터 위스콘신 주립대학교(밀워키)에서 교육 및 아웃리치 담당 사서로 일하고 있다. 보리유는 미국도서관협회와 위스콘신 주 도서관협회의 회원이다. 보리유는 여러 도서관에서 근무하였으며, 여러 해 동안 이용자교육 업무를 수행하였다. 그녀는 이용자교육 및 문화적 업무 책임자로 일하면서 자신의 부족을 위해 일해 왔으며, 학부 학생들에게 어린이 문학 과목을 강의해왔다. 현재 그녀는 위스콘신 주의 첫 번째 공립학교 교사였던 일렉타 퀴니에 관한 어린이 도서를 집필하고 있다.

**파드마 폴리페디(Padma Polepeddi)** 콜로라도 주 아라파호 카운티의 아라파호 도서관 시스템의 대규모 분관인 엘로이스 메이 분관에서 근무하고 있다. 분관장인 폴리페디는 이 대규모 분관의 운영을 책임지고 있으며, 다양한 배경을 가진 이용자들에게 봉사를 제공하고 있다. 폴리페디의 다양성에 대한 열정을 높이 평가한 〈Library Journal〉은 폴리페디를 2008년 영향력 있는 인물로 선정하였다. 폴리페디는 인도의 하이데라바드 대학교에서 영문학 학사학위를 ccnlemr하였고, 현재 캔자스 주 엠포리아 주립대학교에서 문헌정보학 박사학위 과정을 이수하고 있다.

**판타지아 쏜(Fantasia Thorne)** 2009년부터 뉴욕 주 시러큐스에 위치한 시러큐스 대학교 버드 도서관에서 러닝 커먼스 사서로 근무하고 있으며, 오논다가 카운티 공공도서관에서 시간제 사서로도 근무하고 있다. 쏜은 서던 코네티컷 주립대학교에서 학사학위(영어학)를 취득하였고, 시몬스 칼리지에서 문헌정보학 석사학위를 취득하였다. 쏜은 미국도서관협회와 미국도서관협회 흑인 그룹의 회원으로 활동하고 있다. 쏜은 현재 버드 도서관과 다문화과 사이의 연락 담당 사서로 일하고 있다.

**프란스 알바릴로(Frans Albarillo)** 조교수이며, 뉴욕 시립대학교의 브루클린 칼리지 도서관의 경영학 및 사회학 분야 사서이다. 알바릴로는 포틀랜드 주립대학교에서 불문학 및 응용언어학 분야 학사학위를 취득하고 ESL 강사 자격증을 취득하였으며, 하와이 주 마노아에 위치한 하와이 대학교에서 2007년 언어학분야 문학 석사를 취득하고 2009년 문헌정보학 석사학위를 취득하였다. 알바릴로는 다문화 사서, 비즈니스 사서, 언어와 문화적 권리에 관한 연구에 관심을 가지고 있다.

**헤더 로스(Heather Ross)** 애리조나 주 투산에 위치한 피마 카운티 공공도서관에서 성인과 어린이 서비스 업무를 담당하고 있다. 이 도서관 내 "웰컴 투 아메리카" 실무 그룹의 회원으로 로스는 다문화 주민과 난민들을 뒷받침하고 있다. 로스는 애리조나 주 도서관협회의 2010년 컨퍼런스에서 공동으로 주제발표를 진행하여 협회장상을 수상하였다. 로스는 투산 난민 서비스 제공자 통합 네트워크의 2012년 리더십 팀의 구성원이기도 하다.

## 역자 소개


**조 용 완**

부산대학교 문헌정보학과 졸업
부산대학교 대학원 문헌정보학과 석사
부산대학교 대학원 문헌정보학과 박사
(현) 대구가톨릭대학교 도서관학과 교수


저서 및 역서

다문화와 정보(박영사, 2012, 공저)
다문화사회에서의 도서관 서비스(경기도사이버도서관, 2010, 공저)
인종과 민족관계의 이해(박영사, 2010, 공역)
기록으로 보는 생활사(국가기록원, 2007, 공저)

주요 학술논문

- 대구지역 자치단체장 후보자와 당선자의 도서관 공약 제시 및 이행 분석(한국비블리아학회지, 2013)
- 지역 거점형 공동보존서고의 건립 및 운영 방안(한국도서관정보학회지, 2013, 공저)
- 공동보존서고의 보존환경에 관한 연구(한국도서관정보학회지, 2013, 공저)
- 이동도서관 서비스 기준 및 지침에 관한 연구(한국문헌정보학회지, 2012)
- 협력기반의 다문화자료 입수 체계에 관한 연구(한국비블리아학회지, 2011)
- 국내 다국어/다문화 도서관 서비스에 관한 연구(한국도서관정보학회지, 2011, 공저)
- 북미 서부지역 공공도서관의 다문화서비스 연구(사회과학논총, 2011)
- 결혼이주여성 게이트키퍼 분석을 통한 이주여성의 정보리터러시 향상 방안(한국비블리아학회지, 2010)


**다문화 시대의 도서관 서비스전략**

2015년 5월 1일 초판 인쇄
2015년 5월 10일 초판 발행
편 집 _ 캐롤 스몰우드, 킴 벡넬
역 자 _ 조용완
펴낸이 _ 김선태
발행처 _ 도서출판 태일사(www.taeilsa.co.kr)
대구광역시 중구 2·28길 26-5(남산동)
전화 053-255-3602 | 팩스 053-255-4374
등록일자 _ 1991. 10. 10
등록번호 _ 제 6-37호

정가 25,000원




ISBN 978-89-92866-91-0 93020